O. Henry

欧·亨利
小说全集

The
Complete
Stories
by
O. Henry

1

四百万
＋西部的心

〔美〕欧·亨利——著

王永年——译

人民文学出版社
PEOPLE'S LITERATURE PUBLISHING HOUSE

O. Henry
The Complete Stories by O. Henry
据 Garden City Publishing Co., Inc 1937 年版译出。

图书在版编目（CIP）数据

欧·亨利小说全集：全6册/（美）欧·亨利著；王永年译. —北京：人民文学出版社，2021
ISBN 978-7-02-013691-9

Ⅰ.①欧… Ⅱ.①欧…②王… Ⅲ.①短篇小说—小说集—美国—近代 Ⅳ.①I712.44

中国版本图书馆 CIP 数据核字（2018）第 013055 号

责任编辑	马爱农　冯　娅
装帧设计	刘　远
责任印制	王重艺

出版发行	人民文学出版社
社　　址	北京市朝内大街 166 号
邮政编码	100705
网　　址	http://www.rw-cn.com
印　　刷	北京盛通印刷股份有限公司
经　　销	全国新华书店等
字　　数	1775 千字
开　　本	880 毫米×1230 毫米　1/32
印　　张	74.625　插页 18
印　　数	1—7000
版　　次	2003 年 11 月北京第 1 版
印　　次	2021 年 1 月第 1 次印刷
书　　号	978-7-02-013691-9
定　　价	588.00 元（全 6 册）

如有印装质量问题，请与本社图书销售中心调换。电话:010-65233595

总 目 录

卷一　四百万
　　　西部的心

卷二　善良的骗子
　　　命运之路

卷三　白菜与皇帝
　　　随意选择

卷四　乱七八糟
　　　陀螺

卷五　滚石
　　　城市的声音
　　　流浪汉

卷六　剪亮的灯盏
　　　毫不通融

译者前言

欧·亨利是美国杰出的小说家,他以新颖的构思、诙谐的语言、悬念突变的手法表现了二十世纪初期的美国社会,开辟了美国式短篇小说的途径。他的作品富于生活情趣,被誉为"美国生活的百科全书"。

欧·亨利的真实姓名是威廉·西德尼·波特,于一八六二年生在美国北卡罗来纳州格林斯伯勒镇一个医师的家庭,十五岁在家乡一家药店当学徒,一八八二年去西部得克萨斯州牧场当了两年牧牛人,后调换过不少职业,做过会计员、土地局办事员、新闻记者和得克萨斯州首府奥斯汀第一国民银行的出纳员。一八八七年他和阿索尔·艾斯蒂斯结婚,生有一女。在银行工作期间,波特曾买下一家名叫《滚石》的周刊,发表了一些讽刺性的幽默小品(其中一部分收在本书题为"滚石"的集子里)。十九世纪末,美国西部银行的工作制度不很规范,波特供职的银行短缺一笔现金,波特为了避免受审,只身离家,流浪到中美洲的洪都拉斯。一八九六年,他获悉妻子病危,冒险回国探视。一八九七年妻子病故,波特本人于次年四月被捕,关进俄亥俄州监狱。

监狱当局考虑到波特具有药剂学的知识和工作经验,便派他担任监狱医务室的药剂师。工作之余,他开始认真写作,以稿酬所得贴补狱外女儿的生活费用。一八九九年,他在当时颇有影响的杂志《麦克卢尔》发表了第一个短篇小说,署名"欧·亨利"。

这个笔名,一说是狱中医务室所用一部法国药典作者的名字,一说是某个监狱看守的名字,不管怎么说,署名"欧·亨利"的作家立刻引起了读者的注意和出版界的兴趣。

一九〇一年,欧·亨利因表现良好,提前获释。一九〇二年,他迁居纽约,专门从事写作,与纽约《世界报》签订合同,每周提供一个短篇,同时还为别的报撰稿。正当他的创作力最为旺盛的时候,健康状况却开始恶化,加上第二次婚姻不幸,他开始酗酒,终于心力交瘁,于一九一〇年六月五日在纽约病逝。

欧·亨利一生创作了将近三百个短篇和一部长篇小说。一九〇四年出版的长篇小说《白菜与皇帝》以虚构的拉丁美洲安楚里亚共和国为背景,揭露了美国冒险家推行殖民主义掠夺政策的行径。小说里的维苏威果品公司影射臭名昭著的美国联合果品公司,是享有无上特权的"国中之国",为了压低当地的香蕉出口税,攫取超额利润,不惜发动叛乱和军事政变,撤换不俯首听命的政府。作家在这部小说里展开了几条并行的线索,试图描绘出一幅广阔的画卷,但章与章之间的内在联系不很紧密,作为几个短篇也可以单独成立,这正是作家独特的艺术手法的自然流露。除《白菜与皇帝》外,《平均海拔问题》《"醉翁之意"》《双料骗子》等一些短篇,也以拉丁美洲生活为题材,异国情调浓郁,别有风味。

欧·亨利的一部分短篇小说是描写美国西部草原和牧牛人生活的,主要收在以《西部的心》为题的集子里。作家时常引用吉卜林的一句话:"西方是西方,东方是东方,它们永不会相遇。"但他的用意不同于那个美化帝国扩张的英国诗人。欧·亨利所说的西方是指广阔自由、富有浪漫气息的美国西南各州;东方则指以纽约、芝加哥等大城市为中心的工业发达的东北各州。在作家心目中,西部受到的资本主义文明的侵蚀不那么明显,人们纯朴、勤劳、正直、勇敢、充满朝气和活力,还没有沾上资产阶级唯利是图、尔虞我诈的恶习。《索利托牧场的卫生学》写了一个身败名裂的赌徒从声色犬马、纸醉金迷的大城市来到草原,通过劳动和接近大自然,重新获得健康和生活的信心。

在欧·亨利的短篇小说中占有较大比例、值得重视的是描写美国大城市,尤其是纽约生活的作品。作家一生坎坷,常与社会底层失意落魄的小人物相处,对他们怀有深刻的关爱,了解他们的思想感情。在欧·亨利笔下,柏油马路和钢筋混凝土组成的大城市是阴森沉默、冷酷无情的庞然大物,"人们说它铁石心肠,说它没有恻隐之心,人们把它的街道比做蛮荒的丛林和熔岩的沙漠",但在这高楼大厦的森林里,在不毛的柏油路上,却出乎意料地长出瑰丽的人性花朵,作家寻觅并找到了独特的传奇——描写爱情、友谊、自我牺牲、美丽心灵和崇高感情的传奇。《麦琪的礼物》《警察和赞美诗》《最后的常春藤叶》等篇就是久负盛名、脍炙人口的描写纽约小人物的作品。作家把描写纽约曼哈顿市民生活为主的集子题名为《四百万》,原因在于当时某些作家认为构成纽约社会基础的是四百个"上流人物",只有他们才举足轻重,欧·亨利却认为应当给予注意的不是四百个利欲熏心的资本家,而是四百万纽约的普通老百姓。

欧·亨利有一部分作品是描写骗子的。他采用说书人的形式,由杰甫·彼得斯用嬉笑怒骂、愤世嫉俗的调侃语气叙说故事,说明资产阶级社会无非是个尔虞我诈、黑吃黑的骗子社会,不少道貌岸然的"上流人物"只不过是成功的高级骗子,政界要人卖官鬻爵,金融巨头巧取豪夺都是常事,甚至一则征婚广告也可用来敛财;创办所谓慈善事业更是设骗搂钱的妙计(《慈善事业数学讲座》)。《我们选择的道路》揭露了资本主义社会"弱肉强食""大鱼吃小鱼"的规律,说明强盗和金融资本家本质上并无不同。拦路打劫的匪徒和操纵投机的资本家都不择手段,不惜置对手于死地。

欧·亨利是位风格独特的作家,他的作品幽默风趣,诙谐机智,文笔简练,描写生动。他善于捕捉生活中令人啼笑皆非而又富于哲理的戏剧性场景,用近似漫画的笔触勾勒人物,从细微之处抓住特点,用形象的语言描绘出来,挥洒自如、左右逢源,使笔下人物有血有肉、栩栩如生。

在处理小说结尾方面,欧·亨利显示了惊人的独创性。"欧·亨利式的结尾"在美国文学中负有盛名。他先在故事情节发展过程中透露一些情况,作为铺垫,埋下伏笔,但对最重要的事实却一直秘而不宣,结尾时峰回路转,豁然开朗,产生了意料不及、画龙点睛的效果,向读者揭示了整个故事的意义和人物性格及行为的全部真实,使读者在惊愕之余,不禁拍案叫绝,不能不承认故事的合情合理,赞叹作者构思的巧妙。

欧·亨利的小说结尾固然精彩,开头也出手不凡。作家的风趣幽默、轻松活泼的开场白多与比喻联想、引经据典、人物刻画、抒情议论交融在一起,特别是能把抒情和阐理加以有机地结合,使读者精神为之一振,急于知道下文。

美国翻译理论家奈达认为译文读者对译文的反应如能与原文读者对原文的反应基本一致,翻译就可以说是成功的,奈达还主张翻译所传达的信息不仅包括思想内容,还应包括语言形式。

在翻译过程中,译者力求做到吃透原文含义,紧扣原作,在不损害汉语习惯的前提下,进行"功能对等"的转换,争取达到形似神似,希望读者一看就能领略原文意蕴,欣赏原著的魅力。

作家经常运用俚语、双关语、讹音、谐音和旧典新意。美国是个多民族的国家,由大量移民组成,欧·亨利的作品中经常出现德语、法语、西班牙语词汇,并引用希腊、罗马神话和《圣经》典故。《供应家具的房间》一篇中提到贫穷的房客们时说:"他们的葡萄藤是攀绕在阔边帽上的装饰;他们的无花果树只是一株橡皮盆

译者前言

景,"这里就引用了《圣经》的典故,《列王纪上》有"所罗门在世的日子……犹太人和以色列人,都在自己的葡萄树下,和无花果树下,安然居住",葡萄树和无花果树是安定的家庭生活的象征。遇有这类情况,译者作了一些必要的注释,希望有助于读者阅读。

二十世纪五十年代起,人民文学出版社出版了拙译两卷本《欧·亨利小说选》和一卷本《欧·亨利短篇小说选》,颇受读者欢迎,经常再版。近年来,译者补译了没有译出的篇目,重新校订了已经发表的篇目,结成《欧·亨利小说全集》,谨献给读者。

王 永 年

二〇〇二年一月,北京

目　次

四 百 万

托宾的手相………3
麦琪的礼物………11
咖啡馆里的世界主义者………18
回合之间………24
天窗室………31
爱的奉献………39
玛吉登场………46
城市佬………54
警察和赞美诗………60
自然调节………68
黄狗回忆录………74
伊基·舍恩斯坦的媚药………80
财神与爱神………85
泄露春光的菜单………94
绿门………101
出租马车………108
没有完的故事………114
哈里发、丘比特和时钟………122

新婚的姊妹们·········129

忙碌经纪人的浪漫史·········137

二十年后·········142

华而不实·········146

口信·········153

供应家具的房间·········157

昙花一现·········165

西部的心

鸡心和十字架·········175

麦克的赎金·········189

刎颈之交·········196

婚姻手册·········205

比绵塔薄饼·········217

傲慢的中心·········228

索利托牧场的卫生学·········242

下午的奇迹·········258

人各有志·········270

饕餮姻缘·········291

绅士作风·········310

苹果之谜·········322

失去的琴弦·········339

活期贷款·········348

公主与美洲狮·········354

"干谷"约翰逊的小阳春·········361

圣诞奇遇·········370

目　　次

槲树王子………*383*

卡利奥佩的改造………*393*

四 百 万

托宾的手相

有一天,托宾和我去了康奈岛,因为我们两人一共只有四元钱,而托宾想找些消遣。三个月前,托宾在斯莱戈郡的情人卡蒂·玛霍纳动身前来美国,此后音讯全无,她身边带着自己积蓄的两百美元和托宾卖掉尚瑙沼泽地的祖传家产——一间相当好的农舍和猪——换来的一百元。托宾接到信说卡蒂·玛霍纳已经来找他,之后就没有任何别的消息,也没有见到她本人。托宾在报上登了寻人启事,可是打听不到那个爱尔兰姑娘的下落。

于是,我和托宾去了康奈岛,满以为游乐场滑道的惊险和爆玉米花的气味或许能让他打起精神。然而托宾是个死脑筋,怎么也排遣不掉恶劣的心情。花花绿绿的气球惹他咬牙切齿;电影惹他骂骂咧咧;虽然让他喝潘趣酒时他从不拒绝,但对潘趣和朱迪木偶戏①却不屑一顾,看到上前招徕生意的铁板照相的人就想揍他们。

于是,我把他拖到一条不太喧闹的木板路的岔道上。在一座六英尺长、八英尺宽的小帐篷前面,托宾停了下来,眼神多了点人情味。

"我在这儿玩一会儿,"他说,"我要让尼罗河来的神奇的手相学家研究研究我的手掌,看看该发生的事情会不会发生。"

---

① 潘趣和朱迪是英国木偶戏中的主角,潘趣驼背,鼻长而钩,朱迪是他的妻子,老是同他吵架。

托宾相信朕兆和自然界的一些怪异现象。对不吉利的黑猫、吉利的数字和报上的天气预报等等歪理邪说都有迷信。

我们进了那个有魔法的鸡笼，里面用红布布置得有些神秘，还有不少手掌图画，掌纹像是铁路枢纽站纵横交错的铁轨。门口的招牌写的是"埃及手相学家佐佐夫人"。门里坐着一个胖女人，身披红袍，上面绣了许多乱七八糟的字母和小动物。托宾交了十美分，伸出一只手。夫人抓起托宾的同马蹄掌相差无几的手掌仔细察看，想知道他登门求教是为了取出嵌在蹄楔的石子，还是为了钉块新蹄铁。

"老哥，"佐佐夫人开口说，"你的命运纹表明——"

"这根本不是我的脚板①，"托宾插嘴说，"当然，长得不太秀气，不过你抓住的是我的手掌。"

"纹路表明，"夫人接着说，"你流年不利，没有脱出晦气。以后还有倒霉的事情。维纳斯宫——或者是一块瘀伤？——显示你谈过恋爱。由于你情人的关系，你生活中遇到过麻烦。"

"她指的是卡蒂·玛霍纳，"托宾凑着我耳朵说，可是声音很大。

"我看到，"手相学家说，"你忘不了的那个人给你带来不少痛苦和烦恼。我看到名称纹指出了她姓名中的'卡'和'玛'字。"

"嘘!"托宾对我说，"你听到没有?"

"你得提防一个暗色的男人和一个亮色的女人；他们两个都会给你带来麻烦。你不久就要航行，还要破财。我看到了一条给你带来好运的纹路。你会有吉人相助。你看到一个鹰钩鼻子的人就是那位吉人。"

"纹路有没有写出他的姓名?"托宾问道。当他倒车把好运卸

---

① 看手相的女人说的"命运"(fate)和"脚"(foot)发音相近，托宾听错了。

下来时,知道姓名招呼起来方便一些。

"纹路没有拼出他的姓名,"手相学家沉思说,"但显示出姓名很长,中间应该有个'恩'字。别的没有什么可说了。再见。请别堵住门口。"

"她知道得这么多,真了不起。"我们走向码头时,托宾说。

我们挤进码头的大门,托宾的耳朵被一个黑人叼着的雪茄烟烫着了,这下可有了麻烦。托宾拔出拳头就打黑人的脖子,女人们尖叫怪嚷,我一看情况不妙,在警察赶来之前把托宾拉出了是非之地。托宾消遣时脾气总是特别坏。

在回程的渡船上,托宾听到叫卖啤酒的吆喝,很想弄一大杯来吹吹上面的泡沫,可是一摸口袋空空如也。敢情刚才扭打时,被人掏走了他的零钱。于是我们只好干坐在甲板上,听那些意大利人拉小提琴。托宾的情绪比我们出发时更为低落,更难以接受他晦气的命运。

渡船靠栏杆的椅子上坐着一个年轻女人,打扮像是家里拥有大红色的豪华汽车,头发的颜色像是没有抽过的海泡石烟斗。托宾在她身前走过时不小心踢着了她的脚,他喝酒后对妇女总是彬彬有礼,赶紧道歉,正要掀帽时一不小心碰掉了帽子,帽子被风刮到水里。

托宾回来坐下,我开始替他担心,这家伙的倒霉事越来越频繁了。他到处碰壁,走投无路的时候即使看到衣冠楚楚的人也会踹他几脚,把渡船搞得天翻地覆。

托宾突然抓住我的手臂,兴奋地说:"约翰,你知道我们在干什么吗?我们在航行。"

"喂,喂,"我说,"你克制一点。再过十分钟渡船就到岸了。"

"你瞧瞧椅子上那个亮色的女人,"他说,"难道你忘了烫痛我耳朵的黑人?还有我破的财——一元六十五分?"

我认为他像男人常有的情况那样,无非是在总结一下他不幸的遭遇,好为他采取激烈的行动找个借口,便向他解释说这些都是小事。

"听着,"托宾说,"你平时总不信预言的天赋和受灵感的奇迹。那位看手相的夫人看了我的手之后说什么来着?不是一一应验了吗?她说,'你得提防一个暗色的男人和一个亮色的女人;他们两个都会给你带来麻烦。'难道你忘了那个黑人,尽管他挨了我几拳,得到了报应?那个金黄头发的女人害我把帽子掉进了水里,你还能指出比她更亮色的女人吗?我们离开打靶场时,我坎肩口袋里还有一元六十五分,这钱到哪儿去了?"

托宾说得头头是道,仿佛证实了预言的奇妙,虽然我觉得即使没有手相干预,这些意外在康奈岛上人人都可能碰到。

托宾站起来,在甲板上走来走去,他那双布满红丝的小眼睛仔细打量着旅客。我问他这是干什么。托宾开始实现他的想法之前,你根本不知道他打的是什么主意。

"你应该知道,"他回说,"我在寻求我掌纹允诺的禳解。我在找那个能给我带来好运的钩鼻子的人。约翰,能救我们的惟有他了,可是我活到这么大,还没有像今晚这样见到这么多的直鼻子的人。"

我们搭乘的是九点三十分一班的渡船,我们下了船,穿过第二十二街朝住宅区走去,托宾光着脑袋。

街角上有个人,站在煤气灯下望着高架铁路上面的月亮。那人身材很高,衣着讲究,嘴里咬着一支雪茄烟,我发现他的鼻子像蛇一样从鼻梁到鼻尖弯了两个弯。此时托宾也看到了,我听到他像卸掉鞍子的马似的叹了一口长气。他径直朝那人走去,我跟在后面。

"晚上好。"托宾招呼那人说。那人取下雪茄,客气地回了礼。

"你能把姓名告诉我们,让我们看看它的长短吗?"托宾问道,"我们也许有责任认识你。"

"我的姓名,"那人客气地回答,"是弗里登豪森曼——马克西莫斯·吉·弗里登豪森曼。"

"长短对头,"托宾说,"这串姓名中间有没有'恩'字呢?"

"没有。"那人说。

"你拼写时能用'恩'吗?"托宾有点着急,追问道。

"假如你听不惯外国语言,"那个鼻子拐弯的人说,"不妨在'森'字后面塞进一个'恩',听来舒服些。"

"那就对了,"托宾说,"在下是约翰·马隆和但尼尔·托宾。"

"幸会幸会,"那人欠身说,"我想你们总不至于在街角上举行拼写比赛吧,你们莫名其妙地拦住我,有什么讲得通的解释?"

"是这么一回事,"托宾解释说,"根据那位埃及手相学家看了我手掌以后的判断,你符合那个可以用好运冲掉我晦气人的两个条件,我的掌纹害我遇上那个黑人和船上那个脚伸得老长的金发女人,此外还害我破了一元六十五分的钱财,这一切都应验了。"

那人一愣,不再抽烟了,直瞅着我。

"你对那番话有没有什么补充,"他问道,"或者你和他是一路货色?看你的模样像是负责看管他的人。"

"没有补充,"我回答他说,"我要说的是你完全符合我朋友掌纹预言的好运图像,正如两个马蹄铁一样,毫发不差。不然的话,也许是但尼尔的掌纹给搞混了,我说不上来。"

"认识你们两位,非常愉快,"那个钩鼻子的人四处张望,看看有没有警察可以求助,"我少陪了。晚安。"

他说罢把嘴里的雪茄挪动一下,快步穿过街道。但是托宾紧跟在他旁边,我跟在另一边。

"怎么啦!"他在对街人行道上站停,把帽子往后脑勺一推;"你们干吗跟着我?我告诉你们,"他大声说,"我认识你们十分荣幸。但是我想同你们分手了。我要回家了。"

"请,"托宾挨近他身边说,"请回家吧。我可以坐在你家门口,等你明天早晨出来。那个黑人和金发女人以及破财一元六十五分的诅咒,只有靠你才能破除。"

"简直是乱弹琴,"那人转向我,把我当成比较清醒的疯子,"你最好把他弄回家去。"

"听我说,老哥,"我对他说,"但尼尔·托宾像平时一样通情达理。他喝了不少,可能有点错乱,但绝没有丧失理智,他无非是要在迷信和预言指出的路上走到头,听我向你解释。"我便把看手相的女人的话一五一十讲了一遍,而他正是迷信的手指所指出的好运气的载体。我最后说,"请你理解我在这场混乱中的处境。照我的看法,托宾是我的朋友,我是他的朋友。做一个锦上添花的朋友非常容易,因为会有回报;做一个雪中送炭的朋友也不困难,因为你可以从别人的感激中得到满足和名声,到处都会有你一手提着一桶煤,一手拉着个孤儿,站在贫苦人家门前的图片。可是要做一个天生傻瓜的真正的朋友却不是容易的事情。我现在做的就是这种事,"我说,"按我自己的看法,我手掌上看不出什么运气,只有抡锹握铲磨出的老茧。尽管全纽约市要数你的鼻子最弯,所有算命看相的人能不能从你那里挤出什么运气,我仍表示怀疑。不过但尼尔的掌纹确实指出了你,我得帮他在你身上进行试验,直到他相信你确实挤不出东西为止。"

那人听了这番话,突然转过身哈哈大笑。他靠在墙角上笑了好久。

"是我错了,"他说,"这么美妙的机遇是不可多得的。我几乎失之交臂。附近有一家安逸的咖啡馆,"他说,"适于招待特殊气质的人。我们不妨去喝两杯,同时探讨一下直言判断的无效性。"

他说着把我和托宾带到一家酒吧的后屋,要了酒,把钱放在桌上。他把我和托宾当成亲兄弟似的,我们抽他的雪茄。

"你们要知道,"那个天数决定的人说,"我干的是人们称之为文学的行当。我晚上在外面遛弯,寻找人群中的特殊气质和上天的真谛。你们遇到我的时候,我正把高架铁路和月亮联系起来沉思冥想。快速的交通是诗歌和艺术;月亮只是机械地运转的单调乏味而又干燥的物体。但这只是个人的看法,在文学领域里,情况要倒个个儿。我打算写一本书,阐述我在生活中发现的奇特的事物。"

"你打算把我放进书里,"托宾不高兴地说,"你是不是要把我放进书里?"

"不,"那人说,"书里放不下你。目前还不行。我所能做的只是观察你,突破印刷限制的时候还没有成熟。我只能自己喝酒庆祝。不管怎么说,我谢谢你们,哥们;我真的十分感谢。"

"你这番话,"托宾吹胡子、擂桌子说,"叫我沉不住气。你的弯鼻子理应给我带来好运气,结果让我空欢喜。你关于书的话一点不切合实际。假如没有黑人和金发女人的应验,我真会认为我的掌纹在撒谎——"

"嘘!"那个高个儿说,"难道你们会被相术引入歧途吗?我的鼻子只起它规定范围内的作用。我们再把杯子满上吧,特殊气质要保持湿润,在干燥的精神条件下容易变质。"

我认为那个搞文学的人应验了预言,我和托宾的资本已被预言耗尽,那人高高兴兴地支付了我们喝酒的花费。但是托宾仍旧耿耿于怀,瞪着布满血丝的眼睛,一声不响地光喝酒。

晚上十一点,我们走出了酒吧,在人行道上逗留了一会儿。那人说他必须回家了,请我和托宾陪他走一段。我们走了两个街口,到了一条小街,那里一排砖房,门口有高高的露台和铁栅栏。那人在一幢房屋前站停,抬头望望顶楼,窗口没有灯光。

"这就是寒舍,"他说,"看来内人已经睡了。我不妨尽些地主之谊。我希望你们从底层我们的餐室进去,吃点夜宵。家里还有挺好的冷鸡肉、奶酪和一两瓶淡啤酒。我邀请你们进去吃点东西,我欠你们相伴的情。"

那个建议正合我和托宾的胃口和心意,虽然按照但尼尔的迷信想法,一点啤酒和冷餐决不能代表他掌纹允诺的好运。

"你们走下面的阶磴,"那个钩鼻子的人说,"我从上面的门进去,替你们开底层的门。我让我们新雇的帮厨女工替你们煮一壶咖啡,喝了再回去。卡蒂·玛霍纳虽然是个新手,来这里只有三个月,她煮的咖啡好极啦。请进吧,"那人说,"我去叫她替你们开门。"

麦琪的礼物

一块八毛七分钱。全在这儿了。其中六毛钱还是铜子儿凑起来的。这些铜子儿是每次一个、两个向杂货铺、菜贩和肉店老板那儿死乞白赖地硬扣下来的；人家虽然没有明说，自己总觉得这种掂斤播两的交易未免太吝啬，当时脸都臊红了。德拉数了三遍。数来数去还是一块八毛七分钱，而第二天就是圣诞节了。

除了扑在那张破旧的小榻上号哭之外，显然没有别的办法。德拉就那样做了。这使一种精神上的感慨油然而生，认为人生是由啜泣、抽噎和微笑组成的，而抽噎占了其中绝大部分。

这个家庭的主妇渐渐从第一阶段退到第二阶段，我们不妨抽空儿来看看这个家吧。一套连家具的公寓，房租每星期八块钱。虽不能说是绝对难以形容，其实跟贫民窟也相去不远。

下面门廊里有一个信箱，但是永远不会有信件投进去；还有一个电钮，除非神仙下凡才能把铃按响。那里还贴着一张名片，上面印有"詹姆斯·迪林汉·扬先生"几个字。

"迪林汉"这个名号是主人先前每星期挣三十块钱的时候，一时高兴，加在姓名之间的。现在收入缩减到二十块钱，"迪林汉"几个字看来就有些模糊，仿佛它们正在郑重考虑，是不是缩成一个质朴而谦逊的"迪"字为好。但是每逢詹姆斯·迪林汉·扬先生回家上楼，走进房间的时候，詹姆斯·迪林汉·扬太太——就是刚才已经介绍给各位的德拉——总是管他叫做"吉姆"，总是热烈地拥抱他。那当然是很好的。

德拉哭了之后,在脸颊上扑了些粉。她站在窗子跟前,呆呆地瞅着外面灰蒙蒙的后院里,一只灰猫正在灰色的篱笆上行走。明天就是圣诞节了,她只有一块八毛七分钱来给吉姆买一件礼物。好几个月来,她省吃俭用,能攒起来的都攒了,可结果只有这一点儿。一星期二十块钱的收入是不经用的。支出总比她预算的要多。总是这样的。只有一块八毛七分钱来给吉姆买礼物。她的吉姆。为了买一件好东西送给他,德拉自得其乐地筹划了好些日子。要买一件精致、珍奇而真有价值的东西——够得上为吉姆所有的东西固然很少,可总得有些相称才成呀。

房里两扇窗子中间有一面壁镜。诸位也许见过房租八块钱的公寓里的壁镜。一个非常瘦小灵活的人,从一连串纵的片断的映像里,也许可以对自己的容貌得到一个大致不差的概念。德拉全凭身材苗条,才精通了那种技艺。

她突然从窗口转过身,站到壁镜面前。她的眼睛晶莹明亮,可是她的脸在二十秒钟之内却失色了。她迅速地把头发解开,让它披落下来。

且说,詹姆斯·迪林汉·扬夫妇有两样东西特别引为自豪,一样是吉姆三代祖传的金表,另一样是德拉的头发。如果示巴女王[1]住在天井对面的公寓里,德拉总有一天会把她的头发悬在窗外去晾干,使那位女王的珠宝和礼物相形见绌。如果所罗门王[2]当了看门人,把他所有的财富都堆在地下室里,吉姆每次经过那儿时准会掏出他的金表看看,好让所罗门妒忌得吹胡子瞪眼睛。

这当儿,德拉美丽的头发披散在身上,像一股褐色的小瀑布,

---

[1] 示巴女王,示巴古国在阿拉伯西南,即今之也门。《旧约·列王纪上》载示巴女王带了许多香料、宝石和黄金去觐见所罗门王,用难题考验所罗门的智慧。
[2] 所罗门王,公元前10世纪以色列国王,以聪明豪富著称。

奔泻闪亮。头发一直垂到膝盖底下,仿佛给她铺成了一件衣裳。她又神经质地赶快把头发梳好。她踌躇了一会儿,静静地站着,有一两滴泪水溅落在破旧的红地毯上。

她穿上褐色的旧外套,戴上褐色的旧帽子。她眼睛里还留着晶莹的泪光,裙子一摆,就飘然走出房门,下楼跑到街上。

她走到一块招牌前停住了,招牌上面写着:"莎弗朗妮夫人——经营各种头发用品"。德拉跑上一段楼梯,气喘吁吁地让自己定下神来。那位夫人身躯肥硕,肤色白得过分,一副冷冰冰的模样,同"莎弗朗妮"①这个名字不大相称。

"你要买我的头发吗?"德拉问道。

"我买头发,"夫人说,"脱掉帽子,让我看看头发的模样。"

那股褐色的小瀑布泻了下来。

"二十块钱。"夫人用行家的手法抓起头发说。

"赶快把钱给我。"德拉说。

噢,此后的两个钟头仿佛长了玫瑰色翅膀似的飞掠过去。诸位不必理会这种杂凑的比喻。总之,德拉正为了送吉姆的礼物在店铺里搜索。

德拉终于把它找到了。它准是专为吉姆,而不是为别人制造的。她把所有店铺都兜底翻过,各家都没有像这样的东西。那是一条白金表链,式样简单朴素,只是以货色来显示它的价值,不凭什么装潢来炫耀——一切好东西都应该是这样的。它甚至配得上那只金表。她一看到就认为非给吉姆买下不可。它简直像他的为人。文静而有价值——这句话拿来形容表链和吉姆本人都恰到好

---

① 莎弗朗妮,意大利诗人塔索(1544—1595)以第一次十字军东征为题材的史诗《耶路撒冷的解放》中的人物,她为了拯救耶路撒冷全城的基督徒,承认了并未犯过的罪行,成为舍己救人的典型。详见人民文学出版社《耶路撒冷的解放》第2章第1—54节(1993年版,王永年译)。

处。店里以二十一块钱的价格卖给了她,她剩下八毛七分钱,匆匆赶回家去。吉姆有了那条链子,在任何场合都可以毫无顾虑地看看钟点了。那只表虽然华贵,可是因为只用一条旧皮带来代替表链,他有时候只是偷偷地瞥一眼。

德拉回家以后,她的陶醉有一小部分被审慎和理智所替代。她拿出卷发铁钳,点着煤气,着手补救由于爱情加上慷慨而造成的灾害。那始终是一件艰巨的工作,亲爱的朋友们——简直是了不起的工作。

不出四十分钟,她头上布满了紧贴着的小发卷,变得活像一个逃课的小学生。她对着镜子小心而苛刻地照了又照。

"如果吉姆看了一眼不把我宰掉才怪呢,"她自言自语地说,"他会说我像是康奈岛游乐场里的卖唱姑娘。我有什么办法呢?——唉!只有一块八毛七分钱,叫我有什么办法呢?"

到了七点钟,咖啡已经煮好,煎锅也放在炉子后面热着,随时可以煎肉排。

吉姆从没有晚回来过。德拉把表链对折着握在手里,在他进来时必经的门口的桌子角上坐下来。接着,她听到楼下梯级上响起了他的脚步声。她脸色白了一忽儿。她有一个习惯,往往为了日常最简单的事情默祷几句,现在她悄声说:"求求上帝,让他认为我还是美丽的。"

门打开了,吉姆走进来,随手把门关上。他很瘦削,非常严肃。可怜的人儿,他只有二十二岁——就负起了家庭的担子!他需要一件新大衣,手套也没有。

吉姆在门内站住,像一条猎狗嗅到鹌鹑气味似的纹丝不动。他的眼睛盯着德拉,所含的神情是她所不能理解的,这使她大为惊慌。那既不是愤怒,也不是惊讶,又不是不满,更不是嫌恶,不是她所预料的任何一种神情。他只带着那种奇特的神情凝视着德拉。

四　百　万

德拉一扭腰,从桌上跳下来,走近他身边。

"吉姆,亲爱的,"她喊道,"别那样盯着我。我把头发剪掉卖了,因为不送你一件礼物,我过不了圣诞节。头发会再长出来的——你不会在意吧,是不是?我非这么做不可。我的头发长得快极啦。说句'恭贺圣诞'吧!吉姆,让我们快快乐乐的。我给你买了一件多么好——多么美丽的好东西,你怎么也猜不到的。"

"你把头发剪掉了吗?"吉姆吃力地问道,仿佛他绞尽脑汁之后,还没有把这个显而易见的事实弄明白似的。

"非但剪了,而且卖了。"德拉说,"不管怎样,你还是同样地喜欢我吗?虽然没有了头发,我还是我,可不是吗?"

吉姆好奇地向房里四下张望。

"你说你的头发没有了吗?"他带着近乎白痴般的神情问道。

"你不用找啦,"德拉说,"我告诉你,已经卖了——卖了,没有了。今天是圣诞前夜,亲爱的。好好地对待我,我剪掉头发为的是你呀。我的头发也许数得清,"她突然非常温柔地接下去说,"但我对你的情爱谁也数不清。我把肉排煎上好吗,吉姆?"

吉姆好像从恍惚中突然醒过来。他把德拉搂在怀里。我们不要冒昧,先花十秒钟工夫瞧瞧另一方面无关紧要的东西吧。每星期八块钱的房租,或是每年一百万元房租——那有什么区别呢?一位数学家或是一位俏皮的人可能会给你不正确的答复。麦琪带来了宝贵的礼物①,但其中没有那件东西。对这句晦涩的话,下文将有所说明。

吉姆从大衣口袋里掏出一包东西,把它扔在桌上。

"别对我有什么误会,德尔。"他说,"不管是剪发、修脸,还是

---

① 麦琪,指基督初生时来送礼物的三贤人。一说是东方的三王:梅尔基奥尔(光明之王)赠送黄金表示尊贵;加斯帕(洁白者)赠送乳香象征神圣;巴尔撒泽赠送没药预示基督后来遭受迫害而死。

15

洗头,我对我姑娘的爱情是决不会减低的。但是只消打开那包东西,你就会明白,你刚才为什么使我愣住了。"

白皙的手指敏捷地撕开了绳索和包皮纸。接着是一声狂喜的呼喊;紧接着,哎呀!突然转变成女性神经质的眼泪和号哭,立刻需要公寓的主人用尽办法来安慰她。

因为摆在眼前的是那套插在头发上的梳子——全套的发梳,两鬓用的,后面用的,应有尽有;那原是百老汇路上一个橱窗里德拉渴望了好久的东西。纯玳瑁做的,边上镶着珠宝的美丽的发梳——来配那已经失去的美发,颜色真是再合适也没有了。她知道这套发梳是很贵重的,心向神往了好久,但从来没有存过占有它的希望。现在居然为她所有了,可是佩带这些渴望已久的装饰品的头发却没有了。

但她还是把这套发梳搂在怀里不放,过了好久,她才能抬起迷濛的泪眼,含笑对吉姆说:"我的头发长得很快,吉姆!"

接着,德拉像一只给火烫着的小猫似的跳了起来,叫道:"喔!喔!"

吉姆还没有见到他的美丽的礼物呢。她热切地伸出摊开的手掌递给他。那无知觉的贵金属仿佛闪闪反映着她快活和热诚的心情。

"漂亮吗,吉姆?我走遍全市才找到的。现在你每天要把表看上百来遍了。把你的表给我,我要看看它配在表上的样子。"

吉姆并没有照着她的话做,却坐到榻上,双手枕着头,笑了起来。

"德尔,"他说,"我们把圣诞节礼物搁在一边,暂且保存起来。它们实在太好啦,现在用了未免可惜。我是卖掉了金表,换了钱去买你的发梳的。现在请你煎肉排吧。"

那三位麦琪,诸位知道,全是有智慧的人——非常有智慧的人——他们带来礼物,送给生在马槽里的圣子耶稣。他们首创了圣诞节馈赠礼物的风俗。他们既然有智慧,他们的礼物无疑也是聪明的,可能还附带一种碰上收到同样的东西时可以交换的权利。我的拙笔在这里告诉了诸位一个没有曲折、不足为奇的故事;那两个住在一间公寓里的笨孩子,极不聪明地为了对方牺牲了他们一家最宝贵的东西。但是,让我们对目前一般聪明人说最后一句话,在所有馈赠礼物的人当中,那两个人是最聪明的。在一切接受礼物的人当中,像他们这样的人也是最聪明的。无论在什么地方,他们都是最聪明的。他们就是麦琪。

咖啡馆里的世界主义者

午夜时分,咖啡馆里十分拥挤。我坐的那张小桌子却逃过了新来的人的眼光,还有两把空的椅子,向顾客伸出手臂,提供要用钱换的欢迎。

接着,一位世界主义者占坐了其中的一张,我很高兴,因为我一直认为亚当以后,根本不存在什么真正的世界公民。我们听说过那种人,看到许多贴着外国各地标签的行李,可是遇到的只是旅行者,不是世界主义者。

我得描述一下当时的环境——大理石面的桌子,一排靠墙的皮面椅子,欢乐的人群,穿着梳妆袍似的袒胸露肩的妇女,谈吐都显得高雅,话题不外乎时尚、经济、财富或者艺术;爱小费的服务员殷勤侍候,乐队演奏的音乐聪明地迎合各类喜好,肆意篡改原作曲家的构思;欢声笑语——还有浮兹堡啤酒,你想喝的话可以把那些高大的玻璃杯凑到嘴边,有如在鹈鸟喙前摇晃的枝头的熟樱桃。一位莫克昌克来的雕塑家曾对我说,真正的巴黎咖啡馆就是这种模样。

我的那位世界主义者名叫伊·拉什莫尔·科格伦,他告诉我说,从下一个夏季起他会在康奈岛。他打算在那里创办一些新的娱乐项目,提供适合国王身份的消遣。接着,他海阔天空地聊了起来。那个大而圆的地球仿佛被他玩弄于股掌之上,不比一份客饭里作为果品的野樱桃的籽大多少。他满不在乎地谈论着赤道,从一个洲跳到另一个洲,他嘲笑寒、温、热带,用一条餐巾囊括五洋四海。他提到印度海得拉巴的集市时鄙夷地把手一挥。然后,他带你到瑞典的拉普兰去滑雪。转眼间,你又在南洋群岛同卡内加土著人一起乘风破浪。他拽着你艰难地通过阿肯色州的栎树沼泽地,把你在爱达荷州碱土平原上他的牧场里晾一会儿,紧接着,他又风风火火地把你带进维也纳大公们的社交圈子。随后,他会告诉你,他在芝加哥湖上受风得了感冒,布宜诺斯艾利斯的埃斯卡米拉老大妈怎么用楚楚拉草熬汤,给他喝了才治好。你会觉得,给他寄信时只要在信封上写"宇宙,太阳系,地球,伊·拉什莫尔·科格伦先生",他准能收到。

我满以为终于遇到了亚当以后惟一的真正的世界主义者,我听他夸夸其谈,惟恐在他天南地北的高谈阔论里发现仅仅是一个环球旅行者的地方调子。但是他口若悬河,像风或万有引力一样,对城市、国家和大洲不偏不倚。

伊·拉什莫尔·科格伦空谈这个小小寰球时,我高兴地想起一位伟大的准世界主义者,此人为全世界写作,自己却献身于孟买①。他在一首诗中说,世上的城市都有自豪感,互不服气,"那些城市养育的人们熙来攘往,但像孩子依恋母亲那样依恋自己的城市。"每当他们"走在喧闹而陌生的街道上"时,总是想起自己的家乡城市,"怀有最忠诚痴迷的深情;连那个城市的名字都像是同他们血肉不可分的纽带"。我想起这些诗句更加高兴,因为我抓到了吉卜林先生的疏忽。我在这里遇到了一个与众不同的人;他不狭隘地夸耀自己的出生地点或国家,即使要吹嘘,也是在火星人或者月球居民面前吹嘘他的地球。

---

① 指英国作家吉卜林(1865—1936),他生于印度孟买,曾在印度从事新闻工作,作品大多描述英国殖民者在印度的生活,著有长篇小说《吉姆》、诗歌《军营歌谣》等。

伊·拉什莫尔·科格伦在我们所坐的桌子的第三个角上滔滔不绝地谈着这些话题。当他向我描述西伯利亚铁路沿线的地形地貌时,乐队把几支曲子联起来演奏。结尾响起的是《狄克西》①,刹那间,几乎每张桌子都掌声雷动,淹没了曲子的令人兴奋的音符。

这里有必要花费一些笔墨,指出在纽约的许多酒吧里几乎每晚都可以看到这类惊人的场面。为了探讨理论根据,人们已经消费了成吨的啤酒。有些人草率地猜测说,住在纽约的南方人一到傍晚就迫不及待地奔向酒吧。在一个北方的城市里,人们为"叛军"的曲子鼓掌喝彩,确实叫人有点迷惑;但并不是不能解释的。美国同西班牙的战争、多年来薄荷和西瓜的丰收、新奥尔良跑道上几个爆冷门的黑人优胜运动员,以及组成北卡罗来纳社交界的印第安纳和堪萨斯公民举行的豪华宴会,使得南方成了曼哈顿一时流行的风尚。替你修指甲的女郎会嗲声嗲气地说,你左手的食指让她想起弗吉尼亚州里士满的一位绅士。当然啦,目前许多有身份的妇女不得不出来工作——不是在打仗么?

演奏《狄克西》时,一个黑头发的年轻人像莫斯比②的游击队员似的大喊一声,不知从哪里跳了出来,使劲挥舞着他的软边帽。接着,他在迷蒙的烟雾中摸索,找到我们桌子的那个空座坐下,掏出香烟请大家抽。

晚上到了这个时候,大家没有什么隔阂了。我们中间有人吩咐侍者上三杯啤酒;黑头发的年轻人明白自己也被包括在内,微笑着点点头。我赶快向他提出一个问题,因为我要证实我的理论。

---

① "狄克西"是1859年开始在纽约流行的黑人民歌,由埃米特作曲,美国南北战争期间成为南方同盟军的军歌,后泛指美国南部各州。其实"狄克西"最早指的并不是南方,而是纽约的曼哈顿岛。"狄克西"是该岛一个奴隶主的名字,他把全部奴隶迁至南方,那里劳动条件更恶劣,食物更差,奴隶们怀念原来的"狄克西老家",想象和距离把曼哈顿岛渲染成了"美好向往的地方"。

② 莫斯比(1833—1916),美国南部邦联军官,著有《南北战争回忆录》。

"你能不能告诉我,"我开口说,"你是不是——"

伊·拉什莫尔·科格伦一拳打在桌子上,没让我说下去。

"对不起,"他说,"我最不喜欢听人提这种问题。什么地方的人有什么关系?靠地址来判断一个人是公平的吗?我见过不爱喝威士忌的肯塔基人,祖先不是波卡杭塔土著的弗吉尼亚人,没有写过小说的印第安纳人,不穿边缝缀着银币的丝绒裤子的墨西哥人,有趣的英国人,乱花钱的北方佬,冷淡的南方佬,心胸狭窄的西部人,和忙得没有时间在街上站一个小时看往纸袋里装酸果蔓的独臂的杂货铺伙计。人就是人,不要用任何地区的标签来限定他。"

"对不起,"我说,"我的好奇心并不是毫无根由的。我了解南方,每当乐队演奏'狄克西'时,我喜欢观察。我形成了一个观点,认为一听到那个曲调就特别起劲地喝彩,明显地表现地区忠诚的人,肯定是新泽西州西考格斯或者纽约市默里山文化宫和哈莱姆河之间地区的人。我正想问这位先生来证实我的观点,被你的——我得承认——气魄更宏大的理论打断了。"

那个黑头发的年轻人和我攀谈,显然他自己也有一套思想方法。

"我真想做一个海螺,"他神秘兮兮地说,"待在山谷顶上,啦啦啦地歌唱。"这句话显然太晦涩了,我又转向科格伦。

"我十二次周游世界,"他说,"我认识厄普那维克的一个爱斯基摩人,他用的领带是从辛辛那提订购的,我见到一个乌拉圭的牧羊人,在美国巴特尔克里克一次早餐食品智力竞赛中得了奖。我在埃及开罗和日本横滨都包了长年房间。上海一家茶馆为我准备了拖鞋,我随时可以去住,我在里约热内卢或者西雅图不需要吩咐服务员,他们就知道我早餐吃的鸡蛋要煮得老一点还是嫩一点。这个古老的世界实在太小太小。吹嘘自己来自北方,南方,山谷里的庄园主老宅,克利夫兰的尤克利德大道,派克斯峰,弗吉尼亚州

21

的费尔法克斯郡,阿飞公寓,或者任何别的地方有什么用?当我们不再因为我们偶然出生在某个发霉的城镇或者十英亩的沼泽地而为那些地方痴迷时,这个世界就会美好得多。"

"你仿佛是个真正的世界主义者,"我佩服地说,"但你似乎也是诋毁爱国主义的人。"

"那是石器时代的古董啦,"科格伦亲热地说,"中国人、英国人、祖鲁人、巴塔戈尼亚人、考河河曲的人,都是兄弟。总有一天,这种为自己的城市、州、地区或者国家的渺小的自豪都会一扫而空,我们都是世界公民,也应该是世界公民。"

"可是你在外国漫游时,"我坚持说,"你的思想会不会回归某个地点——某个亲切的——"

"没有什么地点,"伊·拉什莫尔·科格伦轻率地说,"我的居所是这个叫做地球的一团泥土做的、两端稍扁的球形的行星物质。我在国外遇到不少家乡观念很重的美国公民。我见过芝加哥人月夜在威尼斯乘平底船,大言不惭地谈论他们的排水沟。我见过一个南方人晋见英国国王时,眼睛也不眨地对国王说,他的姑婆嫁到了查尔斯顿的帕金斯家。我知道有个纽约人遭阿富汗强盗绑架。他家里人送去了赎金,他同代理人回到卡布尔。'阿富汗?'当地人通过翻译问他:'不太落后吧,是吗?''嗯,我说不好,'他回说,接着他和当地人谈起第六街和百老汇路的马车夫。我不喜欢这种想法。我不会囿于任何直径小于八千英里的东西。我的地址姓名就是地球公民伊·拉什莫尔·科格伦。"

那位世界主义者大大咧咧的告了别,离开了我,因为他似乎在谈话声和烟雾中看到一个熟人。剩下我和那位自命为海螺的年轻人,他几杯啤酒下肚,不再表示在山谷顶上歌唱的愿望了。

我坐着想那位明显的世界主义者,不明白吉卜林怎么会漏掉他。我发现了他,我对他深信不疑。怎么回事?"那些城市养育的人们熙来攘往,但像孩子依恋母亲那样依恋自己的城市。"

伊·拉什莫尔·科格伦可不是这样的。整个世界都是他的——

酒吧另一个角落里巨大的喧闹和冲突打断了我的沉思。我越过坐着的顾客头顶,看见伊·拉什莫尔·科格伦同我不认识的一个人打得不可开交。他们像提坦巨神①似的在桌子间拳打脚踢,玻璃杯摔得粉碎,男人俯身去拣捡落的帽子,刚抬头却被打倒在地,一个浅黑型的白种女子尖声怪叫,一个金黄头发的女子唱起了"逗惹"。

我那位世界主义者在维护地球的自豪与名誉,服务员们展开他们有名的楔状队形朝两个斗士进逼,推推搡搡地把他们轰了出去。

我招呼一个名叫麦卡锡的法国侍者过来,问他争斗的原因。

"那个打红领带的人,"(也就是我那位世界主义者)麦卡锡说,"听到另一个人说他家乡的人行道和供水系统太差劲,便发了火。"

"怎么会呢,"我大惑不解地说,"那人是个世界公民——世界主义者。他——"

"他是缅因州马塔旺基格地方的人,"麦卡锡说,"他听不得别人褒贬他的家乡。"

---

① 提坦巨神,希腊神话中天神乌拉诺斯和地神该亚所生的子女,共十二个,六男六女。巨神受母亲该亚唆使,推翻乌拉诺斯,拥戴克洛诺斯为新王,但克洛诺斯的儿子宙斯又把克洛诺斯打倒,在奥林匹斯山上建立新的统治。

回合之间

五月的月亮明晃晃地照着墨菲太太经营的寄宿舍。查一下历书就可以知道,月亮的光辉同时也洒到一片广大的地区。春天披上了盛装,枯草热紧接着就要猖狂。公园里满是新绿和来自西部与南方的商贾行旅。花在招展。避暑胜地的代理人在招徕顾客;气候和法庭的判决都日趋温和;到处是手风琴声、喷泉和纸牌戏。

墨菲太太寄宿舍的窗户都敞开着。一群房客坐在门口的高石阶上,屁股下面垫着像是德国式煎薄饼的又圆又扁的草编。

麦卡斯基太太倚在二楼前面的一个窗口上,等她丈夫回家。开在桌上的晚饭快凉了。它的火气钻到了麦卡斯基太太的肚子里。

九点钟,麦卡斯基终于来了。他胳臂上搭着外套,嘴里叼着烟斗,一面小心翼翼地在房客们坐的石阶上寻找空隙,以便搁下他那九号长四号宽的大脚,一面因为打扰了他们而不住地道歉。

他推开房门时,碰到的情况却出乎意外。他平日要闪避的不是火炉盖,便是捣土豆泥用的木杵,这次飞来的却只是话语。

麦卡斯基先生推断,温和的五月的月光已经软化了老伴的心。

"我全听到啦,"代替锅碗瓢盆的话语是这样开头的,"你笨手笨脚,踩到了马路上那些不三不四的家伙的衣角倒会赔不是,你自己的老婆伸着脖子在窗口等你,把脖子伸得有晒衣绳那么长,即使你在她脖子上踩过,连一声'对不起'都不吭;你每星期六晚上在加勒吉的店里喝酒,把工钱几乎统统喝光,剩下一点儿来买吃的,现在又统统搁凉,收煤气账的今天又来过两次啦。"

"婆娘!"麦卡斯基把外套和帽子往椅子上一扔,说道,"你这样聒噪,害得我胃口都倒了。你不讲礼貌,就是拆社会基础的墙脚。太太们挡着道,你打她们中间走过,说声借光也是爷们儿的本分。你这副猪脸能不能别再对着窗口,赶快去弄饭?"

麦卡斯基太太慢吞吞地站起来。她的模样有点不对头,使麦卡斯基先生有了提防。当她的嘴角突然像晴雨计的指针那样往下一沉的时候,往往预告着碗盏锅罐的来临。

"你说是猪脸吗?"麦卡斯基太太一面说,一面猛地把一只盛满咸肉萝卜的炖锅向她丈夫扔去。

麦卡斯基先生是个随机应变的老手。他知道头一道小菜之后该上什么。桌上有一盘配着酢浆草的烤猪肉。他端起这个来回敬,随即招来一个搁在陶器碟子里的面包布丁。丈夫很准确地摔过去的一大块瑞士奶酪打在麦卡斯基太太的眼睛下面。当她用满满一壶又烫又黑、半香半臭的咖啡作为恰当的答复时,根据上菜的规矩,这场战斗照说该结束了。

但是麦卡斯基先生不是那种吃五毛钱客饭的人。让那些低档的波希米亚人把咖啡当做结束吧,假如他们愿意的话。让他们去丢人现眼吧。他可精明得多。他不是没有见识过饭后洗手指的水盂。墨菲寄宿舍虽然没有这种玩意儿,可是它们的代用品就在手边。他得意扬扬地举起那个搪瓷脸盆,朝他欢喜冤家的头上一送。麦卡斯基太太躲过了这一招。她伸手去拿熨斗,打算把它当做提神酒,结束这场可口的决斗。这当儿,楼下传来一声响亮的哀号,使她和麦卡斯基不由自主地停了下来,暂时休战。

警察克利里站在房子犄角的人行道上,竖起耳朵倾听家庭用具的砰嘭声。

"约翰·麦卡斯基同他太太又干上啦。"警察思忖着,"我要不要上楼去劝劝呢?还是不去为好。他们是名正言顺的夫妻,平时又没什么娱乐。不会闹得太久的。当然啦,再闹下去的话,他们要借用人家的碗盏才行。"

正在那时候,楼下响起了那声尖厉的号叫,说明不是出了恐怖的事情,便是情况危急。"那也许是猫叫。"警察克利里说着,匆匆朝相反方向走开。

坐在石阶上的房客们骚动起来。保险公司掮客出身,以问长问短为职业的图米先生,走进屋去打听尖叫的原因。他回来报信说,墨菲太太的小儿子迈克不见了。跟在报信人后面蹦出来的是墨菲太太本人——两百磅的眼泪和歇斯底里,呼天抢地地哀悼失踪的三十磅的雀斑和调皮捣乱。你说这种描写手法大煞风景吗,一点不错;可是图米先生挨在女帽商珀迪小姐的身边坐下,他们的手握在一起表示同情。沃尔什姊妹,那两个整个抱怨过道里太嘈杂的老小姐,立刻探听有没有谁在钟座后面找过。

跟他的胖太太坐在石阶最上面一级的格里格少校站了起来,扣好外套。"小家伙不见了吗?"他嚷道,"我走遍全市去找。"他妻子一向不准他在天黑之后出去,现在却用男中音的嗓门说道:"去吧,卢多维克!看到那位母亲如此伤心而坐视不救的人,才叫没有心肝儿呢。""亲爱的,给我三毛——还是给我六毛钱吧,"少校说,"走失的小孩有时遛得很远。我可能要坐车子,身边得备些钱。"

住在四楼后房的丹尼老头,坐在石阶最下面的一级,正借着街灯的亮光在看报纸。他翻过一版,继续看那篇有关木匠罢工的报道。墨菲太太逼紧了嗓子朝月亮喊道:"啊,我们的迈克呀,天哪,我的小宝贝儿在哪儿呀?"

"你最后一次见到他是在什么时候?"丹尼老头一面问,一面还在看建筑公会的报告。

"哟,"墨菲太太哀叫着,"也许是昨天,也许是四个钟头以前。我记不清啦。我的小儿子迈克准是走失啦。今天早晨——也许是星期三吧——他还在人行道上玩耍。我实在太忙,连日子也记不清楚。我在屋子里上上下下都找遍了,就是找不着他。哟,老天哪——"

任凭人们怎样谩骂,这座大城市始终是沉默、冷酷和庞大的。人们说它是铁石心肠,说它没有恻隐之心;人们把它的街道比做荒寂的森林和熔岩的沙漠。其实不然,龙虾的硬壳里面还可以找到美味可口的食品呢。这个譬喻也许不很恰当。不过,不至于有谁见怪。我们没有足够的把握是不会随便把人家叫做龙虾的①。

小孩的迷失比任何灾害更能引起人们的同情。他们的小脚是那么荏弱无力,世道又是那么崎岖坎坷。

格里格少校匆匆拐过街角,跨进比利的铺子。"来一杯威士忌苏打。"他对伙计说,"你有没有在附近什么地方见到一个六岁左右,罗圈腿,肮脏脸的走失了的小鬼?"

图米先生坐在石阶上,握着珀迪小姐的手不放。"想起那个可爱的小东西,"珀迪小姐说,"失去了母亲的保护——也许已经倒在奔马的铁蹄下面了——哦,太可怕了!"

"可不是吗?"图米先生捏紧她的手,表示同意说,"你看我要不要出去帮着找他呢?"

"也许你应该去,"珀迪小姐说,"可是啊,图米先生,你这样见义勇为——这样不顾一切——假如你出于热心,遭到了什么意外,我怎么——"

丹尼老头用手指顺着行句,继续在看那篇仲裁协定。

---

① 美国俚语中把容易受骗的人称做"龙虾"。

二楼前房的麦卡斯基先生和太太走到窗口来喘口气。麦卡斯基先生弯起食指在抠坎肩里面的萝卜,他太太的眼睛被烤猪肉里的盐分搞得很不自在,正在揉擦。他们听到楼下的喧哗,把头伸出窗外。

"小迈克不见了,"麦卡斯基太太压低了嗓门说,"那个可爱的、淘气的、天使般的小东西!"

"那个小家伙走失了吗?"麦卡斯基先生把身子探出窗外说,"哎,那可糟糕。孩子应当另眼相看。换了女人就好了,因为她们一走就天下太平。"

麦卡斯基太太不去理会这句带刺的话,她拽住丈夫的胳臂。

"约翰,"她感情冲动地说,"墨菲太太的小孩儿不见了。这个城市太大,小孩儿容易走失。他只有六岁呐。约翰,假如我们六年前生个孩子,现在也有这么大了。"

"我们从来没有生过呀。"麦卡斯基先生把事实琢磨了一会儿之后说。

"可是如果我们生过的话,约翰,我们的小费伦今晚在城里迷了路,走不见了,你想我们心里该有多难受呀。"

"你在说废话。"麦卡斯基先生说,"他应该叫做帕特,跟我那住在坎特里的老爸爸一样的名字。"

"你胡扯!"麦卡斯基太太说,声调里倒没有火气,"我哥哥抵得上十打泥腿子麦卡斯基。孩子一定要起他的名字。"她从窗台上探出上身,观看下面的纷扰。

"约翰,"麦卡斯基太太温和地说,"对不起,我对你太急躁了。"

"正如你说的,"她丈夫说,"急躁的布丁,匆忙的萝卜,还有撵人的咖啡。你不妨管它叫做一客快餐,准没错儿。"

麦卡斯基太太伸手勾住丈夫的胳臂,握住他那粗糙的手。

四　百　万

"听听可怜的墨菲太太的哭声,"她说,"一个小不点儿的孩子在这样一个大城市里走失,实在太可怕了。假如换了我们的小费伦,约翰,我的心都要碎啦。"

麦卡斯基先生不自在地抽回了手。但是,他把手搭在慢慢挨近他身边的太太的肩膀上。

"这种说法固然荒唐,"他粗鲁地说,"但是如果我们的小——帕特碰上绑票一类的事,我也要伤心的。不过我们从来没有生过孩子。有时候我太不应该,我对你太粗暴了,朱迪。别搁在心上。"

他们偎依着,望着下面演出的伤感的悲剧。

他们这样坐了很久。人们在人行道上涌来涌去,凑在一起打听消息,传播着许许多多的谣言和毫无根据的揣测。墨菲太太像犁地似的在他们中间穿进穿出,仿佛一座挂着泪水瀑布、哗哗直响的肉山。报信人你来我往,忙个不停。

寄宿舍门前响起一片喧嘈的人声,又闹腾开了。

"又是怎么回事,朱迪?"麦卡斯基先生问道。

"是墨菲太太的声音。"麦卡斯基太太一面倾听,一面说,"她说她在屋里找到了小迈克,他在床底下一卷漆布后面睡着了。"

麦卡斯基先生哈哈大笑。

"你的费伦就是那样。"他讥讽地喊道,"换了帕特,才不会玩那种鬼花样呢。我们那个未曾出生的小孩儿如果走失不见了,尽管叫他费伦好啦,看他像条小癞皮狗那样躲在床底下。"

麦卡斯基太太慢吞吞地站起来,朝碗柜走去,她两个嘴角往下一沉。

人群散开之后,警察克利里才从拐角那儿踱回来。他竖起耳朵听着麦卡斯基家的住屋,不禁大吃一惊:那里铁器瓷器的砰嘭声,投掷厨房用具的哐啷声似乎跟刚才一样响亮。警察克利里掏

29

出挂表。

"好家伙!"他脱口喊道,"照我的表看来,约翰·麦卡斯基同他的太太已经干了一小时又十五分钟。他太太的体重比他多四十磅,希望他加把劲。"

警察克利里慢悠悠地拐过街角走了。

丹尼老头折好报纸,慌慌忙忙地走上石阶,墨菲太太正准备锁上门过夜。

天 窗 室

　　首先,帕克太太会领你去看那双开间的客厅。当她滔滔不绝地夸说屋子的优点以及那位住了八年的先生的好处时,你根本不敢打断她的话头。接着,你总算吞吞吐吐地说,你既不是大夫,也不是牙医。帕克太太听取这番话时的神气,准会使你对你的父母大起反感,嗔怪他们当初为什么没有把你培养成为适合帕克太太的客厅的人才。

　　然后,你走上一溜楼梯,去看看租金每周八块钱的二楼后房。她换了一副二楼的嘴脸,告诉你说,图森贝雷先生没有到佛罗里达去接管他兄弟在棕榈滩附近的柑橘种植园时,就住在这里。房租一直是十二块钱,绝不吃亏。又说住在双开间前房,有独用浴室的麦金太尔太太,每年冬天都要到那个棕榈滩去。你听了一阵之后,支支吾吾地说,你希望看看租金更便宜一点的房间。

　　如果你没有被帕克太太的鄙夷神情吓倒,你就会给领到三楼去看看斯基德先生的大房间。斯基德先生的房间并没有空出来。他整天待在里面写剧本,抽香烟。可是每一个找房子的人总是给引到他的房间里去欣赏门窗的垂饰。每次参观之后,斯基德先生害怕有勒令搬家的可能,就会付一部分欠租。

　　接着——啊,接着——假如你仍旧侷促不安地站着,滚烫的手插在口袋里,攥紧那三块汗渍渍的钱,嘶哑地说出了你那可耻可恶的贫困,帕克太太就不再替你当向导了。她拉开嗓门,叫一声"克拉拉",便扭过头,迈开步子下楼去了。于是,那个黑人使女克拉拉会陪你爬上那代替四楼楼梯的、铺着毡毯的梯子,让你看天窗室。它位于房屋中央,有七英尺宽、八英尺长。两边都是黑黝黝的堆放杂物的贮藏室。

屋子里有一张小铁床、一个洗脸架和一把椅子。一个木头架子算是梳妆台。四堵空墙咄咄逼人,仿佛棺材的四壁似的,逼得你透不过气来。你的手不由自主地摸到了喉咙上,你喘着气,仿佛坐在井里似的抬头一望——总算恢复了呼吸。透过小天窗的玻璃望出去,你见到了一方蓝天。

"两块钱,先生。"克拉拉会带着半是轻蔑、半是特斯基吉式①的温和说。

有一天,丽森小姐来找房子。她随身带着一台远不是她这样娇小的人所能带的打字机。她身材非常娇小,在停止发育后,眼睛和头发却长个不停。它们仿佛在说:"天哪!你为什么不跟着我们一块儿长啊?"

帕克太太领着丽森小姐去看双开间的客厅。"这个壁柜里,"她说,"可以放一架骨骼标本,或者麻醉剂,或者煤——"

"我不是大夫,也不是牙医。"丽森小姐打了个寒战说。

帕克太太把她专门用来对付那些不够大夫和牙医资格的人的猜疑、怜悯、轻蔑和冰冷的眼色使了出来,瞪了丽森小姐一眼,然后领她去看二楼后房。

"八块钱吗?"丽森小姐说,"啊呀!我样子虽然年轻,可不是富家小姐②。我只是一个穷苦的打工小姑娘。带我去看看位置高

---

① 美国南方阿拉巴马州的城市,黑人居民较多。
② 此处原文为"我可不是赫蒂",指亨里埃塔·格林(1835—1916)。她是美国金融家,航运及贸易巨头,据说是当时美国最富有的女人,去世时财产已达一亿美元。"格林"在英文中有"绿色""年轻"等解释。

一点儿,租金低一点儿的房间吧。"

斯基德先生听到叩门声,连忙跳起来,把烟蒂撒了一地。

"对不起,斯基德先生。"帕克太太说,看到他大惊失色的模样,便露出一脸奸笑,"我不知道你在家。我请这位小姐来看看你的门窗垂饰。"

"这太美啦。"丽森小姐嫣然一笑说,她的笑容跟天使一般美。

她们走了之后,斯基德先生着实忙了一阵子,把他最近的(没有上演的)剧本里那个高身材、黑头发的女主角全部抹去,换上一个头发浓密光泽、容貌秀丽活泼、娇小顽皮的姑娘。

"安娜·赫尔德①准会争着扮演这个角色呐。"斯基德先生自言自语地说。他抬起双脚,踩在窗饰上,然后像一条空中的墨斗鱼一样,消失在香烟雾中了。

不久便响起了一声"克拉拉!"像警钟似的向全世界宣布了丽森小姐的经济情况。一个黑皮肤的小鬼抓住了她,带她爬上阴森森的梯子,把她推进一间顶上透着微光的拱形屋子,吐出了那几个带有威胁和神秘意味的字眼:"两块钱!"

"我租下来!"丽森小姐嘘了一口气,接着便在那张吱嘎作响的铁床上坐了下去。

丽森小姐每天出去工作。晚上她带了一些有字迹的纸张回家,用她那架打字机誊清。逢到没有工作的晚上,她就跟别的房客一起坐在门口的高台阶上。上帝创造丽森小姐的时候,并没有打算让她住在天窗室里。她心胸豁朗,脑袋里满是微妙的、异想天开的念头。有一次,她甚至让斯基德先生把他那伟大的(没有出版的)喜剧《并非玩笑》(又名《地下铁道的继承人》)念了三幕给她听。

---

① 安娜·赫尔德,当时美国著名演员。

每逢丽森小姐有空在台阶上坐一两个钟头的时候,男房客们都乐开了。可是,那位在公立学校教书的,碰到什么便说"可不是吗!"的高个儿金发的朗纳克小姐,却坐在石阶顶级,嘿嘿冷笑着。那位在百货商店工作,每星期日在康奈岛打活动木鸭的多恩小姐,坐在石阶底级,也嘿嘿冷笑着。丽森小姐坐在石阶中级,男人们马上在她身边围了拢来。

尤其是斯基德先生,他虽然没有说出口,心里却早就把丽森小姐在他现实生活中的私人浪漫剧中派充了主角。还有胡佛先生,那位四十五岁,愣头愣脑,血气旺盛的大胖子。还有那位极年轻的埃文斯先生,他老是吭吭地干咳着,好让丽森小姐来劝他戒烟。男人们一致公认丽森小姐是"最有趣、最快活的人儿",然而顶级和底级的冷笑却是难以和解的。

我请求诸位允许戏文暂停片刻,让合唱队走到台前,为胡佛先生的肥胖洒一滴哀悼之泪。为哀悼脂肪的凄惨,臃肿的灾害和肥胖的祸殃而唱哀歌吧。情场的得意与否如果取决于脂肪的多寡,那么福斯塔夫可能要远远胜过瘦骨嶙峋的罗密欧①。但是情人不妨叹息,可千万不能喘气。胖子是归莫默斯②发落的。腰围五十二英寸的人,任你心脏跳得多么忠诚,到头来还是白搭。去你的吧,胡佛!四十五岁,愣头愣脑,血气旺盛的胡佛可能把海伦③拐了逃跑;然而四十五岁,愣头愣脑,血气旺盛,脑肥肠满的胡佛,只是一具永不超生的臭皮囊罢了。胡佛,你是永远没有机会的。

---

① 福斯塔夫和罗密欧都是莎士比亚剧本中的主角。福斯塔夫肥胖好色,爱吹牛,爱开玩笑。
② 莫默斯,希腊神话中喜欢嘲弄指摘的小神。
③ 海伦,希腊传说中斯巴达国王的妻子,艳丽绝伦,被特洛伊王子拐跑,引起特洛伊十年战争。

一个夏天的傍晚,帕克太太的房客们这样闲坐着,丽森小姐忽然抬头看看天空,爽朗地笑了起来,嚷道:

"哟,那不是比利·杰克逊吗!我在这儿楼下也能见到。"

大伙都抬起头——有的看摩天大楼的窗子,有的东张西望,寻找一艘杰克逊操纵的飞艇。

"那颗星星。"丽森小姐解释道,同时用一个纤细的指头指点着,"不是那颗一闪一闪的大星星,而是它旁边那颗不动的蓝星星。每天晚上我都可以从天窗里望到它。我管它叫比利·杰克逊。"

"可不是吗!"朗纳克小姐说,"我倒不知道你是个天文学家呢,丽森小姐。"

"是啊,"这个观望星象的小人儿说,"我跟任何一个天文学家一样,知道火星居民的秋季服装会是什么新式样。"

"可不是吗!"朗纳克小姐说,"你指的那颗星是仙后星座里的伽马。它的亮度几乎同二等星相当,它的子午线程是——"

"哦,"非常年轻的埃文斯先生说,"我认为比利·杰克逊这个名字好得多。"

"我也同意。"胡佛先生说,呼噜呼噜地喘着气,反对朗纳克小姐,"我认为那些占星的老头儿既然有权利给星星起名字,丽森小姐当然也有权利。"

"可不是吗!"朗纳克小姐说。

"我不知道它是不是流星。"多恩小姐说,"星期日我在康奈岛的游乐场里打枪,十枪当中打中了九次鸭子,一次兔子。"

"从这儿望去还不是顶清楚。"丽森小姐说,"你们应该在我的屋子里看。你们知道,如果坐在井底的话,即使白天也看得见星星。一到晚上,我的屋子就像是煤矿的竖井,比利·杰克逊就像是夜晚女神用来扣住她的睡衣的大钻石别针了。"

之后有一段时期,丽森小姐没有带那些冠冕堂皇的纸张回来打字。她早晨出门并不是去工作,而是挨家挨户地跑事务所,央求傲慢的工友通报,受尽了冷落和拒绝,弄得她垂头丧气。这种情形持续了很久。

有一晚,正是丽森小姐以往在饭店里吃了晚饭回家的时候,她筋疲力尽地爬上了帕克太太的石阶。但她并没有吃过晚饭。

在她踏进门厅的当儿,胡佛先生遇到了她,看中了这个机会。他向她求婚,一身肥肉颤巍巍地挡在她面前,活像一座随时可以崩坍的雪山。丽森小姐闪开了,抓住了楼梯的扶手。他想去抓她的手,她却举起手来,有气没力地给了他一个耳光。她拉着扶手,一步一顿地挨上楼去。她经过斯基德先生的房门口,斯基德先生正在用红墨水修改他那(没有被接受的)喜剧中的舞台说明,指示女主角梅特尔·德洛姆(也就是丽森小姐)应该"从舞台左角一阵风似的跑向子爵身边"。最后,她爬上了铺着毡毯的梯子,打开了天窗室的门。

她没有气力去点灯和换衣服了。她倒在那张铁床上,她那纤弱的身体在老旧的弹簧垫上简直没有留下凹注。在那个地府般幽暗的屋子里,她慢慢地抬起沉重的眼皮,微微笑了一下。

因为比利·杰克逊正透过天窗,在安详、明亮而不渝地照耀着她。她周围一片空虚。她仿佛坠入一个黑暗的深渊,顶上只是一方嵌着一颗星的、苍白的夜空。她给那颗星起了一个异想天开的名字,可起得并不恰当。朗纳克小姐准是对的:它原是仙后星座的伽马星,不是什么比利·杰克逊。尽管如此,她还是不愿意称它为伽马。

她仰躺着,想抬起胳臂,可是抬了两次都没有成功。第三次,她总算把两只瘦削的手指举到了嘴唇上,从黑暗的深渊中朝比利·杰克逊飞了一吻。她的胳臂软绵绵地落了下来。

"再见啦,比利。"她微弱地咕哝着,"你远在几百万英里之外,甚至不肯眨一眨眼睛。可是当四周漆黑一片,什么也看不见的时候,你多半还待在我能看见的地方,是吗?……几百万英里……再见啦,比利·杰克逊。"

第二天上午十点钟,黑使女克拉拉发觉丽森小姐的房门还锁着,他们把它撞开。擦生醋,打手腕,给她嗅烧焦的羽毛都不见效,有人便跑去打电话叫救护车。

没多久,救护车当啷当啷地开到,倒退着停在门口。那位穿着白亚麻布罩衣的年轻干练的医生跳上了石阶,他的举止沉着、灵活、镇静,他那光洁的脸上显得又潇洒,又严肃。

"四十九号叫的救护车来了。"他简洁地说,"出了什么事?"

"哦,不错,大夫。"帕克太太没好气地说,仿佛她屋子里出了事而引起的麻烦比什么都麻烦,"我不知道她是怎么搞的。我们用尽了各种办法,还是救不醒她。是个年轻的女人,一个叫做埃尔西——是的,埃尔西·丽森小姐。我这里从来没有出过——"

"什么房间?"医生暴喊起来,帕克太太生平没有听到过这种询问房间的口气。

"天窗室。就在——"

救护车的随车医生显然很熟悉天窗室的位置。他四级一跨,已经上了楼。帕克太太惟恐有失尊严,便慢条斯理地跟了上去。

她刚走到第一个楼梯口,就看见医生抱着那个天文学家下来了。他站住后,那训练有素,像解剖刀一般锋利的舌头,就任性地把她数落了一顿,可声音却不高。帕克太太像是一件从钉子上滑落下来的浆硬的衣服,慢慢地皱缩起来。此后,她的身心上永远留下了皱纹。有时,她的好奇的房客们问她,医生究竟对她说了些什么。

"算了吧,"她会这样回答,"如果我听了那番话,就能得到宽恕,我就很满意了。"

救护车的随车医生抱着病人,大踏步穿过那群围在四周看热闹的人,甚至他们也羞愧地退到了人行道上,因为医生的神情像是抱着一个死去的亲人。

他们注意到,医生并没有把他抱着的人安顿在救护车里专用的担架上,他只是对司机说:"拼命快开吧,威尔逊。"

完了。难道这也算是一篇故事吗?第二天早晨,我在报纸上看到一小段消息,其中最后一句话可以帮助诸位(正如帮助了我一样)把一鳞半爪的情况联系起来。

它报道说,贝尔维尤医院收了一个住在东区某街四十九号,因饥饿而引起虚脱的年轻女人。结尾是这样的:

> 负责治疗的随车医生威廉·杰克逊大夫声称,病人定能复原。[1]

---

[1] "比利"(Billy)是英文人名"威廉"(William)的昵称,这里的威廉·杰克逊即是上文的比利·杰克逊。

爱 的 奉 献

当你爱好你的艺术时,就觉得没有什么奉献是难以承受的。

那是我们的前提。这篇故事将从它那里得出一个结论,同时证明前提的谬误。从逻辑学的观点来说,这固然是一件新鲜事,可是从讲故事的观点来说,却是一件比中国的万里长城更为古老的艺术品。

乔·拉腊比来自中西部栎树参天的平原,浑身散发着绘画艺术的天才。他还只六岁时就画了一幅镇上抽水机的风景画,抽水机旁还画了一个匆匆走过的、有声望的居民。这件作品给配上架子,挂在药房的橱窗里,挨着一个留有几排参差不齐的玉米粒的穗棒。他二十岁时背井离乡来到纽约,束着一条飘拂的领带,带着一个更为飘拂的荷包。

迪莉娅·卡拉瑟斯生长在南方一个松林葱茏的小村里,她把六音阶之类的玩意儿搞得那样出色,以致亲戚们替她凑了一笔为数不多的款子,让她去北方"深造"。他们没有看到她成——那就是我们要讲的故事。

乔和迪莉娅在一个画室里相遇了。有许多研究美术和音乐的人经常在那儿聚会,讨论明暗对比,瓦格纳,音乐,伦勃朗,绘画,瓦尔特托费尔,糊墙纸,肖邦,奥朗①。

---

① 瓦格纳(1813—1883),德国作曲家;伦勃朗(1606—1669),荷兰画家;瓦尔特托费尔(1837—1915),法国作曲家;肖邦(1810—1849),波兰作曲家、钢琴家;奥朗,中国乌龙茶的粤音。

乔和迪莉娅互相——或者彼此,随你高兴怎么说——一见倾心,短期内就结了婚——因为(参看上文)当你爱好你的艺术时,就觉得没有什么奉献是难以承受的。

拉腊比夫妇租了一套公寓,开始组织家庭。那是一个岑寂的地方——凄怆得像是钢琴键盘左端的升 A 调。可是他们很幸福;因为他们有了各自的艺术,又有了对方。我对有钱的年轻人的劝告是:为了争取同你的艺术以及你的迪莉娅住在公寓里的权利,赶快把你所有的东西都变卖掉,施舍给穷苦的看门人吧。

公寓生活是惟一真正的快乐,住公寓的人一定都赞成我的论断。家庭只要幸福,房间小又何妨——让梳妆台翻倒作为弹子桌;把火炉架改作练习划船用的器材;让写字桌充当备用的卧室;洗脸架充当竖式钢琴;如果可能,让四堵墙壁挤拢,你同你的迪莉娅仍旧在里面。可是倘若家庭不幸福,随它怎么宽敞——你从金门进去,把帽子挂在哈特拉斯,把披肩挂在合恩角,然后穿过拉布拉多出去①,到头仍旧枉然。

乔在伟大的马吉斯特那儿学画——各位都知道他的声望。他收费高昂,课程轻松——他的高昂轻松给他带来了声望。迪莉娅在罗森斯托克那儿学习,各位也知道他是一位出名的专跟钢琴键盘找麻烦的家伙。

只要他们的钱没用完,他们的生活是非常美满的。谁都是这样——算了吧,我不愿意说愤世嫉俗的话。他们的目标非常清晰明确。乔很快就能有佳作问世,那些鬓须稀朗而钱袋厚实的老先生就会争先恐后地挤到他的画室里来抢购他的作品。迪莉娅要同音乐搞熟,然后对它满不在乎;如果看到剧院正厅的位置和包厢不

---

① 金门是美国旧金山湾口的海峡;哈特拉斯是北卡罗来纳州海岸的海峡,与英文中"帽架"谐音;合恩角是南美智利的海峡,与"衣架"谐音;拉布拉多是赫德森湾与大西洋间的半岛,与"边门"谐音。

满座,她就推托喉咙痛,拒绝登台,在专用的餐室里吃龙虾。

但是依我说,最美满的还是那小公寓里的家庭生活:学习了一天之后的情话絮语;舒适的晚饭和新鲜清淡的早餐;关于志向的交谈——他们不但关心自己的,而且也关心对方的志向,否则就没有意义了——互助和灵感;还有——恕我直言,晚上十一点钟吃的菜裹肉片和奶酪三明治。

可是没多久,艺术动摇了。即使没有人去碰它,有时它自己也会动摇的。俗话说得好,坐吃山空;应该付给马吉斯特和罗森斯托克两位先生的学费也没有着落了。当你爱好你的艺术时,就觉得没有什么奉献是难以承受的。于是,迪莉娅说,她得教授音乐,以免断炊。

她在外面奔走了两三天,兜揽学生。一天晚上,她兴高采烈地回来了。

"乔,亲爱的,"她快活地说,"我有一个学生啦。哟,那家人真好。一位将军——艾·比·平克尼将军的小姐,住在第七十一号街。多么漂亮的房子,乔——你该看看那扇大门!我想就是你所说的那种拜占庭式①。还有屋子里面!喔,乔,我从没见过那样豪华的装修。

"我的学生是他的女儿克莱门蒂娜。我见了她就欢喜极啦。她是个柔弱的小东西——老是穿白衣服;态度又那么朴实可爱!她只有十八岁。我一星期教三次课;你想想看,乔!每课五块钱。数目固然不大,可是我一点也不在乎。等我再找到两三个学生,我又可以到罗森斯托克先生那儿去学习了。现在,别皱眉头啦,亲爱的,让我们美美地吃一顿晚饭吧。"

---

① 拜占庭式,6世纪至15世纪间,在东罗马帝国风行的建筑式样,特点是圆屋顶,拱形门,细工镶嵌。

"你倒不错,迪莉,"乔一面说,一面用斧子和切肉刀凿一个青豆罐头,"可是我该怎么办呢?你认为我能让你忙着挣钱,而我自己却在艺术的领域里追逐吗?我以本范努托·切利尼①的骨头赌咒,绝对不能!我想我能卖卖报纸,运卵石铺马路,多少也挣一两块钱回来。"

迪莉娅走过来,勾住他的脖子。

"乔,亲爱的,你真傻。你一定要坚持学习。我并不是抛弃了音乐去干别的事情。我一面教别人,自己一面也能学一些。我永远跟我的音乐在一起。何况我们一星期有十五块钱,可以过得像百万富翁那般快乐。你千万不要打算脱离马吉斯特先生。"

"好吧。"乔说,一面去拿那个贝壳形的蓝色菜碟子,"可我不愿意让你去教课。那不是艺术。你做出这样的奉献真了不起,真叫人钦佩。"

"当你爱好你的艺术时,就觉得没有什么奉献是难以承受的。"迪莉娅说。

"我在公园里画的那幅素描,马吉斯特说上面的天空很好。"乔说,"廷克尔答应我在他的橱窗里挂上两幅。如果碰上一个合适的有钱的傻瓜,可能卖掉一幅。"

"我相信一定能卖掉。"迪莉娅亲切地说,"现在让我们先来感谢平克尼将军和这烤羊肉吧。"

下一个星期,拉腊比夫妇每天早餐都吃得很早。乔兴致勃勃地要到中央公园去在晨光下画几张速写。七点钟,迪莉娅在给了他早饭、拥抱、赞美和接吻之后,把他送出了门。艺术是个迷人的情妇。他回家时,多半已是晚上七点钟了。

周末,愉快自豪,但又疲惫不堪的迪莉娅得意洋洋地掏出三张

---

① 本范努托·切利尼(1500—1571),意大利著名雕刻家。

五元的钞票,扔在那八英尺阔十英尺长的公寓客厅里的八英寸阔十英寸长的桌子上。

"有时候,"她有些厌倦地说,"克莱门蒂娜真叫我费劲。我想她大概练习得不充分,我得反反复复地教她。而且她老是穿白的,也叫人觉得单调。不过平克尼将军倒是个顶可爱的老头儿!我希望你能认识他,乔。我和克莱门蒂娜练习钢琴的时候,他偶尔走进来——他是个鳏夫,你知道——站在那儿捋他的白胡子。'十六分音符和三十二分音符教得怎么样啦?'他老是这样问道。

"我希望你能看到客厅里的护壁镶板,乔!还有那些阿斯特拉罕的呢门帘。克莱门蒂娜老是有点儿咳嗽。我希望她的身体比她外表看来的要结实些。喔,我实在是越来越喜欢她了,她多么温柔,多么有教养。平克尼将军的弟弟当过驻玻利维亚的公使。"

接着,乔带着基度山伯爵的神气,掏出一张十元,一张五元,一张两元和一张一元的钞票——全是合法的货币——把它们摆在迪莉娅挣来的钱旁边。

"那幅方尖碑的水彩画卖给了一个从皮奥里亚①来的人。"他郑重其事地宣布说。

"别跟我开玩笑啦,"迪莉娅说——"不会是皮奥里亚那么远来的吧!"

"确实是那儿来的。我希望你能见到他,迪莉。一个胖子,围着羊毛围巾,衔着一根翻管牙签。他在廷克尔的橱窗里看到了那幅画,起先还以为是座风车呢。他倒很气派,不管三七二十一就把它买下了。他另外还预定了一幅——拉卡瓦纳货运车站的油画——准备带回去。我的画,加上你的音乐课!啊,我想艺术还是有前途的。"

---

① 皮奥里亚,美国伊利诺伊州中部的城市。

"你坚持了下来,真使我高兴。"迪莉娅热切地说,"你一定会成功的,亲爱的。三十三块钱!我们从来没有过这么多可花的钱。今晚我们买牡蛎吃。"

"加上炸嫩牛排和香菌。"乔说,"肉叉在哪儿?"

下个星期六的晚上,乔先回家。他把他的十八块钱摊在客厅的桌子上,然后把手上许多像是黑色颜料的东西洗掉。

半个钟点之后,迪莉娅来了,她的右手用棉纱和绷带包成一团,简直不成样子。

"这是怎么搞的?"乔照例打了招呼后问道。迪莉娅笑了,可笑得并不十分快活。

"克莱门蒂娜,"她解释说,"上了课以后一定要吃奶酪面包。她真是个古怪的姑娘。下午五点钟还要吃奶酪面包。将军也在场。你该看看他跑去拿烘锅时的样子,乔,仿佛家里没有用人似的。我知道克莱门蒂娜身体不好,神经过敏。她浇奶酪的时候泼翻了许多,滚烫的,溅在我的手腕上。痛得要命,乔。那可爱的姑娘难过极了!还有平克尼将军!——乔,那老头儿急得几乎要发疯。他冲下楼去叫人——他们说是烧锅炉的或是地下室里的什么人——到药房里去买些油和包扎伤口用的东西。现在倒不十分痛了。"

"这是什么?"乔轻轻地握住那只手,扯扯绷带下面的几根白线,问道。

"那是涂了油的软纱。"迪莉娅说,"喔,乔,你又卖掉了一幅素描吗?"她看到了桌上的钱。

"可不是吗?"乔说,"只消问问那个从皮奥里亚来的人。他今天把他订的车站图取去了;他没有说定,可能还要一幅公园和一幅哈得孙河的风景。你今天下午什么时候烫痛手的,迪莉?"

"大概在五点钟吧。"迪莉娅可怜巴巴地说,"熨斗——我是说奶酪,大概在那时候烧好。你真该看到平克尼将军的样子,乔,他——"

"先坐一会儿,迪莉。"乔说。他把她拉到卧榻上,自己在她身边坐下,用胳臂围住了她的肩膀。

"这两个星期以来,你到底在干些什么,迪莉?"他问道。

她带着充满爱情和固执的眼神熬了一两分钟,含含混混地说着平克尼将军;但终于垂下头,一边哭,一边说出实话来了。

"我找不到学生。"她供认说,"我又不忍心眼看你抛弃你的课程,所以在第二十四号街那家大洗衣店里找了一个熨衬衣的活儿。我以为我把平克尼将军和克莱门蒂娜两个人编造得很好呢,可不是吗,乔?今天下午,洗衣店里一个姑娘的热熨斗烫了我的手,我一路上就编出了那个烘奶酪的故事。你不会生我的气吧,乔?如果我不去做工,你也许不能把你的画卖给那个皮奥里亚来的人。"

"他不是从皮奥里亚来的。"乔慢吞吞地说。

"打哪儿来的都一样。你真行,乔——吻我吧,乔——你怎么会怀疑我不在教克莱门蒂娜的音乐课呢?"

"在今晚以前,我始终没有起疑。"乔说,"今晚本来也不会起疑的,可是今天下午,我替楼上一个给熨斗烫坏手的姑娘找了一些机器房的油和废纱头。两星期来,我就在那家洗衣店的锅炉房烧火。"

"那你并没有——"

"我的皮奥里亚来的主顾,"乔说,"和平克尼将军都是同一艺术的产物——只是你不会把那门艺术叫做绘画或音乐罢了。"

他们两个都笑了。乔开口说:

"当你爱好你的艺术时,就觉得没有什么奉献是——"

可是迪莉娅用手掩住了他的嘴。"别说啦,"她说——"只消说'当你爱的时候'。"

玛 吉 登 场

　　每星期六晚上,苜蓿叶社交俱乐部在东区互让运动协会的大厅里举行舞会。参加舞会的人必须是协会会员——假如你属于跳华尔兹时右脚先起步的那部分人,你就必须是莱因戈尔德纸盒工厂的女工。此外,苜蓿叶的任何会员都有权带一个外人或由一个外人陪伴。在大多数情况下,互让协会会员都带他喜欢的纸盒厂女工;陌生人很少有幸参加过那些定期的舞会。

　　玛吉·图尔由于眼睛暗淡,嘴巴宽,跳二拍子圆舞曲时步法别扭,去舞会时总是跟着安娜·麦卡蒂和她的男朋友。安娜和玛吉在工厂里挨在一起干活,两人是最要好的朋友。因此,每星期六晚上安娜总要吉米·伯恩斯陪她先弯到玛吉的住处,好让她的朋友跟他们一起去跳舞。

　　互让运动协会无愧于它的名称。坐落在果园街的协会大厅里配备了新发明锻炼肌肉的器材。肌肉纤维经过强化的会员们惯于同警察和敌对的社交运动组织快活地干架。在这些比较认真的消遣之外,星期六晚上同纸盒工厂女工一起的舞会有美化心灵的作用,并且可以充当有效的掩护。有时候传出内部消息,如果你属于特权阶层,可以悄悄登上隐秘的后楼梯,看到一场拳击台上的那种干净利落、有始有终的次中量级打斗。

　　莱因戈尔德纸盒厂星期六下午三点收工。一个星期六下午,安娜和玛吉一起步行回家。到了玛吉住处门口时,安娜像往常那样说:"玛吉,你七点整准备好,吉米和我来接你。"

怎么啦?那个没有舞伴的姑娘不像平时那样谦逊而感激不尽地连连道谢,而是扬起头,宽嘴巴两角露出自豪的酒窝,暗淡的棕色眼睛几乎在闪光。

"谢啦,安娜,"玛吉说,"不过今晚你和吉米不必费心了。有位男朋友要过来陪我去参加舞会。"

俊俏的安娜向她的朋友扑去,抓住玛吉的身子摇晃,责备她、恳求她。玛吉·图尔居然有了男朋友!长得一般的、亲切、忠诚、没有吸引力的玛吉,作为朋友非常可爱,但在二拍子圆舞曲或者小公园月光下的长凳上却无人问津。那是怎么回事?什么时候开始的?那个人是谁?

"你今晚就会看到,"玛吉说,她在丘比特的葡萄园里首次采集的葡萄酿成的美酒使她脸上泛起红晕,"他长得很帅。比吉米高两英寸,衣着也很时髦。我们一到大厅,我就替你介绍。"

那晚,安娜和吉米是第一批到达的首蓿叶会员。安娜明亮的眼睛牢牢盯着大厅门口,想尽早看到她朋友的"猎物"。

八点三十分,图尔小姐在朋友的陪伴下飘然来到大厅。她扬扬得意的眼睛很快就发现了在忠实的吉米呵护下的她的好朋友。

"唷,唷!"安娜嚷道,"玛吉真有一手——可不是吗?那人确实不赖!不一般。瞧他们呀。"

"尽管请便,"吉米声音沙哑地说,"你要他的话不妨去找他。那些新来的人总是赢得好感。你不必考虑我。我想他不会拒人门外的,哼!"

"闭嘴,吉米。你明白我的意思。我替玛吉高兴。那是她第一个男朋友。噢,他们过来了。"

玛吉像一艘花哨的游艇在威武的巡洋舰的护卫下穿过大厅。她的伙伴确实值得她忠诚的好朋友的称赞。他比互让协会一般的运动员都高出两英寸;深色的拳曲头发;频频欠身的招呼微笑,闪闪发亮的眼睛和牙齿。苜蓿叶俱乐部的小伙子们钦佩的不是人们的风度,而是他们的功夫、徒手搏击的本领和在经常威胁着他们的法律震慑下的自我保护的能力。协会会员想把纸盒厂的女工拴在他们勇往直前的战车上时,不屑于摆出花花公子布鲁梅尔①的架势。那不是他们心目中体面的战斗方法。苜蓿叶俱乐部的小伙子们认同的追求姑娘的武器和弹药是鼓突的二头肌、使上衣扣不住纽扣的宽阔胸部、自信开天辟地以来男人至高无上的神气,甚至认为在丘比特文雅的比武中平静地露出自己的罗圈腿也是征服女人的魅力。因此,他们对来客的鞠躬如也和讨好的姿态不以为然。

"我的一个朋友,特里·奥沙利文。"玛吉介绍说。她带他在大厅里转了一圈,把他介绍给每一个刚到的苜蓿叶俱乐部成员。这会儿她几乎显得很美,眼睛里的光亮是女人遇到第一个追求者,小猫抓到第一只老鼠时所特有的。

"玛吉·图尔终于有了男朋友。"纸盒厂女工交头接耳说。"那是玛吉厂里的巡视员。"互让协会的人用这种解释表示他们的冷漠和鄙夷。

在每周六的舞会上,玛吉坐冷板凳的时候居多,把后背靠着的一块墙都焐热了。每当一个有自我牺牲精神的男人请她跳舞时,她感激之情溢于言表,使对方觉得自己掉了价,大为扫兴。玛吉还注意到,安娜老是用胳膊肘去捅那个老大不情愿的吉米,要他主动去请玛吉跳舞。

---

① "花花公子布鲁梅尔"是以讲究衣着服饰出名的乔治·布里安·布鲁梅尔(1778—1840)的绰号。美国剧作家菲奇(1865—1909)1890年发表的一部喜剧以他为主角,大获成功,使这个名字在美国妇孺皆知。

但是,今晚南瓜变成了六匹马拉的豪华马车①。特里·奥沙利文是一位优胜的王子,玛吉·图尔是破蛹而出的蝴蝶,第一次鼓翅飞舞。虽然我们把童话世界和昆虫领域的比喻混到了一起,玛吉完美一夜的玫瑰色旋律丝毫不受影响。

女伴们围着她,要她介绍她的"朋友"。苜蓿叶俱乐部的小伙子前两年似乎瞎了眼,突然发现了玛吉的可爱。他们放松了咄咄逼人的肌肉,上前请她跳舞。

她大获成功;特里·奥沙利文那晚也出足风头。他甩着鬈发;面带笑容,周旋在众人之中,应付裕如。他舞跳得很棒,举手投足都有风度和品位;他能说会道,此外——他同邓普西·多诺万带来的那个纸盒厂的姑娘一连跳了两支舞。

邓普西是协会的头头。他身穿晚礼服,单手引体上升时能两次让下巴高出单杠横杆。他是"大迈克"奥沙利文的左右手之一,麻烦从来找不到他头上。警察不敢抓他。每当他打破手推车商贩的脑袋或者踢碎海因里克·斯威尼远足文学协会会员的膝盖骨时,会有一位警官上门说:

"邓普西老兄,有空的时候到警察局来一次,局长想同你谈几分钟。"

但是舞会上有一些胸前挂着粗大的金表链、嘴上叼着黑雪茄的先生,也有一些喜欢搬弄口舌的人,邓普西便回健身房,拿起六磅重的哑铃练上半小时。因此,同邓普西带来的纸盒厂姑娘连跳两支舞可不是闹着玩的事,那比在尼亚加拉大瀑布上空走钢丝绳危险得多。十点钟,"大迈克"奥沙利文的那张高兴的圆脸会在大厅门口显露五分钟。他总是来看上五分钟,朝姑娘们笑笑,向快活

---

① 这里借用了《灰姑娘》的童话,仙女帮助遭受继母虐待的灰姑娘,把南瓜变成马车,把六只老鼠变成马,让她穿上美丽的衣服和水晶鞋去参加王子选妃的舞会。

的小伙子们散发正宗的高级雪茄烟。

邓普西马上走到他身边,飞快地说了几句话。"大迈克"仔细看看跳舞的人,笑了笑,摇摇头走了。

音乐停了。跳舞的人纷纷走向靠墙的一排椅子。特里·奥沙利文把一位穿蓝衣服的漂亮姑娘送到她的伙伴那儿,风度翩翩地一鞠躬,自己正要回去找玛吉。邓普西却在舞池中央拦住了他。

某种准是罗马时代遗留下来的微妙的本能几乎使所有的人都转身看着他们——大家隐隐约约觉得两个角斗士在竞技场上相遇了。两三个坎肩显得太紧的互让协会的会员挨了上来。

"请稍等,奥沙利文先生,"邓普西说,"希望你玩得痛快。你说你住在哪里来着?"

两个角斗士身材相仿。邓普西也许重了十磅。奥沙利文肩膀宽阔,动作敏捷。邓普西目光冰冷,抿紧的嘴巴令人生畏,下颌结实得仿佛打不碎,脸色像美女似的有红有白,态度像拳击冠军似的镇定自若。外来的客人傲慢的神情更为强烈,明显的鄙夷更不能控制。自从地球上的岩石还在熔化状态时,他们就是势不两立的敌人。他们两人都太出色,太强大,太无与伦比了,以致无法平分秋色。只能有一个生存下去。

"我四海为家,"奥沙利文蛮横无理地说,"随时都找得到我。你住哪里?"

邓普西不理他的问话。

"你说你姓奥沙利文,"他接着说,"可是大迈克说以前从未见过你。"

"他从未见过的事情多着呢。"舞会上的宠儿顶嘴说。

"照说这个地盘上姓奥沙利文的人都相互认识,"邓普西沙哑的嗓音温柔得出奇,"你陪我们的一位女会员来这儿,我们想核实一下。如果你有家谱,请报几个奥沙利文的族人。还是要我们刨根问底?"

"我劝你少管闲事。"奥沙利文无动于衷地说。

邓普西眼睛一亮。他仿佛想出一个好主意,伸出了食指。

"我现在明白了,"他说,"这只不过是一个小小的误会。你不姓奥沙利文。你是一只卷尾猴。我们开头没有认出你,真对不起。"

奥沙利文眼睛冒火。他刚要出手,胳臂被守在旁边的安迪·乔根抓住了。

邓普西朝安迪和俱乐部秘书威廉·麦克马汉点头示意,自己快步朝大厅后面的一扇门走去。互让协会的另外两个会员迅速跟了上来。特里·奥沙利文现在落到规则和社交裁判委员会手里,听由他们处置。他们简明扼要地对他谈了话,把他从后门带了出去。

苜蓿叶俱乐部成员的这种行动需要做些解释。协会大厅后面有一个比较小的房间是俱乐部租下的。舞厅发生了个人纠纷,就去那里在委员会的监督之下一对一地用拳头解决。多年来,妇女们从没有在苜蓿叶俱乐部的舞会上看到打斗。男会员们可以做出保证。

邓普西和委员会的预备工作完成得非常顺利,以致大厅里许多人根本没有注意到风头十足的奥沙利文的社交胜利受到了遏制。奥沙利文出去时,玛吉也没有看到,这会儿她正在寻找。

"干上啦!"罗莎·卡西迪说,"你不知道吗?邓普西·多诺万同你的漂亮朋友吵了起来,他们把他带到屠宰房去了。你觉得我的头发做得怎么样?"

玛吉按住纱坎肩的心口。

"去和邓普西打架了吗?"她气急败坏地说,"必须阻止他们。邓普西·多诺万不能和他打。唷,他——他会杀了多诺万的!"

"有什么值得大惊小怪的?"罗莎说,"每次舞会上不是总有几个打架的吗?"

玛吉顾不上听她说完,已在拥挤的跳舞的人群中间曲曲折折跑了出去。她冲出后门,穿过幽暗的过道,用肩膀去撞那个一对一格斗的房间门。门给撞开了,她一眼看到的是委员会的人握着秒表在旁边计时;邓普西脱了上衣,像拳击手那样轻快地跳动着,谨慎地逼近对手;特里·奥沙利文抱着双臂,深色的眼睛露出杀气。她没有放慢脚步,尖叫一声,跳上前去——及时吊住奥沙利文突然举起的胳臂,甩掉了他从怀里掏出来的一把寒光逼人的短剑。

短剑咣的一声落到地上。互让协会的屋子里居然出了动刀子的事情!以前从来没有发生过。大家都愣了片刻。安迪·乔根好奇地用鞋尖踢踢短剑,仿佛古董家遇到了一件前所未见的古兵器。

奥沙利文嘴缝里迸出一句听不清的话。邓普西和委员会成员交换了眼色。接着,邓普西像看一条无主的狗似的并无怒意地瞅着奥沙利文,朝门口点一点头。"乔塞佩,从后楼梯走吧,"他简短地说,"随后有人把你的帽子送去。"

玛吉走到邓普西·多诺万面前。她脸色通红,眼泪簌簌滚下。但她勇敢地正视着多诺万。

"我知道,邓普西,"她说,即使带着泪花,眼睛也开始暗淡下来,"我知道他是意大利裔。他名叫托尼·斯比内利。我听说你和他要打架就马上赶来。那些意大利人身边总是带着刀子。可是你不了解,邓普西。我活到这么大从没有男朋友。每次跟安娜和吉米来,自己也烦了,于是我让他自称姓奥沙利文,带了他来。我清楚,凭他南欧人的身份是进不来的。我想现在我只好退出俱乐部了。"

邓普西转向安迪·乔根。

"把那切奶酪的玩意儿扔到窗外去,"他说,"再告诉大厅里的人,奥沙利文先生接到一个电话,有事去塔马尼大楼了①。"

他又转身对玛吉说:

"嗨,玛吉,我送你回家。下周六你有没有空?我去接你,你陪我参加舞会好吗?"

玛吉暗淡的棕色眼睛突然明亮起来,速度快得出奇。

"跟你吗,邓普西?"她结结巴巴地说,"当然可以。"

---

① 塔马尼大楼是纽约市和纽约州民主党总部所在地。

城 市 佬

有两三件事我想知道。我不喜欢为神秘的东西所困扰。于是我开始探索。

我花了两个星期才弄清楚妇女们衣服盒里装的是什么。然后，我着手打听为什么床垫总是分成两块。这种认真的问题最初招来了猜疑，因为听来像是一个谜。我终于查明，床垫分两块制造的设计，目的在于减轻铺床的妇女们的负担。我傻乎乎地刨根问底，想了解既然如此，两块的尺寸为什么不一般大小；在这个问题上却碰了壁。

我渴望从知识的源泉得到启发的第三件事是所谓"城市佬"究竟是何等人物。照说这种典型在我心目中不应该模糊。我们在理解任何事物之前，必须对它有一个明确的概念，即使那个概念是想象出来的。我现在想象中的约翰·多伊的模样，像钢板画那般清晰。他眼睛淡蓝色；穿着褐色的坎肩和发亮的黑哔叽上衣。他老是站在阳光下，嘴里嚼着什么；他把小刀半阖起来，随后又用拇指顶开。如果有谁的社会地位比他高一点，那准是一个身材高大、脸色苍白的人，袖口里面露出蓝色的手链，坐在保龄球场附近的擦皮鞋的椅子上，身上一定有些绿松石的饰物。

但是，要勾勒城市佬的模样时，我想象的画布一片空白。我猜想他有超脱的冷笑（像龇牙咧嘴的柴郡猫的笑容）和可以脱卸的活袖口；仅此而已。于是我向新闻采访记者请教。

四　百　万

"嗯,城市佬么,"他说,"是处于'游手好闲者'和'俱乐部会员'之间的人物。很难说得确切——菲什夫人的招待会和私人拳击赌赛他都要插一脚。他既不属于贪图安乐俱乐部,也不属于'杰里·麦克盖根白铁学徒工左撇子杂烩协会'。我不知道怎么向你确切地描绘他。凡是出事的地方你都可以看到他。是啊,我想他应该是一种典型人物。每晚穿着礼服;三教九流的内幕无不熟悉;他叫得出市里每一个警察和侍者的小名。不,他从不同女人外出。一般喜欢独来独往,或者和另一个男人一起。"

我的记者朋友走开了,我继续朝前逛去。这时候,里亚尔托①的三千一百二十六盏电灯亮了。人们经过我身边,但不能使我驻足。情欲的眼光投射到我身上,但不伤我毫发。去进晚餐的人、回家的人、女店员、骗子、乞丐、演员、拦路强盗、百万富翁和外地人有的来去匆匆,有的信步闲逛,有的大摇大摆,有的鬼鬼祟祟②,但我都不加注意。我很了解他们;看透了他们的心思;他们对我毫无用处。我要我的城市佬。他是典型,把他漏掉将是一个错误——手民误植——扯得太远啦,我们接着往下说。

我们不妨说些伦理方面的题外话。观察一家人看星期天报纸的情形是大有裨益的。各版已经拆散。爸爸急切地浏览年轻姑娘在打开的窗子前撅着屁股做健美操的图片版——不,不! 妈妈专心致志地在看字谜,想猜出名字两个字都有扭丝旁的是哪一个城市,大女儿认真地在看金融版,因为上星期天晚上,一个小伙子说他把钱全投在 QXZ 股票上。十八岁的儿子、纽约公立学校学生威利在看一篇如何改制旧衬衫的专稿,因为他希望毕业那天领到一项缝纫奖。

---

① 里亚尔托原是意大利威尼斯的一个岛和著名的商业区,纽约人用这来称呼百老汇路的戏院区。
② 原文这里有五个动词,都用"s"打头。

奶奶捧着漫画副刊不放,一连看了两个小时;小托蒂同房地产转让版一起躺在摇篮里,自得其乐。描绘这番景象的目的是让读者安心,因为最好把故事删去几行。现在要谈到烈性饮料了。

我进了一家酒馆,侍者调威士忌酒时,我问他对"城市佬"这个名词、名称、称呼、称号、描述或者特性记述是怎么理解的。

我刚放下调酒的匙子,他就拿了过去,谨慎地说:"唔,那是指一个机灵的家伙,跟朋友喝一宿酒,不管别人怎么怂恿,都不会过量——唔,城市佬是指老油子,不管在弗莱特埃荣①的哪一层都不会晕头转向——明白了吗,我想这种解释大概能说明问题。"

我谢了他,离开酒馆。

人行道上一个救世军的少女晃着她的募捐箱,触碰我的坎肩口袋。

"你可不可以告诉我,"我问她道,"你每天走在大街上,有没有遇到一种通常叫做'城市佬'的人物?"

"我想我明白你的意思,"她温柔地一笑说,"我们看到他们每晚在相同的地点露面。他们是魔鬼的贴身保镖,如果一支军队的士兵能像他们那样忠诚,他们的长官可省心了。我们到他们中间去,从他们的邪恶那里抠出几个小钱,奉献给上帝。"

她又推出募捐箱,我往里面放了十美分。

在一家灯火辉煌的旅馆前面,我的一位评论家朋友正从出租马车里下来。他仿佛很悠闲;我便向他提出我的问题。正如我深信的那样,他认真作了回答。

"纽约有一类叫做'城市佬'的人,"他回说,"我很熟悉这个词,可是从未有谁要我对这类人物做出界定。很难向你举出一个

---

① 弗莱特埃荣意为"熨斗",指1902年纽约建造的第一座摩天大楼,有二十层,形似熨斗。

确切的例子。我随便说说,那是一类害了爱看热闹爱打听的、无药可治的、特殊的纽约城市病的人。他们的生活每天六点钟开始。他们严格遵守穿着打扮的习俗;但是在干预同他们无关的事情方面,会像追踪麝香猫或者寒鸦的猎狗。那种人探索放荡不羁的艺术家的生活时,可以从地下室餐馆到屋顶花园,从赫斯特街到哈莱姆区①,直到再也找不到吃意大利面条时不用刀切的地方为止。你说的'城市佬'就爱干那种事。老是追踪新鲜的东西。他们好奇、冒失,无处不在。他们爱坐双轮马车,抽金纸箍的雪茄烟;抱怨饭店的音乐。那种人为数不多;可是他们的意见到处得到重视。

"你提出这个问题,我很高兴;我已经觉察到这种夜晚的弊病对我们城市的影响,但从未想到要加以分析。现在我懂得,你说的'城市佬'早就应该另分一类。他们带来了一批酒类代理商和服装店;饭店的乐队应他们的要求,会演奏流行音乐而不演奏亨德尔②的作品。他们每晚到处乱转,你我最多一星期开一次眼界。街上一家雪茄烟铺遭到抢劫时,他可以朝现场的警官打个招呼,不受盘问,扬长而去,你我却要到警察局向值内勤的警官报出姓名地址,证明自己的身份。"

我的评论家朋友换了一口气,还要滔滔不绝地说下去,我赶紧抓住这个机会。

"你已经把他归了类,"我高兴地嚷着说,"你已经描绘出他在城市画廊里的肖像。但是我一定要当面见到这样的一个人。我必须根据第一手材料研究城市佬。我上哪儿才能找到他?我怎么才能辨认他?"

评论家似乎根本不在听,自顾自说下去。出租马车夫也在等

---

① 赫斯特街是纽约犹太移民集中居住的地区;哈莱姆是纽约中央公园北面黑人聚居的地区。
② 亨德尔(1685—1759),德国作曲家,后入英国籍。

他付钱。

"他是管闲事的纯粹要素;是看热闹的正宗精华;是浓缩的、净化的、无可辩驳的、无法避免的好奇和爱打听的精髓。他的鼻子总能嗅到新鲜事物;当新感觉被他消磨完的时候,他便去探索新的领域,百折不挠——"

"对不起,"我插嘴说,"你能不能举出这种类型的例子?对我说来是新的东西。我必须研究。我要找遍全市,不达目的绝不罢休。他们经常出现的地方必定在这条百老汇路上。"

"我正要在这里吃晚饭,"我的朋友说,"跟我进去吧,如果有城市佬在场,我就把他指点给你看。这里的老顾客我大多认识。"

"这会儿我不打算吃晚饭,"我对他说,"恕不奉陪了。我今晚就要去找我的城市佬,即使从炮台公园到康奈岛游乐场①,找遍纽约也在所不惜。"

我从饭店出来,沿着百老汇路走去。对我的典型的寻求,使我呼吸的空气中都有了生活的乐趣。我在这个庞大纷繁、气象万千的城市里感到无比高兴。我悠闲地溜达着,一想起自己是大愚人村②的公民,分享着它的豪华和欢乐,参与了它的光荣和声誉,心里仿佛开了花。

我转身想穿过马路。耳边只听得一阵蜜蜂似的嗡鸣,我便同桑托斯-迪蒙③一起作了一次愉快的长时间的航行。

我睁开眼睛时,记得还有一股汽油味,便大声说:"还没有结

---

① 炮塔公园在纽约市曼哈顿岛南端,康奈岛游乐场在纽约市布鲁克林区南面海滨。
② 愚人村(Gotham),英国童话中一村镇,据说那里居民都很愚蠢,也是纽约市的别名。
③ 桑托斯-迪蒙(1873—1932),巴西籍的法国飞行员,1901年乘飞船从圣克洛德到巴黎埃菲尔铁塔打个来回,1906年试飞风筝式飞机,1909年试飞单翼飞机。

束吗?"

医院里一位护士把不特别温柔的手按在我已经退烧的额头上。一位年轻医生走过来,咧嘴笑笑,递给我一份早报。

"想知道经过情况吗?"他快活地问道。我看了报上的消息。开头是我听到蜜蜂嗡嗡声掠过的那一刻。结尾是这几句话:

——贝尔维尤医院,据说伤势不太严重。伤者想是典型的城市佬。

警察和赞美诗

苏贝躺在麦迪逊广场的长凳上,辗转反侧。当夜晚雁群引吭高鸣,当没有海豹皮大衣的女人对她们的丈夫亲热起来,或者当苏贝躺在广场的长凳上辗转反侧的时候,你就知道冬季已经逼近了。

一片枯叶飘落到苏贝的膝头。那是杰克·弗罗斯特[1]的名片。杰克对麦迪逊广场的老房客倒是体贴入微的,每年要来之前,总是预先通知。他在十字街头把他的名片交给"北风"——"幕天席地别墅"的门房——这样露天的居民就可以有所准备。

苏贝理会到,为了应付即将来临的严冬,由他来组织一个单人筹备委员会的时候已经到了。因此,他在长凳上转侧不安。

苏贝对于在冬季蛰居方面并没有什么奢望。他根本没有想到地中海的游弋,或南方催人欲眠的风光,更没有想到在维苏威海湾[2]的游泳。他心向神往的只是到岛上[3]去住上三个月。三个月不愁食宿,既能摆脱玻瑞阿斯[4]和巡警的干扰,又有意气相投的朋友共处,在苏贝的心目中,再没有比这更美满的事了。

多年来,好客的布莱克韦尔监狱成了他的冬季寓所。正如那

---

[1] 杰克·弗罗斯特,原文是"Jack Frost",是英文里对"寒霜"的拟人称呼。
[2] 维苏威海湾为位于意大利那不勒斯东南的海湾,气候温和。
[3] 指在纽约和布鲁克林之间海峡中的布莱克韦尔岛,上有监狱和疯人院等。
[4] 玻瑞阿斯,希腊神话中的北风神。

些比他幸运得多的纽约人每年冬天买了车票到棕榈滩和里维埃拉①去消寒一样,苏贝也为他一年一度去岛上的避难作了最低限度的准备。现在是时候了。昨晚,他在那古老的广场里,睡在喷泉池旁边的长凳上,用了三份星期日的厚报纸,衬在衣服里,遮着脚踝和膝盖,还是抵挡不住寒冷的侵袭。因此,布莱克韦尔岛在苏贝心中及时涌现出来。他瞧不起那些以慈悲为名替地方上寄食者准备的布施。在苏贝看来,法律比慈善更为仁慈。他可以去的场所多的是,有的是市政府办的,有的是慈善机关办的,在哪儿他都可以谋得食宿,满足简单的生活要求。可是对苏贝这种性格高傲的人来说,慈善的恩赐是行不通的。从慈善家手里得到一点好处,固然不要你破费,却要你承担精神上的屈辱。凡事有利必有弊②,要睡慈善机关的床铺,就先得被迫洗个澡;要吃一块面包,你个人的私事也就得给打破沙锅问到底。因此,还是做做法律的客人来得痛快,法律虽然铁面无私,照章办事,究竟不会过分干涉一位大爷的私事。

　　既然打定了去岛上的主意,苏贝立刻准备实现他的愿望。轻而易举的办法倒有不少。最愉快的莫如在一家豪华的饭店里大模大样地吃上一顿;然后声明自己不名一文,就可以安安静静,不吵不闹地给交到警察手里。其余的事,自有一个知趣的地方法官来安排。

　　苏贝离开长凳,踱出广场,穿过了百老汇路和五马路交叉处的一片平坦的柏油路面。他拐到百老汇路上,在一家灯火辉煌的饭馆前停下来,那里每晚汇集着上好的美酒、华丽的衣服和有地位的人物。

---

① 棕榈滩和里维埃拉均系美国南部城市,气候温和。
② 此处原文是"有了恺撒,就有他的布鲁图斯"。恺撒(公元前100—前44)是罗马皇帝,为其好友布鲁图斯(公元前84—前42)所暗杀。

苏贝对自己上半身的打扮颇有信心。他刮过脸,上衣还算体面,感恩节时一位女教士送给他的那个有活扣的黑领结也挺干净。只要他能走到饭馆里桌子边上而不引起别人的疑心,一切就可以如愿以偿了。他暴露在桌面以上的部分不至于使侍者起疑。一只烤野鸭,苏贝想道,也就够意思了——再加一瓶夏勃立酒,坎曼贝乳酪①——一小杯咖啡和一支雪茄。雪茄要一块钱一支的就行了。账单上的总数不要大得会引起饭馆掌柜的狠心报复;同时野鸭肉却能让他在去冬季避难所的路上感到饱食的快乐。

可是,苏贝刚踏进饭馆门口,侍者领班的眼光就落到了他的旧裤子和破皮鞋上。粗壮而利索的手把他推了一个转身,沉默而迅速地被撵到人行道上,从而改变了那只险遭暗算的野鸭的不体面的命运。

苏贝离开了百老汇路。到那想望之岛去,要采取满足口腹之欲的路线看来是行不通了。要进监狱,还得另想办法。

六马路的拐角上有一家铺子,玻璃橱窗里陈设巧妙的商品和灿烂的灯光很引人注目。苏贝捡起一块大圆石,砸穿了那块玻璃。人们从拐角上跑来,为首的正是一个警察。苏贝站定不动,双手插在口袋里,看到警察的铜纽扣时不禁笑了。

"砸玻璃的人在哪儿?"警察气急败坏地问道。

"难道你看不出我可能跟这事有关吗?"苏贝说,口气虽然带些讥讽,态度却很和善,仿佛是一个交上好运的人似的。

警察心里根本没把苏贝当做嫌疑犯。砸橱窗的人总是拔腿就跑,不会傻站在那儿跟法律的走卒打交道的。警察看到半条街前

---

① 夏勃立是法国以生产白葡萄酒而著名的地区。坎曼贝是法国奥尼尔省地名,那里制作一种松软的干酪,享有盛名。

四　百　万

面有一个人跑着去赶搭一辆街车。他抽出警棍,追了上去。苏贝大失所望,垂头丧气地走开了。两次都不顺利。

对街有一家不怎么堂皇的饭馆。它迎合胃口大而钱包小的吃客。它的盘碟和气氛都很粗厚;它的汤和餐巾却很稀薄。苏贝跨进这家饭馆,他那罪孽深重的鞋子和暴露隐秘的裤子倒没有被人注意到。他挑了个位子坐下,吃了牛排、煎饼、炸面饼圈和馅饼。然后他向侍者透露真相,说他一个子儿都没有。

"现在快去找警察来,"苏贝说,"别让大爷久等。"

"对你这种人不用找警察。"侍者的声音像奶油蛋糕,眼睛像曼哈顿鸡尾酒①里的红樱桃。他只嚷了一声:"嗨,阿康!"

两个侍者干净利落地把苏贝叉出门外,他左耳贴地摔在坚硬的人行道上。像打开一根木工曲尺似的,他一节一节地撑了起来,掸去衣服上的尘土。被捕似乎只是一个美妙的梦想。那个岛仿佛非常遥远。站在隔了两家店铺远的药房门口的警察,笑了一笑,走到街上去了。

苏贝走过了五个街口之后,才有勇气再去追求被逮捕。他天真地暗忖着,这次是十拿九稳,不会再有闪失的了。一个衣着朴实,风姿可人的少妇站在一家店铺的橱窗前,出神地瞅着刮胡子用的杯子和墨水缸。离橱窗两码远的地方,一个大个子警察神气十足地靠在消防水龙头上。

苏贝打算扮演一个下流惹厌、调戏妇女的浪子。他的受害者外表娴静文雅,而忠于职守的警察又近在咫尺;他有理由相信,马上就能痛痛快快地给逮住,保证可以在岛上的小安乐窝里逍遥过冬。

苏贝把女教士送给他的活扣领结拉拉挺,又把皱缩在衣服里

---

① 用威士忌、苦艾酒调成的混合酒,一般加一点苦味酒和一颗野樱桃。

面的衬衫袖管拖出来,风流自赏地把帽子歪戴在额头,向那少妇身边挨过去。他对她挤眉弄眼,嘴里哼哼哈哈,嬉皮笑脸地摆出浪子那色胆包天,叫人恶心的架势。苏贝从眼角里看到警察正牢牢地盯着他。少妇让开了一步,仍旧全神贯注地瞅着那些刮胡子用的杯子。苏贝凑上去,大胆地走近她身边,掀起帽子说:

"啊喂,美人儿!要不要跟我一起去逛逛?"

警察仍旧盯着。受到纠缠的少妇只消举手一招,苏贝就可以毫无疑问地被送到他的安身之岛去了。他在想象中已经感到了警察局的舒适温暖。少妇扭过头来望着他,伸出手,抓住了苏贝的衣袖。

"当然啦,朋友,"她高兴地说,"只要你肯请我喝啤酒。不是警察望着的话,我早就招呼你了。"

少妇像常春藤攀住橡树般地偎依在苏贝身旁。苏贝心情阴郁,走过警察身边。他似乎注定是自由的。

一拐弯,他甩掉了同伴,撒腿就跑。他一口气跑到一个地方,那儿晚上有最明亮的街道,最愉快的心情,最轻率的盟誓和最轻松的歌声。披裘皮的女人和穿厚大衣的男人兴高采烈地冒着寒气走动。苏贝突然感到一阵恐惧,是不是一种可怕的魔力使他永远不会遭到逮捕了呢?这个念头带来了一些惊惶。当他再见到另一个警察神气活现地在一家灯火辉煌的戏院门前巡逻时,他忽然想起了那个穷极无聊的办法——扰乱治安。

在人行道上,苏贝开始憋足劲尖声叫喊一些乱七八糟的醉话。他手舞足蹈,吆喝胡闹,想尽办法搅得天翻地覆。

警察挥旋着警棍,掉过身去,背对着苏贝,向一个市民解释说:

"那是耶鲁大学的学生,他在庆祝他们在赛球时给哈特福德学院吃了一个鸭蛋。虽然闹得凶,可是不碍事。我们接到指示,不必干涉。"

苏贝怏怏地停止了他那白费气力的嚷嚷。警察永远不来碰他了吗？在他的想象中，那个岛简直像是可望而不可即的世外桃源①了。他扣好单薄的上衣来抵挡刺骨的寒风。

在一家雪茄烟铺里，他看到一个衣冠楚楚的人正在摇曳的火上点雪茄。那人进去时将一把绸伞倚在门口。苏贝跨进门，拿起伞，不慌不忙地扬长而去。点烟的人赶忙追出来。

"那是我的伞。"他厉声说。

"呵，是吗？"苏贝冷笑着说，在小偷的罪名上又加上侮辱，"那么，你干吗不叫警察呢？不错，是我拿的。你的伞！你干吗不叫警察？拐角上就有一个。"

伞主人放慢了脚步。苏贝也走慢了，预感到命运会再度跟他作对。拐角上的警察好奇地望着他们俩。

"当然，"伞主人说——"说起来——嗯，你知道这一类误会是怎么发生的——我——如果这把伞是你的，请你别见怪——我是今天早晨在一家饭馆里捡到的——如果你认出是你的，那么——请你——"

"当然是我的。"苏贝恶狠狠地说。

伞的前任主人退了下去。警察赶过去搀扶一个穿晚礼服的高身材的金发女郎，陪她穿过街道，以免一辆还在两个街口以外的车子碰上她。

苏贝往东走过一条因为修路而翻掘开来的街道。他忿忿地把伞扔进一个坑里。他咒骂那些头戴铜盔，手持警棍的人。他一心指望他们来逮捕他，他们却把他当做一贯正确的帝王。

最后，苏贝走到一条通向东区的路上，那里灯光黯淡，嘈杂声也低一些。他的方向是麦迪逊广场，因为他不知不觉地还是想回

---

① 此处原文为阿卡狄亚，是古希腊一个人情淳朴、风光明媚的理想乡。

家,尽管这个家只是广场里的一条长凳。

但是当苏贝走到一个异常幽静的路角上时,就站了下来。这儿有一座不很整齐的,砌着三角墙的,古色古香的老教堂。一丝柔和的灯火从紫罗兰色的玻璃窗里透露出来。无疑,里面的风琴师为了给星期日唱赞美诗伴奏正在反复练习。悠扬的乐声飘进了苏贝的耳朵,使他倚着螺旋形的铁栏杆而心醉神迷。

天上的月亮皎洁肃穆;车辆和行人都很稀少;冻雀在屋檐下睡迷迷地啁啾——这种境界使人不禁想起了乡村教堂的墓地。风琴师弹奏的赞美诗音乐把苏贝胶在铁栏杆上了,因为当他的生活中还有母爱、玫瑰、雄心、朋友、纯洁的思想和体面的衣着这类事物的时候,他对赞美诗的曲调曾是很熟悉的。

苏贝这时敏感的心情和老教堂环境的影响,使他的灵魂突然起了奇妙的变化。他突然憎恶起他所坠入的深渊,堕落的生活,卑鄙的欲望,破灭了的希望,受到损害的才智和支持他生存的低下的动机。

一刹那间,他的内心对这种新的感受起了深切的反应。一股迅疾而强有力的冲动促使他要向坎坷的命运抗争。他要把自己拔出泥淖;他要重新做人;他要征服那已经控制了他的邪恶。时候还不晚;他算来还年轻;他要唤起当年那热切的志向,不含糊地努力追求。庄严而亲切的风琴乐调使他内心有了转变。明天他要到热闹的市区里去找工作。有个皮货进口商曾经叫他去当赶车的。明天他要去找那个商人,申请那个职务。他要做一个顶天立地的男子汉。他要——

苏贝觉得有一只手按在他的胳臂上。他霍地扭过头,看到了一个警察的阔脸。

"你在这儿干什么?"警察责问道。

"没干什么。"苏贝回答说。

"那么跟我来。"警察说。

第二天早晨,警庭的法官宣判说:"在布莱克韦尔岛上监禁三个月。"

自 然 调 节

那天,我在美术作品展览会上看到一幅标价五千美元已经售出的画。作者克拉夫特,是一位来自西部的年轻的二流画家,他有喜爱的食粮和得意的主张。他的食粮是不可遏止的对自然界正确的艺术调节能力的信念。他的主张咬定咸牛肉末和水煮鸡蛋不放松。那幅画背后有个故事,我便回家写了下来。克拉夫特的主意——且慢,那还不是故事的开头。

三年前,克拉夫特、比尔·贾金斯(一位诗人)和我三人经常在八马路塞弗餐馆吃饭。我说的是"吃饭"。我们有钱时,塞弗让我们掏出来。我们不能挂账;进了餐馆,要了饭菜,吃了走人。有时付钱,有时付不出。我们对塞弗的阴沉和藏而不露的凶猛深信不疑。在他那不见阳光的灵魂深处,他是王子、傻瓜或者艺术家。他坐在一张蛀迹斑斑的桌子旁边,桌上堆着一叠一叠的侍者账单,陈旧不堪,我敢说最底下有一张是亨德里克·哈得孙[①]当年吃蛤蜊的账单。塞弗同拿破仑三世和突眼鲈鱼一样,眼睛似乎会蒙上一层翳膜,使他灵魂的窗口变得不透明。有一次,我们找了一个糟糕透顶的借口,没付钱离开了餐馆,我回头时只见他笑得前仰后合,只是不出声。我们时不时也付清一些欠账。

---

① 哈得孙(?—1611),英国航海家、探险家。美国流经纽约东部注入纽约湾的哈得孙河和加拿大北面的哈得孙湾是他发现的,以他命名。

四 百 万

　　塞弗餐馆里的重头戏是女侍应员米利。她是克拉夫特有关艺术的自然调节理论的最佳诠释。她主要属于侍应,正如密涅瓦属于争斗的艺术,或者维纳斯属于认真调情的学问一样。如果把她塑成青铜像,安上底座,她可能在最杰出的同行姐妹之列,标一块"给世界带来活力的肝尖和熏肉"的牌子。她属于塞弗餐馆。你会在油炸锅升起的、缭绕的蓝色烟雾中看她款款而来,正如在哈得孙河面飘浮的雾气中看到帕利塞兹丘陵涌现出来一样①。在那菜蔬和火腿蛋的水蒸气、陶器和刀叉的碰撞声、点快菜的叫嚷、嗷嗷待哺的呼喊和进餐者可怕的混乱中间,加上埃及法老遗留给我们的一群群嗡嗡飞舞的苍蝇围绕之下,米利像一艘定期大航轮在嚎叫的野蛮人的独木舟中间破浪前进,壮观之极。

　　我们的食品女神气势宏大,不由人不产生敬畏之情。她的袖管老是卷到胳臂肘上面。她两手可以抓起我们这三个火枪手,轻而易举地扔出窗外。她年龄比我们都小,但她具有超等的夏娃情怀和纯朴,一开头就像母亲似的照顾我们。她颇有皇家气派,给我们的食物从不考虑价格和数量,仿佛塞弗餐馆的食品储藏室是取之不尽的丰饶之角。她声如银钟;笑起来露出许多牙齿;她像是山头金黄色的朝阳。我一见到她就联想起约塞米蒂大峡谷②。但是我无法想象她生存在塞弗餐馆之外的情况。自然把她安置在那里,她扎下了根,茁壮成长。她似乎很幸福,每星期六晚上领到几元可怜的工资时,像孩子得到意外的赠品那样,高兴得满脸红光。

　　克拉夫特首先说出了我们每人藏在心头的担忧。当然,我们平时谈的都是艺术方面的问题,米利的事是偶然提起的。不知是谁把米利和塞弗餐馆之间美妙的和谐比做海顿的交响乐。

---

① 帕利塞兹丘陵是哈得孙河西岸的一条玄武岩山脉,高 500 英尺,长 18 英里。
② 约塞米蒂大峡谷在美国加利福尼亚州,有著名的国家公园。

"某种命运笼罩在米利头上,"克拉夫特说,"一旦落下来,塞弗餐馆和我们就会失去她。"

"她是不是会发胖?"贾金斯忧心忡忡地问道。

"她是不是要去上夜校念书,提高文化?"我急切地试探。

"是这么一回事,"克拉夫特把食指伸到泼洒在桌面的一摊咖啡上,点点划划说,"万物相克,恺撒有他的布鲁特斯——棉花有棉铃虫,歌舞女郎有匹茨堡的阔佬,夏天度假的寄宿者有栎叶毒漆树,英雄有卡内基勋章,艺术品有收藏家摩根,玫瑰有——"

"喂,"我不耐烦地插嘴说,"你是不是认为米利会结婚?"

"总有一天,"克拉夫特严肃地开始下结论,"一个腰缠万贯的威斯康星伐木人会来到塞弗餐馆点一盘煮豆子,他会娶走米利的。"

"那可不成!"贾金斯和我一起惊慌地嚷起来。

"伐木人。"克拉夫特嘶哑地重复说。

"腰缠万贯的伐木人!"我绝望地叹了一口气。

"威斯康星人!"贾金斯呻吟着。

我们一致认为可怕的命运似乎在威胁她。可能性太大了。米利像是一大片没有开伐的松树林,迟早会招来伐木人的觊觎。我们很了解穴熊们①的脾性,他们一旦交上好运,就直奔纽约,把他们的货色放在经济餐馆替他们端来煮豆子的姑娘脚下。是啊,字母表也来凑趣。星期天报纸标题编辑可以信手拈来,不必多动脑筋。

"富有的威斯康星伐木人赢得了可爱的侍应女郎芳心。"②

我们觉得我们正在失去米利,不禁黯然神伤。

---

① "穴熊"是威斯康星州人的别号。
② 这一行的原文每个词都是"w"打头。

我们对自然界正确的艺术调节能力的挚爱给了我们启发。我们不能拱手把她让给一个伐木人,尤其是有钱而土头土脑的双倍讨厌的伐木人。我们一想到米利压低了嗓音,袖管遮住了胳膊肘,在一个戕害树木的人的大理石圆锥形帐篷里倒茶的情景,不由得打个寒噤。不能!她属于塞弗餐馆——属于熏猪肉烟气、白菜香味、硬瓷器和调味瓶的碰撞声所组成的宏伟的瓦格纳大合唱。

我们的担心大概有预见性,命中注定的没收米利的人当天傍晚就从原始林中出来了。不过不是来自威斯康星,而是阿拉斯加。

晚饭时,我们正在吃炖牛肉和苹果干,他风风火火仿佛赶着狗拉雪橇似的进来,坐到我们一桌。他像是在露营地似的高声喧哗,在荒野迷路遇到人似的同我们攀谈。我们接纳了那个怪家伙,不出三分钟,我们成了可以两肋插刀的好朋友。

他浓眉大眼,满脸胡子,久经风霜。他说他刚从北河一个渡口过来。我似乎看到他肩膀上还带着奇尔科特的雪粉。接着,他像是在克朗代克淘金归来的人那样,掏出块金剥制的雷鸟、印第安人喜爱的串珠、海豹皮子,摆在桌子上,开始唠唠叨叨谈他的几百万财产。

"两百万的银行汇票,"他总结说,"我的开采权每天还有一千元进账。现在我想吃炖牛肉和罐头桃子。我乘狗拉雪橇到西雅图,搭上火车后一直没有下去过,我饿极了。普尔曼卧铺车厢里的黑人侍应员给你吃的东西根本不成。没有大爷想吃的东西。"

这时候,卷起袖管的胳臂上堆着许多盘子的米利朦胧出现了——像圣埃利亚斯山那样高大,白里泛红,令人敬畏——她的笑容则像是峡谷上破晓时的天色。克朗代克人全然不顾他的海豹皮子和块金,奓拉着下巴,目不转睛盯着她。你几乎已经看见米利戴上了他决心替她买的钻石头饰,穿上了巴黎手工刺绣的缎子婚礼服。

棉铃虫终于侵犯了棉花——栎叶毒漆树的卷须要缠住夏天度假的寄宿者——貌似阿拉斯加采矿者的腰缠万贯的伐木人要吞没我们的米利,打乱自然的调节。

首先采取行动的是克拉夫特。他跳起来,拍拍克朗代克人的背脊。"咱们上外面去喝几杯,"他嚷道,"先喝酒,后吃饭。"贾金斯拽住他的一条胳臂,我拽住另一条。我们把他的剥制标本和消化不了的块金塞进他口袋,不由他分说,兴高采烈、吵吵闹闹地把他从餐馆拽进一家酒馆。

他心情不坏,在酒馆里发表了声明。"那正是分享我钱财的姑娘,"他宣布说,"她后半辈子可以和我在一个平底锅里吃饭。我从没有见过这么好的姑娘。我要回那里去,向她求婚。当她看到我积攒的金子时,我想她不会愿意再同肉末打交道了。"

"你再来一杯威士忌,"克拉夫特带着撒旦的微笑怂恿说,"我原以为你们内地来的人都是海量。"

克拉夫特把他几枚可怜的硬币全买了酒,然后用哀求的眼色望着贾金斯和我,我们不得不掏出所有的钱,买酒敬我们的客人。

我们弹尽粮绝,而克朗代克人似乎还相当清醒,又开始喋喋不休地谈起米利来,克拉夫特凑到他耳朵旁大声说了一句客气的侮辱话,影射吝啬的有钱人,激得那采矿人一把一把地掏出银币和钞票,拍在桌子上,要买世上所有的酒水来淹没那个毁谤。

于是大功告成,他被自己的弹药逐出了战场。我们用车把他拉到老远的一家小客栈,抬他上床,把他的块金和海豹皮子塞在四周。

"他再也找不到塞弗餐馆了,"克拉夫特说,"明天他看到第一个早点铺的围白围裙的姑娘就会向她求婚。米利——我指的是自然调节——幸免了。"

我们回到塞弗餐馆,顾客几乎走光了,我们让米利站在中央,三个人手拉手围着她跳起印第安人的庆功舞。

我开头说过,这是三年前的事。不久,我们三个人交上一点好运,都有条件吃一些比塞弗餐馆昂贵但不及塞弗餐馆那么有益健康的食品。我们各奔东西,我没有再和克拉夫特见面,也难得和贾金斯碰头。

但是,我开头说过,那天我看到一幅标价五千美元已经售出的画。画的标题是"博阿迪西亚"①,画中人物众多,似乎布满了户外的背景。在欣赏那幅画的观众中间,我相信惟有我渴望博阿迪西亚从画框里走下来,替我端咸牛肉末和水煮鸡蛋。

我赶紧去找克拉夫特。他还是那双撒旦的眼睛,头发更乱,不过他衣服倒是在裁缝店量身定制的。

"我不知道你住在纽约。"我对他说。

"我们用卖画的钱在布朗克斯②买了一座别墅,"他说,"欢迎你来,晚上七点以后我们都在家。"

"那么说,"我说,"你带头对付那个伐木人——那个克朗代克人——的时候,不完全是为了自然界正确的艺术调节?"

"嗯,不完全是。"克拉夫特笑嘻嘻地说。

---

① 博阿迪西亚是传说中的不列颠女王,曾率领百姓反抗罗马统治。
② 布朗克斯是纽约的一个区。

黄狗回忆录

我想你们谁都不至于因为看到一篇动物的投稿而惊异得从座位上跌下来的。吉卜林先生①和许多别的人已经证明,动物能用有利的英语表达自己的意思,如今的杂志每期都刊登一篇动物故事,除了那些固步自封的月刊。

但是,你们不必费心在我这篇东西里寻找自以为是的文学,这里不像《丛林故事》那样,没有会说话的贝亚熊、斯奈科蛇、塔曼诺虎。我只不过是一条黄狗,在纽约的廉租公寓里活了大半辈子,老是睡在旮旯里一条旧棉缎衬裙上面(就是她在朗肖尔曼夫人的宴会上泼翻葡萄酒弄脏的那条),可不能指望我在语言艺术方面耍什么把戏。

我生下来就是一条小黄狗;出生日期、地点、血统和体重不详。我记得的第一件事是一个老大妈把我装在提篮里,在百老汇路和第二十三街口上想把我卖给一位胖太太。哈伯德大妈使劲替我吹嘘,把我说成是纯种的波米兰尼亚-汉勃尔顿-红爱尔兰-交趾支那-斯托克坡吉斯猎狐小狗。胖太太在她购物袋里白要来的厚绒布样品中间寻找一张五元钞票,折腾了好半天,终于拿了出来。从那时起,我成了宠物——妈妈的宝贝疙瘩。亲爱的读者,一个体重

---

① 吉卜林(见本书第 19 页注①)的《丛林故事》(1894)和《丛林故事续篇》(1895)描绘了动物的心理,阐释了自然界的规律,对野兽品性和行动的描摹具有童话般的魅力。

四　百　万

二百磅、散发着卡曼勃特奶酪和西班牙皮革气味的女人把你抱起来,用鼻子在你身上到处乱蹭,不停地用埃玛·埃默斯①的声调说"哦,妈妈的心肝宝贝,小乖乖,小东西,小淘气"的情景,你们可曾见识过?

我从纯种的小黄狗长成像是安哥拉猫和一箱柠檬杂交而生的、身份不明的大黄狗。但是我的女主人丝毫没有怀疑。她认为诺亚带上方舟躲避洪灾的两条太古时代的小狗是我祖先的一支旁系。有一次,她带我去麦迪逊广场花园参加西伯利亚警犬评奖大赛,两个警察费了不少口舌才没让她进去。

现在我给你们说说公寓的情况。房屋是纽约常见的那种,门厅地面铺的是高级帕罗斯大理石,一楼以上却是最便宜的鹅卵石。我们住的一套房间要上三——嗯,不是三段楼梯——而是三级台阶。我的女主人租下时没有家具,她搬来一些常见的东西——一九〇三年生产的有软垫的客厅古董家具,日本艺妓的彩色石印画,画的背景却是哈莱姆黑人区的一家茶馆,橡胶盆景和丈夫。

我凭天狼星起誓!那是我为之感到伤心的两足动物。他身材矮小,黄沙色的头发和络腮胡子,同我的毛色很相似。怕老婆吗?——嗯,反正巨嘴鸟、火烈鸟和鹈鹕都可以数落他。他擦着盘子,听我的女主人数说二楼那位穿松鼠毛皮大衣的女人挂在晾衣绳上的乱七八糟的便宜货。每晚她自己吃饭,吩咐他牵我到外面去遛遛。

假如男人知道女人独自在家时是如何打发时光的,他们就不会娶老婆了。她们看劳拉·里恩·吉贝连环画,吃薄片花生糖,往脖子上抹一点杏仁面霜,放着一堆盘子不洗,同送冰人瞎聊半个小

---

① 埃玛·埃默斯(1865—1952),美国女高音歌剧演员,在中国上海出生,回美后在波士顿和巴黎学音乐。

时，看一扎旧的信件，吃两块酸黄瓜，喝两杯麦乳精，从窗帘窟窿里窥探天井对面人家在干什么，一待就是一小时——这就差不多了。他下班回家前二十分钟，她拾掇一下屋子，整整衬在里面的假发卷不让它露出来，搬出许多针线活做上十分钟唬唬老公。

我在那套公寓里过着猫狗不如的日子。我几乎整天躺在旮旯里，望着那个胖女人消磨时光。有时我睡着了，做一些美梦，像狗应该做的那样在外面追猫，一直追到地下室，朝着戴无指黑色手套的老太太嗥叫。那个胖女人就会扑上来喋喋不休地说许多莫名其妙的废话，还吻吻我的鼻子——我又能怎么样？狗总不能吃素过日子呀。

我开始替哈贝感到难过，一点不假，我们太相似了，外出时人们也注意到了；于是我们避开摩根的马车常经过的街道，专挑穷苦人居住的小巷，去爬现在还没有融化的去年十二月的雪堆。

一天傍晚，我们正这样在散步，我尽量模仿得过奖的圣比纳救护犬的模样，老家伙则摆出不想宰掉演奏门德尔松的《婚礼进行曲》的手摇风琴艺人的神气，我抬头望着他，用我的方式说：

"你干吗这样愁眉苦脸，嘴巴紧闭的老蛤蜊？她又不会来吻你。你又不必坐在她膝头听她唠唠叨叨地胡扯。你应该为自己不是一条狗而庆幸。打起精神来，本尼迪克①，扫去你脸上的愁云吧。"

那个婚姻不幸的人低头看看我，神情中几乎带着犬类的悟性。

"哟，狗啊，"他说，"好狗啊。你几乎像是会说话似的。怎么回事呀，狗儿——该死的。"

该死的！会说话！

当然啦，他不可能理解。人类无从了解动物的语言。狗和人

---

① 本尼迪克是莎士比亚喜剧《无事生非》中的人物，独身未婚，但陷入婚姻纠葛。

可以相互交流的惟一地方是在小说里。

住在门厅对面一套公寓里的太太养着一条黑色背脊、褐色头脚的狸犬。她的丈夫每晚牵它到外面去遛一圈,回来时兴致很高,吹着口哨。一天,我在门厅里同那条狸犬碰碰鼻子,要它披露其中奥妙。

"喂,摇尾巴的朋友,"我说,"你知道,真正的男子汉是不喜欢在公共场合当狗保姆的。我从没有见过被狗牵着的人有他这么好的兴致,人们多看他一眼,他也不会生气。你的主人每次回来得意洋洋,像是从帽子里变出鸡蛋的业余魔术师。他是怎么做到这一点的?你不至于说他的高兴是真心的吧。"

"他吗?"那条狸犬说,"他利用自然界本身的补救办法。他喝得晕头转向。我们最初外出时,别人都趾高气扬,他却羞愧得像孙子似的。我们去过八家酒吧之后,他再也不在乎了,不管皮带的另一头是条狗还是一条鲶鱼。我为了避免被酒吧那些旋转门夹住,尾巴也短了两英寸。"

从狸犬那里得到的点子让我开了窍。

一天傍晚六点钟左右,女主人吩咐他别磨磨蹭蹭,快带"爱爱"去呼吸新鲜空气。真对不起,那是她称呼我的名字,我一直瞒着各位。那条黑色背脊、褐色头脚的狸犬被叫做"甜甜"。我觉得只要你能追赶一只兔子,你就比他高出一头。可是"爱爱"这个名字像是拴在尾巴上的铁皮罐头一样,张扬得有伤自尊心。

到了一条安静街道的保险地方,我在一家诱人的、正派的酒吧前面绷紧了监护人牵我的皮带。我义无反顾地朝门口奔去,使劲嗥叫,像是报上说的艾丽斯在小溪边摘百合花,陷进了泥淖,那条跑回去通知家人的义犬。

"嘿,真见鬼,"老家伙咧嘴笑着说,"这条柠檬汽水的深黄色崽子准是要我进去喝一杯。我想想——我多久没有踏进酒吧门了?看来我得——"

我知道他已经落进我彀中。他找了一张桌子坐下,要了热苏格兰威士忌。他让坎贝尔的军队源源不断开来①,有一小时之久。我坐在他身边,尾巴拍打着地板召唤侍者端酒,吃着免费快餐,质量极好,不是公寓里的女主人在男主人回家八分钟之前从熟食店买来冒充自制的破玩意儿可以媲美的。

当除了黑面包以外的苏格兰产品全部告罄时,老家伙把我的皮带从桌子腿上解开,在外面像渔夫耍大麻哈鱼耍我。他取下我的项圈,扔到街上。

"可怜的狗啊,"他说,"好狗啊。她不会再吻你了。真丢人。好狗啊,你走吧,让电车把你轧死,愿你幸福。"

我不肯离去。我在老家伙的腿边跳跳蹦蹦,快活得像是地毯上的巴儿狗。

"你这个头上长跳蚤的、追土拨鼠的家伙,"我对他说,"你这个朝月亮乱吠的、偷蛋吃的猎兔犬,难道你不明白我不想离开你吗?难道你不明白我们俩都是树林里的小狗,狠心的太太老是拿擦盘子的毛巾找你麻烦,拿除蚤搽剂和我捣乱,还要在我尾巴上系个粉红色的蝴蝶结吗?我们为什么不一走了之,永远做伙伴?"

也许你会说他听不懂,也许他真的不懂。不过热威士忌似乎还在起作用,他默默站了一会儿,使劲思考。

"狗啊,"他终于开口了,"我们在这个世界上活不了几辈子,活过三百年的极少极少。如果我再见到那套公寓,我就是混蛋,你再见到,你就比我更混;那不是抬举你我。我愿意以六十赔一的赌注打赌,那条名叫'到西部去'的赛狗准赢。"

---

① 《坎贝尔的军队来了》是1715年的一首流行歌曲名。马尔伯爵拥戴苏格兰斯图尔特王朝,举兵对抗英国国王乔治一世,被约翰·坎贝尔率领的国王军队打败。

虽然没有皮带，我跟在主人身边跳跳蹦蹦，到了第二十三街的轮渡码头。一路上的猫发现造化给了它们可以张开的爪子不是没有道理的。

到了哈得孙河对岸的新泽西，我的主人对一个站着吃葡萄干圆面包的陌生人说：

"打两张票，我和我的狗要去落基山脉。"

但是让我最高兴的是我的主人揪住我的双耳，痛得我叫起来，他说：

"你这个不起眼的、猴子脑袋、老鼠尾巴、硫磺颜色的擦鞋门垫的崽子，你知道我要叫你什么吗？"

我想到了"爱爱"，哀叫起来。

"我要叫你'彼得'。"我的主人说，假如我有五条尾巴，我会全摇起来庆祝这一时刻。

伊基·舍恩斯坦的媚药

兰光药房坐落在商业区,波威利街和大马路之间距离最短的地方。兰光不认为药房是卖小摆设、香水和冰激凌的商店。你要止痛片的时候,它不会给你糖果。

兰光鄙视现代配药学的省力的技巧。它自己浸渍鸦片,渗滤鸦片酊和樟脑酊。直至今天,药丸仍是在高高的配药台后面制作的——药丸先在瓷砖上搓成条,用配药刀切成一段一段的,用拇指和食指捻成小圆球,撒上焙烤过的氧化镁,然后装在纸糊的小圆盒里交给顾客。一群群衣衫褴褛、嬉笑吵闹的孩子在药房拐角的街上玩耍,成为药房里面等着他们的咳嗽糖和镇定糖浆的候补顾客。

伊基·舍恩斯坦是兰光的夜班药剂师和顾客们的朋友。既然坐落在东区,药房的心不是冰凉的。药剂师理应是顾问、听忏悔的神甫、劝告者、能干而乐于助人的传教士和辅导教师,他的学问和玄妙的智慧受到尊敬,但他的药往往尝也没有尝就给倒进阴沟。伊基的架着眼镜的尖鼻子和被学问压弯的瘦削身形在兰光药房附近是小有名气的,他的劝告和介绍很受欢迎。

伊基在离药房两个街口的里德尔太太家租屋住宿和包早饭。里德尔太太有个名叫萝西的女儿。这些转弯抹角的话是多余的——读者肯定已经猜到了——伊基爱慕萝西。她盘踞了伊基的全部思想;她是所有可供药用的化学纯品的复方提出物——药房里任何东西都不能同她相比。但是伊基很胆小,他的希望在畏缩和顾虑的溶媒里一直化解不开。在柜台后面,他高人一等,平静地意识到自己的专业知识和价值;到了外面,他只是个老挨电车司机呵斥的、两腿发软的、半瞎的行路人,他的不称身的衣服沾染了化学品的污迹,散发着索科特拉芦荟和缬草酸铵的气味。

落进伊基的药膏里、大煞风景的苍蝇(这个比喻太贴切了)是矮胖子麦高温。

麦高温先生也在努力捕捉萝西的左顾右盼、光彩照人的微笑。然而,他不是伊基那种甘心充当棒球场上的外野手的人;他马上接住了像棒球那样飞出来的微笑。与此同时,他又是伊基的朋友和顾客,往往在波威利街度过一个愉快的夜晚后,来兰光药房在擦伤的地方抹些碘酒,或者在刀伤上贴块橡皮膏。

一天下午,麦高温不声不响进了药房,随随便便地往高凳上一坐,他衣着整洁,脸刮得很光,一副下了决心、不屈不挠的神情,但是兴致很好。

当他的朋友拿了研钵坐在他对面,把安息香树脂磨成粉末时,他说:"伊基,你仔细听我说。假如你有我要的那种药,我要买。"

伊基打量着麦高温先生的脸,想看看哪里有通常那种斗殴的痕迹,可是没有。

"脱掉上衣,"他吩咐说,"我早就猜到你肋骨上挨了一刀。我对你说过不知多少次,那些南欧人会让你吃亏的。"

麦高温笑了一笑。"不是他们,"他说,"跟南欧人没有关系。不过你诊断的部位完全正确——在我上衣里面,挨近肋骨。嗨,伊基——萝西和我准备私奔,今晚结婚。"

伊基左手的食指紧紧抠住研钵边缘,被研杵捣了一下,也不觉得痛。与此同时,麦高温先生的笑容逐渐消失,显得忧心忡忡。

"先决条件是,"他接着说,"到了关键时刻她不能三心二意。两星期来,我们一直在商量逃跑的事。她白天说行;晚上又说不行。我们好不容易把时间定在今晚,萝西两天没有改过口。可是离约定的时间还有五个小时,我怕她到了起跑线上突然背约。"

"你说你要买药。"伊基提醒他。

麦高温先生一反常态,显得很不自在。他把一份成药说明书卷成圆筒,心不在焉地往手指上套。

"我真不希望把今晚的事搞砸,"他说,"我在哈莱姆区租了一套小公寓,一切准备就绪,桌上搁了菊花,壶里盛满了水,可以随时煮沸。我约了一位牧师,让他在家等着,九点半替我们举行婚礼。计划非实施不可。只要萝西不再改变主意!"——麦高温先生疑虑重重,住了嘴。

"我仍旧不明白,"伊基简短地说,"你刚才提到要买药来着,我又能做什么呢?"

"里德尔老头一点也不喜欢我,"那个忐忑不安的求婚者继续摆出他的道理,"这星期他根本不让萝西跟我到外面去。若不是为了挽留一个房客,他们早就把我轰走了。我现在每周挣二十元,她跟矮胖子麦高温逃跑是永远不会后悔的。"

"对不起,矮胖子,"伊基说,"有一张处方待会儿就要来取,我得抓紧时间。"

"嗯,伊基,"麦高温突然抬起眼睛,"是不是有一种药——一种药粉,给姑娘吃了以后她就更喜欢你?"

伊基鄙夷地撅起尖鼻子底下的嘴唇;麦高温没等他发表高见又接着说:

"蒂姆·莱西告诉我,他在住宅区的一位医生那里搞到一点那种药粉,搀进他女朋友的苏打水里给她喝了。从那第一剂起,他便在女朋友眼里成了拔尖的人物,任何别人她都不屑一顾。不出两星期,他们结了婚。"

矮胖子麦高温身强力壮,头脑似乎简单。可是比伊基更能识人的人却会发现,他虽然五大三粗,却心细如发。他像一个优秀的将军似的,在准备入侵敌人领土之前把防范可能失败的所有措施都考虑到了。

"我是这样想的,"矮胖子满怀希望地接着说,"今天吃晚饭时我会见到萝西,假如我搞到那种药粉给她吃了,可能帮她打定主意,不至于临阵变卦。我认为她并不需要一队驴子硬拽,但女人往往是个好的场外指导,却不是好的跑垒手。只要药力维持两小时,大功就告成了。"

"这个逃跑的馊主意什么时候起步?"伊基问道。

"九点钟,"麦高温回说,"七点吃晚饭。八点萝西推说头痛,上床睡觉,九点钟,里德尔的邻居老帕尔文萨诺放我进他家后院,他们两家中间的栅栏缺了一块木板,我钻过去,到萝西窗户下面,帮她从防火梯爬下来。由于牧师的原因,我们不得不早点行动。挥旗发出信号时,只要萝西不退缩,一切十分容易。你能帮我弄点那种药吗,伊基?"

伊基·舍恩斯坦慢条斯理地擦擦鼻子。

"矮胖子,"他说,"对于那种性质的药,药剂师必须十分谨慎。不是你这样的熟人我是不给的。我可以替你配制,你会发现它能让萝西多么想你。"

伊基走到配药台后面。他把两片可溶化的药片研成粉末,每片含十六毫克吗啡,再添少许乳糖,增加体积,最后用一张白纸整整齐齐把混合物包好。成人吃了这包药粉保证能踏踏实实地睡两小时,无损健康。他把药粉交给矮胖子麦高温,吩咐他尽可能放进饮料里服用,那个后院的洛钦瓦尔①千恩万谢。

---

① 洛钦瓦尔是苏格兰诗人、小说家司各特一首题为《马米恩》的长诗中的人物。洛钦瓦尔也是苏格兰人,他所爱慕的女子即将下嫁一个"情场上的懒汉,战场上的懦夫",在婚礼舞会上,洛钦瓦尔同她跳最后一支舞时抱起她跳上马,绝尘而去,"新郎"及其仆从措手不及。

看到伊基随后的行动,他计划的微妙之处就昭然若揭了。他派人把里德尔先生请来,揭露了麦高温先生同萝西私奔的安排。里德尔先生身体健壮,面色黑里透红,脾气火暴。

"非常感谢,"他对伊基说,"那个爱尔兰懒汉!我的房间正好在萝西的房间上面。晚饭后我上楼,装好猎枪子弹守着。他进了我的后院,出去时可坐不成迎亲马车,而是救护车了。"

萝西在睡神的怀抱里沉睡几个小时,嗜血的父亲事先得到消息,枕戈达旦,伊基觉得他的情敌离失败不远了。

他整夜守在兰光药房,等待可能发生悲剧的消息,但是没有。

早上八点钟,白班的药剂师来了,伊基急匆匆赶回里德尔太太处,想知道结果如何。可是瞧呀,他刚跨出药房门口,只见矮胖子麦高温从经过的电车跳下来,上前握住他的手——麦高温带着胜利者的笑容,高兴得满脸红光。

"成功啦,"矮胖子快活地笑着说,"萝西准时到了防火梯上,一秒不差,九点三十分十五秒,我们在牧师那里完了事。她现在在公寓里——今天早晨她穿着蓝色的晨衣在煮鸡蛋——上帝啊!我多么运气!伊基,哪天你过来,我们一起吃饭。我在桥那边找到一份工作,这会儿正要去上班。"

"那——那——药粉呢?"

"哦,你给我的玩意儿!"矮胖子笑得更开怀了,"是这么一回事。昨晚我在里德尔家吃饭时,一面瞅着萝西,一面对自己说,'矮胖子,你要那姑娘应该要得光明磊落——对她这样的好姑娘不应该耍欺骗手段。'我便把你给我的那个小纸包一直揣在怀里。后来我的眼光落到桌上另一个人身上,我对自己说,他对未来的女婿太无情无义了,于是我抓住一个机会,把那包药粉全倒进里德尔老头的咖啡里——明白了吗?"

财神与爱神

退休的洛氏尤列加肥皂制造商和专利人,老安东尼·洛克沃尔,在五马路私邸的书房里望着窗外,咧开嘴笑了一笑。他右邻的贵族兼俱乐部会员,乔·范·舒莱特·萨福克-琼斯,正从家里出来,朝等在门口的小轿车走去;萨福克-琼斯跟往常一样,向这座肥皂大厦正面的文艺复兴式的雕塑轻蔑而傲慢地扇了扇鼻翅儿。

"倔老头,看你的架子端得了多久!"前任肥皂大王说,"你这个僵老的纳斯尔罗德①,如果不留神,你得光着身子,打赤脚滚蛋呢。今年夏天,我要把这座房子漆得五光十色,看你那荷兰鼻子还能翘多高。"

召唤用人时一向不喜欢摇铃的安东尼·洛克沃尔走到房门口,喊了声"迈克!"他那嗓子一度震破过堪萨斯大草原上的天空,如今声势仍不减当年。

"关照少爷一声,"安东尼吩咐进来侍候的用人说,"叫他出去之前到我这儿来一次。"

小洛克沃尔走进书房时,老头儿撂开报纸,打量着他,那张光滑红润的大脸上透出了又慈爱又严肃的神情。他一只手把自己的白头发揉得乱蓬蓬的,另一只手在口袋里把钥匙弄得咔哒咔哒

---

① 纳斯尔罗德(1780—1862),德籍俄罗斯政治家,安东尼借用来讽刺外籍移民萨福克-琼斯。

直响。

"理查德,"安东尼·洛克沃尔说,"你用的肥皂是花多少钱买的?"

理查德离开学校后,在家里只待了六个月,听了这话稍微有些吃惊。他还没有摸透他老子的脾气,那老头儿活像一个初次交际的姑娘,总是提出一些叫人意想不到的问题。

"大概是六块钱一打的,爸。"

"那么你的衣服呢?"

"一般在六十块钱上下。"

"你是个上流人物。"安东尼斩钉截铁地说,"我听说,现今这些年轻的公子哥儿都用二十四块钱一打的肥皂,做一套衣服往往超过一百元大关。你有的是钱,尽可以像他们那样胡花乱用,但是你仍旧规规矩矩,很有分寸。我自己也用老牌尤列加肥皂——不仅是出于感情关系,还因为它是市面上最纯粹的肥皂。你买一块肥皂,实际上只得到一毛钱的货色,其余的无非是蹩脚香料和商标装潢罢了。像你这种年纪、地位和身份的年轻人,用五毛钱一块的肥皂已经够好了。我刚才说过,你是个上流人物。有人说,三代才能造就一个上流人物。他们的话不对头。有了钱就好办,并且办得跟肥皂油脂一般滑溜。它在你身上已经见效啦。天哪!它几乎使我也成了上流人物。我差不多同我左邻右舍的那两个荷兰老爷一样言语无味、面目可憎。他们晚上睡不着觉,只因为我在他们的住宅中间置下了房产。"

"某些事情哪怕有了钱也办不到。"小洛克沃尔有点忧郁地说。

"慢着,别那么说。"老安东尼错愕地说道,"我始终认为钱能通神。我已经把百科全书翻到了Y字,还没有发现金钱所办不到的东西;下星期我打算翻翻补遗。我是彻头彻尾拥护金钱的。你倒说说,世界上有什么是金钱买不到的。"

"举个例子吧,"理查德有点不服气地答道,"花了钱也挤不进最高级的上流社会呀。"

"啊哈!是吗?"这个拥护万恶之根①的人暴喊道,"你说给我听听,假如阿斯特②的老祖宗没有钱买统舱船票到美国来,你所谓的上流社会又打哪儿来呢?"

理查德叹了一口气。

"我要谈的正是那件事。"老头儿说,声音低了一点,"我把你找来就为了那个缘故。你最近有点不对劲,孩子。我注意了有两个星期啦。讲出来吧。我想我在二十四小时以内可以调度一千一百万元现款,房地产还不算在内。如果你的肝气毛病又犯了,'逍遥号'就停泊在海湾里,上足了煤,两天之内就可以开到巴哈马群岛③。"

"猜得不坏,爸;相差不远啦。"

"啊,"安东尼热切地说,"她叫什么名字呀?"

理查德开始在书房里踱来踱去。这位粗鲁的老爸爸这般关心同情,不由他不说真心话。

"你干吗不向她求婚呢?"老安东尼追问道,"她一定会忙不迭地扑进你怀里。你有钱,相貌漂亮,又是个正派的小伙子。你一身清清白白,没有沾上尤列加肥皂。你固然进过大学,但是那一点她不至于挑眼的。"

"我始终没有机会。"理查德说。

---

① 典出《新约·提摩太前书》第6章第10节:"贪财是万恶之根。"
② 阿斯特,美国毛皮富商及金融家约翰·阿斯特家族;约翰·阿斯特(1763—1848),出生于德国海德堡附近的沃尔道夫村,于1783年移居美国。纽约的豪华旅馆"沃尔道夫·阿斯托里亚"就是他创办的。
③ 巴哈马群岛,加勒比海上的岛屿,是旅游胜地,1783年沦为英国殖民地,1973年7月10日正式独立。

"造机会呀。"安东尼说,"带她去公园散步,或者带她去野餐,再不然做了礼拜后陪她回家。机会!咩!"

"你不了解社交界的情况,爸。她是推动社交界的头面人物之一。她的每一小时、每一分钟,早在几天之前就安排好了。我非得到那个姑娘不可,爸,否则这个城市简直成了一片腐臭的沼泽,使我抱恨终身。我又不能写信表白——我不能那么做。"

"咄!"老头儿说,"难道你想对我说,拿我的全部财产做后盾,你还不能让一个姑娘陪你一两个小时吗?"

"我发动得太迟了。后天中午,她就要乘船去欧洲,在那儿待两年。明天傍晚,我可以单独同她待上几分钟。眼前她在拉奇蒙特她姨妈家。我不能到那儿去。但是她答应我明天傍晚乘马车到中央火车站去接她,她搭八点三十分那班火车来。我们一起乘马车赶到百老汇路的沃拉克剧院①,她母亲和别的亲友在剧院休息室等着我们,一起看戏。你认为在那种情况下,只有六分钟或者八分钟的时间,她会听我表白心意吗?不会的。在剧院里或者散戏之后,我还能有什么机会呢?绝对没有。不,爸爸,这就是你的金钱所不能解决的难题。金钱连一分钟的时间都买不到;如果能买到,有钱人的寿命就可以长些啦。在兰特里小姐启程之前,要同她好好谈一谈是没有希望的了。"

"好吧,理查德,我的孩子,"老安东尼快活地说,"你现在可以到你的俱乐部去啦。我很高兴,你并没有犯肝气病。可是你别忘了时常去庙里烧烧香,敬敬伟大的财神。你说金钱买不到时间吗?唔,你当然不能出一个价钱,叫人把'永恒'包扎得好好的,送货上门;但是我看到时间老人走过金矿的时候,脚踝给磕得满是

---

① 沃拉克剧院,英国剧作家和演出人莱斯特·沃拉克(1820—1888)于1861—1887年间在纽约经营的剧院。

伤痕。"

那晚,正当安东尼在看晚报时,那位温柔善感,满脸皱纹,给财富压得郁郁不乐,老是长吁短叹的埃伦姑妈来看她的弟弟了。他们开始拿情人的烦恼当做话题。

"他已经完全告诉我啦。"安东尼说着打了一个哈欠,"我对他说,我的银行存款全部听他支配。他却开始诋毁金钱。说是有了钱也不中用。又说十个百万富翁凑在一起也不能把社会规则拖动一步。"

"哦,安东尼,"埃伦姑妈叹息说,"我希望你别把金钱看得太了不起。牵涉到真实感情的时候,财富就不管用了。爱情才是万能的。他如果早一点开口就好啦!那个姑娘不可能拒绝我们的理查德。但是我怕现在已经太迟了。他没有向她求爱的机会。你的全部金钱并不能替你的儿子带来幸福。"

第二天晚上八点钟,埃伦姑妈从一个蛀痕斑驳的盒子里取出一枚古雅的金戒指,把它交给理查德。

"孩子,今晚戴上它吧。"姑妈央求道,"这枚戒指是你母亲托付给我的。她说它能替情人带来幸福。她嘱咐我等你找到了意中人时,就把它交给你。"

小洛克沃尔郑重其事地接过戒指,套在小手指上试试。戒指滑到第二个指节就停住了。他把它勒下来,照男人的习惯,往坎肩口袋里一塞。接着,他打电话叫马车。

八点三十二分,他在火车站嘈杂的人群中接到了兰特里小姐。

"我们别让妈妈和别人久等。"她说。

"去沃拉克剧院,越快越好!"理查德惟命是从地吩咐马车夫说。

他们飞快地向百老汇路驶去,先取道第四十二号街,然后沿着一条街灯像璀璨星光的小道,从宁谧的西区奔向高楼耸立的

89

东区。

到了第三十四号街的时候,小理查德迅速推开车窗,吩咐马车夫停住。

"我掉了一枚戒指。"他一面道歉似的解释说,一面跨出车门,"那是我母亲的遗物,我不愿意把它弄丢。我耽误不了一分钟——我看到了它掉在什么地方。"

不出一分钟,他找到了戒指,重新坐上马车。

可是就在那一分钟里,一辆市区汽车在马路的正前方停住了。马车夫想往左拐,然而一辆笨重的快运货车挡住了他的去路。他向右面试试,又不得不退回来,避让一辆莫名其妙地出现在那儿的装载家具的马车。他企图倒退,但也不成,便只好扔下缰绳,聊尽本分地咒骂起来。他给封锁在一批纠缠不清的车辆和马匹中间了。

交通阻塞了。在大城市里,有时会相当突然地发生这种情况,断绝交通往来。

"为什么不赶路呀?"兰特里小姐不耐烦地问道,"我们要迟啦。"

理查德在车子里站起身,朝四周扫了一眼。他看到百老汇路、六马路和第三十四号街广阔的交叉路口给各式各样的货车、卡车、马车、搬运车和街车挤得水泄不通,正像一个腰围二十六英寸的姑娘硬要束二十二英寸的腰带那样。所有交叉的街道上,还有车辆在飞快地、咔哒咔哒地朝着这个混乱的中心赶来,投入这一批难解难分、轮毂交错的车辆和马匹中,在原有的喧嚣声中又加上了它们的车夫的诅咒声。曼哈顿所有的车辆似乎都充塞在它周围。挤在人行道上看热闹的纽约人成千上万,他们中间连资格最老的都记不清哪一次交通阻塞的规模可以同这一次的相比。

"真对不起,"理查德坐下来说,"看情形我们给卡住了。在一个小时之内,这场混乱不可能松动。这要怪我不好。假如我没有掉落那枚戒指,我们——"

"给我瞧瞧那枚戒指吧。"兰特里小姐说,"现在既然已无法挽救,我也无所谓了。说起来,我一向认为看戏是顶无聊的事。"

当天夜里十一点钟,有人轻轻叩安东尼·洛克沃尔的房门。

"进来。"安东尼喊道,他穿着一件红色的袍子,正在看一本海盗冒险小说。

进来的是埃伦姑妈,她的模样活像是一个头发灰白,错留在人间的天使。

"他们订婚啦,安东尼。"她温柔地说,"她答应跟我们的理查德结婚。他们在去剧院的路上碰到了一次交通阻塞,他们的马车过了两个小时才脱身出来。

"哦,安东尼弟弟,你别再替金钱的力量吹嘘啦。一件表示真实爱情的小小信物——一枚象征海枯石烂永不变,金钱买不到的爱情的小戒指——是我们的理查德获得幸福的根由。他半路上掉落了那个戒指,下车去捡。他们重新上路之前,街道给堵住了。马车给卡在中间的时候,他向心上人表明了态度,赢得了她。同真实的爱情比较起来,金钱简直成了粪土,安东尼。"

"好吧,"老安东尼说,"我很高兴,那孩子总算实现了他的愿望。我早对他说过,在这件事上,我不惜付出任何代价,只要——"

"可是,安东尼弟弟,在这件事上,你的金钱起了什么作用呢?"

"姊姊,"安东尼·洛克沃尔说,"我的海盗正处于万分危急的关头。他的船刚给凿穿,他有钱,重视金钱的价值,决不会让自己给淹死的。我希望你别来打扰,让我看完这一章吧。"

故事原该在这儿收场了。我跟各位一样,也热切地希望如此。

但是为了弄清事实真相,我们非刨根问底不可。

第二天,一个双手通红,打着蓝点子领带,自称是凯利的人来找安东尼·洛克沃尔,立刻给让进了书房。

"唔,"安东尼一面伸手去拿支票簿,一面说道,"这一锅肥皂熬得可不坏。我们瞧瞧——你已经支了五千元现钞。"

"我自己还垫了三百块。"凯利说,"预算不得不超过一些。快运货车和马车大多付了五块;可是卡车和两匹马拉的车子多半要我付十块。汽车夫要十块,几辆满载的车子要二十块。警察敲得我最凶——其中有两个,我每人给了五十,其余有的二十,有的二十五。不过表演得真精彩,可不是吗,洛克沃尔先生?幸好威廉·阿·布雷迪①没有看到那场小小的车辆外景。我不希望威廉妒忌得伤心。并且我们根本没有经过排练!伙计们都准时赶到,一秒钟也不差。足足两小时,堵得水泄不通,格里利②的塑像底下连一条蛇都钻不过去。"

"一千三百元——喏,凯利。"安东尼撕下一张支票,递给凯利说,"一千元是酬劳你的,三百元是还你垫付的钱。你不至于瞧不起金钱吧,凯利?"

"我吗?"凯利说,"我真想揍那个发明贫穷的人呐。"

凯利走到门口时,安东尼又叫住了他。

"你有没有注意到,"他说,"在那交通断绝的地点,有一个一丝不挂,拿着弓箭乱射的胖娃儿③?"

---

① 威廉·阿·布雷迪(1863—1950),美国著名的剧院经理,纽约康奈岛游乐场的倡办人。
② 格里利(1811—1872),美国新闻记者、作家、政治家,纽约《论坛报》的创办人。他是纽约州选出的众议员,1872年竞选总统失败。纽约市有一个以他命名的广场。
③ 指罗马神话中的爱神丘比特,他的形象通常被描绘成裸体,有双翅,手持弓箭,蒙住眼睛的小男孩。

"啊,没有呀。"凯利给弄得莫名其妙,"我没有见到。即使他像你所说的也到过那儿,警察在我到场之前早该把他抓走啦。"

"我原想那个小流氓是不会在场的。"安东尼咯咯笑道,"再见,凯利。"

泄露春光的菜单

那是三月里的一天。

短篇小说的开头千万不能这样写。没有比它更坏的了。它缺乏想象力,平淡、枯燥,很可能空空洞洞。但在本篇的情况下是可以允许的。因为接下来引入正文的一段过于荒谬,没有思想准备的读者会莫名其妙。

萨拉对着菜单在哭泣。

试想,纽约姑娘哪有看到菜单会流泪的!

寻找解释的时候,读者可以猜测龙虾卖光了,或者她发过誓,四旬斋期间绝不吃冰激凌,或者她点了洋葱,或者她刚看了日场的哈克特的戏剧。不过这些猜测全错了,那就让我继续说下去吧。

有人说即使世界是个牡蛎,他也要用剑把它撬开,这位先生博得了意想不到的好评。用剑撬开牡蛎并不困难。可是你可曾见到有谁试图用打字机撬开双壳贝?想不想看谁用那种方法弄开一打生牡蛎?

萨拉用她笨拙的武器好不容易把贝壳撬开一点,在里面那个冷冷的、黏糊糊的世界咬了一小口。她掌握的速记技能不比商业学院漏到社会上的速记毕业生高明多少。由于不会速记,她不能进入白领丽人的群星璀璨的行列,便成了个体打字员,自己找一些打字的零活。

萨拉与世界斗争的最辉煌的成就,是她和舒伦贝格家常菜餐馆做成的一笔交易。她住在一幢红砖老房子的过道隔出来的屋子里,餐馆就在那幢房子旁边。一晚,萨拉在舒伦贝格餐馆吃了四十美分、五道菜的客饭(上菜速度之快像是瞄准黑人头抛五个棒球的游戏),把菜单带回了家。菜单是手写的,既非英文又非德文,让人几乎看不懂,次序排列乱七八糟,一不小心,你会先点牙签和大米布丁,后点汤和当天的特色菜。

第二天,萨拉给舒伦贝格看一张整洁的卡片纸,上面用打字机打出漂亮的菜单,各色菜肴诱人地排列在正确的项目下面,从"餐前小吃"到"大衣雨伞顾客自理,本店概不负责",一应俱全。

舒伦贝格大受启发,当场成了本地化公民。他在萨拉离去前自觉自愿和她达成一个协议:由萨拉提供餐馆里二十一张桌子上的打字菜单——每天晚餐有一份新的菜单,早餐和午餐的食品如有变化,或者老菜单弄脏了,也换新的。

作为交换条件,舒伦贝格每天派侍者——尽可能派一个殷勤的——送三餐饭到萨拉的过道房间,下午还带上命运之神为舒伦贝格的顾客准备的第二天菜单的铅笔草稿。

这一协议使双方都感到满意。此后,舒伦贝格的顾客就知道他们吃的东西叫什么名称,即使那些东西的性质使他们困惑。而萨拉在一个寒冷萧条的冬天有了食物,解决了她的大问题。

月份牌撒了谎,说是春天已经到了。春天到了以后才算真到。横贯全市的街道上还有一月份下的积雪,冻得像金刚石那般硬。手摇风琴带着十二月份的活泼节奏仍在演奏《夏日的老时光多么美好》。人们开出三十天的期票,购买复活节穿的衣服。物业管理员关掉了暖气。出现这些情况的时候,人们也许会知道城市仍在冬天的掌握之中。

一天下午,萨拉在她雅致的过道卧室里冷得簌簌抖;可是招租广告说的是"房屋供暖,清洁整齐,设备齐全,人见人爱"。除了舒伦贝格的菜单卡片之外,她没有别的活儿。萨拉坐在吱嘎发响的柳条摇椅上,望着窗外。墙上的月份牌不断朝她呼唤:"春天来了,萨拉——我告诉你,春天来了。看看我,萨拉,我的月份数字是这么展示的。萨拉,你自己也苗条了——春天的好身材——可是你为什么如此伤心地望着窗外?"

萨拉的房间在房屋的后部。她在窗前可以看到邻街纸盒厂没有窗户的后墙。但是那堵砖墙挡不住她的遐想;萨拉仿佛看到绿草茵茵的小径,上面是荫翳的樱桃树和榆树,两边是木莓和金樱子灌木。

春天真正的先兆太微妙了,看不见,听不到。有些人感觉迟钝,一定要看到盛开的报春花和树林里繁星点点的山茱萸,听到蓝鸟的鸣声——甚至要看到荞麦和牡蛎的临别握手,才会张开双臂欢迎绿衣女郎。然而,对于古老地球的精选的居民来说,他最新的新娘直接给他们捎来甜蜜的音讯,告诉他们说,他们除非自找,否则决不会被当成后娘养的。

前一个夏季,萨拉下了乡,爱上了一个农民。

(你写小说时千万不能用这种倒叙手法。这种技巧并不高明,让人觉得索然无味。要朝前走,朝前走。)

萨拉在向阳小溪农庄待了两星期,爱上了老农民富兰克林的儿子沃尔特。农民有了爱情,结了婚,仍是农民。但是年轻的沃尔特·富兰克林是现代化的农场经营者。他的牛舍里安装了电话,他能准确地预测明年加拿大的小麦收成对他们种的土豆价格有什么影响。

在这条荫翳的、两边有木莓灌木的小径上,沃尔特向萨拉求爱,赢得了她的心。他们席地而坐,用蒲公英编织了一个王冠,戴在她头上。他连连称赞黄色的花朵配在她褐色发辫上的效果;她留下花冠,挥着她的狭檐草帽回到农舍。

沃尔特说,一到春暖花开的时候,他们就结婚。萨拉便回到城里去敲她的打字机。

敲门声驱散了萨拉对那天的回忆。侍者送来家常菜餐馆第二天的菜单,老舒伦贝格用铅笔写的字潦草笨拙。

萨拉坐到打字机前,把一张卡片纸插进辊筒。她干活利索。一般说来,只要一个半小时就可以把二十一份菜单全部打好。

今天的菜单变化比往日多。汤更清淡了;第一道正菜里撤了猪肉,只在烧烤里和俄国萝卜一起出现。整个菜单洋溢着春天清新的气息。前不久还在初露绿意的小山坡上跳跳蹦蹦的羔羊,和纪念它的嬉戏的调味汁一起供人享用。牡蛎的歌声虽然没有停息,但"深情地减弱"①。油炸锅似乎赋了闲,搁置在仁慈的烤肉炉算子后面。馅饼一栏大大扩充;却找不到美味的布丁;衣饰鲜丽的香肠好不容易同荞麦糊和槭糖浆稍作逗留,已在考虑身后事。

萨拉的手指像夏日小溪上的水蚋似的跳跃着。她一行一行打下去,凭着精确的判断给每道长短不等的菜名安排适当的位置。点心一栏上面是蔬菜:胡萝卜和豌豆,芦笋和烤面包片,四季不断的番茄,玉米煮豆子,白扁豆,白菜——接着是——

萨拉对着菜单哭了。她心底深处一种难以排遣的失落感化作泪水涌上了眼睛。她的头伏在打字机桌上;键盘格格干响起来,陪伴她湿润的啜泣。

因为她两星期来没有收到沃尔特的信,菜单下面一项是蒲公英——蒲公英配什么蛋——管它什么蛋!——蒲公英,沃尔特用它金黄色的花编成王冠替他所爱的女王和未来的新娘戴在头上——蒲公英,春天的先兆,她悲伤的花冠——她最快活的日子的回忆!

---

① 原文 dimuendo con amore 是意大利文。

夫人,假如你面对下面的情况你就笑不出来了:设想你们定情那晚帕西送给你的尼尔元帅黄玫瑰和法式调味品一起给拌成了生菜,在舒伦贝格的客饭里端到了你的面前。设想朱丽叶的爱情纪念品遭到了亵渎,她马上就会找好心的药剂师要那吃了能忘却一切的药草的。

然而春天是个多么迷人的女人!必须给那庞大冷漠的石头和钢铁建筑的城市捎个信去。除了田野里那个其貌不扬的、寒碜耐寒的绿衣信使之外,有谁能递送呢?他是真正的冒险家,蒲公英——也就是法国厨师所说的狮子牙齿①。开花时,可以把他编成王冠戴在我情人的褐色头发上,增进情趣;幼嫩、空茎和未开花时,可以把他放进锅里递送他女主人的信息。

过了片刻,萨拉忍住了眼泪。卡片必须打好字。但她仍在淡淡的金黄色的蒲公英梦想之中,她的手指茫然地摆弄了一会儿键盘,心神却和年轻的农人在绿草如茵的小径上漫步。她随即回到曼哈顿岩石巍峨的街道,打字机像顶替罢工工人的临时工的汽车那样突突响了起来。

六点钟,侍者送来她的晚餐,带走打好字的菜单。萨拉进餐时,叹了一口气,把那盘蒲公英搭配的鸡蛋放在一旁。象征爱情的亮黄色花朵变成了黑黢黢的、不怎么诱人的蔬菜,她夏日的希望也凋萎消失了。莎士比亚说过,爱情是靠爱情支撑的。但是萨拉不忍心吃掉给她真爱的精神宴席增添光彩的蒲公英。七点三十分,隔壁房间的那对夫妇开始吵架;楼上房间的人在长笛上寻找 A 音;煤气灯的火苗短了一些;三辆煤车开始卸煤——比留声机放出来的声音还悦耳一些;后院篱笆上的猫朝沈阳方向慢慢后撤②。

---

① 蒲公英是多年生草本植物,可入药及食用;花黄色;叶子倒披,羽状分列,形似牙齿,法语俗称是 dent-de-lion,即"狮子的牙齿"。
② 这里指 1904—1905 年的日俄战争,俄国惨败。

根据这些迹象,萨拉知道她阅读的时候到了。她取出《修道院和家庭》,当月最不畅销的书,两脚往大衣箱上一搁,开始和杰勒德漫游①。

前门铃响了。房东太太去开门。萨拉撇下被熊困在树上的杰勒德和德尼斯,侧耳倾听。哦,是啊,换了你也会这样做的!

楼下门厅里有一个大嗓门的男人声音,萨拉跳起来朝房门跑去,书掉在地上,第一回合显然是熊占了上风。

你猜对了。她到楼梯口时,她的那位农民已经三级一跳上了楼,把她一把搂在怀里,不掉一点落穗。

"你为什么不给我写信——为什么?"萨拉嚷道。

"纽约这个城市太大了,"沃尔特·富兰克林说,"我来了一个星期,去你的老地址找过。听说你是星期四搬走的。那让我多少放了一点心;至少避免了星期五可能遇到的不吉利。此后我上警察局和许多地方去打听过你的下落!"

"我写过信!"萨拉强调说。

"我从没有收到!"

"那你是怎么找到我的?"

年轻的农民的笑容像春光。

"今晚我偶尔在隔壁的家常菜餐馆吃饭,"他说,"我才不管别人是不是觉得我寒碜;每年这个季节我喜欢吃些绿色的蔬菜。我在那打得漂漂亮亮的菜单上找蔬菜一项。看到甘蓝菜下面的一行时,我猛地站起来,椅子都带翻了,我嚷着叫老板过来。他把你的

---

① 《修道院和家庭》是英国小说家查尔斯·里德(1814—1884)于1861年出版的历史小说,小说线索之一是写荷兰天才的年轻作家杰勒德和红发的玛格丽特相爱,但一封伪造的书信使杰勒德误信玛格丽特已不在人世,便进了修道院,后历尽磨难,和玛格丽特重聚,生子格哈德,即文艺复兴时期著名的人文主义学者伊拉斯谟。

住处告诉了我。"

"我记得,"萨拉快活地叹了一口气,"甘蓝菜下面是蒲公英。"

"你的那台打字机大写的 W 字母有点歪,无论到世界什么地方我都认得出来。"富兰克林说。

"可是蒲公英里没有 W 这个字母呀。"萨拉诧异地说。

年轻人从口袋里掏出菜单,指出那一行。

萨拉认出她今天下午打的第一张菜单。右上角还有泪水沾湿的痕迹。挥之不去的金黄色花朵的回忆使她在痕迹上面应该打蒲公英的地方按下了一些奇怪的字键。

红甘蓝菜和青椒塞肉之间是这一行:

　　最亲爱的沃尔特,配煮老的鸡蛋。①

---

① 英文"沃尔特"是 W 打头。

绿　门

设想你晚饭后走在百老汇路上,手上的雪茄要十分钟才能抽完,你在考虑是去看一场有趣的悲剧呢,还是去看严肃的轻歌舞。突然有一只手碰碰你的胳臂。你回过头,看到的是一个眼睛迷人的、穿俄罗斯貂皮大衣、珠光宝气的漂亮女人。她把一个烫手的油煎面包卷匆匆塞到你手里,飞快地拿出一把小剪子,铰掉你大衣的第二个纽扣,意味深长地说了声"平行四边形!",然后迅速拐进一条横街,害怕地回头张望几眼。

可能是纯粹的冒险。你会接受吗?你不是那种人。你只会窘迫地红着脸;腼腆地扔掉面包卷,在百老汇路上继续走去,无奈地摸索着缺掉纽扣的地方。你只会做这些事,除非你是那类保持着纯粹冒险精神的少数几个有福的人之一。

真正的冒险家为数不多。作为冒险家而名垂青史的,极大多数是发明新方法的实业家。他们出来寻找他们所向往的东西——希腊神话里的金羊毛、耶稣最后晚餐用过的圣杯、女人的爱情、宝藏、王冠和名声。真正的冒险家没有一定目的,从不计较得失,只准备迎接不可知的命运。浪子就是一个很好的例子——特别是他开始回头的时候。

半吊子的冒险家——勇敢和杰出的人物——比比皆是。从十字军到帕利塞兹丘陵,他们丰富了历史和小说的艺术以及历史虚构小说的行业。但是他们每个人都想获奖,有目的,有私图,想标新立异,要扬名较真——因此他们不是真正的冒险家。

　　大城市里,浪漫史和冒险这对孪生精灵老是在外面寻找有价值的追求者。我们漫步街头时,他们在暗中窥视我们,以二十种不同的伪装向我们挑战。我们不知为什么突然抬头时,会看到窗里有一张似曾相识的脸;在阒静的大街上,我们听到一幢百叶窗紧闭的空房子里传出痛苦恐惧的叫喊;马车夫不在我们熟悉的街边停下,却把我们送到一个陌生的门口,而里面的人微笑着打开门请我们进去;机遇的高窗格里落下一张字条,飘到我们脚下;我们和匆匆经过的人群中某些陌生人互看了一眼,立刻产生了憎恨、喜爱和恐惧;突然下起暴雨——我们的伞可能为满月的女儿和恒星系的嫡堂兄弟遮风挡雨;每个街角上会有手绢掉落,有召唤我们的手势,有不容回避的眼光,失落的、孤独的、狂喜的、神秘的、危险的、变化不定的冒险线索滑进我们手中。但是我们大多不愿抓住它们追踪下去。我们受世俗之累,变得僵化了。我们继续前行;直到枯燥生活尽头的一天,回顾往事时,发现我们的浪漫史十分贫乏,无非是结过一两次婚,藏在保险箱里的一个缎子玫瑰花结,同暖气片的一辈子宿怨。

　　鲁多夫·斯坦纳是位真正的冒险家。晚上,他很少不离开那间在过道上隔出来的卧室,到外面去寻找意想不到的、惊人的遭遇。他觉得生活中最有趣的事情也许就在下一个街角上。他喜欢碰运气,甚至到了不可思议的地步。有两次,他不得不在派出所过夜;他一再遭到骗子和托儿巧妙的蒙骗;他经不住奉承诱惑,遭殃的是他的手表和钱。但他无怨无悔,热情不减,每次都接受挑战,在他欢乐的冒险经历里添上一笔浓墨重彩。

　　一晚,鲁多夫在老城中心贯穿全市的一条街上闲逛。人行道上有两股人流:一股匆匆赶回家,另一股从家里出来,流向挂着"客饭"招牌的、灯火辉煌、外观华丽的餐馆。

年轻的冒险家安详而留神地走着,他外表还讨人喜欢。白天,他是一家钢琴商店的推销员。他不用领带夹,而用黄玉环束住领带;有一次他去信告诉一家杂志的编辑,说利贝小姐写的《琼尼的爱情考验》是对他一生影响最大的书。

人行道上,放在一个玻璃柜子里咔哒咔哒直响的假牙,似乎把他的注意(以及恶心)先引到柜子后面的那家餐馆;再看一眼时,他发现了高挂在隔壁门口上面的牙医诊所的灯光招牌。一个高大的黑人穿着显眼的刺绣的红色上衣,黄色裤子,戴着一顶军帽,谨慎地向愿意接受的过路人分发卡片。

这种牙医小广告,对鲁多夫来说并不新鲜。通常他在分发卡片的人身边走过时不予理会;但是今天那个非洲人把卡片一下子塞进他手里,他竟接了下来,甚至因为手法的巧妙而微微一笑。

他朝前走了几码,随便看看卡片,诧异地发现竟是空白的。他好奇地把卡片翻个面,看到两个钢笔字:"绿门"。鲁多夫注意到前面三步远的一个人把黑人给他的卡片扔在地上。他捡起来。上面印的是牙医的姓名地址,以及"托牙""齿桥""齿冠"等惯常的镶牙项目和"无痛"手术的漂亮保证。

好冒险的钢琴推销员在街角上站停,考虑了一会儿。接着,他穿过马路,走了一个街区,再穿过马路,加入前行的人流。他第二次经过黑人身边时,装出漫不经心的样子接过递给他的卡片。走了十步后,他看了一下。卡片上写着"绿门",字迹和第一张相同。人行道上还有三四张卡片,是他前面或后面的人扔掉的。鲁多夫把空白一面朝上的翻过来。上面都印有牙医诊所的广告。

作为冒险的真正追随者,鲁多夫很少需要两次邀请。但是那个头号捣蛋鬼已经邀请了两次,非弄明白不可。

鲁多夫慢慢走回到高大黑人所在的咔哒作响的柜子那里。这次经过时,他没有拿到卡片。那个埃塞俄比亚人的打扮虽然俗不可耐,但天生一种野性的尊严,他温和地把卡片递给某些人,对另一些人并不打扰。每隔半分钟,他像电车售票员或者大歌剧演员似的唱出一句刺耳的听不清楚的话。鲁多夫这次不仅没有拿到卡片,而且从那张发亮的大黑脸上看到一种冷漠的、几乎是鄙视的神情。

那种神情刺痛了冒险家。他认为那是在默默指责他智力低下。不论卡片上神秘的字样意味着什么,黑人从人群中两次选中了他;现在似乎在谴责他没有探索奥秘的智力和勇气。

年轻人靠边站着,避开人流,迅速地打量一下他认为隐藏冒险的那座房屋。房子有五层楼高。地下室是一家小餐馆。

底层像是一家卖女帽或者裘皮的商店,现在已经打烊。二层有灯光招牌的是牙医诊所。上面一层招牌的多种文字争先恐后地标明手相家、女装裁缝、乐师和医师的住所。再上面,遮严的窗帘和窗台上的空奶瓶说明是普通住家。

鲁多夫打量好之后,轻快地走上门前的石头高台阶,进了屋。他继续走上两层铺地毯的楼梯,在楼梯口站停。过道有两个煤气灯头,发出微弱的光线,右面一个离他较远,左面一个较近。他朝较近的那个望去,在它暗淡的光环下看到一扇绿门。他迟疑片刻,随即似乎看到了那个玩卡片把戏的非洲人的嘲笑,于是径直朝绿门走去,敲了几下。

屋里的人应门之前的几分钟,使真正的冒险家呼吸加速。绿色的门扇后面什么事都有可能!赌徒在玩牌;阴险的流氓布置好巧妙的圈套;敢作敢当的美人渴望得到爱情;危险、死亡、失望、丢人现眼——他鲁莽地敲门之后可能引起这中间的任何一件事。

屋里有微弱的窸窣声,门慢慢打开了。一个面色苍白、二十岁不到的姑娘晃晃悠悠地站在面前。她松开门把,摇晃了一下,另一只手摸索着,像是要抓住什么。鲁多夫赶紧扶住她,把她抱到靠墙的一张老旧的长沙发椅上。他关好门,借着颤动的煤气灯光扫视一下房间。他看到的是整洁,但是极度贫穷。

姑娘一动不动地躺着,仿佛晕了过去。应该让病人伏在大琵琶桶上,来回推动——不,不;那是抢救溺水的办法。他开始用他的圆顶礼帽替她扇风。这一招见了效,因为帽檐刮到她的鼻子,她睁开了眼睛。年轻人发现姑娘那张脸正是他心向神往的亲切肖像画廊里所缺的。坦诚的灰色眼睛,俏皮的小鼻子稍稍有点翘,拳曲的栗色头发像是豌豆藤的卷须,这一切仿佛是他奇妙冒险的理所当然的结局和回报。可是那张脸瘦削苍白得让人伤心。

姑娘平静地瞅着他,接着莞尔一笑。

"我晕了过去,是不是?"她无力地问道,"其实谁都会这样的。你三天没吃东西试试看!"

"哎哟!"鲁多夫嚷着跳起来,"你等着,我马上回来。"

他冲出绿门,跑下楼梯。二十分钟后,他又回来了,用鞋尖踢踢门,让她打开。他两臂抱着从食品店和餐馆买来的大包小包东西,放在桌上——面包和黄油、冷切肉、蛋糕、馅儿饼、酸黄瓜、一只烧鸡、一瓶牛奶和一瓶滚烫的红茶。

"岂有此理!"鲁多夫狂暴地说,"不吃东西哪能行。你可不能再和别人打赌干这种蠢事了。晚饭准备好啦。"

他扶姑娘坐到桌前的椅子上,问道:"有茶杯吗?""窗台上有一个。"她回说。当他拿了杯子转过身时,见她凭女人百试不爽的本能,已从纸袋里找到一罐迪尔牌酸黄瓜,眼睛闪着狂喜的光芒。他笑着拿下酸黄瓜,倒了一杯牛奶。"先喝这个,"他命令说,"再喝些茶,然后吃个鸡翅膀。你听话,黄瓜明天吃。现在如果你允许我做你的客人,我们一起吃晚饭吧。"

他拖来另一把椅子。喝了热茶后,姑娘的眼睛有了生气,脸色也好一些。她像某些野生动物那样,虽然饥饿,仍很讲究地大吃起来。她似乎认为那年轻人的到来,向她提供援助是理所当然的事情——倒不是她轻视习俗,而是极大的危难给了她抛开虚礼俗套、更注重人性的权利。但随着气力和舒适的恢复,应有的一些习俗感也逐渐恢复了;她开始把自己的小故事讲给他听。那是城市里每天都会遇到的、成千上百个稀松平常的故事之一:女售货员偏低的工资,"罚款"使工资进一步减少却使店方利润增加,病假扣发工资,然后是失去工作,失去希望,接着便是——冒险家敲响了绿门。

但在鲁多夫听来,这故事像《伊利亚特》史诗或者《琼尼的爱情考验》里的紧急关头那般重要。

"没想到你居然受过那么多苦。"他喊道。

"确实难以忍受。"姑娘沉重地说。

"你在这里难道没有亲友?"

"一个也没有。"

"我也是孤零零一个人。"鲁多夫迟疑一下说。

"那很好。"姑娘脱口说,年轻人听她赞赏自己孤苦零丁的状况似乎有点高兴。

她突然垂下眼光,长叹一声。

"我困极了,"她说,"我觉得太舒服了。"

鲁多夫站起来,拿了帽子。

"那我就告辞了。好好睡一觉会对你有帮助的,晚安。"

他伸出手,她握住他的手,也说"晚安"。但是她的眼睛里露出一句问话,坦诚而伤感,无声胜过有声,他不由得用语言回答。

"哦,明天我再来看看你怎么样。你轻易摆脱不了我的。"

他走到门口时,她问道:"你怎么会敲我的门的?"对她来说,他来到的事实远比来的缘由重要得多。

他瞅了她片刻,想起那些卡片,突然感到一阵痛苦的妒忌。假如那些卡片落到另一个和他一样喜欢冒险的人手里又会怎么样呢。他迅速做出决定,永远不让她知道真情。他永远不告诉她,他了解她在极端困难下采取的权宜之计。

"我们的一位钢琴调音师住在这幢楼里,"他说,"我弄错了,敲了你的门。"

在绿门关上之前,他在屋里最后看到的是她的微笑。

他在楼梯口站住,好奇地打量四周。然后他走到过道的尽头又走回来,再上一层楼,继续进行他困惑的探索。他发现楼里所有的房门都是绿色。

他大感不解地到了人行道上。那个怪模怪样的非洲人还在。鲁多夫拿着他发的两张卡片上前询问。

"你能不能告诉我,你为什么给我这些卡片,是什么意思?"

黑人咧嘴笑了,露出一口白牙,替他主人的行业做了一个极好的广告。

"在那里,老板,"他指着街那头说,"不过恐怕已经赶不上第一幕了。"

鲁多夫朝他指点的方向望去,看见一家剧院入口处上方为新上演的戏剧打出的明亮的灯光广告:"绿门"。

"听说那是第一流的戏剧,老板,"黑人说,"演出经理给了我一块钱,让我分发医生广告时捎带发几张。我给你一张医生的卡片好不好,老板?"

鲁多夫在他所住那个街区拐角的小店里买了一杯啤酒和一支雪茄。他衔着点燃的雪茄出来,扣好上衣,把帽子朝后一推,断然对路灯柱说:

"反正一样,我认为是命运的手指引我找到了她。"

在这种情况下,这个结论当然让鲁多夫·斯坦纳进入了浪漫史和冒险的真正追随者的行列。

出 租 马 车

　　出租马车车夫自有他的观点。也许比从事其他行业的人更为死心眼。他摇摇晃晃地高踞在马车①后座上,在他看来,他的同类都是微不足道的游牧颗粒,除非他们有迁移的愿望。他是耶户②,你只是运输中的货物。不论你是总统也罢,流浪汉也罢,在出租马车车夫眼里你无非是车钱。他让你上车,啪的一声抽响鞭子,把你的脊椎骨颠簸一番,然后放你下车。

　　到了付钱的时候,假如你摆出熟悉法定收费标准的样子,你就会明白"蔑视"一词的含义;假如你忘了带钱包,你就体会到但丁《地狱篇》里的描绘要温和得多。

　　有人说,出租马车车夫的死心眼和对生活的执拗偏见,是马车的独特构造引起的,这种理论并不特别出格。那个高高在上的家伙像主神朱庇特似的,坐在孤家寡人的宝座上,把你的命运置于两根反复无常的缰绳中间。你在坚实的地面上或许能得到侍役毕恭毕敬的照拂;在这里,你却成了鼠笼里的耗子,动弹不得,听人摆布,像不倒翁玩偶似的晃动,并且必须通过那具游动石棺盖子的一条狭缝朝上尖叫,才能表达你微弱的愿望。

---

① 此处的马车(hansom)是一种单马、双轮、双座的车辆,车夫座在后面,高于车厢。
② 耶户是古代以色列王,《旧约·列王纪下》第 9 章第 20 节记载,说他"车赶得很猛"。

四　百　万

此外,在出租马车里,你甚至算不上占用人;你只是内容。你是海上的货物,而那个"坐在云端的小天使"心里熟记海魔的街道和门牌号码。

一晚,麦加里家庭酒馆隔壁第二幢的居民楼里传出了宴饮作乐的声音。声音似乎是从沃尔什家发出的。人行道上挤满了看热闹的街坊邻居,他们不时让开一条通道,容得麦加里的伙计把同喜庆娱乐有关的东西送去。人行道上的诸色人等议论纷纷,从他们的谈话里很快就知道诺拉·沃尔什结婚了。

到了预定的时候,喝酒作乐的人涌到人行道上。未受邀请的客人围上前,同他们混在一起,夜空中升起快乐的呼喊声,祝贺声,笑声,以及麦加里提供婚礼的物品所引起的各式各样嘈杂声。

杰里·奥多诺万的出租马车停在马路牙子旁边。人们管杰里叫做夜游神,因为他总是夜间出车;但是他的马车清洁锃亮,衣着再华丽的客人乘他的车也不会丢脸。至于杰里的马!我可以毫不夸张地告诉你,杰里用燕麦把它喂得肚子滚圆,那些吃完了饭盘子也不洗,上街来截车的老太太们看到它会笑的——是啊,会笑的。

在那挤挤插插、闹闹嚷嚷的人群中,可以瞥见杰里——他戴着一顶经过多年风吹雨打的高筒帽子;鼻子红得像胡萝卜,常常遭到爱恶作剧的、健壮得像运动员的富家子弟和抗付车费的乘客的拳头;身上那件有黄铜纽扣的绿色外套则是麦加里酒馆附近的人欣羡的对象。现在杰里篡夺了他马车的职能,显得有点不胜"负载"。这种修辞手段还可以延伸,把他比作一辆面包车,因为一个旁观的年轻人说"杰里吃了小圆面包"①。

一个年轻女子不知从街上的人群,或是从为数不多的过路人

---

① 此处的"负载"(load)和"小圆面包"(bun)有双关意义,美国俚语中的 load 一词有使人喝醉的酒量之意,get a bun 指喝得酩酊大醉。

中间轻快地脱身出来,站到马车旁边。杰里敏锐的职业眼光注意到了这一情况。他东倒西歪地朝马车走去,掀翻了三四个旁观者和他自己——不!他抓住了消防龙头帽,没有摔倒。像是水手在风暴中攀登绳梯横索似的,杰里爬上了他的专座。一到那里,麦加里的福水祸泉就奈何不得他了。他在他船舶的后桅上,不论怎么颠簸都万无一失,正如摩天大楼旗杆上系好安全带的高空作业工人。

"请上车,女士。"杰里抓起缰绳说。

年轻女人上了车,砰的一声关好车门,杰里甩响鞭子,穷巷的人群散开,漂亮的马车朝市中心冲去。

当那吃饱燕麦、劲道十足的牲口稍稍放慢最初进发的速度时,杰里打开车顶小窗盖,用他破锣似的嗓音讨好地问道:

"您这会儿要去哪儿?"

"你爱去哪儿就去哪儿。"回答的声音显得心满意足,像音乐似的动听。

"她是想兜风。"杰里寻思,随即自作主张地建议:

"那就去中央公园转一圈吧,女士。凉快舒服。"

"听你的。"乘客愉快地回答。

马车驶向五马路,在那条平坦的街道上迅跑起来。杰里在座位上颠簸摇晃。麦加里的烈性液体受到打扰,化作烟雾再次往他头顶升腾。他唱起一支古老的基里斯诺克歌谣,把鞭子当做指挥棒似的挥舞。

车里的乘客端坐在垫子上,张望左右两边的灯光和建筑。即使在幽暗的车厢里,她的眼睛也像晨昏时晶莹的星星。

他们到了第五十九街,杰里的脑袋时不时耷拉下来,手里的缰绳也松松垮垮。可是他的马自己拐进公园大门,驾轻就熟地开始了夜游。乘客心醉神迷,她往后一靠,深深吸着花草树叶的有益健康的清新气味。套在辕杆中间的聪明牲口知道自己的处境,靠右蹚起计时工资的步子。

杰里的脑袋虽然越来越沉重,但习惯势力仍占了上风。他掀开那艘经过风暴的船舶的舱口盖,提出了出租马车车夫在中央公园里常问的问题。

"要不要在夜总会待一会儿,女士?可以喝些饮料,听听音乐。谁都这样做。"

"我认为那挺好。"乘客说。

马车在夜总会入口猛地停住。车门打开。乘客下了车,直接步入大厅。令人心荡神移的乐声立刻围绕着她,灯光和色彩使她应接不暇。有人递给她一张小方块卡片,上面印有一个号码——34。她环顾周围,看到拉她的马车已经停放在二十码外,在许多等候的马车、出租马车和汽车后面排好了队。一个打蝴蝶领结、衬衫前胸雪白的男人在她面前连连后退,带她在茑萝藤攀缘的栏杆旁边的一张小桌就座。

侍者发出无言的购买饮料的邀请;她在瘪塌的钱袋里翻了一下,找出几枚硬币,总算够买一杯啤酒的。她坐在那里,深深吸着周围的气息——魔法控制的森林里一座仙宫的新色彩、新方式的生活。

五十张小桌旁边坐的都是珠光宝气、衣着华丽的王子和皇后。他们中间有人偶尔会朝杰里的乘客好奇地瞥一眼。他们看到的是穿着一件粉红色印花软绸衣服的朴素平常的人,神情也朴素平常,但是带着一种连皇后们都会羡慕的对生活的热爱。

时钟的长针转了两圈。王公贵族们陆续走下他们乘凉的宝座,坐上富丽堂皇的汽车或马车一溜烟地或者蹄声嘚嘚地离去。乐器放回了木盒和皮革或呢子做的护袋里。几乎只有那个朴素平常的人独自坐着,侍者们故意在她周围撤掉桌布。

杰里的乘客站起来，天真地拿出那张有号码的小卡片：

"这张小票有什么用？"她问道。

一个侍者告诉她，那是她的马车号牌，她应该交到入口处。入口处的人接过牌子，喊了号码。排队等候的车子只剩下三辆。其中一辆的车夫过去把睡在车厢里的杰里拽了出来。他骂骂咧咧地爬上舰桥，把他的船舶驶靠码头。乘客上了车，马车飞快地进入公园最僻静的地方，抄最近的小路回去。

在公园大门口，以突然起疑的形式出现的少许理性侵入了杰里混乱的思想。他想起一两件事，便勒住马，掀开车顶小窗盖，用他仿佛从留声机里发出的声音朝底下说：

"我得先看到四块钱再赶车往前走。你有四块钱吗？"

"四块钱！"乘客轻声笑着说，"天哪，我可没有。我只有几枚分币和一两角钱。"

杰里关上窗盖，给了吃饱燕麦的马一鞭子。蹄声压下了，但不能淹没他亵渎神圣的诅咒。他朝满天星斗破口大骂；恶意地用鞭子磕碰路过的车辆；一路上不断变换各种粗话、脏话、骂人话，以致一个慢吞吞回家的卡车司机听了居然都脸红。但是他知道有地方可以讨个公道，便直奔那个方向。

到了一座台阶两旁有绿灯的房屋前面，他收了缰绳。他猛地拉开车门，自己没有站稳，重重摔倒在地。

"你出来。"他粗暴地说。

他的乘客下了车，朴素平常的脸上还带着夜总会梦幻般的微笑。杰里拽住她手臂，进了警察局。桌子后面一个灰胡子的警官目光锐利地瞅着他们。他和那个出租马车车夫并不是初次见面。

"警官，"杰里用他沙哑的粗嗓门吃了亏似的申诉说，"这个乘我车的客人——"

杰里停住了。他粗糙发红的手抹了一下额头。麦加里引起的迷雾开始消散。

"一个乘客,警官,"他咧嘴笑笑接着说,"我想让您见见。她是今晚同我在老沃尔什家结婚的妻子。我们玩得真痛快,一点不假。诺拉,和警官握握手,我们准备回家。"

在上车之前,诺拉舒了一口长气。

"我今晚过得真高兴,杰里。"她说。

没有完的故事

如今人们提到地狱的火焰时,我们不再唉声叹气,把灰涂在自己头上了①。因为连传教的牧师也开始告诉我们说,上帝是镭锭,或是以太,或是某种科学的化合物;因此我们这伙坏人可能遭到的最恶的报应,无非只是个化学反应。这倒是一个可喜的假设;但是正教所启示的古老而巨大的恐怖,还有一部分依然存在。

你能海阔天空地信口开河,而不至于遭到驳斥的只有两种话题。你可以叙说你梦见的东西;还可以谈谈从鹦哥那儿听来的话。摩非斯②和鹦哥都不够证人资格,别人听到了你的高谈阔论也不敢指摘。我不在美丽的鹦哥的絮语中寻找素材,而挑了一个毫无根据的梦象作为主题,因为鹦哥说话的范围比较狭窄;那是我深感抱歉和遗憾的。

我做了一个梦,这个梦同《圣经》考证绝无关系,它只牵涉到那个历史悠久、值得敬畏、令人悲叹的末日审判问题。

加百列摊出了他的王牌;我们之中无法跟进的人只得被提去受审③。我看到一边是些穿着庄严的黑袍,反扣着硬领的职业保

---

① 犹太风俗,悲切忏悔时,身穿麻衣,须发涂灰。
② 摩非斯,罗马神话中的梦神,为睡神之子。
③ 加百列,希伯来神话中最高级的天使之一,上帝的主要传达吏,据说末日审判时的号角将由他吹响。原文中"王牌"与"号声"相同,原意是"天堂门开,天使吹响了他的号角"。

人①,但是他们自己的职权似乎出了一些问题,所以他们不像是保得了我们中间任何一个人的样子。

一个包探——也就是充当警察的天使——向我飞过来,挟了我的左臂就走。附近候审的是一群看上去境况极好的鬼灵。

"你是那一拨人里面的吗?"警察问道。

"他们是谁呀?"我反问说。

"嘿,"他说,"他们是——"

这些题外的闲话已经占去正文应有的篇幅,我暂且不谈它了。

达尔西在一家百货公司工作。她经售的可能是汉堡的花边,或是呢绒,或是汽车,或是百货公司常备的小饰物之类的商品。达尔西在她所创造的财富中,每星期只领到六块钱。其余的在上帝经管的总账上——哦,牧师先生,你说那叫"原始能量"吗?好吧,就算"原始能量总账"吧——记在某一个人名下的贷方,达尔西名下的借方。

达尔西进公司后的第一年,每星期只有五块钱工资。要研究她怎样靠那个数目来维持生活,倒是一件给人以启发的事。你不感兴趣吗?好吧,也许你对大一些的数目才感兴趣。六块钱是个较大的数目。我来告诉你,她怎样用六块钱来维持一星期的生活吧。

一天下午六点钟,达尔西在距离延髓八分之一英寸的地方插帽针时,对她的好友——老是侧着左身接待主顾的姑娘——萨迪说:

"喂,萨迪,今晚我跟皮吉约好了去吃饭。"

"真的吗!"萨迪羡慕地嚷道,"唷,你真运气。皮吉是个大阔佬;他总是带着姑娘上阔气的地方去。有一晚,他带了布兰奇上霍

---

① 指教会的神职人员。

夫曼大饭店,那儿的音乐真棒,还可以看到许多阔佬。你准会玩得痛快的,达尔西。"

达尔西急急忙忙地赶回家去。她的眼睛闪闪发亮,她的脸颊泛出了生命的娇红——真正的生命的曙光。那天是星期五;她上星期的工资还剩下五毛钱。

街道上挤满了潮水般下班回家的人们。百老汇路的电灯光亮夺目,招致几英里、几里格①,甚至几百里格以外的飞蛾从黑暗中扑来,参加焦头烂额的锻炼。衣冠楚楚,面目模糊不清,像是海员养老院里的老水手在樱桃核上刻出来的男人们,扭过头来凝视着一意奔跑,打他们身边经过的达尔西。曼哈顿,这朵晚上开放的仙人掌花,开始舒展它那颜色死白,气味浓烈的花瓣了。

达尔西在一家卖便宜货的商店里停了一下,用她的五毛钱买了一条仿花边的纸衣领。那笔款子本来另有用途——晚饭一毛五,早饭一毛,中饭一毛。另外一毛是准备加进她那寒酸的储蓄里的;五分钱准备浪费在甘草糖上——那种糖能使你的脸颊鼓得像牙痛似的,含化的时间也像牙痛那么长。吃甘草糖是一种奢侈——几乎是狂欢——可是没有乐趣的生活又算是什么呢?

达尔西住的是一间连家具出租的房间。这种房间同包伙食的寄宿舍是有区别的。住在这种屋子里,挨饿的时候别人是不会知道的。

达尔西上楼到她的房间里去——西区一座褐石房屋的三楼后房。她点上煤气灯。科学家告诉我们,金刚石是世界上最坚硬的物质。他们错了。房东太太掌握了一种化合物,同它一比,连金刚石都软得像油灰了。她们把这种东西塞在煤气灯灯头上,任你站在椅子上挖得手指发红起泡,仍旧白搭。发针不能动它分毫,所以

---

① 里格,长度名,约合3英里。

我们姑且管它叫做"牢不可移的"吧。

达尔西点燃了煤气灯。在那相当于四分之一支烛光的灯光下,我们来看看这个房间。

榻床,梳妆台,桌子,洗脸架,椅子——造孽的房东太太所提供的全在这儿了。其余是达尔西自己的。她的宝贝摆在梳妆台上:萨迪送给她的一个描金瓷瓶,腌菜作坊送的一组日历,一本详梦的书,一些盛在玻璃碟子里的扑粉,以及一束扎着粉红色缎带的假樱桃。

那面起皱的镜子前靠着基钦纳将军、威廉·马尔登、马尔巴勒公爵夫人[①]和本范努托·切利尼的相片。一面墙上挂着一个戴罗马式头盔的爱尔兰人的石膏像饰板,旁边有一幅色彩强烈的石印油画,画的是一个淡黄色的孩子在捉弄一只火红色的蝴蝶。达尔西认为那是登峰造极的艺术作品;也没有人对此提出反对意见。从没有人私下议论这幅画的真赝而使她心中不安,也从没有批评家来奚落她的幼年昆虫学家。

皮吉说好七点钟来邀她。她正在迅速地打扮准备,我们不要冒昧,且掉过脸去,随便聊聊。

达尔西这个房间的租金是每星期两块钱。平日,她早饭花一毛钱。她一面穿衣服,一面在煤气灯上煮咖啡,煎一只蛋。星期日早晨,她花上两毛五分钱在比利饭馆阔气地大吃小牛肉排和菠萝油煎饼——还给女侍者一毛钱的小账。纽约市有这么多的诱惑,很容易使人趋于奢华。她在百货公司的餐室里包了饭;每星期中饭是六毛钱,晚饭是一块零五分。那些晚报——你说有哪个纽约

[①] 基钦纳将军(1850—1916),第一次世界大战中英国的名将,曾任陆军元帅和陆军大臣。马尔巴勒公爵夫人,马尔巴勒系英国世袭公爵的称号,第一任约翰·邱吉尔(1650—1722)为第二次世界大战期间英国首相温斯顿·邱吉尔的祖先。

人不看报纸的!——要花六分钱;两份星期日的报纸——一份是买来看招聘广告栏的,另一份是预备细读的——要一毛钱。总数是四块七毛六分。然而,你总得添置些衣服,还有……

我没法算下去了。我常听说有便宜得惊人的衣料和针线做出来的奇迹;但是我始终表示怀疑。我很想在达尔西的生活里加上一些根据那神圣、自然、既无明文规定又不生效的天理的法令而应该是属于女人的乐趣,可是我搁笔长叹,没法写了。她去过两次康奈岛,骑过轮转木马。一个人盼望乐趣要以年份而不是以钟点为期,也未免太乏味了。

形容皮吉只要一个词儿。姑娘们提到他时,高贵的猪族就蒙上了不应有的污名。在那本蓝封皮的老拼音读本中,有三个字母拼成生字的一课就是皮吉的外传。他长得肥胖,有着耗子的心灵,蝙蝠的习性和狸猫那爱戏弄捕获物的脾气①……他衣著华贵,是鉴别饥饿的专家。他只要朝一个女店员瞅上一眼,就能告诉你,她多久没有吃到比茶和棉花糖更有营养的东西了,并且误差不会超出一小时。他老是在商业区徘徊,在百货公司里打转,相机邀请女店员们下馆子。连街上牵着绳子遛狗的人都瞧不起他。他是个典型;我不能再写他了;我的笔不是为他服务的;我不是木匠。

七点差十分的时候,达尔西准备停当了。她在那面起皱的镜子里照了一下。照出来的形象很称心。那套深蓝色的衣服非常合身,带着飘拂的黑羽毛的帽子,稍微有点脏的手套——这一切都代表苦苦地省吃俭用——都非常漂亮。

达尔西暂时忘了一切,只觉得自己是美丽的,生活就要把它神秘的帷幕揭开一角,让她欣赏它的神奇。以前从没有男人邀请她

---

① "肥胖""耗子""蝙蝠""狸猫"(fat, rat, bat, cat)在英语中都由三个字母组成。"皮吉"(Piggy)意为"小猪"。

出去过。现在她居然就要投入那种绚烂夺目的高贵生活中去,在里面逗留片刻了。

姑娘们说,皮吉是舍得花钱的。一定会有一顿丰盛的大餐,音乐,还有服饰华丽的女人可以看,有姑娘们讲得下巴都要掉下来的好东西可以吃。无疑的,她下次还会被邀请出去。

在她所熟悉的一个橱窗里,有一件蓝色的柞蚕丝绸衣服——如果每星期的储蓄从一毛钱增加到两毛,在——让我们算算看——喔,得积上好几年呢!但是七马路有一家旧货商店,那儿……

有人敲门。达尔西把门打开。房东太太站在那儿,脸上堆着假笑,嗅嗅有没有偷用煤气烧食物的气味。

"楼下有一位先生要见你,"她说,"姓威金斯。"

对于那些把皮吉当做一回事的倒霉女人,皮吉总是用那个姓出面。

达尔西转向梳妆台去拿手帕;她突然停住了,使劲咬着下唇。先前她照镜子的时候,只看到仙境里的自己,仿佛刚从大梦中醒过来的公主。她忘了有一个人带着忧郁、美妙而严肃的眼神在瞅她——只有这个人关心她的行为,或是赞成,或是反对。他的身材颀长笔挺,他那英俊而忧郁的脸上带着伤心和谴责的神情,那是基钦纳将军从梳妆台上的描金镜框里用他奇妙的眼睛在瞪着她。

达尔西像一个自动玩偶似的转过身来向着房东太太。

"对他说我不能去了。"她呆呆地说,"对他说我病了,或者随便找些理由。对他说我不出去了。"

等房门关上锁好之后,达尔西扑在床上,压坏了黑帽饰,哭了十分钟。基钦纳将军是她惟一的朋友。他是达尔西理想中的英武的男子汉。他好像怀有隐痛,他的胡髭美妙得难以形容,他眼睛里那严肃而温存的神色使她有些畏惧。她私下里常常幻想,但愿有一天他佩着碰在长靴上铿锵作响的宝剑,专诚降临这所房屋来看她。有一次,一个小孩用一段铁链把灯柱刮得嘎嘎发响,她竟然打开窗子,伸出头去看看。可是大失所望。据她所知,基钦纳将军远在日本①,正率领大军同野蛮的土耳其人作战;他绝不会为了她从那描金镜框里踱出来的。可是那天晚上,基钦纳的一瞥却把皮吉打垮了。是的,至少在那一晚是这样的。

达尔西哭过之后站起来,把身上那套外出时穿的衣服脱掉,换上蓝色的旧睡袍。她不想吃饭了。她唱了两节《萨美》歌曲。接着,她对鼻子旁边的一个小粉刺产生了强烈的兴趣。那桩事做完后,她把椅子拖到那张站不稳的桌子边,用一副旧纸牌替自己算命。

"可恶无礼的家伙!"她脱口说道,"我的谈吐和举止有哪些使他起意的地方!"

九点钟,达尔西从箱子里取出一盒饼干和一小罐木莓果酱,大吃了一顿。她敬了基钦纳将军一块涂好果酱的饼干;但是基钦纳却像斯芬克斯②望蝴蝶飞舞似的望着她——如果沙漠里也有蝴蝶的话。

"你不爱吃就别吃好啦。"达尔西说,"何必这样神气活现地瞪着眼责备我。如果你每星期也靠六块钱来维持生活,我倒想知道,你是不是仍旧这样优越,这样神气。"

达尔西对基钦纳将军不敬并不是个好现象。接着,她用严厉的姿态把本范努托·切利尼的脸翻了过去。那倒不是不可原谅的;因为她总把他当做亨利八世③,对他很不满意。

---

① 基钦纳于1910年前后去澳大利亚及新西兰视察,先此,曾前往日本游历。
② 斯芬克斯:希腊的斯芬克斯是女首狮身展翅的石像;在埃及的是男首狮身无翼的石像,在大金字塔附近。
③ 亨利八世(1491—1547),英国国王,他曾多次离婚,并处决过第二个妻子。

九点半钟,达尔西对梳妆台上的相片看了最后一眼,便熄了灯,跳上床去。临睡前还向基钦纳将军、威廉·马尔登、马尔巴勒公爵夫人和本范努托·切利尼行了一个晚安注目礼,真是不痛快的事情。

　　到这里为止,这个故事并不说明问题。其余的情节是后来发生的——有一次,皮吉再请达尔西一起下馆子,她比平时更感到寂寞,而基钦纳将军的眼光碰巧又望着别处;于是——

　　我在前面说过,我梦见自己站在一群境况很好的鬼灵旁边,一个警察挟着我的胳臂,问我是不是同那群人一起的。

　　"他们是谁呀?"我问。

　　"唷,"他说,"他们是那种雇用女工,每星期给她们五六块钱维持生活的老板。你是那群人里面的吗?"

　　"对天起誓,我绝对不是。"我说,"我的罪孽没有那么重,我只不过放火烧了一所孤儿院,为了少许钱财谋害了一个瞎子的性命。"

哈里发、丘比特和时钟

月谷选帝侯区的迈克尔伯爵坐在公园里他喜爱的长椅上。九月夜晚的凉意像罕见的补酒似的加速了他的活力。长椅还有空的；因为公园里的闲人气血迟滞，很容易感到初秋的料峭。月光驱散了东区毗邻四方院子的屋顶上乘凉的人。小孩们在喷泉周围嬉笑玩耍。半人半兽神和树精在阴暗的角落求爱，对凡夫俗子的好奇目光不予理会。小街上的手摇风琴懒洋洋地发出长笛般的声音，我们的舞台音响师——"想象"——把它当做夜莺的啭鸣。小花园周遭的街道上，行驶的有轨电车咔哒咔哒直响，高架火车则像无处可进的老虎和狮子似的逡巡咆哮。树梢上空，一座古老建筑的塔楼上被照明的大钟圆面盘蕴蕴含光。

迈克尔亲王的鞋子破旧不堪，最精心的修鞋匠使出浑身解数也帮不了忙。至于他的衣服，收购破布烂纸的看了也摇头。他两星期没有刮胡子了，胡子茬灰、褐、红、黄绿各色俱全——仿佛是音乐喜剧的合唱队纷纷捐输的。他头上那顶帽子，只要是有钱买蔽体衣服的人绝不会戴。

迈克尔伯爵微笑着坐在他喜爱的长椅上。他想起自己有许多财富，只要他高兴，面前那些灯火辉煌、鳞次栉比的宏伟邸宅中间的任何一座他都可以买下来。他的黄金、车马仆从、珠宝、艺术收藏品、房地产，可以和曼哈顿这个骄傲城市的任何一个大富豪相比，区区一座邸宅在他的财产清单里根本算不上什么。他可以同当前在位的君主们并起并坐。如果他愿意,社交界、艺术界、特权集团的交情、奉承、效仿,最美的女人的献媚,最高层人物的接待,最博学的人的赞扬,以及恭维、器重、荣誉、享受、名声等等世界蜂房里所有的生活甜蜜都等着月谷选帝侯区的迈克尔伯爵去撷取。但他宁肯穿得邋里邋遢,坐在公园里的长椅上。因为他已经尝过生命之树的果子,发觉味道有点苦,便暂时离开了伊甸园,贴近世界的坦诚跳动的心脏找些消遣。

迈克尔伯爵朦朦胧胧地胡思乱想,满是杂色胡子茬的脸上露出了微笑。他穿戴得虽然像是最潦倒的乞丐,在公园里无所事事,却喜欢研究人性。他从利他主义中得到的乐趣比从他的财富、地位,以及生活给他的所有世俗的糖果中得到的乐趣多得多。他主要的安慰和满足在于扶危解困,给需要帮助的人以恩惠,给不幸的人以喜出望外的礼物,气派之大,出手之阔绰,受惠人会不知所措,然而,他的恩赐是审慎而明智的。

当迈克尔伯爵的眼光停留在塔楼大钟发亮的面盘时,他的利他主义的微笑略微带一些鄙夷。伯爵考虑的都是大事;他想起世界屈从于时间专横的度量时,不由得摇摇头。他想起世人在时钟不停移动的金属指针的控制下,来去匆匆,惶惶不可终日,总觉得可悲。

不一会儿,一个穿夜礼服的年轻人走过来,坐在伯爵旁边第三张长椅上。那年轻人紧张地抽着雪茄,半小时后,他开始全神贯注地望着树梢上发亮的钟面。他的不安显而易见,伯爵伤心地注意到,不安的原因和时钟缓缓移动的指针有关。

伯爵殿下站起身,走到年轻人坐的长椅那儿。

"请原谅我打扰,"他说,"但是我发觉您心神不定。如果有助于减轻我的冒昧,我还想补充说,我是迈克尔伯爵,月谷选帝侯区爵位的继承人。当然,你从我外表可以看出,我到外面来是经过乔装打扮的。我助人为乐,喜欢帮助我认为值得帮助的人。经过我们共同努力,让您为难的事情也许可以很快解决。"

年轻人高兴地抬眼看着伯爵。虽说高兴,但他眉间一道困惑的竖纹并没有舒展。他笑了笑,即使如此,眉头仍皱着。然而他接受了暂时的消遣。

"见到您很高兴,伯爵,"他兴致勃勃地说,"没错,我看您准是乔装打扮的人物。您愿意帮我,十分感谢——但是我认为您想插手也使不上劲。您明白,这是一件个人私事——尽管如此,我仍要谢谢您的好意。"

迈克尔伯爵在年轻人身边坐下。人们经常拒绝他,但从没有使他难堪。他彬彬有礼的举止和谈吐不容别人冒犯。

"时钟,"伯爵说,"是拴住人类的脚链。我注意到您老是看钟。钟盘是暴君的脸,数字像彩票号码一样虚假;指针是骗局的托儿,把您引向灾难。请您抛开它屈辱的锁链,不必听从那无情的铜铁做的监控人来安排您的生活。"

"平时我是不这样的,"年轻人说,"我不穿礼服时总带着表。"

"我了解树木花草,也了解人性,"伯爵自视颇高地说,"我是哲学硕士,文科毕业,我有福图纳图斯的钱袋①,人间的不幸几乎没有我所不能减轻或者克服的。我从您的神色中看到,您除了不幸之外还有诚实和高尚。我请您接受我的劝告或者帮助。我看您是个聪明人,不至于以衣冠论人,忽视了我解决您的困难的实力。"

---

① 福图纳图斯是中世纪欧洲传说中的人物,穷困潦倒,几成饿殍,命运女神允诺给他智慧、力量、财富、健康、美貌或长寿,但不可兼得,由他任选其一,他选了财富,女神便给他一个取之不尽的钱袋,结果财富给他及其后代带来了无穷灾难。这个人物最早见于1509年德国出版的《民间话本》,汉斯·萨克斯1553年改编为剧本,德克尔1599年编的《老福图纳图斯的喜剧》在圣诞节为英国伊丽莎白女王演出。"福图纳图斯"在拉丁语里有"幸福""富裕"之意。

年轻人又看了一下时钟,眉头皱得更紧了。他的目光离开发亮的时钟,转向对面一排邸宅中间一幢四层楼的红砖房屋。许多窗子都拉好了帘布,透出暗淡的灯光。

"九点差十分了!"年轻人焦急而失望地嚷起来。他转身背对着那排邸宅,迅疾地跨了一两步。

"站住!"迈克尔伯爵大喝一声,以致那个烦恼的年轻人不由自主地回过头,露出一丝苦笑。

"我再等她十分钟,然后走人,"他喃喃自言自语,然后对伯爵说,"朋友,我要和您一起褒贬所有的时钟,把女人包括在内。"

"坐下谈吧,"伯爵平静地说,"我不同意把女人包括在内。女人生来就是时钟的敌人,因此也是那些力求摆脱计量我们的荒唐、限制我们欢乐的怪物的人的盟友。如果您信得过我,我倒想听听您的故事。"

年轻人笑了,满不在乎地坐在长椅上。

"伯爵殿下,我不妨谈谈,"他故意毕恭毕敬地说,"您看到那幢楼上三扇窗户都有灯光的房屋吗?六点钟的时候,我还在里面,同已经和我订过婚的小姐一起。亲爱的伯爵,有一阵子,我行为不端——我确实太混,她有所耳闻。当然啦,我希望得到原谅——我们都希望女人能原谅我们,可不是吗,伯爵?

"'我需要一点时间考虑考虑,'她说,'有一件事是肯定的;要就是我完全原谅你,要就是我再也不想见到你了。我不喜欢拖泥带水。八点半钟,'她说,'正八点半,你可以望望顶层中央的窗户。如果我决定原谅你,我就从那扇窗户里挂出一条白色的丝围巾。你看了就知道一切照常,你可以来找我,一如既往。如果看不到围巾,你就可以理解为我们的关系一刀两断,永远结束。'我之所以老是看钟,"年轻人最后说,"就是这个道理。约定发出信号的时间已经过了二十三分。我的破衣服和胡子伯爵,难道您认为我的不安值得惊异吗?"

"我重说一遍,"迈克尔伯爵心平气和地说,"女人天生是时钟的敌人。时钟是邪恶,女人是幸福。信号还可能出现。"

"伯爵大人,永远不会了!"年轻人绝望地嚷道,"当然,您不了解玛丽安。她向来守时,一分不差。这也是她吸引我的主要长处之一。我得到的不是丝围巾,而是闭门羹。早在八点三十一分的时候,我就该知道希望已经破灭。我今晚搭十一点四十五分的火车,跟杰克·米尔本到西部去。一切都完了。我先在杰克的牧场混一段时候,最终会去克朗代克淘金,由威士忌陪伴我,了却一生。晚安——呃——呃——伯爵。"

迈克尔伯爵露出神秘、温和、善解人意的微笑,拉住对方的袖管。伯爵眼睛里的亮光暗淡下来,显得恍惚矇眬。

"等一会儿,"他庄重地说,"等钟敲响。我拥有的财富、权力和智慧比大多数人都多,但是钟响的时候我会害怕。陪着我直到钟响。这个女人将是你的。月谷世袭伯爵向你保证。你结婚的那天,我送给你十万美元和哈得孙河畔一座邸宅。不过邸宅里不准放钟——时钟计量我们的荒唐,限制我们的欢乐。你同意这个条件吗?"

"当然,"年轻人快活地说,"时钟一向讨人厌——老是滴答滴答响个不停,到了钟点要响,还让你赴宴时迟到。"

他再看看塔楼上的钟。指针在九点差三分上。

"我想我得睡一会儿,"迈克尔伯爵说,"一天下来真累人。"

他在长椅上躺下,一看就知道他以前经常这么睡的。

"天气合适的时候,每天晚上都可以在这个公园里找到我,"伯爵困倦地说,"你结婚日期定妥之后来找我,我开张支票,把那笔钱给你。"

"谢谢殿下,"年轻人一本正经地说,"看来我不需要哈得孙河畔的那座邸宅了,不过我仍很感谢您的美意。"

迈克尔伯爵昏昏沉沉睡着了。他的破帽从长椅滚落地下。年轻人捡起来,盖在那张邋遢的脸上,又把他一条垂下的手臂搁得舒服一些。"可怜的家伙!"他说着,替伯爵拉拉破烂的衣服,遮住胸口。

塔楼时钟敲响了九点,洪亮的声音使人一惊。年轻人又叹一口气,转过脸,朝他已经放弃的希望再看最后一眼——他大喜若狂地叫嚷起来。

昏暗中,上层中央的窗户亮出一条飘拂的雪白的丝围巾,那是不咎既往、允诺欢乐的奇妙神圣的象征。

这时过来了一个胖得圆乎乎的、生活舒适的市民,他急于回家,并不知晓挥舞的丝围巾给光线暗淡的公园边上带来的喜悦。

"请问现在几点钟了,先生?"年轻人问道;那个市民精明地打量一下周围,确信他的表没有被劫的危险,便拽出来看看,宣布说:

"八点二十九分半,先生。"

他随后出于习惯朝塔楼时钟瞥了一眼,又说:

"啊呀!那钟快了半小时!十年来我第一次碰到它走不准。我的表误差只有——"

可是那位市民面前的人已经不在了。他转过身,只见刚才问钟点的人飞快地朝那幢楼上有三扇窗户亮着灯的房屋跑去,成了逐渐消失的黑影。

第二天早晨,两个警察开始沿着他们既定的路线巡逻。公园里阒静无人,只有一个趴在长椅上睡熟的衣衫褴褛的人形。他们停住脚步,察看一下。

"是瘾君子迈克,"一个警察说,"他每晚吸毒。二十年来一直以公园为家。我想他活不了多久了。"

另一个警察弯下腰,瞅着熟睡的人手里揉皱发脆的什么东西。

"哎呀!"他说,"他居然吸出一张五十元的钞票。我倒想知道他抽的是什么牌子。"

于是,注重实际的警棍"啪、啪"敲着月谷选帝侯区迈克尔伯爵的鞋底。

新婚的姊妹们

　　游览车快要开动了。彬彬有礼的车务员给兴高采烈的顶座乘客们安排好了位置。看热闹的人把人行道挤得水泄不通,他们聚集拢来观望别的看热闹的人,这个情况证实了"螳螂捕蝉,黄雀在后"这一自然规律。

　　拿话筒的导游举起了他的折腾人的工具;大汽车的内部像咖啡瘾者的心脏那样,扑通扑通地狂跳起来。顶座乘客们大惊小怪地攀住了座位;来自印第安纳州瓦尔帕莱索的那位老太太尖叫着要下车。可是在车轮转动之前,请各位通过心音器听一听简短的开场白,它将在人生的游览旅行中给你指出一件有趣的事。白人与白人在非洲蛮荒中马上会一见如故;母亲和婴孩之间的精神感应是迅疾而必然的;主人和狗会毫不迟疑地超越人兽之间的些微距离,取得了解;一个人和他所爱的人只消寥寥数语,就能以无比的速度和智慧相互领会。可是,和游览车将要展开的故事比较起来,上面所说的关于情感和思想交流的例子,只能算是迟缓的暗中摸索而已。假如你以前不知道的话,你读了这篇故事就会知道:全世界的人中间有两个人怎么一见面就飞快地了解了对方的心灵。

　　铃声响了,歌得姆①的观光车堂堂皇皇地开始了它那富有启发性的旅行。

---

①　歌得姆(Gotham),即愚人村,是纽约市的别名。

后座最高的位置上,坐着密苏里州克洛佛台尔的杰姆士·威廉姆斯和他的新娘。

排字朋友,请把最后两个字排成黑体吧——在所有的词汇里,惟有这两个字才能说明人生和爱情的意义。鲜花的芬芳、蜜蜂的收获、泉水的清冽、百灵鸟的序曲、造化的鸡尾酒里柠檬皮的柔美——这些特点集中于新娘一身。妻子是神圣的;母亲是受人尊敬的;夏季的姑娘是甜蜜可爱的——然而新娘却是人与生活结合时,神道所送的礼物中一张保证兑现的支票。

游览车驶上了黄金路①。船长站在那艘大巡洋舰的舰桥上,把大城市里的景色用话筒喊给他的乘客听。乘客们张大嘴巴、竖起耳朵,倾听都会的风光轰隆隆地奔来眼底。他们带着兴奋的心情和乡下人的热望,看得眼花缭乱、应接不暇,竭力想拿视觉来配合话筒的仪式。他们以为那尖塔高耸的巍峨肃穆的教堂只是范德比尔②家的府邸;又疑疑惑惑地认为那熙攘庞大的中央大车站是路塞尔·萨日③俭朴的住宅。人家叫他们看看哈得孙河两岸的高地,他们却张口结舌地去看新开阴沟所翻出来的土堆,并且深信不疑。有许多人认为高架铁路是丽都剧场,坐在各个车站口的穿制服的人是在用车票做杂碎。到今天为止,边陲的州郡里还有许多人相信楚克·康诺斯诚心诚意地在领导改革;又相信幸亏有一个姓派克赫斯持④的地方检察官在市政方面作了高贵的努力,不然的话,那个以鲍特"主教"⑤为首的臭名彰著的集团早就把巴华利

---

① 指百老汇路。
② 指以康奈留斯·范德比尔(1794—1877)为首的美国豪门家族。
③ 路塞尔·萨日(1816—1906),美国资本家、百万富翁。
④ 派克赫斯持(1842—1933),美国长老派教会牧师,攻击纽约市腐败政治甚力,促进了市政改革。
⑤ 鲍特(1835—1908),美国新教主教会牧师,1883年任纽约市副主教,对社会改革活动颇为积极。

巷到哈勒姆河之间地区的法律与治安破坏得一干二净了。

但是我请你们注意一下杰姆士·威廉姆斯太太——闺名是海蒂·查尔默斯——克洛佛台尔有名的美人儿。浅蓝是新娘常用的颜色，假如她喜欢的话；威廉姆斯太太也尊重了习俗，采用了这种颜色。含苞的蔷薇心甘情愿地把它的红润借给了她的脸颊——还有紫罗兰呢！——可是不用了，她眼睛原来的颜色已经够美的了。一条白色的、用处不大的司——哦，说错啦，司机正在驾驶游览车——一条白色的丝带①，或者薄纱之类的东西，结在她的下巴底下，仿佛扣着帽子似的。其实你跟我都知道，扣住帽子的不是丝带，而是帽针。

杰姆士·威廉姆斯太太的脸好像是一部三卷的小丛书，其中包含着世界上最微妙的思想。第一卷包含了杰姆士·威廉姆斯是个最好的人的信念。第二卷是篇泛论世界的文章，说明它是个极其美好的地方。第三卷揭露了一个信念，就是他们坐在游览车的顶座上，以无法想象的速度行驶着。

杰姆士·威廉姆斯，也许你们早就猜到了，约莫有二十四岁。我应该说出来让你们高兴高兴，你们的估计是相当正确的。他恰恰有二十三岁十一个月零二十九天。他身体结实、相貌端正、性情活泼和善、对未来充满着信心。他正在蜜月旅行。

亲爱的、仁慈的仙子啊，以前我们向你要求金钱、四十匹马力的旅行车、名誉、秃头生发、游艇俱乐部的主席职位等等，现在请你把这些要求统统取消吧。别理会那些要求，只请你把时光倒流一下吧——啊，把时光扭转过来，让我们重温一下我们的蜜月旅行，哪怕一丝一毫也是好的。只消一个钟头，亲爱的仙子，让我们回忆回忆青草白杨的模样，想想那些帽带怎么结在下巴底下——即使

---

① 原文中的"司机"（chauffeur）和"丝带"（chiffon）读音相近。

我们知道扣住帽子的不是丝带,而是帽针。办不到吗?好吧,那么请你催一催那辆旅行车,赶快把存油用光吧。

杰姆士·威廉姆斯太太的正前面坐着一个姑娘,她穿着一件宽大的褐色上衣,戴着一顶饰有葡萄和玫瑰的草帽。啊呀,我们只在梦境和女帽店里才一下子把葡萄和玫瑰收集在一起。当拿着话筒的导游在大声疾呼,说百万富翁是我们应该关注的人物时,那个姑娘睁着她那双蓝色的大眼睛,深信不疑地盯着他。吆喝间歇的时候,她嚼着助消化的口香糖,作为爱比克泰德①派哲学的慰藉。

坐在姑娘右面的是一个约莫二十四岁的小伙子。他身体结实、相貌端正、性情活泼和善。如果你们认为他的形状和杰姆士·威廉姆斯相仿佛的话,那么就把杰姆士·威廉姆斯特有的克洛佛台尔的气质从他身上去掉吧。这个人是从冷酷无情、尔虞我诈的环境里磨练出来的。他居高临下,敏锐地观察着四周,仿佛行人踩到柏油马路上都侵犯了他似的。

当话筒对着一家有名的旅馆吆喝的时候,让我通过低声的心音器悄悄地叫你们坐坐稳当;因为现在我们的主角将要出事情了,而且这个大城市又将蜂拥而来,围住他们,正如围住一张从华尔街股票投机商的屋子里飘落下来的行市纸条一般。

穿褐色上衣的姑娘扭过身来,看看最后一排的乘客。其余的乘客她都注意到了;惟有她背后的座位还像是蓝胡子②的密室。

她的眼光和杰姆士·威廉姆斯太太的碰到了。在表的嘀嗒两声间,她们已交换了生平的经历、身世、希望与幻想。并且必须指出,这一切都是借重眼光来完成的;换了男人的话,他们可能还没有分清敌我,不知道应该拔刀相见呢,或是借一个火。

---

① 爱比克泰德,公元前 1 世纪希腊的禁欲派哲学家。
② 法国作家查理·贝洛(1628—1703)于 1697 年所写《鹅妈妈的故事》小说中的主角,先后娶妻七次,前六妻均为其杀死,尸首藏于密室中,被第七妻发现。

新娘低低地向前伛着。她和那姑娘飞快地交谈了一阵子,她们的舌头动得像两条蛇的舌头那么快——这个比喻只说到这里为止,不再引申了。两个微笑,十来次点头,结束了这次会谈。

这会儿,突然有一个穿黑衣服的人站在宽阔平静的马路当中,举起手拦住了游览车。另一个人从行人道上匆匆地赶到他身边。

帽子上饰满水果的姑娘连忙抓住她同伴的胳臂,凑着他的耳朵悄悄地说了几句话。小伙子表现了身手敏捷的本领。他弯着腰,从车子边上翻下去,利落地凭空攀住了一会儿,接着就不见了。五六个顶座乘客看到了他的表演,不觉暗暗纳罕,但是没有做声,以为在这个无奇不有的大城市里,这种下车的方式也许恰恰合适,因此还是不要大惊小怪的好。开小差的乘客闪开了一辆轻马车,然后像一张浮萍似的,在一辆运家具的篷车和一辆送鲜花的四轮车之间漂了过去。

穿褐色上衣的姑娘又扭过身子,瞅着杰姆士·威廉姆斯太太的眼睛。之后,她回过头,一动不动地望着;这时候,那个穿便衣的人把衣服里面的警徽露了一下,游览车便停住了。

"你冒冒失失的要干什么?"拿话筒的导游撇开了他的职业口吻,用普通话诘问道。

"把车子停一会儿,"那个公务员命令道,"车上有一个我们要逮捕的人——一个名叫'品基'麦桂亚的费城的强盗。他就坐在后面。留心旁边,多诺文。"

多诺文走到后轮那儿,抬头盯着杰姆士·威廉姆斯。

"下来吧,老朋友,"他快活地说,"你已经被捕啦。还是好好地回到牢监里去吧。躲在游览车上,这个主意可不坏。我要记在心里。"

话筒里轻轻地传来了车务员的劝告:

"有话下去讲吧,先生。车子必须继续开行。"

杰姆士·威廉姆斯是属于普通人的类型的。他带着不可避免的迟缓,从乘客中间挤到车子前部的踏级那儿去。他的妻子跟在后面,可是她先掉过头,看着那个在逃的旅行家从家具车背后溜到五十来英尺以外小公园边的树后。

杰姆士·威廉姆斯下了车,笑嘻嘻地面对着那两个要逮捕他的人。他想,将来回到克洛佛台尔,讲起怎么给错认作强盗,倒很有趣。游览车为了尊重主顾们的意见,迟迟不开。哪儿还有比这更好看的热闹呢?

"我的姓名是杰姆士·威廉姆斯,密苏里州克洛佛台尔来的,"他和和气气地说,以免那两个人过于窘迫,"我身边有信件,可以证明——"

"请你跟我们走一趟吧,"那个便衣说,"'品基'麦桂亚的模样跟你完全符合,像用热肥皂水洗过的法兰绒一般不会走样。有一个侦探在中央公园看到你坐在游览车上,便打电话来通知要扣住你。你到了警察局再解释吧。"

杰姆士·威廉姆斯的妻子,他的新婚两星期的妻子,眼睛里闪着又蹊跷又温柔的光芒,脸上泛出红晕,瞅着他的脸说道:

"安安静静地跟他们去吧,'品基',这样也许对你有好处。"

这时候,歌得姆的观光车开动了,她转过身,朝着坐在游览车顶座的某人飞了一吻——他的妻子竟向别人飞吻。

"你的女人劝你的话一点不错,麦桂亚,"多诺文说,"现在走吧。"

这下子杰姆士·威廉姆斯可给气疯了。他把帽子往后脑勺一推。

"我的老婆好像认为我是个强盗,"他不顾一切地说,"我从没听说她害过疯病;那么一定是我疯了。如果我是疯子,我在疯狂发作的时候把你们两个混蛋宰掉,人家也拿我没办法。"

于是他抗拒逮捕,并且抗拒得那么有劲、那么认真,以至他们不得不吹起哨子叫警察,然后再叫预备队来驱散千百个乐开了花的看客。

到了警察局,副警长问他的姓名。

"麦克多特尔,品克,或者蛮子品基,我自己都忘啦,"杰姆士·威廉姆斯这样回答说,"不过你可以肯定我是个强盗;别漏掉那一点。你还可以加上,他们来了五个人才把品克制服。我特别要求把这一项留在记录里。"

一个钟头之后,杰姆士·威廉姆斯太太和住在麦迪逊路的托马斯伯伯,带着证明我们主角无罪的证件,坐着一辆令人肃然起敬的汽车来了——因为全世界都喜欢一出戏的第三幕有家汽车公司作为后盾。

警察局把杰姆士·威廉姆斯严厉地训了一番,说他不应当冒充一个积年惯匪,然后尽能力所及给了他一个体面的开释,威廉姆斯太太重新把他抓住,一把拖到警察局的角落里。杰姆士·威廉姆斯用一只眼睛瞪着她。他后来老是说,当别人把他那只还听使唤的右手拉住时,多诺文乘机把他另一只眼睛打得睁不开了。以前,他从没有对她说过一句申斥或者埋怨的话。

"你倒解释解释,"他相当倔气地说,"你干吗——"

"亲爱的,"她打断了他的话,"听我说。你不过吃了一个钟头的苦头。我却帮了她一个大忙——我是说那个在车子上跟我说话的姑娘。我那么快乐,杰姆——我跟你在一起是那么快乐,以至不忍拒绝让别人也享受那份快乐。杰姆,他们两个人还是今早晨结的婚;我要他逃走。他们跟你拼命的时候,我看到他从树背后溜掉,穿过公园逃了。就是这么一回事,亲爱的——我非这么做不可。"

一个新婚的姊妹就这样认出了另一个给神光笼罩着的姊妹,

那种神光照在她们身上,一生只有一次,而且为时短暂。一般男人要看到掷米和缎带结才知道有婚礼。但是新娘和新娘之间,只要看一眼就知道了。她们用了男人和寡妇所不了解的语言彼此飞快地交换了慰藉和心意。

忙碌经纪人的浪漫史

　　证券经纪人哈维·麦克斯韦尔事务所的机要秘书皮彻,在上午九点半的时候,看到他的老板和那个年轻的女速记员一起匆匆进来,他那往常毫无表情的脸上不禁露出了一丝诧异和好奇。麦克斯韦尔飞快地说了声"早上好,皮彻",就朝他的办公桌冲去,仿佛要跳过它似的。接着,他就埋头在一大堆等着他处理的信件和电报里。

　　那个年轻姑娘已经替麦克斯韦尔当了一年速记员。她的美丽是一般速记员所没有的。她并不采用那种华丽诱人的庞巴杜式①的发型,也不戴什么项链、手镯、鸡心之类的东西。她根本没有准备接受人家邀请去吃饭的神气。她的灰色衣服虽然很朴素,但穿在她身上非但合适,而且文雅。她那俊俏的黑头巾帽上插了一支金绿色的鹦鹉羽毛。今天上午,她身上有一种温柔而羞怯的光辉。她的眼睛梦也似的晶莹,她的脸颊桃花般的娇艳,脸上还带着幸福的神色和追怀的情调。

　　皮彻仍旧有点好奇,注意到她今天早晨的举止有些异样。她不像往常那样,径直走进她办公桌所在的套间,却有点踌躇不决地逗留在外面的办公室里。有一次,她挨近麦克斯韦尔的办公桌,近

---

① 庞巴杜式,18世纪盛行的一种从四面往上梳拢,松而高的头发式样,为法国国王路易十五的情妇庞巴杜首创。

得仿佛要让他知道自己在场。

坐在办公桌前的人简直成了一部机器;它是一个忙碌的纽约市的经纪人,由好些营营作响的齿轮和正在展开的发条推动着。

"哦——怎么?有事吗?"麦克斯韦尔粗声粗气地问道。他那些拆开了的信件堆在那张杂乱的办公桌上,好像舞台上的假雪。他那锐利的灰色眼睛唐突而不近人情,有点不耐烦地扫了她一下。

"没事。"速记员回道,微笑着走开了。

"皮彻先生,"她对机要秘书说,"麦克斯韦尔先生昨天有没有对你说起另请一个速记员?"

"说过。"皮彻回道,"他吩咐我另找一位。昨天下午我就通知了介绍所,让他们今早送几个来看看。现在已经九点四十五分了,可是还没有哪一个戴花哨帽子或者嚼菠萝口香糖的来过。"

"那么,在有人顶替之前,"那年轻女人说,"我照常工作好啦。"她说罢走到自己的办公桌前,把那顶插着金绿色鹦鹉毛的黑头巾帽挂在老地方。

谁没见过一个生意大忙时的纽约经纪人,谁就没有资格当人类学家。诗人歌颂了"灿烂的生命中一个忙碌的时辰"[①]。对经纪人来说,不但时辰是忙碌的,他的每一分每一秒也都忙碌不堪,仿佛挤满了乘客的车厢,前后站台都没有插足的余地。

今天正是哈维·麦克斯韦尔的忙日。股票行情自动收录器开始痉挛地吐出一卷卷的纸条,电话机犯了不断营营发响的毛病。人们开始拥进事务所,在栏杆外探进身来向他呼唤,有的高兴,有的慌张,有的疾言厉色,有的刻薄狠毒。送信的小厮捧着信件和电报奔进奔出。事务所里的办事员跳来跳去,活像风暴发作时船上

---

① 诗人指托马斯·莫当特(1730—1809)。他的《蜜蜂》一诗中有"灿烂的生命中一个忙碌的时辰,抵得上一世纪的默默无闻"句。

的水手。连皮彻那不露声色的脸上也泛起了近似有生气的神态。

交易所里有了飓风,山崩,暴风雪,冰川移动和火山爆发;自然界的剧变在经纪人的事务所里小规模地重演了。麦克斯韦尔把椅子往墙边一推,腾出身子来处理业务,忙得仿佛在跳脚尖舞。他从股票行情自动收录器跳到电话机旁,从办公桌边跳到门口,灵活得像是一个训练有素的小丑。

正在这个忙得不可开交,愈来愈紧张的当口,经纪人忽然瞥见一堆高耸的金黄色头发,上面是一顶颤动的丝绒帽子和驼毛帽饰,一件充海豹皮的短外衣,一串几乎垂到地板、胡桃大的珠项链和一个银鸡心。同这些附属品有关联的是一个从容不迫的年轻姑娘,皮彻正准备介绍。

"速记员介绍所派来的小姐,来应聘的。"皮彻说。

麦克斯韦尔打了半个转身,双手还捧着一堆纸张和股票行情的纸条。

"应什么聘?"他皱皱眉头说。

"应聘当速记员。"皮彻说,"昨天你吩咐我打电话,叫他们今早晨派一个来。"

"你头脑搞糊涂了,皮彻。"麦克斯韦尔说,"我干吗要这样吩咐你?莱斯利小姐在这儿的一年里工作令人十分满意。只要她愿意继续干下去,这个职位永远是她的。对不起,小姐,这儿并没有空位置。皮彻,赶快向介绍所取消要人的话,别再引谁进来啦。"

那个银鸡心晃晃荡荡,不听指挥地在办公室的家具上磕磕碰碰,愤愤离去。皮彻在百忙中对簿记员说,老板近来好像越发心不在焉,越发容易忘事了。

业务越来越忙,节奏越来越快。麦克斯韦尔的顾客投资很多的股票有五六种在市场上受到严重打击。买进卖出的单据像飞燕穿帘般地递来递去。他自己持有的股票有几种也遭到了危险,他像一部高速运转、精巧坚固的机器——紧张万分,开足马力,正确精密,从不犹豫,言语、动作和决断都像钟表的机件那样恰当而迅速。证券和公债,借款和抵押,保证金和担保品——这是一个金融的世界,其中没有容纳人类世界或是自然界的丝毫空隙。

将近午餐时间,喧嚣暂时平静下来。

麦克斯韦尔站在办公桌边,手里满是电报和备忘便条,右耳上夹着一支自来水笔,一绺绺的头发凌乱地垂在前额上。他的窗子是打开的,因为可爱的女门房,春天姑娘,已经在大地的暖气管里添了一些热气。

窗口飘进了一股迷惘的气息——或许是失落了的气息——一股紫丁香优雅的甜香,刹那间使经纪人动弹不得。因为这种气息是属于莱斯利小姐的;是她的,只是她一个人的。

那股气息使她的容貌栩栩如生地,几乎是触摸得到地显现在他眼前。金融的世界突然缩成一个遥远的小黑点。她就在隔壁房间里——相去不出二十步远。

"天哪,我现在就去。"麦克斯韦尔脱口说了出来,"我现在就去要求她。我不明白为什么早不去做。"

他一股劲儿冲进里面的办公室,像一个做空头的人急于补进一样①。他向速记员的办公桌冲过去。

"莱斯利小姐,"他匆匆开口说,"我只有一点空闲。我利用它来说几句话。你愿意做我的妻子吗?我实在没有时间用普通的方式跟你谈情说爱,但是我确实爱你。请你快回答吧——那帮人正在抢购太平洋铁路的股票呢。"

"喔,你说什么?"年轻女人嚷道。她站了起来,眼睛睁得大大

---

① 在证券交易中,行情看跌时,投机商大量抛出期货,等价格下落时再购进,从中盈利;与"多头"相反。

地盯着他。

"你不明白吗?"麦克斯韦尔着急地说,"我要求你跟我结婚。我爱你,莱斯利小姐。我早就想对你说了。所以事情稍微少一点时就抽空跑来。他们又打电话找我了。皮彻,让他们等一会儿。你肯不肯,莱斯利小姐?"

速记员的举动非常蹊跷。起先她似乎诧异得愣住了;接着,泪水从她惊讶的眼睛里流下来;之后,她泪花晶莹地愉快地笑了,一条胳臂温柔地勾住经纪人的脖子。

"我现在懂得啦,"她柔声说,"这种生意经使你把什么都忘了。起初我吓了一跳。难道你不记得了吗,哈维?我们昨晚八点钟在街角的小教堂里举行过婚礼啦。"

二十年后

　　巡逻的警察昂首阔步地走在大街上。他的昂首阔步是出于习惯,不是故意做作,因为街上没有旁观者。现在是晚上,不到十点钟,但是一阵阵带着雨意的寒风吹得街上几乎阒无一人。

　　他把手中的警棍挥舞出各种复杂的花样,一面巡逻,一面试试沿街的大门是不是锁好,不时还警惕地朝平静的马路望上一眼。这个警察身材高大,走路稍稍有点摇摆,是治安守护人的极好写照。附近一带的居民早睡早起。偶尔可以看到一家雪茄烟铺或者一家通宵快餐店还有灯火;大多数商家早已打烊。

　　巡逻到街区一半时,警察突然放慢了脚步。有个男子靠在一家熄了灯的五金店门口,嘴上叼着一支没有点燃的雪茄。警察走近时,那人马上开口了。

　　"没事儿,警官,"他让人安心地说,"我在等一个朋友。二十年前定下的约会。你听了也许觉得有点好笑,可不是吗?如果你想搞清楚,我可以解释一下。二十来年前,这家店铺所在的地方是个餐馆——'大乔'布雷迪的餐馆。"

　　"五年前还在,"警察说,"后来就推倒翻建了。"

　　门口的男人划了一根火柴,点燃雪茄。火光照亮了一张苍白的方下巴的脸,他的目光锐利,右眉旁边有一道白色的小伤疤。他的领带别针镶了一颗硕大的钻石,很刺眼。

　　"二十年前的今晚,"那人说,"我在这里的'大乔'布雷迪餐馆

四　百　万

和杰米·韦尔斯一起吃饭,杰米是我最好的朋友,世上最好的人。他和我像两兄弟似的一起在纽约长大。当时我十八岁,杰米二十。第二天,我准备去西部闯荡一番。你简直没法劝说杰米离开纽约;他认为世上惟有纽约最好。于是我们那晚约定,二十年后的同一天、同一时间再在老地方见面,不管我们那时的境况如何,不管要从多远的地方赶来。我们估计二十年后我们各自的命运都应该定了型,都应该有所作为。"

"听来很有意思,"警察说,"虽然我觉得约会的时间长了一些。你离开以后,有没有你朋友的音讯?"

"有一段时间,我们互通音讯,"那人说,"可是一两年后失去了联系。你知道西部是个大地方,我东跑西颠忙得很。但我敢肯定,杰米只要在世一定会来和我见面,他是世上最忠诚、最靠得住的老朋友。他不会忘记的。今晚我站在这个门口,如果我的老伙伴也来,那我千里迢迢跑一趟也不冤枉。"

等候朋友的那人掏出一块表盖镶着小粒钻石的漂亮的怀表。

"十点差三分,"他宣布说,"当初我们在这家餐馆门口分手的时候是十点整。"

"你在西部混得不错吧。"警察问道。

"那还用说!杰米能做到我的一半就好了,他虽然是个好人,但太老实。我不得不同最精明的人竞争才攒到现有的这些钱财。人在纽约会养成惰性。到了西部非精明不可。"

警察挥动着棍子,走了一两步。

"我得走了。希望你的朋友能来赴约。到了点如果还不来,你是不是就不等了?"

"当然不会!"那人说,"我至少再等他半小时。杰米还活在世上的话,半小时内准能来。再见啦,警官。"

"晚安,先生。"警察说着继续往前巡逻,一路检查门锁。

143

这时下起了牛毛细雨,风也开始刮个不停。路上少数几个行人翻起外衣领子,双手插在口袋里,默默地、凄凉地快步走着。五金店门口那个赶了一千英里路来同年轻时期的朋友会面的人抽着雪茄,等待那个玄乎得有点荒谬的约会。

　　他等了二十分钟左右,对面来了一个穿长大衣、领子翻起遮到耳朵那儿的高大的人,匆匆穿过马路,笔直走向等候的人。

　　"是你吗,鲍勃?"来人没把握地发问。

　　"是你吗,杰米·韦尔斯?"门口的人嚷了起来。

　　"哎呀呀!"来人也喊出声,双手握住对方的手,"真是鲍勃,一点不错。我相信只要你还活着,一定能在这里见到你。好啊,好啊!——二十年可不短。老餐馆已经拆了,鲍勃;我希望它还在,我们又可以在这里吃顿饭。西部对你怎么样,老伙伴?"

　　"好极了;西部给了我所要的一切。杰米,你的变化真大。我没想到你居然会比以前高出两三英寸。"

　　"哦,我二十岁后又长高一点。"

　　"你在纽约混得不错吧,杰米?"

　　"马马虎虎。我在市政部门有份工作。来吧,鲍勃;我们去我熟悉的一个地方,好好叙叙旧。"

　　两个男人手挽手走去。西部来的人为自己的成功得意洋洋,开始介绍他的经历。另一个人把大衣捂得严严的,听得有滋有味。

　　街角有一家药铺,灯光明亮。两人到了明处,不约而同地看看对方的脸。

　　西部来的人突然站停,抽出手臂。

　　"你不是杰米·韦尔斯,"他厉声说,"二十年固然很长,但不至于让一个人笔直的鼻子变塌吧。"

　　"有时候二十年能让一个好人变成坏人,"高个子说,"你在十分钟前已经被捕了,'纨绔'鲍勃。芝加哥警方估计你可能路过我们这儿,来电报说想同你聊聊。放聪明些,别乱动。这就对了。我们去警察局前,我这里有一张别人托我转交的便条。你可以在橱窗灯光下看看。是巡警韦尔斯给你的。"

西部来的人打开交给他的便条。刚看的时候,他的手很稳,看完后却发抖了。便条相当短。

  鲍勃:我准时到了约定的地点。你划火柴点雪茄时,我发现你正是芝加哥通缉的人。我自己下不了手,便找了一个便衣代劳。

杰　米

华而不实

托尔斯·钱德勒先生在他那间在过道上隔成的卧室里熨晚礼服。一只熨斗烧在小煤气炉上,另一只熨斗拿在手里,使劲地来回推动,以便压出一道合意的褶子,待会儿从钱德勒先生的漆皮鞋到低领坎肩的下摆就可以看到两条笔挺的裤线了。关于这位主角的修饰,我们所能了解的只以此为限。其余的事情让那些既落魄又讲究气派,不得不想些寒酸的变通办法的人去猜测吧。我们再看到他的时候,他已经打扮得整整齐齐,一丝不苟,安详、大方、潇洒地走下寄宿舍的台阶——正如典型的纽约公子哥儿那样,略带厌烦的神情,出去寻求晚间的消遣。

钱德勒的酬劳是每周十八块钱。他在一位建筑师的事务所里工作。他只有二十二岁;他认为建筑是一门真正的艺术;并且确实相信——虽然不敢在纽约说这句话——钢筋水泥的弗拉特艾荣大厦的设计要比米兰大教堂①的差劲。

钱德勒从每星期的收入中留出一块钱。凑满十星期以后,他用这笔累积起来的额外资金在吝啬的时间老人的廉价物品部购买一个绅士排场的夜晚。他把自己打扮成百万富翁或总经理的样子,到生活十分绚丽辉煌的场所去一次,在那儿吃一顿精致豪华的

---

① 米兰是意大利北部伦巴第区的首府,14 世纪时建立的哥特式大教堂闻名于世。

晚饭。一个人有了十块钱,就可以周周全全地充当几小时富裕的有闲阶级。这笔钱足够应付一顿经过仔细斟酌的饭菜,一瓶像样的酒,适当的小账,一支雪茄,车费,以及一般杂费。

从每七十个沉闷的夜晚撷取一个愉快的晚上,对钱德勒来说,是终古常新的幸福的源泉。名门闺秀首次进入社交界,一辈子中只有刚成年时的那一次;即使到了白发苍苍的年岁,她们仍旧把第一次的旖旎风光当做惟一值得回忆的往事。可是对于钱德勒来说,每十星期带来的欢乐仍旧同第一次那样强烈、激动和新鲜。同讲究饮食的人一起,坐在棕榈掩映、乐声悠扬的环境里,望着这样一个人间天堂的老主顾们,同时让自己成为他们观看的对象,相比之下,一个少女的初次跳舞和短袖的薄纱衣服又算得上什么呢?

钱德勒走在百老汇路上,仿佛加入了晚间穿正式礼服的阅兵式。今晚,他不仅是旁观者,还是供人观看的人物。在以后的六十九个晚上,他将穿着粗呢裤和毛线衫,在低档饭馆里吃吃客饭,或是在小饭摊上来一客快餐,或是在自己的卧室里啃三明治、喝啤酒。他愿意这样做,因为他是这个夜夜元宵的大城市的真正的儿子。对于他,出一夜风头就足以弥补许多暗淡的日子。

钱德勒放慢了脚步,一直走到第四十几号街开始同那条灯光辉耀的欢乐大街①相衔接的地方。时间还早呢,每七十天只在时髦社会里待上一天的人,总爱延长他的欢乐。各种眼光,明亮的、阴险的、好奇的、欣羡的、挑逗的和迷人的,纷纷向他投来,因为他的衣著和气派说明他是拥护及时行乐的信徒。

他在一个拐角上站住,心里盘算着,是不是要折回到他在特别挥霍的夜晚往往要照顾的豪华时髦的饭馆去。那当儿,一个姑娘轻快地跑过拐角,在一块冻硬的雪上滑了一下,咕咚一声摔倒在人

---

① 指百老汇路。

行道上。

钱德勒连忙关切而彬彬有礼地扶她起来。姑娘一瘸一拐地向一幢房屋走去,靠在墙上,端庄地向他道了谢。

"我的脚踝大概扭伤了。"她说,"摔倒时崴了一下。"

"疼得厉害吗?"钱德勒问道。

"只在着力的时候才疼。我想过一小会儿就能走路的。"

"假如还有什么地方要我帮忙,"年轻人建议道,"比如说,雇一辆车子,或者——"

"谢谢你。"姑娘恳切地轻声说,"你千万别再费心啦。只怪我自己不小心。我的鞋子再实用也没有了,不能怪我的鞋跟。"

钱德勒打量了那姑娘一下,发觉自己很快就对她有了好感。她有一种娴雅的美;她的眼光又愉快又和善。她穿一身朴素的黑衣服,像是一般女店员的打扮。她那顶便宜的黑草帽底下露出了光泽的深褐色发卷,草帽上没有别的装饰,只有一条丝绒带打成的蝴蝶结。她很可以成为自食其力的职业妇女中最优秀的典型。

年轻的建筑师突然萌生了一个念头。他要请这个姑娘同他一起去吃饭。他的周期性的壮举固然痛快,但缺少一个因素,总令人感到枯寂;如今这个因素就在眼前。倘若能有一位有教养的小姐做伴,他那短暂的豪兴就加倍有劲了。他敢肯定这个姑娘是有教养的——她的态度和谈吐已经说明了这一点。尽管她打扮得十分朴素,钱德勒觉得能跟她一起吃饭还是愉快的。

这些想法飞快地掠过脑际,他决定邀请她。不错,这种做法不很礼貌,但是职业妇女在这类事情上往往不拘泥于形式。在判断男人方面,她们一般都很精明;并且把自己的判断能力看得比那些无聊的习俗更重。他的十块钱,如果用得恰当,也够他们两人美美地吃一顿。毫无疑问,在这个姑娘沉闷刻板的生活中,这顿饭准能成为一个意想不到的经历;她因这顿饭而产生的深切感激也准能增加他的得意和快乐。

"我认为,"他坦率而庄重地对她说,"你的脚需要休息的时间,比你想象的要长些。现在我提出一个两全其美的办法,你既可以让它休息一下,又可以赏我一个脸。你刚才跑过拐角摔跤的时候,我独自一个人正要去吃饭。你同我一起去吧,让我们舒舒服服地吃顿饭,愉快地聊聊。吃完饭后,我想你那扭伤的脚踝就能愉快地带你回家了。"

姑娘飞快地抬起头,对钱德勒清秀和蔼的面孔瞅了一眼。她的眼睛非常明亮地闪了一下,天真地笑了起来。

"可是我们互相并不认识呀——这样不太合适吧,是吗?"她迟疑地说。

"没有什么不合适。"年轻人直率地说,"请允许我介绍一下自己——托尔斯·钱德勒。我一定尽可能使我们这顿饭吃得满意,之后我就跟你分手告别,或者伴送你回家,你爱怎么办就怎么办。"

"哎呀!"姑娘朝钱德勒那一丝不苟的衣服瞟了一眼,说道,"我穿着这套旧衣服,戴着这顶旧帽子去吃饭吗!"

"那有什么关系。"钱德勒爽快地说,"我敢说,你就这样打扮,要比我们将看到的任何一个穿最讲究的宴会服的人更有风度。"

"我的脚踝确实还疼。"姑娘试了一步,承认说,"我想我愿意接受你的邀请,钱德勒先生。你不妨称呼我——玛丽安小姐。"

"那么来吧,玛丽安小姐,"年轻的建筑师兴致勃勃然而非常有礼貌地说,"你不用走很多路。再过一个街口就有一家很不错的饭馆。你恐怕要扶着我的胳臂——对啦——慢慢地走。独自一个人吃饭实在太无聊了。你在冰上滑了一跤,倒有点成全我呢。"

他们两人在一张摆设齐全的桌子旁就座,一个能干的侍者在附近殷勤伺候。这时,钱德勒开始感到了他的定期外出一向会带给他的真正的快乐。

这家饭馆的华丽阔气不及他一向喜欢的,在百老汇路上再过去一点的那一家,但是也相差无几。饭馆里满是衣冠楚楚的顾客,还有一个很好的乐队,演奏着轻柔的音乐,足以使谈话成为乐事;此外,烹调和招待也都是无可挑剔的。他的同伴,尽管穿戴得并不讲究,但自有一种风韵,把她容貌和身段的天然妩媚衬托得格外出色。可以肯定地说,在她望着钱德勒那生气勃勃而又沉着的态度,以及灼热而又坦率的蓝眼睛时,她自己秀丽的脸上也流露出一种近似爱慕的神情。

接着,曼哈顿的疯狂,庸人自扰和沾沾自喜的骚乱,吹牛夸口的杆菌,装模作样的疫病感染了托尔斯·钱德勒。此时此刻,他在百老汇路上,周围一派繁华,何况还有许多眼睛在注视着他。在那个喜剧舞台上,他假想自己当晚的角色是一个时髦的纨绔子弟和家拥巨资,趣味高雅的有闲阶级。他已经穿上这个角色的服装,非演出不可了;所有守护天使都拦不住他了。

于是,他开始向玛丽安小姐夸说俱乐部,茶会,高尔夫球,骑马,狩猎,交谊舞,国外旅游等等,同时还隐隐约约地提起停泊在拉奇蒙特港口的私人游艇。他发现这种没边没际的谈话深深地打动了她,所以又信口诌了一些暗示巨富的话,亲昵地提出几个无产阶级听了就头痛的姓名,来加强演出效果。这是钱德勒的短暂而难得的机会,他抓紧时机,尽量榨取最大限度的乐趣。他的自我陶醉在他与一切事物之间撒下了一张雾网,然而有一两次,他还是看到了这位姑娘的纯真从雾网中透射出来。

"你讲的这种生活方式,"她说,"听来是多么空虚,多么没有意义啊。难道你在世上就没有别的工作可做,使你更感兴趣吗?"

"我亲爱的玛丽安小姐,"他嚷了起来,"工作!你想想看,每天吃饭都要换礼服,一个下午走五六家串门——每个街角上都有警察注意着你,只要你的汽车开得比驴车快一点儿,他就跳上车来,把你带到警察局去。我们这种闲人是世界上工作得最辛苦的人了。"

晚饭结束,慷慨地打发了侍者,他们两人来到刚才见面的拐角上。这会儿,玛丽安小姐已经走得很好了,简直看不出步履有什么不便。

"谢谢你的款待,"她真诚地说,"现在我得赶快回家了。我非常欣赏这顿饭,钱德勒先生。"

他亲切地微笑着,跟她握手道别,提到他在俱乐部里还有一场桥牌戏。他朝她的背影望了一会儿,飞快地向东走去,然后雇了一辆马车,慢慢回家。

在他那寒冷的卧室里,钱德勒收藏好晚礼服,让它休息六十九天。他沉思地做着这件事。

"一位了不起的姑娘。"他自言自语地说,"即使她为了生活非干活不可,我敢赌咒说,她还是够格的。假如我不那样胡吹乱扯,把真话告诉她,我们也许——可是,去它的!我讲的话总得跟我的衣服相称呀。"

这是在曼哈顿部落的小屋里成长起来的勇士所说的一番话。

那位姑娘同请她吃饭的人分手后,迅疾地穿过市区,来到一座漂亮而宁静的邸宅前面。那座邸宅离东区有两个广场,面临那条财神和其余副神时常出没的马路①。她急急忙忙地进去,跑到楼上的一间屋子里,有一个穿着雅致的便服的年轻妍丽的女人正焦急地望着窗外。

"唷,你这个疯丫头!"她进去时,那个年纪比她稍大的女人嚷道,"你老是这样叫我们担惊受吓,什么时候才能改呀?你穿了那

---

① 指五马路。

身又破又旧的衣服,戴了玛丽的帽子,到处乱跑,已经有两个小时啦。妈妈吓坏了。她吩咐路易斯坐了汽车去找你。你真是个没有头脑的坏姑娘。"

那个年纪比较大的姑娘按按电钮,立刻来了一个使女。

"玛丽,告诉太太,玛丽安小姐已经回来了。"

"别派我的不是了,姊姊。我只不过到西奥夫人的店里去了一次,通知她不要粉红色的嵌饰,要用紫红色的。我那套旧衣服和玛丽的帽子很合适。我相信谁都以为我是个女店员呢。"

"亲爱的,晚饭已经开过了;你在外面待得太久啦。"

"我知道,我在人行道上滑了一下,扭伤了脚踝。我不能走了,便到一家饭馆坐坐,等到好一些才回来,所以耽搁了那么久。"

两个姑娘坐在窗口前,望着外面灯火辉煌和车水马龙的大街。年轻的那个把头偎在她姊姊的膝上。

"我们两人总有一天都得结婚,"她浮想联翩地说,"我们这样有钱,社会上的人都在看着我们,我们可不能让大家失望。要我告诉你,我会爱上哪一种人吗,姊姊?"

"说吧,你这傻丫头。"另一个微笑着说。

"我会爱上一个有着和善的深蓝色眼睛的人,他体贴和尊重穷苦的姑娘,人又漂亮,又和气,又不卖弄风情。但他活在世上总得有志向,有目标,有工作可做,我才能爱他。只要我能帮助他建立一个事业,我不在乎他多么穷。可是,亲爱的姊姊,我们老是碰到那种人——那种在交际界和俱乐部里庸庸碌碌地混日子的人——我可不能爱上那种人,即使他的眼睛是蓝的,即使他对在街上碰到的穷姑娘是那么和气。"

口　信

眼前这个季节和时刻,公园里一般没有什么游客;那位坐在步道边一张长椅上的年轻女士很可能只是出于突然冲动,想休息一会儿,预感一下即将到来的春天。

她沉思地、安静地坐在那儿。脸上的一丝忧郁准是最近才有的,因为那份忧郁还没有影响她富有青春气息的美丽面颊,也没有抹平她嘴唇的俊俏然而坚决的曲线。

一个高大的年轻人沿着小径大步穿过公园,来到她所坐的长椅附近。一个提着衣箱的小厮跟在他背后。年轻人看到了女士,脸一红,随即又白了。他走近时,观察着她的表情,自己脸上则交织着希望和焦虑。他在她面前几码的地方经过,但没有发现她注意到了他的在场或存在的迹象。

他往前走了五十来码,突然停住,在步道另一边的长椅上坐下。小厮放下衣箱,惊奇机灵的眼睛盯着他。年轻人掏出手帕,擦擦前额。手帕精致,额头轩昂,年轻人长得很帅气。他对小厮说:

"我要你给坐在那张长椅的年轻女士捎个口信。你告诉她,我现在要上火车站,去旧金山,然后到阿拉斯加去打麋鹿。告诉她,由于她不让我和她说话或者写信,我只好用这个办法作最后的呼吁,请她看在过去的分上公平对待我。告诉她,她不说明理由,不让人解释,就责备和抛弃一个不该遭到责备和抛弃的人,是不符合她在我心目中的一贯的性格的。告诉她,我这种做法在某种意义上虽然违反了她的命令,但我希望她回心转意,公平对待我。去吧,把这些话告诉她。"

年轻人给了小厮半元银币。小厮肮脏而聪明的脸上一双明亮机灵的眼睛瞅了他片刻,随即一溜烟跑去。他略带迟疑但并不局促地走向长椅上的女士,举手碰碰后脑勺上的方格呢的自行车帽檐。那位女士冷冷地瞅着他,既无偏见,也无好感。

"女士,"小厮说,"那张长椅上的先生派我给你表演一段杂耍。如果你不认识那家伙,而他别有用心,你只要说句话,我三分钟之内就找个警察来。如果你认识他,而他是正派人,我就把他要我传的一番话讲给你听。"

年轻女士稍稍有点兴趣。

"杂耍!"她从容不迫的柔和声音似乎给她捉摸不透的嘲弄裹上一层半透明的外衣,"这主意倒新鲜——我想大概是民谣歌手那种玩意儿。我——算是认识派你来的那位先生,因此我想没有必要找警察了。你不妨表演你的杂耍,但是不要大声喧哗。现在搞露天演出似乎早了一些,太引人注意了。"

"好嘞,"小厮耸耸肩膀说,"你明白我的意思,女士。其实不是杂耍,只是一套空话。他让我告诉你,他把衬衫硬领和袖口装进那个手提包,马上要去旧金山。然后到克朗代克去打雪鹉。他说你叫他别再寄粉红色的便条,也别在她家庭园门口转悠,他便用这个办法给你打个招呼。他说你取消了他的参赛资格,不给他机会对决定提出申诉。他说你踹了他,却不说什么道理。"

年轻女士眼神里的兴趣没有消失。那个大胆的捕猎鹉的人居然别出心裁,避开了她下达的不准采用常规通讯方式的命令。她凝视着满地落叶的公园里一座凄凉的塑像,对传话人说:

"告诉那位先生,我不必对他重申我心目中理想人物的品质。他知道那些品质是什么,从前如此,现在仍然如此。以目前的情况而论,绝对忠诚和真实是最最重要的。告诉他,我已经作了深刻反思,我了解自己的弱点和需要。正因为这样,我不愿听他的任何申诉。我对他的指责不是出于道听途说,或者捕风捉影,正因为这样,我没有必要挑明了。既然他坚持要听他已经知道的事情,你可以这样向他传达。

"告诉他,那晚我从后面走进暖房,替我母亲摘一支玫瑰。告诉他,我看见他和阿什伯顿小姐在那株粉红色的夹竹桃下。场面很动人,但是姿势和缱绻过于雄辩明显,根本不需要说明。我离开了暖房,同时抛下了玫瑰和我的理想。你可以把那场歌舞转告你的演出经理。"

"有一个词我听不懂,女士。钱券——钱券——你能解释一下吗?"

"缱绻——你可以说亲近——或者说太靠近了,以致失去了理想人物的地位。"

小厮脚下扬起了尘土。他跑到另一张长椅那儿。年轻人迫不及待地瞅着他。小厮摆出了超脱的翻译身份。

"那位女士说,女人遇到鬼话连篇、装腔作势的男人时,太容易受骗了,所以她不爱听奉承话。她说你在花房里搂着一个穿印花布的妞儿,被她撞个正着。她进去采些花,见你紧抱另一个姑娘,她扭头就走。她说场面虽然好看,但叫她恶心。她说你还是抓紧时间,赶火车去吧。"

年轻人轻轻吹了一声口哨,想起了什么,眼睛突然一亮。他的手伸进上衣内袋,掏出一沓信。他找出一封,再从坎肩口袋里掏出一元银币一起交给小厮。

"把这封信交给那位女士,"他说,"请她看一看。告诉她,这封信可以说明问题。告诉她,假如她对理想人物的概念里稍稍有些信任,就可以避免许多烦恼。告诉她,她如此重视的忠诚没有丝毫消减。告诉她,我等回话。"

信使又站到女士面前。

"那位先生说,他莫名其妙地背了黑锅。他说他不是那种人;女士,你看看信,就相信他是个正派人。"

年轻女士有点疑惑地打开信看看。

> 亲爱的阿诺德医师:上周五晚,小女去沃尔德伦夫人家做客,心脏旧疾突然发作,当时她在花房,所幸您在场发现,及时援手。小女即将倒地时,如您不在旁抱住她并给予专业的照顾,我们很可能因而失去她。希望您能驾临舍间,承担小女今后的治疗,我们十分感谢。
>
> 罗伯特·阿什伯顿谨启

年轻女士折好信,交给小厮。

"那位先生等回话,"信使说,"要我怎么说?"

女士突然正视着他,含笑的眼睛有点湿润。

"告诉那位长椅上的先生,"她快活地大笑说,"他的姑娘要他。"

供应家具的房间

下西区那个全是红砖建筑物的地区,有一大批人像时间那样动荡不安,难以捉摸。说他们无家可归吧,他们又有几十、几百个家。他们从一个供应家具的房间搬到另一个供应家具的房间,永远是短暂的过客——在住家方面如此,在思想意识方面也是如此。他们用快拍子唱着《甜蜜的家庭》;他们把门神装在帽盒里随身携带;他们的葡萄藤是攀绕在阔边帽上的装饰;他们的无花果树只是一株橡皮盆景①。

这个地区的房屋既然有成千的住客,当然应该有成千的故事传奇。毫无疑问,这些故事大多是乏味的,不过在这许多飘零人的身后,如果找不出一两个幽灵来,那才叫怪呢。

某天晚上断黑的时候,有一个年轻人在这些摇摇欲坠的红砖房屋中间徘徊着,挨家挨户地拉门铃。到了第十二家的门口,他把他那寒酸的手提包放在台阶上,脱下帽子,擦擦帽圈和额头上的灰尘。铃声在冷静空洞的深处响了起来,显得微弱遥远。

他在第十二家的门口拉了铃,来了一个女房东,她的模样使他联想到一条不健康的,吃得太饱的蠕虫;蠕虫吃空了果仁,只留下一层空壳,现在想找一些可以充饥的房客来填满这个空间。

---

① 葡萄藤和无花果是安定的家庭生活的象征,典出《旧约·列王纪上》第4章第25节:"所罗门在世的日子,从但到别是巴的犹太人和以色列人,都在自己的葡萄树下,和无花果树下,安然居住。"

他打听有没有房间出租。

"进来。"女房东说。她的声音来自喉头,而喉头也仿佛长遍了舌苔。"我有一间三楼后房,刚空了一个星期。你想看看吗?"

年轻人跟她上楼。不知从哪儿来的一道微弱的光线冲淡了过道里的阴影。他们悄没声儿地踩在楼梯的毡毯上。那条毡毯已经完全走了样,就连原先制造它的织机也认不出它了。它仿佛变成了植物,在那腐臭阴暗的空气里化为一块块腻滑的地衣或是蔓延的苔藓,附着在楼梯上,踩在脚下活像是黏糊糊的有机体。楼梯拐角的墙上都有空着的壁龛。以前,这里面也许搁过花草。果真这样的话,那些花草准是在污浊腐臭的空气中枯萎死去了。这里面也许搁过圣徒的塑像,但是不难想象,妖魔鬼怪早就在黑暗中把它们拉下来,拖到底下某个供应家具的地窖里,让它们待在邪恶的深渊里了。

"就是这间。"女房东的长满舌苔的喉咙里发出声音说,"很好的房间。难得空出来的。夏天,这里住过几个非常上等的客人——从来没有麻烦,总是先付后住,从不拖欠房租。过道尽头就有自来水龙头。斯普罗尔斯和穆尼租了三个月。她们是演歌舞杂耍的。布雷塔·斯普罗尔斯小姐——你也许听人家说起过她——哦,那不过是艺名罢了——她的结婚证就是配好镜框挂在那儿的梳妆台上的。煤气灯在这儿,你瞧壁柜有多大。这个房间人人喜欢。从来没有空过很久。"

"你这里常有演艺界的人来租房间吗?"年轻人问道。

"他们来来往往。我的房客中许多人同剧院有关系。是啊,先生,这里是剧院区。当演员的人不会在一个地方待上很久。有许多就在我这里住过。是啊,他们是来来去去的。"

他租下这个房间,预付了一星期的租金。他说他累了,立刻就住下来,同时数出了钱。女房东说这个房间的一切早已准备就绪,

158

连毛巾和洗脸水都是现成的。她要出去的时候,年轻人把那个带在舌尖,问了千百次的话说了出来。

"你可记得,你的房客中间有没有一个年轻的姑娘——瓦许纳小姐——埃洛伊丝·瓦许纳小姐?她多半会在剧院里唱歌。一个漂亮姑娘,个子不高不矮,细腰身,金红色头发,左眉毛旁边有颗黑痣。"

"不,我记不得那个姓名。演艺界的人常常改名换姓,正像换房间一样。他们一会儿来一会儿去。不,我想不起那样一个人了。"

不。问来问去老是"不"。五个月来不断打听,结果总是落空。五个月来,白天在剧院经理、代理人、戏剧学校和歌唱团那儿打听,晚上混在观众里,从阵容坚强的剧院看起,直到那些低级得不能再低的,连他自己都害怕在那里找到心上人的游乐场为止。他对她一往情深,千方百计要找到她。自从她离家出走之后,他知道准是这个滨水的大城市留住了她,把她藏在什么地方;可这个城市像是一片无底的大流沙,不断地移动着它的沙粒,今天还在上层的沙粒,明天就沉沦到黏土污泥里去了。

这间屋子带着初次见面的假客气迎接了刚来到的客人,它那种强颜为欢,虚与委蛇的迎接像是妓女的假笑。破旧的家具反射出淡淡的光线,给人一种似是而非的慰藉;屋里有一张破旧的锦缎面睡榻和两把椅子,两扇窗户之间有一面尺把宽的廉价壁镜,墙上有一两只描金镜框,角落里放着一张铜床。

客人有气无力地往椅子上一坐。这时,屋子像通天塔[①]里的一个房间似的,讷讷地想把以前各式各样住户的情况告诉他。

[①] 《旧约·创世记》第11章:巴比伦人要建造一座城和一座通天高塔,耶和华怒其狂妄,变乱了他们的口音,使他们彼此言语不通,无法取得协调,只得辍工。

肮脏的地席上有一块杂色斑驳的毯子,仿佛波涛汹涌的海洋中一个长方形的、鲜花盛开的热带岛屿。花花绿绿的墙纸上贴着无家可归的人从东到西都能看见的画片:"法国新教徒的情侣","第一次口角","新婚的早餐"和"泉边的普赛克"。歪歪斜斜、不成体统的布帘,像歌剧里亚马逊妇女的腰带,遮住了壁炉架那道貌岸然的轮廓。壁炉架上有一些冷冷清清的零碎东西——一两只不值钱的花瓶,几张女艺人的相片,一只药瓶,几张不成套的纸牌。房间的住户有如船只失事后被困在孤岛上的旅客,侥幸遇到别的船而被搭救上来带往另一个港口,便把这些漂货给扔下了。

先前的住户们遗留下来的痕迹渐趋明朗,正如密码被逐一破译一样。梳妆台前地毯上那块磨秃的地方说明有许多漂亮女人在上面踩过。墙上的小手印表示小囚徒们曾经摸索着寻求阳光与空气。一块像开花弹影子似的四散进射的痕迹,证实有过玻璃杯或瓶子连同它所盛的东西给扔在了墙上。壁镜上被人用金刚钻歪歪扭扭地刻出了"玛丽"这个名字。看情形,这个供应家具的房间里的住户们,不论先后,总是怨气冲天——也许被它的过分冷漠激惹得忍无可忍——便拿它来出气。家具给搞得支离破碎,伤痕累累;弹簧已经脱颖而出的睡榻,活像一只在极度的痉挛中被杀死的可怕的怪物。大理石的壁炉架,由于某种猛烈得多的骚动,被砍落了一大块。地板上的每一块凹痕和每一条裂纹,都是一次特殊的痛苦的后果。强加于这间屋子的一切怨恨和伤害,都是那些在某一时期称它为"家"的人所干的,这种情况说来几乎难以使人相信;但是燃起他们的怒火的也许正是那种始终存在而不自觉的,无法满足的恋家的本能,是那种对于冒牌的家庭守护神的愤恨。如果是我们自己的家,即使换了一间茅舍,我们也会加以打扫、装饰和爱护的。

坐在椅子上的年轻住客让这些念头恍恍惚惚地掠过心头。这时,别的房间里飘来了各种声音和气息。他听到一间屋子里传来淫荡无力的吃吃笑声;另外的屋子里传来独自的咒骂,掷骰子声,催眠曲和啜泣抽噎;楼上却有起劲的五弦琴声。不知哪里在砰砰嘭嘭地关门;架空电车间歇地隆隆驶过;后院的篱笆上有一只猫在哀叫。他呼吸着屋子里的气息——与其说是气息,不如说是一股潮味儿——仿佛地窖里的油布和腐烂木头散发出来的那种冷冰冰的,发霉的气味。

他正歇着的时候,屋里突然有了一阵浓烈、甜蜜的木犀草香味。它像是随着一股轻风飘来的,是那样确切、浓郁和强烈,以至像是一个有血有肉的来客。年轻人似乎听到有人在招呼他,便脱口嚷道:"什么事,亲爱的?"并且跳了起来,四下张望着。那阵浓郁的香味依附在他身上,把他团团包围起来。他伸手去摸索,因为这时他所有的感觉都混杂紊乱了。气味怎么能断然招呼一个人呢?一定是声音。不过,刚才触摸他的,抚摩他的竟会是声音吗?

"她在这间屋子里待过。"他嚷道,立刻想在屋里找出一个证据。因为他知道,凡是属于她的或者经她触摸过的东西,无论怎样细小,他一看就认识。这股缭绕不散的木犀草香味,她所偏爱并已成为她个人特征的香味,究竟是从哪儿来的呢?

这间屋子收拾得很马虎。梳妆台那薄薄的台布上零乱地放着五六只发夹——一般女人的无声无息,无从区别的朋友,拿语法术语来说,就是阴性,不定式,不说明时间。他知道从这些发夹上是找不到线索的,便不加理会。搜寻梳妆台的抽屉时,他发现一方被抛弃的,破烂的小手帕。他拿起手帕,往脸上一按。一股金盏草的香气直刺鼻子;他使劲把手帕摔在地上。在另一个抽屉里,他发现几枚零星的纽扣,一份剧院节目单,一张当铺的卡片,两颗遗漏的棉花糖和一本详梦的书。在最后一个抽屉里,有一个妇女用的黑缎子发结,使他一阵冷一阵热的踌躇了好一会儿。但是黑缎子发结只是妇女的一本正经、没有个性的普普通通的装饰品,并不说明问题。

接着,他像猎狗追踪臭迹似的在屋子里逡巡徘徊,扫视着墙壁,趴在地上察看角落里地席拱起的地方,搜索着壁炉架,桌子,窗帘,帷幔和屋角那只东倒西歪的柜子。他想找一个明显的迹象,却不理解她就在他身边,在他周围,在他心头,在他上空,偎依着他,追求着他,并且通过微妙的感觉在辛酸地呼唤他,以至他那迟钝的感觉也觉察到了这种呼唤。他又一次高声回答:"哎,亲爱的!"同时回过头来,干瞪着眼,凝视着空间。因为到目前为止,他还不能从木犀草香味中辨明形象、色彩、爱情和伸出来迎接他的胳臂。啊,老天哪!那股香味是从哪里来的呢?从什么时候开始,气味竟能发出声音呼唤呢?因此,他继续摸索着。

他在裂罅和角落里探查,找到了瓶塞和烟蒂。这些东西他都鄙夷而默不作声地放过了。可是当在地席的皱褶里找到半支抽过的雪茄时,他狠狠地咒骂了一句,把它踩得粉碎。他把这间屋子从头到尾细细搜查了一遍。他发现了许多飘零的住户那凄凉的微细痕迹;可是关于他所寻找的,可能在这儿住过的,灵魂仿佛在这儿徘徊不散的她,却毫无端倪。

这时,他才想起了房东。

他从这间阴森森的屋子跑下楼,来到一扇微露灯光的门口。女房东听到敲门声,便出来了。他尽可能控制自己的激动。

"请问你,太太,"他恳求地说,"在我没来之前,谁住过这间屋子?"

"哎,先生。我可以再告诉你一遍。我早就说过,先前住在这儿的是斯普罗尔斯和穆尼。布雷塔·斯普罗尔斯小姐是剧院里的姓名,穆尼太太是真名。我的房子的正派是有名的。配了镜框的结婚证就挂在——"

四　百　万

"斯普罗尔斯小姐是什么样的——我是说长相怎么样?"

"唔,先生,黑头发,矮胖身段,一脸滑稽相。她们上星期二走的,已经一个星期了。"

"她们之前的房客是谁呢?"

"唔,一个做运货车生意的单身男人。他欠了我一星期的房租就走了。他之前是克劳德太太和她的两个孩子,他们住了四个月。再之前是多伊尔老先生,他的房钱是由他几个儿子付的。他住了六个月。这样已经推算到一年前了,再前面的我可记不清啦。"

他向她道了谢,垂头丧气地回到自己的屋子里。屋子里死气沉沉的。赋予它生命的要素已经消失了。木犀草的香味已经没有了。代替它的是发霉家具的腐臭的味道,是停滞的气氛。

希望的幻灭耗尽了他的信心。他坐在那儿,呆看着咝咝发响的煤气灯的黄光。过了片刻,他走到床边,把床单撕成一长条一长条的。他用小刀把这些布条结结实实地堵塞进窗框和门框的罅隙。安排停当后,他关掉煤气灯,再把它开足,却不去点火,然后死心塌地往床上一躺。

*　　　　　*　　　　　*

这晚轮到麦库尔太太去打啤酒。她去打了酒来,同珀迪太太一起坐在地下室里。那种地下室是房东太太们聚集的地方,也是蠕虫不会死的地方。①

"今晚我把三楼后房租出去了,"珀迪太太对着一圈薄薄的泡沫说,"房客是个年轻人。他上床已经两个钟头了。"

---

① 参见《新约·马可福音》第9章第48节:"在那里(地狱)虫是不死的,火是不灭的。"

"真的吗,珀迪太太?"麦库尔太太极其羡慕地说,"你能把那种房间租出去,真不简单。那你有没有告诉他呢?"她非常神秘地哑着嗓子低声说了一些话。

"房间嘛,"珀迪太太用舌苔非常腻厚的音调说,"本来是备好家具出租的。我没有告诉他,麦库尔太太。"

"你做得对,太太;我们是靠房租过活的。你真有生意头脑,太太。人们如果知道床上有人自杀过,多半就不愿意租那间屋子。"

"就是嘛,我们要靠房租过活呀。"珀迪太太说。

"是啊,太太,一点不错。就是上星期的今天,我还帮你收拾三楼后房来着。这么漂亮的一个姑娘,想不到竟用煤气自杀——她那张小脸真惹人爱,珀迪太太。"

"就是嘛,她称得上漂亮,"珀迪太太表示同意,可又有点儿吹毛求疵地说,"可惜左眉毛旁边长了那么一颗黑痣。你把杯子再满上吧,麦库尔太太。"

昙 花 一 现

假如你不知道那家"随意小酌、家常便饭"的鲍格尔饭馆,那你的损失可不小。因为假如你是那种自奉不薄的幸运儿,你应当了解了解另一半人是怎么消费粮食的。假如你是那种把侍者端上来的账单当做大事情的人,你更应当知道鲍格尔饭馆,因为你在那里吃饭才够本——至少在数量上说来如此。

鲍格尔饭馆坐落在那条中产阶级的大道上,就是勃朗、琼斯、鲁滨孙诸色人等游散之地,也就是八马路。饭馆里有两排桌子,每排六张。每张桌子上有一个装着作料和调味品的五味瓶架。从胡椒瓶里,你可以摇出一蓬食之无味、看了伤心的火山灰似的东西。从盐瓶里,你别指望摇出什么来。尽管有人能从青萝卜里挤出血水来,可是要从鲍格尔的五味瓶里摇出盐来,他却无能为力了。每张桌子上还摆着一瓶冒充"仿照印度贵族食谱精制"的高等酱油。

鲍格尔坐在收银台后面,冷淡、邋遢、迟缓、阴沉,还收你的钱。他在一堆山也似的牙签后面找钱给你,整理账单,并且像虾蟆一般,咯咯地向你吐一句关于天气的话。除了证实他的气象报告之外,你最好别拉拉扯扯。你并非鲍格尔的朋友;你只是一个吃了饭的过客,你跟他也许再也不会见面,直到加百列吹开饭号的时候。因此,你还是拿了找头走路吧——你高兴的话,去见鬼都可以。鲍格尔的脾气就是这样的。

鲍格尔的主顾们的需要是由两个女侍者和一个"嗓音"供应

的。一个女侍者名叫爱玲。她高挑身材、美丽活泼、态度优雅、很会开玩笑。你问她姓什么吗？在鲍格尔的饭馆里，姓氏和洗手盂一样，是没有需要的。

另一个女侍者的名字叫做蒂尔苔。你为什么要想起玛尔蒂达呢①？这一次请听清楚了——蒂尔苔——蒂尔苔。蒂尔苔相貌平常、又矮又胖，一心只想讨好讨好。你把最后一句再念上一两遍吧，熟悉熟悉那个重叠的词儿。

鲍格尔饭馆里的"嗓音"是只闻其声、不见其人的。它来自厨房，在独创性方面说来并无特长。它是一个邪教的"嗓音"，它甘心重复着两个女侍者点菜的吩咐。

假如我再对你说，爱玲是美丽的，你会不会感到腻烦？其实只要她穿上价值几百块钱的衣服，参加复活节游行，让你看到的话，你自己也会立刻这样说的。

到鲍格尔饭馆里来的主顾们都是她的奴隶。她能够同时招待满满六桌的客人。性急的客人只要看到她的敏捷优美的体态，就高兴得不催促了。吃完饭的客人为了要在她焕发的笑容之下多待一会儿，便多吃一点。那里的每一个人——主顾大多是男的——都想在她心目中留一个印象。

爱玲口齿伶俐，能够同时应付十来个人。她所发出的每一个微笑都像散弹枪发出的铅子一样，直嵌到大家的心里。与此同时，她对一道道的肉煮豆、炖牛肉、火腿蛋、香肠麦糊，以及各种各样的煎炸煮烤、正菜副菜一点也不含糊，表现了惊人的绝技。在这些吃的喝的、打情骂俏、谈笑风生之中，鲍格尔饭馆几乎成了一个沙龙，而爱玲则成了雷加美夫人②。

---

① 蒂尔苔（Tildy）是玛尔蒂达（Maltida）的简称。
② 雷加美夫人（1777—1849），法国交际家，她的丈夫是巴黎一个银行家。

四 百 万

偶尔来一次的客人都给迷人的爱玲弄得神魂颠倒,老主顾更不用谈了,他们简直成了她的崇拜者。老主顾中有许多人在明争暗斗。人们常常带她去看戏或跳舞,每星期至少有两次。她和蒂尔苔私下里称做"猪猡"的一个胖先生送了她一只蓝宝石戒指。另一个在电车公司里开修理车的、绰号叫做"冒失鬼"的家伙,说是只要他的伙伴包下了第九街的生意,他就送一头卷毛狗给爱玲。还有一个老是吃菠菜排骨、自称是做证券交易的人请她一起去看《帕西法尔》①。

"我不知道这个地方在哪里,"爱玲和蒂尔苔谈起这件事的时候说,"不过先得戴上结婚戒指,我才肯动手缝出门旅行的衣服——你说对吗? 我想是应该这样的!"

可是,蒂尔苔呀!

在蒸汽腾腾、人声嘈杂、满是白菜气味的鲍格尔饭馆里,几乎有一场伤心的悲剧。那个塌鼻梁、枯黄头发、雀斑脸、身段像面粉袋的蒂尔苔,从来没有一个爱慕她的人。当她在饭馆里走来走去的时候,从没有人用眼光追随着她,除非有人用饿鬼等施食的神情朝她瞪上一眼。从没有人高高兴兴地跟她开开玩笑,说几句挑惹她的俏皮话儿。从没有人像对待爱玲那样,别有用意地大声问她早晨好,当鸡蛋来得慢一点的时候,也没有人调侃她,说她昨晚跟男朋友们玩得太迟了。从没有人送给她蓝宝石的戒指,也没有人邀她到神秘而遥远的"帕西法尔"去。

蒂尔苔是个好侍者,男人们对她抱着无所谓的态度。归她招呼的客人只是简简单单地吩咐她几句点菜的话;接着便提高嗓子,用甜蜜而味道十足的音调跟那个美貌的爱玲滔滔不绝地攀谈起

---

① 《帕西法尔》(Parsifal),13 世纪德国作家伏尔弗拉姆·封·艾兴巴赫所著的史诗,德国作曲家瓦格纳曾于 1882 年改编成歌剧,这里即指歌剧,爱玲误会是地名。

来。他们在椅子上扭来扭去,东张西望,总想撂开蒂尔苔的挡住视线的身子,好让爱玲的秀色在他们的咸肉煎蛋里加些作料,变成吃了长生不老的人参果。

在蒂尔苔说来,只要爱玲能够获得人家的恭维和崇拜,她就甘心做那没人理睬的苦工。塌鼻梁是忠实于那个短小的高鼻子的。她是爱玲的朋友;她乐于看到爱玲统治男人的心,把他们的注意力从热气腾腾的锅贴和柠檬蛋白甜饼上面争取过来。不过话又得说回来,我们中间最丑的人,在我们的雀斑和枯草色的头发的深处,也梦想一位王子或公主之类的人专诚来找我们的。

一天早晨,爱玲匆匆跑来干活,她的一只眼睛稍微有些伤痕;而蒂尔苔的关切几乎是能够医治任何眼病的。

"冒失鬼,"爱玲解释道,"我昨晚回家,走到二十三街和六马路口的时候,碰上了冒失鬼。他挨上来,跟我搭讪。我呵斥了他,他溜了;但是一直钉梢钉到八马路,又是胡言乱语了一通。嘿!我结结实实地给了他一个耳刮子。他还手,把我眼睛打坏了。真难看,是吗,蒂尔?尼可逊先生十点钟要来这儿吃茶和烤面包,我真不愿意让他看见。"

蒂尔苔屏息凝神地听着这件意外事,心里好不羡慕。从没有人钉过她的梢。一天二十四小时,她随便什么时候出去都是保险安全的。有一个男人钉你的梢,为了求爱而打青你的眼睛,该有多么幸福啊!

鲍格尔饭馆的主顾中间有一个姓西德斯的、在洗衣店做职员的年轻人。西德斯先生身材瘦削,头发稀疏,模样像是刚刚上过浆、晒干了却没有烫平的衣服。他过于腼腆,不敢妄想博得爱玲的青睐;于是惯常坐在蒂尔苔照应的桌子旁,闷声不响地只顾吃他的煮柔鱼①。

---

① 柔鱼,犬牙石首鱼属的一种海鱼。

有一天,西德斯喝过了啤酒再来吃饭。饭馆里只有两三个客人。西德斯先生吃完了他的柔鱼,站起身来,搂住蒂尔苔的腰,冒冒失失地大声吻了她一下,然后走到街上,朝洗衣店的方向打了一个榧子,赶忙到游乐场去玩吃角子老虎机了①。

蒂尔苔站在那儿,呆了半晌。之后,她才发觉爱玲狡狯地伸着食指,指指她说:

"哎,蒂尔,你这个淘气的姑娘!你可真了不起,调皮小姐!我一不留神,你就抢我的顾客了。我得多注意注意你才行,我的小姐。"

蒂尔苔的逐渐恢复的神志明白了另一件事。片刻之间,她从没有希望、只有羡慕的卑贱地位一跃而为赫赫的爱玲的姊妹行了。她自己如今也成了一个对男子有魅力的人,成了丘比特的对象,成了罗马人饮酒作乐时的羞答答的萨宾②女人了。男人们发现她的腰身也有可取之处,她的嘴唇也是值得想望的。那个冒失而多情的西德斯仿佛替她做了一件奇迹般的特快洗衣工作。他收下蒂尔苔的丑陋的粗麻布衣服,替她洗好、晒干、上浆、烫平,还给她的时候已成了上好的绣花薄麻布——维纳斯③本人穿的袍子了。

蒂尔苔脸颊上的雀斑融成一片玫瑰色的红晕。现在喀耳刻④和普赛克都从她明亮的眼睛里窥探出来。连爱玲都没有在饭馆里给人公开搂抱和接吻。

蒂尔苔不能保守这个愉快的秘密。生意比较清闲的时候,她走到鲍格尔的账桌跟前,站停下来。她的眼睛闪闪发亮;她竭力不

---

① 吃角子老虎机,一种赌钱用的机器。
② 萨宾,古意大利民族,公元前 290 年曾被罗马人征服,萨宾妇女多被掳去充当妻婢。
③ 维纳斯,罗马神话中司爱和美的女神。
④ 喀耳刻,希腊神话中妖艳的女魔。

让自己的声调流露出骄傲和自夸。

"今天有一位先生侮辱了我,"她说,"他搂住我的腰,亲我的嘴。"

"是吗?"鲍格尔打破了他的生意气的甲胄,说道,"下星期起,我加你一块钱薪水。"

等到顾客们陆续来吃饭的时候,蒂尔苔一面把食物端到她所熟悉的顾客面前,一面像那种不需要夸耀自己优点的人那样,谦虚地对每一个客人说:

"今天一位先生在饭馆里侮辱了我。他搂住我的腰,亲我的嘴。"

吃饭的人对这句话的反应个个不同——有的将信将疑,有的表示贺意,还有一些平时单找爱玲开玩笑的人,便把打趣的目标转移到她身上来。蒂尔苔心里可乐开了,因为她在灰色的原野里彷徨了那么久,如今终于看到地平线上浮起了一座浪漫的高塔。

西德斯先生有两天没有来。在这段时间里,蒂尔苔安稳地坐上了一个值得追求的女人的座位。她买了缎带,把自己的头发像爱玲那样打扮起来,并且把腰身束紧了两英寸。她惟恐西德斯先生会突然冲进来,开枪打她,她想起这件事的时候不禁有一阵战栗的快感。他一定是不顾一切地爱着她;而情感冲动的情人都是妒忌得到了盲目的程度。

即使爱玲也没有被人开枪打过。因此蒂尔苔随即希望他别开枪打自己,因为她一直忠于爱玲;不愿意在某些地方胜过爱玲。

第三天下午四点钟,西德斯先生来了。饭馆里一个客人也没有。蒂尔苔和爱玲都待在店堂最里面,蒂尔苔在灌芥末,爱玲在切馅饼。西德斯先生走到她们所站的地方。

蒂尔苔抬起头,看到他,大吃一惊,不禁把舀芥末的匙子往心口一按。她头发上打着一个红蝴蝶结;脖子上挂着维纳斯在八马路用的徽章——一串蓝色的珠项链,晃晃荡荡地吊着一个象征的银鸡心。

西德斯先生红着脸,一副尴尬相。他一手插进裤袋,另一只手却插进了刚出炉的南瓜馅饼里。

"蒂尔苔小姐,"他说,"为了那晚上的事,我要向你道歉。老实说,我那晚喝得糊里糊涂,不然我绝对不会做出那种事来的。我清醒的时候,决不会那样对待一位小姐的。因此我希望,蒂尔苔小姐,你能原谅我,并且相信我,要是我没喝醉酒、头脑清楚的话,我决不会胡来的。"

西德斯先生做完这篇漂亮的辩解,认为已经尽了赔礼的责任,便倒退几步,出门去了。

可是,在那扇与人方便的屏风后面,蒂尔苔一头扑到堆着牛油碟子和咖啡杯的桌子上,哭得伤心欲绝——她又回到了那些塌鼻梁和枯草色头发的人所彷徨的灰色原野。她从发髻上把那个红蝴蝶结扯下来,扔在地上。她极端看不起西德斯;她原只把他的亲吻当做一个开头引路的王子的亲吻,指望他在神仙境界里打开局面,让童仆们忙碌一番。谁知道那个亲吻是醉酒之下无意识的;一场虚惊,宫廷仍然没有动静;她还得永生永世做那个睡美人。

不过也不能说一切都完了。爱玲的胳臂搂住了她;蒂尔苔的红通通的手在牛油碟子中间摸索了一会儿,握住了她朋友的温暖的手。

"你别难受,蒂尔,"爱玲说道,她可没有摸清底细,"那个萝卜脸、衣服夹子似的西德斯不配你这样难受。他根本不够上等人的资格,否则他再也不会向你道歉的。"

西部的心

鸡心和十字架

秃头吴滋伸手去拿酒瓶,拿到了。秃头想做什么的时候,多半是——且慢,现在讲的不是秃头的故事。他斟了第三回酒,这回比第一、二两杯都高出一个指头。秃头正在替人家出主意;出主意的人当然有一手。

"如果我做了你,我准成了王。"秃头说得那么斩钉截铁,以致他的手枪套和马刺都吱吱轧轧地响了起来。

维勃·易格把他那顶平边的斯特逊呢帽往后脑勺一推,乱抓一通,弄得他的草黄色头发更加凌乱。可是弄弄头发不起什么作用,他只好学学那个足智多谋的秃头的喝酒榜样。

"一个人跟女王结了婚,可不能就此成了小二子①。"维勃要言不烦地说出了他的委屈。

"当然不能,"秃头深表同情地说,他喝得还不解渴,对纸牌的相对价值却非常关心,"按理你有做王的资格。如果我做了你,我就要求重新发牌。这里面有毛病,对你不利——我来告诉你,维勃·易格,你究竟是什么。"

"是什么呢?"维勃问道,他那浅蓝色的眼睛里显出期望的神色。

---

① 纸牌的大小顺序是 A、K、Q、J、10……2,两点最小;上文的"王"和"女王"都是纸牌的名称,有双关意义,所以引起了下面一些关于纸牌的话。

"你是个驸马。"

"别开玩笑,"维勃说,"我从来没有跟你过不去。"

"这是纸牌花样里的一种称号,"秃头解释说,"不过在纸牌中不起什么作用。我来告诉你,维勃。这是欧洲某些生物身上的记号。比方说,你、我或者一个荷兰公爵跟皇族结了婚。之后,我们的太太成了女王。我们会不会成为王呢?等一百万年也不会。在加冕典礼中,我们的地位只在弼马和九级寝宫大臣之间。我们惟一的用处只是在照片上露露脸,担负起绵延皇祚的责任。那太不公道啦。不错,先生,维勃,你是个驸马;如果我做了你,我就促成一次谅暗①,或者运用人身保护法,或者诸如此类的东西;即使非把一副纸牌搞乱不可,我也得做王。"

秃头喝干了酒,得意洋洋地以华立克②自居。

"秃头,"维勃严肃地说,"你我两人在一个队里赶了多年的牛。我们从小就在同一个牧场上奔走,在同一条线上驰骋。除了你之外,我不会跟别人谈我家里的事。我跟圣达·麦克亚立斯特结婚的时候,你只不过是诺巴立多牧场的巡逻骑手。那时候,我已经是头目了;可是现在我成了什么?我连套索上的一个活扣都比不上啦。"

"麦克亚立斯特老头在得克萨斯西部做牛大王的时候,"秃头像魔鬼那样甜言蜜语地接着说,"你数得上一个人物。你在牧场上跟他一样可以发号施令。"

"的确是这样,"维勃承认说,"直到他发觉我想把套索套在圣达的头上时才起变化。之后,他想尽办法叫我待在牧场里,不让我接近牧场正宅。老头儿死了以后,他们开始管圣达叫做'牛女

---

① 旧王死新王尚未即位的空位期。
② 指华立克伯爵理查德·纳维尔(1428—1471),英国玫瑰战争时期的将军与政治家,有"立王者"(King-maker)之称。

王'。我成了牛头目——就是这么回事。一切事务由她经营;一切钱财由她经手;我要卖一头阉牛给扎野营的人都不能做主。圣达是'女王';我呢,什么都不是。"

"换了我,我一定要做王,"那个保皇党秃头吴滋说,"一个人跟女王结了婚,就应当随着改良血统——不管活的、剥过皮的、干制的、腌过的——从槲树林子起,到肉类罐头厂为止,都应当这样。许多人觉得奇怪,维勃,你在诺巴立多竟然做不得主。我并不是在说易格太太的坏话——她是里奥格朗德①到下一个圣诞节之间的最好的小妞儿——不过一个男子汉总得当家作主呀。"

易格那张光滑的、棕色的脸沉了下来,显出一副遭受欺凌的伤心样子。那副神情,加上蓬乱的黄头发和天真的蓝眼睛,使他活像一个领导权被另一个力气更大的小家伙篡夺去的小学生。可是他那昂藏六尺之躯和腰里的手枪不容许这种比方。

"你刚才说我是什么,秃头?"他问道,"是什么副马呀?"

"我说的是'驸马',"秃头纠正说——"'驸马爷'。一种不顶事的纸牌的别名。大小在杰克顺子和四同花之间。"

维勃·易格叹了一口气,从地板上捡起他的温吉斯特枪套的皮带。

"我今天要回牧场去,"他没精打采地说,"明天早晨要安排一批运到圣安东尼去的牛。"

"我跟你一路到干湖,"秃头说,"我要到圣马可斯营地去把牛赶拢来,挑出两岁的小牛。"

这对朋友上了马,小跑着离开了他们在那口渴的早晨作了小聚的铁路边的居住区。

到了彼此分手的干湖,他们勒住马,抽了一支临别的香烟。他

---

① 里奥格朗德,美国与墨西哥之间的大河,长 1800 英里。

们默默无言地驰骋了好几英里路,只听得马蹄踩在纠结的荚草上的嘚嘚声和木马剌刮过矮槲树的嘎嘎声。可是在得克萨斯州,谈话是难得不中断的。你在这一段话和下一段话之间,尽可以赶一英里路、吃一顿饭,或者干一件杀人的勾当,这并不妨碍你的论调。因此,维勃也不加以说明,就对他们在十英里路以外开始的谈话作了一个补充。

"你自己也记得,秃头,有一个时期,圣达并不这么独断独行。你记得,老麦克亚立斯特不让我们在一起的时候,圣达怎么把表示要看我的记号捎给我吗?老麦克说,只要我走进牧场的射程之内,他准把我打成筛子那样。你记得圣达捎给我的那个记号吧,秃头——鸡心里加个十字架?"

"我吗?"秃头酒后逞能地嚷道,"你这偷糖的老郊狼!我怎么会不记得!嘿,你这该死的、长角的老斑鸠,营地里的伙伴们都知道那些象形文字。我们管它叫做'嗉囊和交叉骨'。我们常常看到牧场派出来的大车上画着那种记号。还有用炭画在面粉袋上的,用铅笔画在报纸上的。还有一次,老麦克亚立斯特从牧场里派来一个厨师,我看到他的背上有个粉笔画的记号——我不记得才有鬼呢。"

"圣达的父亲,"维勃耐心地解释说,"逼她答应不写信、不传话给我。那个鸡心和十字架的记号是她的计谋。每逢她非见我不可的时候,就在她知道我看得到的牧场里送来的东西上画上那个记号。我一看到,当夜就飞也似的赶到牧场去。我总是在小马棚后面的丛林里跟她见面。"

"我们都知道,"秃头吹牛说,"只是我们从不泄漏罢了。我们都是支持你的。我们知道,你为什么老是把那匹快花马留在营地里。当我们看见牧场派来的大车上画有那个嗉囊和交叉骨的记号时,我们就想,老品托那晚吃的不是青草,而是长途路程了。你可记得史寇里——那个照料坐骑的有文化的家伙——给威士忌酒撑到牧场来的大学生?史寇里只要看见牧场来的任何东西上有那个'来会你的情人'的记号,他就挥挥手说,'我们的朋友李·安德鲁斯今晚又要游过地狱岬啦。'①"

"圣达最后一次捎那个记号给我,"维勃说,"是她生病的时候。我一回到营地就看到了,那晚我骑着品托赶了四十英里路。她不在丛林里。我到她家里去;老麦克亚立斯特在门口迎着我。'你来找死的吗?'他说,'这一次我可不能称你的心啦。我刚派了一个墨西哥人去找你。圣达要你。到屋子里去看看她吧。待会再出来见我。'

"圣达躺在床上,病得很凶。不过她总算笑了一笑,我们的手像两头挑斗的牛角一样绞在一起,我在床边坐下——泥浆、马刺和皮绑腿都顾不得了。'这几个钟头里,我仿佛一直听到你骑马奔过草原的声响,维勃,'她说,'我知道你准会来的。你看到那个记号吗?'她悄悄地说。'一回到营地就看到了,'我说,'画在马铃薯和洋葱的袋子上。''它们永远在一起,'她轻声说——'一辈子也分不开。''它们配在一起可不坏,'我说,'炖肉的时候少不了。''我是说鸡心和十字架,'圣达说,'我们的记号——爱情和苦难的记号——是那个意思。'

"默斯格罗夫老大夫也在那儿,喝着酒、摇着芭蕉扇,自得其乐。过一会儿,圣达睡着了;大夫摸摸她的脑门子,对我说:'你倒是了不起的退热剂。现在你还是出去吧,根据诊断,不需要你作为

---

① 本句原文为"Our friend Lee Andrews will again swim the Hell's point tonight"。希腊传说:希萝(Hero)和李安德(Leander)是一对情人,李安德每晚游过赫尔斯邦(Hellespont,即今之达达尼尔海岬)去会希萝,一晚溺毙,希萝亦投海自杀。"Leander"(李安德)与"Lee Andrews"(李·安德鲁斯),"Hellespont"(赫尔斯邦)与"Hell's point"(地狱岬)读音均相近,作者取笑秃头没有学问,故意搞错几个字。

经常的药品。这位小姐醒来时就会好的。'

"我到外边去看老麦克亚立斯特。'她睡着啦,'我说,'你要做筛子,现在就请吧。不用赶忙;我的手枪留在鞍头上了。'

"老麦克呵呵大笑着对我说:'把铅灌进得克萨斯西部最好的牧场管理员身里,在我看来,并不是做生意的好办法。我不知道上哪儿才能找到这样好的一个管理员。只是你想做我的女婿,维勃,才叫我想把你当做枪靶子。你不是我心目中的家庭成员。不过我在诺巴立多牧场上用得着你,只要你不侵入以牧场正宅为中心的范围。楼上有张小床,你去躺一躺,等你睡一会儿之后,我们再谈。'"

秃头吴滋拉下帽子,把盘在鞍头上的腿放了下来。维勃收紧缰绳,他的小马腾跃起来,急于上路。两个人照西部的礼数握手告别。

"再见,秃头,"维勃说,"很高兴碰上你谈了这一番话。"

带着像是一群鹌鹑鼓翼起飞的声音,两个骑马的人朝着不同的方向奔去。跑了一百码之后,秃头在一个光秃的小丘上勒住缰绳,大喝一声。他在马背上摇晃了一阵子;要是站在地上的话,他早就晕头转向,摔下去了;可是在马鞍上,他是保持平衡的能手,他嘲笑威士忌,轻视重心的规律。

维勃听到招呼,在马鞍上掉过身来。

"换我做了你,"传来秃头的刺耳而惑人的声调,"我一定要做王!"

第二天早晨八点钟,巴德·特纳在诺巴立多牧场的正宅面前翻下马鞍,跟跟跄跄地走上回廊,脚上的马刺叮叮发响。巴德那早晨负责运送一群牛到圣安东尼去。易格太太在回廊上浇一棵红瓦盆里的风信子。

麦克亚立斯特"大王"把他许多刚强的性格传给了他的女儿:

他的意志力、豪放的勇气、顽梗的自持,以及作为牛王的自豪。麦克亚立斯特的节拍是急速的,音调是高亢的。圣达保持了这种特点,不过把它们转变为女性的调门而已。在实质上,她保持了母亲的形象;早在生生不息的牛群把这份人家封了王之前,她的母亲便被召到另一个无边无际的牧场上去了①。她秉承了母亲的苗条结实的身材和端庄温柔的美丽,因而冲淡了麦克亚立斯特傲慢严厉的眼色和惟我独尊的神情。

维勃站在回廊的一头,对两三个从营地和牛队里来请示的副管理员发布命令。

"早啊,"巴德简短地说,"你要我把这些牛送到城里什么地方——是不是像平时那样送到巴勃那儿去?"

回答这种问题是女王的特权。做生意的权力——买进卖出、银钱往来——全都掌握在她干练的手中。牛群的管理则由她的丈夫全权负责。在"牛大王"麦克亚立斯特在位的时代,圣达曾是他的秘书和助手;之后一直把工作做得很恰当,很顺利。但是,她还来不及回答,驸马爷就冷静而决然地说:

"把这群牛赶到席默曼和纳斯比特的牛圈里去。前些时我已经跟席默曼谈过啦。"

巴德掉转他的高统靴。

"等一会儿!"圣达赶忙喝道。她那双坚定的灰色眼睛诧异地盯着她的丈夫。

"怎么啦,你这是什么意思,维勃?"她问道,眉间起了一道微细的皱纹,"我从来没有跟席默曼和纳斯比特打过交道。五年来,这个牧场里的牛都是巴勃经手的。我不打算抢掉他的生意。"她转向巴德·特纳。"把这些牛赶到巴勃那儿去。"她断然下结

---

① 意即她的母亲已经死了。

论说。

巴德保持中立地瞅着挂在回廊里的水壶,换了另一条腿站着,嚼着一片荬树叶。

"我要他把这群牛赶到席默曼和纳斯比特那儿去。"维勃说,他的蓝眼睛显露出了寒霜的光芒。

"别胡扯啦,"圣达不耐烦地说,"你还是上路吧,巴德,晌午就可以赶到小榆的水坑那儿。对巴勃说,一个月之后,我们大概又可以给他送一批去。"

巴德迟迟疑疑地抬起眼睛,看到了维勃的眼色。维勃在他的神情里看到了抱歉,并且自以为还看到了怜悯。

"你把这群牛,"他狠狠地说,"赶到——"

"巴勃那儿,"圣达厉声抢着说,"就这么办。你还等什么,巴德?"

"没什么啦,太太。"巴德说。但是他离开之前还拖延了牛尾巴可以扇动三次的时间;因为男人总是帮男人的;即使非利士人用不光明的手段制住参孙的时候,他们也一定是面有愧色的①。

"你听你主子的吩咐吧!"维勃讽刺地嚷道。他脱下帽子,对他的妻子一躬到地。

"维勃,"圣达责备地说,"你今天太古怪啦。"

"本来就是弄臣嘛,女王陛下,"维勃慢吞吞地说,声调也变了,"你还指望什么呢?我老实对你说吧。我没跟牛女王结婚之前,还算得上是条汉子。我现在成了什么呢?成了营地里的笑话。我还是要做个男子汉。"

圣达细细地瞅着他。

---

① 《旧约·士师记》第13—16章:以色列人参孙出生后从未剃头,力大无穷,数次打败世仇非利士人。非利士女人大利拉诓出了他的秘密,剃掉他的头发,他便被非利士人制伏,给挖去眼睛,关在监狱里推磨。

"别胡闹,维勃,"她平静地说,"人家一点也不亏待你。你管理牛群的事,我有没有干涉过?关于经营牧场的事,我比你懂得多。我从爸那儿学来的。你该讲道理呀。"

"不管什么王国、女王国,"维勃说,"都不合我胃口,除非我能当家作主。我赶牛,你戴王冠。好吧。我情愿做一个牧牛野营里的掌玺大臣,不愿在一副以女王牵头的顺子里当个小八子。这原是你的牧场;巴勃当然得到了那群牛。"

维勃的马拴在饲料架上。他走进屋子,拿出那卷走长路才带着的毯子、雨衣和生牛皮编的最长的一根套索。他不慌不忙地把这些东西缚在马鞍上。圣达脸色有点苍白,跟在他后面。

维勃跨上马鞍。他那认真的光滑的脸上没有什么表情,只是眼睛里燃着固执的火焰。

"弗里奥的深水坑附近有一群母牛小牛,"他说,"应该移出围栏。狼叼走了三条小牛。我忘了吩咐。你最好叫西姆斯去办一办。"

圣达一手抓住缰绳,瞅着她丈夫的眼睛。

"你要离开我了吗,维勃?"她平静地问道。

"我要重新做个男子汉。"他回说。

"我祝你这个有志气的企图获得成功。"她突然冷冷地说。她掉过头,笔直走回屋子里去。

维勃在得克萨斯西部地形许可的范围以内向东南方一直驰去。他到了地平线之后,很可能一直驰进蔚蓝的空间,因为诺巴立多牧场上从此就没听到有关他的消息。由星期天率领的日子形成了七天一周的小队;由满月率领的星期排成了打着"时光如流"旗帜的月份的连队;月份的连队又向年份的广阔的营地进军;但是维勃·易格再也没有回到他的女王的领地里来。

一天,有一个从里奥格朗德下流来的、名叫巴索洛缪的牧羊人——因此，这个人是无足轻重的——望见了诺巴立多牧场的庄屋，觉得饥火中烧。按照习惯，他不多久就在那好客的王国里坐在桌子旁边吃中饭了。他滔滔不绝地说着话：他也许挨过亚伦的木杖①——温顺的牧羊人，只要碰到耳朵里没长羊毛的听众，都是那样的。

"易格太太，"他唠叨说，"前些时，我在希达戈郡的塞可牧场上碰到一个和你同姓的人——名叫维勃·易格。他刚给请去当经理。他个子很高、浅色头发、不多讲话。大概跟你有点亲戚关系吧，是吗？"

"是丈夫，"圣达客气地说，"塞可走了运。易格先生是西部最好的畜牧人之一。"

王国不至于因为少了一个驸马爷而解体。圣达女王委派了一个可靠的臣民充当牧场的总管，他名叫赖姆赛，是她父亲的忠实的家臣。除了海湾风吹过广阔的草地，引起一些波动之外，诺巴立多牧场上可以说是风平浪静。

几年来，诺巴立多牧场在做一种英国牛的培育试验，那种牛带着贵族的神气，不把得克萨斯的长角牛放在眼里。试验结果很成功；并且另外辟了一片牧场专养这种高贵的牛。它们的名声传遍了人畜足迹所到的各个地方。别的牧场惊醒了，揉揉眼睛，越看自己的长角牛越不满意。

因此，有一天，一个皮肤黧黑、围着丝巾、佩着手枪的精明干练的小伙子，带着三个墨西哥牧童，来到诺巴立多牧场，向那里的女王递交了如下的一封商业函件。

　　　　诺巴立多牧场　易格夫人收启

---

① 亚伦，利未族族长，他的杖存在摩西的法柜内，等两天发了芽，生了花苞，开了花，结了熟杏，参看《旧约·民数记》第17章第8节。

夫人惠鉴：

　　我奉塞可牧场主人之命，向您购买一百头两三岁的苏塞克斯种母牛。您如能照办，请点交持信人；款子当即奉上。

　　　　　　　　塞可牧场经理
　　　　　　　　维勃斯特·易格谨上

　　生意总是生意，即使——我差一点写成了"尤其是"——在一个王国里。

　　当夜，那一百头牛给从牧场上赶来，圈在正宅旁边的栅栏里，准备第二天早晨点交。

　　夜深人静的时候，圣达·易格有没有把那封公函搂在怀里，扑在床上哭泣，喊出那个由于他或她的自尊心而不让她挂在嘴边的名字呢？她是不是公事公办地把那封信归了档，保持着皇家的镇静和力量呢？

　　你高兴猜测的话，尽管猜测吧；皇室是神圣不可侵犯的；中间隔着一道帷幕。不过下面的一段事情不妨让你知道。

　　午夜时分，圣达穿着一件朴素的深色衣服，悄悄地从庄屋里溜出来。她在槲树下面停了一会儿。草原上相当昏暗，淡黄的月色给漂浮的薄雾冲淡了。但是模仿鸟在每根惬意的枝桠上鸣啭；遍地的花卉染香了空气；一群影影绰绰的小兔子在附近的空地上蹦跳着。圣达朝着东南方，向那边飞了一个吻；因为没有人看见。

　　之后，她悄悄地走到五十码开外的铁工场；她在那儿做了些什么只有付诸臆度了。不过熔炉发出了红光；还传来了隐约的锤击声，正如爱神锤尖他的箭头时可能发出的声音一样。

　　隔了一会儿，她出来了，一手拿着一个形状奇怪的、有柄的东西，另一只手提着一个营地里常见的打烙印的小炉子。她拿着这些东西，踏着月色，飞快地走向圈着苏塞克斯牛群的栅栏。

　　她打开门，溜进了栅栏。苏塞克斯牛大多是深红色的。但是这一群中却有一条乳白色的——在牛群中分外引人注目。

现在,圣达从肩头卸下了我们刚才还没看到的东西——一根套索。她松开活结,把它绕在左手里,然后进入密集的牛群。

她的目标是那头白牛。她把索子一挥,扔了出去,套在牛的一只角上又滑脱了。第二次扔出去的索子套住了牛的前脚,那头牛扎扎实实地摔倒了。她像豹子似的扑去;可是牛爬起向她撞来,把她像一茎草那样的掀翻了。

她再次扔出套索,这时候,受惊的牛群顺着栅栏打转,乱成一片。这次扔得很准;白牛又摔在地上;圣达趁它来不及爬起的当儿,把套索缚在栅栏柱子上,飞快地打了一个简单的结,拿着生皮做的脚镣,再跳到牛身上。

一分钟之内,那头牛的脚就给缚住了(这倒不是打破纪录的事),圣达喘着气、四肢松懈,在栅栏上靠了一会儿。

接着,她三步并作两步地跑到门口的小熔炉旁边,拿起那个式样古怪的烧红的烙铁。

烙印打下去时,那头发怒的白牛吼了一声,照说应该惊动诺巴立多左近臣民的酣睡的听觉神经和良心,可是没有。在深沉的夜里,圣达像田凫似的奔回庄屋,倒在小床上哭泣起来——仿佛女王也跟普通牧人的妻子一样,也有感情,仿佛她很愿意让驸马做王,只要他从山遥水远的地方回来。

早晨,那个佩着手枪的干练的小伙子和他的牧童们,赶着那群苏塞克斯牛,穿过草原,回塞可牧场去了。九十英里的路程;要走六天,沿途得喂牛吃草喝水。

牛群是在黄昏时分到达塞可牧场的;由牧场总管点数验收。

第二天早晨八点钟,一个骑马的人窜出丛林,来到诺巴立多牧场的庄屋门前。他费力地下了马,马刺叮叮地响着,大踏步走进了屋子。他的坐骑长叹一声,挂下头,闭起眼睛,满口白沫,摇晃个不停。

但是你不必可怜那匹有小褐斑的伯沙撒①。直到今天,它还活在诺巴立多牧马场上,受尽纵容溺爱,再也没有人去骑这匹宝贝的保持长距离纪录的快马了。

骑马的人跌跌撞撞地走进屋子。两条胳膊勾住了他的脖子,有人用女人和女王兼有的口吻嚷道:"维勃——哦,维勃!"

"我是浑蛋。"维勃·易格说。

"嘘,"圣达说,"你看到了没有?"

"看到了。"维勃说。

他们这些话的意思恐怕只有老天知道;不过假如你仔细研究了前因后果,你也应当知道的。

"尽管做你的女牛王吧,"维勃说,"要是能够的话,别把过去的事放在心上。我是条偷羊的郊狼。"

"嘘!"圣达把手按在他的嘴上说,"这里没有女王。你知道我是谁?我是圣达·易格,寝宫的第一女侍。你来。"

她把他从回廊里拉到右边的一个屋子。里面有一个摇篮,摇篮里有个娃娃——一个红通通的、漂亮的婴儿,叽叽呱呱地不知在说些什么,以无礼的、不适当的态度对生活发言。

"这个牧场上没有女王,"圣达又说,"瞧瞧王上吧。他的眼睛真像你,维勃。跪下来,参见陛下吧。"

但是回廊上响起了铿锵的马刺声,巴德·特纳跄跄跌跌地跑上来,提出了一年差几天之前的同样的问题。

"早啊。那些牛要上路了。要我把它们赶到巴勃那儿去吧,还是——"

他一眼看到维勃,立刻张口结舌地打住了。

---

① 伯沙撒是巴比伦国王的名字,原文有"但愿伯尔保护国王"之意。

"巴—巴—巴—巴—巴—巴!"摇篮里的王上一面尖叫,一面挥动拳头。

"你听你主子的话,巴德。"维勃咧开了嘴说——跟一年以前说的话完全一样。

故事就到此为止,不过还有一件事应该提一提:当塞可牧场的主人,奎恩老头,去看他从诺巴立多牧场买来的苏塞克斯牛时,他问新聘的经理说:

"诺巴立多牧场用的是什么烙印,维尔逊?"

"XY 两个字母,中间一道横杠。"维尔逊回答说。

"我原是这么想,"奎恩说,"但是你瞧那面的一条小牝牛;它的烙印可不同——鸡心里加个十字架。那代表什么呢?"

麦克的赎金

我和老麦克·隆斯贝莱脱离那个捉迷藏般的金矿生意时,每人手头大概有四万元。我称他为"老"麦克;其实他并不老。他不会超过四十一岁;然而看上去总是很老。

"安岱,"他对我说,"这种劳碌的生活已经教我厌倦啦。你我两个人一起辛辛苦苦地干了三年活。我们不妨歇一个时期,把我们这些来路不正的钱花掉一点儿。"

"这个建议正合我的心意,"我说,"让我们做一会儿富豪,尝尝是什么滋味。我们怎么办呢——去看尼亚加拉大瀑布呢,还是去赌牌九?"

"好多年来,"麦克说,"我一直这样想,假如我发了一笔横财,就在什么地方租一幢双间的小房子,雇一个中国厨师,穿了袜子坐着,看看巴克尔的《文化史》①。"

"这种想法非常豪放可喜,而且没有庸俗浮夸的气息,"我说,"我认为花钱的办法再没有比这更好的了。给我预备一只杜鹃钟和一本塞普·惠纳编的《五弦琴无师自通》,我就跟你一起去。"

一星期之后,我和麦克来到这个离丹佛三十来英里的名叫比尼亚的小镇上,找到了一幢合我们心意的、精致的双开门的房子。

---

① 巴克尔(1821—1862),英国历史学家,主张气候和土壤对历史和文化有很大影响,计划写一部《英国文化史》,但只完成两卷。

我们在比尼亚镇银行里存了许多钱,还跟全镇三百四十个居民一个个握手言欢。我们从丹佛带来了中国厨师、杜鹃钟、巴克尔的《文化史》和那本《无师自通》;那幢小房子顿时有了家庭的气象。

当人家对你说财富不能带来幸福的时候,千万别相信他。如果你能看到老麦克坐在摇椅里,一双穿着蓝纱袜的脚搁在窗槛上,戴着眼镜专心致志地在看那本巴克尔,你就会看到一幅连洛克菲勒也要眼红的怡然自得的景象。这时候,我在五弦琴上摸索"老黑人"的调子,杜鹃准时叫几声,阿新在煎火腿蛋,把空气搞得比阴地上的忍冬草还要香。等天一黑,看不清巴克尔的胡扯和《无师自通》上的音符时,我和麦克就点起烟斗,海阔天空地谈着科学、潜水采珠、坐骨神经痛、埃及、拼字法、鱼、贸易风、制革法、感恩、老鹰和种种别的话题,以前,我们对于这些东西都没有时间来表示我们的意见。

有一晚,麦克问我对女人的习性和策略有没有深刻的了解。

"当然啦,"我自鸣得意地说,"我彻头彻尾地了解她们①。女人的天性和诸如此类的东西,"我说,"在我看来是再清楚不过的,正像一头蓝眼睛的驴子看到落基山那样。我看透了她们所有的闪避手段和百试不爽的矛盾。"

"听我说,安岱,"麦克仿佛叹了一口气,"我对于她们的癖性却一窍不通。也许我心里有过想和她们亲近的念头,可是始终苦于没有时间。我从十四岁起就自己混饭吃;因此我对女人的论断,好像老是缺乏书本上所写的那种情感。有时候我真希望自己能有。"老麦克说。

"她们可不是容易研究的,"我说,"并且看法也各各不同。她

---

① 原文"from Alfred to Omaha",本应作"from alpha to omega",即希腊文第一和最后两个字母,作者故意说成读音相近的缅因州地名"Alfred"和内布拉斯加州地名"Omaha"。

们不但和男人有根本的差别,我还发现,她们相互之间的差别往往也很明显。"

"依我看,"麦克自顾自接下去说,"男人最好还是在年轻的时候把她们娶来,获得一些对女性的灵感,就此心安理得地过日子。我错过了机会;我想我现在已经太老啦,犯不着再去研究这门学问。"

"哦,那我可说不上来,"我对他说,"也许你还是守着一桶钱,省却无穷烦恼的好。不过,我对女人的了解并不使我懊悔,"我说,"一个人活在世界上,如果懂得女人的毛病和手段,就可以小心一些。"

我们在比尼亚待了下来,因为我们喜欢这个地方。有的人或许喜欢拿钱去换吵闹、狂欢和奔波;但是我和麦克已经饱尝了喧嚣和旅馆生活的滋味。当地居民都很友好;阿新烧的菜正合我们的胃口;麦克和巴克尔亲密得活像一对盗墓贼,我在五弦琴上也能敲出一支动人的、近似"布法罗的姑娘呀,今晚你们能来吗?"的曲子。

有一天,我收到斯派特打来的一封电报,斯派特在新墨西哥州开矿,我在矿上有些股份。我得上他那儿去一次;这一去就是两个月。我急于回比尼亚,再享受享受生活的乐趣。

我到达那幢小房子的时候,几乎昏了过去。麦克站在门口;假如天使们也会哭的话,我想他们当时绝对不会笑的。

那个家伙的模样真够呛。① 是啊;还不止"够呛"呢;他简直是一架望远镜;是李克天文台上的大望远镜。他穿着上衣、雪亮的皮鞋、白坎肩,戴着大礼帽,前襟别着一朵有一盘菠菜那样大的天竺葵。他还

---

① 这一句原文是"That man was a spectacle"。"spectacle"一字可作"奇观"和"镜片"解,因而有下文的"望远镜"之说。李克天文台在加利福尼亚州汉弥尔顿山,为杰姆士·李克(1796—1876)所创立,20 世纪 20 年代间即配备了 100 英寸直径的反射望远镜。

扭着脸,似笑非笑的,活像黑心的老板或者犯疝气痛的小子。

"喂,安岱,"麦克从牙缝里说,"你回来了真叫我高兴。你不在的时候,情况已经变了。"

"我知道,"我说,"你这副模样真造孽。麦克·隆斯贝莱,上帝从来没有打算把你造成这样的。你干吗要无法无天地做出这种下流事,糟蹋他的作品呢?"

"哎,安岱,"他说,"你走了以后,他们选我当了治安推事。"

我仔细地打量了麦克。他生气勃勃、烦躁不安。照说,做治安推事的都应该老成持重、郁郁不乐的。

这当儿,一个年轻女人打行人道上走过;我发现麦克尴尬地笑笑,涨红了脸,接着,他掀起帽子,微笑着鞠了一躬,她也微笑着点头致意,走过去了。

"你这个家伙没有希望了,"我说,"到了你这种年纪才害怀春病。我原以为这种病不会传染给你的。还穿着漆皮鞋呢!短短两个月,竟会出这种事情!"

"刚才打这儿走过的年轻女人,我打算跟她举行结婚仪式。"麦克有点飘飘然地说。

"我忘了一件事,还得上邮局去一次。"我说罢就匆匆走开了。

我在一百码以外的地方赶上了那个年轻女人。我掀起帽子,报了姓名。她大概有十九岁;或许还差点儿。她脸色一红,然后冷冷地瞅着,仿佛把我当做《两孤女》①中的雪景。

"听说你今晚要结婚了。"我说。

"不错,"她说,"你有反对意见吗?"

"听着,妞儿。"我打算说明来意。

---

① 《两孤女》,法国戏剧家但纳瑞(Donnory)和考芒(Cormon)于1874年所编的剧本,19世纪后期非常流行。

"我的名字是瑞波莎·勒德小姐。"她生气地说。

"我知道了,"我说,"现在请你听着,瑞波莎,我的年纪跟你爸爸差不多,有资格向他借钱。那边那个穿着礼服和漆皮鞋、像只不可救药的火鸡那样大摇大摆、神气活现、昏头昏脑的老浮尸是我最好的朋友。你干吗要找上他,把他拖到这笔结婚生意里来呢?"

"怎么啦,我只能找他呀。"瑞波莎小姐回道。

"没有的事,"我端详着她的相貌和身材,显出又惋惜又赞赏的神情说,"凭你的美貌,随你挑什么人都可以。听我说,瑞波莎。老麦克不是你要的那种人。照出生证上算来,你出生的时候,他已经二十二岁了。你这样一个鲜花似的人儿跟他是待不长的。他已经散发出苍老、僵化、衰败的气息。老麦克的春情勃发只不过是回光返照罢了。他年轻的时候错过了机会,没和爱神现款交易,只拿到一张期票;现在他控诉老天,要求赔偿利息。瑞波莎,难道你打定主意要让这件婚事实现吗?"

"哎,当然啦,"她晃着帽子上的紫罗兰说,"我想,换了别人也会这样的。"

"婚礼什么时候举行?"我问道。

"六点钟。"她说。

我立即决定采取措施。我要尽力挽救老麦克。眼看这样一个善良、老练,然而不够结婚资格的人落到一个还在啃石笔、衣服在背后开口的小姑娘手里,我可不能置之不理。

"瑞波莎,"我诚心诚意地说,同时把我对女人的理性直觉方面的学问施展了出来——"比尼亚有没有一个小伙子——你非常中意的漂亮的小伙子?"

"有的,"瑞波莎点着她的紫罗兰说——"当然有的!你打什么主意呀!天哪!"

"他喜欢你吗?"我问,"他对你怎么样?"

"他发狂般地喜欢我,"瑞波莎说,"妈妈只好把门口的阶磴泼湿,不让他一天到晚坐在那儿。不过我想今晚一过,这一切就没问题了。"她叹了一口气,结束道。

"瑞波莎,"我问道,"你对老麦克有没有真正产生那种叫做爱情的东西?"

"天哪!没有,"那姑娘摇摇头说,"我认为他跟石头一样枯燥。哎呀!"

"喜欢你的那个年轻人叫什么名字,瑞波莎?"我问道。

"艾迪·拜尔斯,"她说,"他在克罗斯贝的杂货铺里做伙计。但是他每月只挣三十五块钱。有一个时期,艾拉·诺克斯都被他迷住了。"

"老麦克告诉我,"我说,"他今晚六点钟跟你举行结婚仪式。"

"一点不错,"她说,"今晚六点钟,在我家里结婚。"

"瑞波莎,"我说,"你听好。假如艾迪·拜尔斯有了一千块现钱——你明白,这一千块钱够他盘下一家铺子呢——假如你和艾迪有了那么一笔钱可以结婚,你愿意在今晚五点钟跟他成亲吗?"

那个姑娘瞅了我一会儿;我发现她像一般女人那样,嘴里虽然不声不响,肚子里却在盘算。

"一千块钱吗?"她终于说,"我当然愿意。"

"来吧,"我说,"我们去找艾迪。"

我们来到克罗斯贝的铺子里,把艾迪叫了出来。他是个满脸雀斑的小伙子,看来还有可取之处;当我提出我的建议时,他一阵冷一阵热,不知如何是好。

"五点钟?"他说,"一千块钱?我不是在做梦吧!哎,你真是那个做香料生意、从印度退休回来的有钱叔叔。我要把老克罗斯贝的铺子买下来,自己经营。"

我们便走进店堂,叫老克罗斯贝放下手里的活儿,把这件事原原原本本地解释给他听。我开了一张一千块钱的支票,交给他。如果艾迪和瑞波莎在五点钟结了婚,就请他把支票交给他们。

然后,我祝福了他们,到树林里去徘徊了一阵子。我坐在一株倒下的树上,思索着生命、老年、黄道带、女性方式以及生活的种种烦恼。我祝贺自己,因为我很可能已经把我的老朋友麦克从老来怀春的毛病里救了出来。我知道当他的这种病好了,摆脱了迷恋和漆皮鞋之后,他会感激我的。"把老麦克从这一类堕落行为中挽救出来,"我想道,"价值真不止一千块钱呢。"并且最主要的是,我庆幸自己又一次研究了女人,没有为她们的奇想和计谋所欺骗。

我回家时准有五点半了。我一进门,发现老麦克安安逸逸地坐在椅子里,身上的衣服还是旧的,穿着蓝袜子的脚搁在窗槛上,《文化史》摊在膝头。

"你这个样子不像是准备在六点钟结婚呀。"我装作没事地说。

"哦,"麦克说,同时伸手去拿烟叶,"已经倒推到五点钟了。他们给我送来一个通知,说是时间改动了。现在婚礼已经结束了。你在外面待了这么久,在干些什么事呀,安岱?"

"你听到了有关婚礼的事吗?"我问道。

"婚礼是我主持的,"他说,"我早就告诉过你,我是治安推事。牧师到东部去看亲戚了,镇里只有我才能主持结婚仪式。一个月之前,我答应艾迪和瑞波莎,替他们主持婚礼。艾迪是个勤勉的小伙子;有一天他自己会经营一家杂货铺的。"

"他会的。"我说。

"有许多女人参加了婚礼,"麦克点起烟斗说,"但是我从她们那儿并没有得到什么启发。你上次说过,你很了解她们的脾气性格,我希望我也能像你一样。"

"那是两个月以前的事啦。"我说,伸手去拿五弦琴。

刎颈之交

我狩猎归来,在新墨西哥州的洛斯比尼奥斯小镇等候南下的火车。火车误点,迟了一小时。我便坐在"顶点"客栈的阳台上,同客栈老板泰勒马格斯·希克斯闲聊,议论生活的意义。

我发现他的性情并不乖戾,不像是爱打架斗殴的人,便问他是哪种野兽伤残了他的左耳。作为猎人,我认为狩猎时很容易遭到这类不幸的事件。

"那只耳朵,"希克斯说,"是真挚友情的纪念。"

"一件意外吗?"我追问道。

"友情怎么能说是意外呢?"泰勒马格斯反问道,这下子可把我问住了。

"我所知道的仅有的一对亲密无间、真心实意的朋友,"客栈老板接着说,"要算是一个康涅狄格州人和一只猴子了。猴子在巴兰基亚①爬椰子树,把椰子摘下来扔给那个人。那个人把椰子锯成两半,做成水勺,每只卖两个雷阿尔②,换了钱来沽酒。椰子汁归猴子喝。他们两个坐地分赃,各得其所,像兄弟一般,生活得非常和睦。

"换了人类,情况就不同了;友情变幻无常,随时可以宣告失

---

① 巴兰基亚,哥伦比亚北部马格达莱纳河口的港市。
② 雷阿尔,旧时西班牙和拉丁美洲某些国家用的辅币,有银质的,也有镍质的。

效,不再另行通知。

"以前我有个朋友,名叫佩斯利·菲什,我认为我同他的交情是地久天长,牢不可破的。有七年了,我们一起挖矿,办牧场,兜销专利的搅乳器,放羊,摄影,打桩拉铁丝网,摘水果当临时工,碰到什么就干什么。我想,我同佩斯利两人的感情是什么都离间不了的,不管是凶杀,诡谀,财富,诡辩还是老酒。我们交情之深简直使你难以想象。干事业的时候,我们是朋友;休息娱乐的时候,我们也让这种和睦相好的特色持续下去,给我们的生活增添了不少乐趣。不论白天黑夜,我们都难舍难分,好比达蒙和派西斯①。

"有一年夏天,我和佩斯利两人打扮得整整齐齐,骑马来到这圣安德烈斯山区,打算休养一个月,消遣消遣。我们到了这个洛斯比尼奥斯小镇,这里简直算得上是世界的屋顶花园,是流炼乳和蜂蜜之地②。这里空气新鲜,有一两条街道,有鸡可吃,有客栈可住;我们需要的也就是这些东西。

"我们进镇时,天色已晚,便决定在铁路旁边的这家客栈里歇歇脚,尝尝它所能供应的任何东西。我们刚坐定,用刀把粘在红油布上的盘子撬起来,寡妇杰塞普就端着刚出炉的热面包和炸肝进来了。

"哎呀,这个女人叫章鱼看了都会动心。她长得不肥不瘦,不高不矮;一副和蔼的样子,使人觉得分外可亲。红润的脸颊是她喜爱烹调和为人热情的标志,她的微笑令山茱萸在寒冬腊月都会开花。

"寡妇杰塞普谈风很健地同我们扯了起来,聊着天气,历史,

---

① 达蒙和派西斯,公元前4世纪锡拉丘兹的两个朋友。派西斯被暴君狄奥尼西斯判处死刑,要求回家料理后事,由达蒙代受监禁。执行死刑之日,派西斯及时赶回,狄奥尼西斯为他们崇高的友谊所感动,便赦免了他们。
② 《旧约》记载,上帝遣摩西率领以色列人出埃及,前往丰饶的迦南,即流奶与蜜之地。

丁尼生①,梅干,以及不容易买到羊肉等等,最后才问我们是从哪儿来的。

"'春谷。'我回答说。

"'大春谷。'佩斯利嘴里塞满了土豆和火腿骨头,突然插进来说。

"我注意到,这件事的发生标志着我同佩斯利·菲什的忠诚友谊的结束。他明知我最恨多嘴的人,可还是冒冒失失地插了嘴,替我作了一些措辞上的修正和补充。地图上的名称固然是大春谷;然而佩斯利自己也管它叫春谷,我听了不下一千遍。

"我们也不多话,吃了晚饭便走出客栈,在铁轨上坐定。我们合伙的时间太长了,不可能不了解彼此的心情。

"'我想你总该明白,'佩斯利说,'我已经打定主意,要让那位寡妇太太永远成为我的不动产的主要部分,在家庭、社会、法律等等方面都是如此,到死为止。'

"'当然啦,'我说,'你虽然只说了一句话,我已经听到了弦外之音。不过我想你也该明白,'我说,'我准备采取步骤,让那位寡妇改姓希克斯,我劝你还是等着写信给报纸的社会新闻栏,问问举行婚礼时,男傧相是不是在纽扣孔里插了山茶花,穿了无缝丝袜!'

"'你的如意算盘打错了。'佩斯利嚼着一片铁路枕木屑说。'遇到世俗的事情,'他说,'我几乎任什么都可以让步,这件事可不行。女人的笑靥,'佩斯利继续说,'是海葱和含铁矿泉的漩涡②,友谊之船虽然结实,碰上它也往往要撞碎沉没。我像以前一

---

① 丁尼生(1809—1892),英国桂冠诗人。
② "海葱和含铁矿泉"原文是"the whirlpool of Squills and Chalybeates"。英文成语有"between Scylla and Charybdis",意为危险之地。"Scylla"是意大利墨西那海峡的岩礁,读音与海葱的拉丁名"Scilla"相近;"Charybdis"是它对面的大漩涡,读音与含铁矿泉"Chalybeate"相近,作者故意混淆了这两个字。

样,'佩斯利说,'愿意同一头招惹你的狗熊拚命,替你的借据担保,用肥皂樟脑搽剂替你擦脊梁;但是在这件事情上,我可不能讲客气。在同杰塞普太太打交道这件事上,我们只能各干各的了。我丑话说在前头,先跟你讲清楚。'

"于是,我暗自寻思一番,提出了下面的结论和附则:

"'男人与男人的友谊,'我说,'是一种古老的,具有历史意义的美德。当男人们互相保护,共同对抗尾巴有八十英尺长的蜥蜴和会飞的海鳖时,这种美德就已经制定了。他们把这种习惯一直保留到今天,一直在互相支持,直到旅馆侍者跑来告诉他们说,这种动物实际上并不存在。我常听人说,女人牵涉进来之后,男人之间的交情就破裂了。为什么要这样呢?我告诉你吧,佩斯利,杰塞普太太的出现和她的热面包,仿佛使我们两人的心都怦然跳动了。让我们中间更棒的一个赢得她吧。我要跟你公平交易,绝不搞不光明正大的小动作。我追求她的时候,一举一动都要当着你的面,那你的机会也就均等了。这样安排,无论哪一个得手,我想我们的友谊大轮船绝不至于翻在你所说的药水气味十足的漩涡里了。'

"'这才够朋友!'佩斯利握握我的手说。'我一定照样行事。'他说,'我们齐头并进,同时追求那位太太,不让通常那种虚假和流血的事情发生。无论成败,我们仍是朋友。'

"杰塞普太太客栈旁的几株树下有一条长凳,等南行火车上的乘客打过尖,离开之后,她就坐在那里乘凉。晚饭后,我和佩斯利在那里集合,分头向我们的意中人献殷勤。我们追求的方式很光明正大,瞻前顾后,如果一个先到,非得等另一个也来了之后才开始调情。

"杰塞普太太知道我们的安排后的第一晚,我比佩斯利先到了长凳那儿。晚饭刚开过,杰塞普太太换了一套干净的粉红色的衣服在那儿乘凉,并且凉得几乎可以对付了。

"我在她身边坐下,稍稍发表了一些意见,谈到自然界通过近景和远景所表现出来的精神面貌。那晚确实是一个典型的环境。月亮升到空中应有的地方来应景凑趣,树木根据科学原理和自然规律把影子洒在地上,灌木丛中的蚊母鸟、金莺、长耳兔和别的有羽毛的昆虫此起彼伏地发出一片喧嘈声。山间吹来的微风,掠过铁轨旁边一堆旧番茄酱罐头,发出了小口琴似的声音。

"我觉得左边有什么东西在蠢蠢欲动——正如火炉旁瓦罐里的面团在发酵。原来是杰塞普太太挨近了一些。

"'哦,希克斯先生,'她说,'一个举目无亲、孤独寂寞的人,在这样一个美丽的夜晚,是不是更会感到凄凉?'

"我赶紧从长凳上站起来。

"'对不起,夫人,'我说,'对于这样一个富于诱导性的问题,我得等佩斯利来了以后,才能公开答复。'

"接着,我向她解释,我和佩斯利·菲什是老朋友,多年的甘苦与共、浪迹江湖和同谋关系,已经使我们的友谊牢不可破;如今我们正处在生活的缠绵阶段,我们商妥绝不乘一时感情冲动和近水楼台的机会互相钻空子。杰塞普太太仿佛郑重其事地把这件事考虑了一会儿,忽然哈哈大笑,周围的林子都响起了回声。

"没几分钟,佩斯利也来了,他头上抹了香柠檬油,在杰塞普太太的另一边坐下,开始讲一段悲惨的冒险事迹:一八九五年圣丽塔山谷连旱了九个月,牛群一批批地死去,他同扁脸拉姆利比赛剥牛皮,赌一只镶银的马鞍。

"那场追求一开头,我就比垮了佩斯利·菲什,弄得他束手无策。我们两人各有一套打动女人内心弱点的办法。佩斯利的办法是讲一些他亲身体验的,或是从通俗书刊里看来的惊险事迹,吓唬女人。我猜想,他准是从莎士比亚的一出戏里学到那种慑服女人的主意的。那出戏叫《奥赛罗》,我以前也看过,里面是说一个黑人,把赖德·哈格德、卢·多克斯塔德和帕克赫斯特博士①三个人的话语混杂起来,讲给一位公爵的女儿听,把她弄到了手。可是那种求爱方式下了舞台就不中用了。

"现在,我告诉你,我自己是怎样迷住一个女人,使她落到改姓的地步的。你只要懂得怎么抓起她的手,把它握住,她就成了你的人。讲讲固然容易,做起来并不简单。有的男人使劲拉住女人的手,仿佛要把脱臼的肩胛骨复位一样,简直叫你可以闻到山金车酊剂的气味,听到撕绷带的声音了。有的男人像拿一块烧烫的马蹄铁那样握着女人的手,又像药剂师把阿魏酊往瓶里灌时那样,伸直手臂,隔得远远的。大多数男人握到了女人的手,便把它拉到她眼皮下面,像小孩在草里寻找棒球似的,不让她忘掉她的手长在胳臂上。这种种方式都是错误的。

"我把正确的方式告诉你吧。你可曾见过一个人偷偷地溜进后院,捡起一块石头,想投向一只蹲在篱笆上盯着他瞧的公猫?他假装手里没有东西,假装猫没有看见他,他也没有看见猫。就是那么一回事。千万别把她的手拉到她自己注意得到的地方。你虽然清楚她知道你握着她的手,可是你得装出没事的样子,别露痕迹。那就是我的策略。至于佩斯利用战争和灾祸的故事来博得她的欢心,正像把星期日的火车时刻表念给她听一样。那天的火车连新泽西州欧欣格罗夫②之类的小地方也要停站的。

"有一晚,我先到长凳那儿,比佩斯利早了一袋烟的工夫。我的友谊出了一会儿毛病,我竟然问杰塞普太太是不是认为'希'字

---

① 赖德·哈格德(1856—1925),英国小说家,作品多以南非蛮荒为背景;帕克赫斯特博士(1842—1933),美国长老会牧师,攻击纽约腐败的市政甚力,促使市长改选。
② 欧欣格罗夫,新泽西州的滨海小镇,当时人口只有3000左右。

要比'杰'字好写一点。她的头立刻压坏了我纽扣孔里的夹竹桃,我也凑了过去——可是我没有干。

"'假如你不在意的话,'我站起来说,'我们等佩斯利来了之后再完成这件事吧。到目前为止,我还没有干过对不起我们朋友交情的事,这样不很光明。'

"'希克斯先生,'杰塞普太太说,她在黑暗里瞅着我,神情有点异样,'如果不是另有原因的话,我早就请你走下山谷,永远别来见我啦。'

"'请问是什么原因呢,夫人?'我问道。

"'你既然是这样忠诚的朋友,当然也能成为忠诚的丈夫。'她说。

"五分钟之后,佩斯利也坐在杰塞普太太身边了。

"'一八九八年夏天,'他开始说,'我在锡尔弗城见到吉姆·巴塞洛缪在蓝光沙龙里咬掉了一个中国人的耳朵,起因只是一件横条花纹的平布衬衫——那是什么声音呀?'

"我跟杰塞普太太重新做起了刚才中断的事。

"'杰塞普太太已经答应改姓希克斯了。'我说,'这只不过是再证实一下而已。'

"佩斯利把他的两条腿盘在长凳脚上,呻吟起来。

"'勒姆,'他说,'我们已经交了七年朋友。你能不能别跟杰塞普太太吻得这么响?以后我也保证不这么响。'

"'好吧,'我说,'轻一点也可以。'

"'这个中国人,'佩斯利继续说,'在一八九七年春天枪杀了一个名叫马林的人,那是——'

"佩斯利又打断了他自己的故事。

"'勒姆,'他说,'假如你真是个仗义的朋友,你就不该把杰塞普太太搂得这么紧。刚才我觉得整个长凳都在晃。你明白,你对

我说过,只要还有机会,你总是同我平分秋色的。'

"'你这个家伙,'杰塞普太太转身向佩斯利说,'再过二十五年,假如你来参加我和希克斯先生的银婚纪念,你那个南瓜脑袋还认为你在这件事上有希望吗?只因为你是希克斯先生的朋友,我才忍了好久;不过我认为现在你该死了这条心,下山去啦。'

"'杰塞普太太,'我说,不过我并没有丧失未婚夫的立场,'佩斯利先生是我的朋友,只要有机会,我总是同他公平交易,利益均等的。'

"'机会!'她说,'好吧,让他自以为还有机会吧;今晚他在旁边看到了这一切,我希望他别自以为还有把握。'

"一个月之后,我和杰塞普太太在洛斯比尼奥斯的卫理公会教堂结婚了;全镇的人都跑来看结婚仪式。

"当我们并排站在最前面,牧师开始替我们主持婚礼的时候,我四下里扫了一眼,没找到佩斯利。我请牧师等一会儿。'佩斯利不在这儿。'我说。'我们非等佩斯利不可。交朋友要交到老——泰勒马格斯·希克斯就是这种人。'我说。杰塞普太太的眼睛里有点冒火;但是牧师根据我的吩咐,没立即诵读经文。

"过了几分钟,佩斯利飞快地跑进过道,一边跑,一边还在安上一只硬袖口。他说镇上惟一卖服装的铺子关了门来看婚礼,他搞不到他所喜欢的上过浆的衬衫,只得撬开铺子的后窗,自己取了一件。接着,他站到新娘的那一边去,婚礼在继续进行。我一直在琢磨,佩斯利还在等最后一个机会,盼望牧师万一搞错,叫他同寡妇成亲呢。

"婚礼结束后,我们吃了茶、羚羊肉干和罐头杏子,镇上的居民便纷纷散去。最后同我握手的是佩斯利,他说我为人光明磊落,同我交朋友脸上有光。

"牧师在街边有一幢专门出租的小房子;他让我和希克斯太

太占用到第二天早晨十点四十分,那时候,我们就乘火车去埃尔帕索度蜜月旅行。牧师太太用蜀葵和毒藤把那幢房子打扮起来,看上去喜气洋洋的,并且有凉亭的风味。

"那晚十点钟左右,我在门口坐下,脱掉靴子凉快凉快,希克斯太太在屋里张罗。没有多久,里面的灯熄了;我还坐在那儿,回想以前的时光和情景。我听到希克斯太太招呼说:'你就进来吗,勒姆?'

"'哎,哎!'我仿佛惊醒似的说,'我刚才在等老佩斯利——'

"可是这句话还没说完,"泰勒马格斯·希克斯结束他的故事说,"我觉得仿佛有人用四五口径的手枪把我这只左耳朵打掉了。后来我才知道,那只是希克斯太太用扫帚把揍了一下。"

婚 姻 手 册

本篇作者桑德森·普拉特认为合众国的教育系统应该划归气象局管理。我这种提法有充分根据；你却没有理由不主张把我们的院校教授调到气象部门去。他们都读书识字，可以毫不费劲地看看晨报，然后打电报把气象预报通知总局。不过这是问题的另一方面了。我现在要告诉你的是，气象如何向我和艾达荷·格林提供了良好的教育。

我们在蒙塔纳一带勘探金矿，来到苦根山脉。沃拉沃拉城有一个长络腮胡子的人，已经把发现矿苗的希望当做超重行李，准备放弃了。他把自己的粮食配备转让给了我们；我们便在山脚下慢慢勘探，手头的粮食足够维持在和平谈判期间的一支军队。

一天，卡洛斯城来了一个骑马的邮递员。路过山地时他歇歇脚，吃了三个青梅罐头，给我们留下一份近期的报纸。报上有一栏气象预报，它替苦根山脉地区翻出来的底牌是："晴朗转暖，有轻微西风。"

那晚上开始下雪，刮起了强烈的东风。我和艾达荷转移到山上高一点的地方去，住在一幢空着的旧木屋里，认为这场十一月的风雪只是暂时的。但是雪下了三英尺深还不见有停的迹象，我们才知道这下要被雪困住了。雪还不太深的时候，我们已经弄来了大量的柴火，我们的粮食又足以维持两个月，因此并不担心，让它刮风下雪，爱怎么封山就怎么封吧。

假如你想教唆杀人,只消把两个人在一间十八英尺宽、二十英尺长的小屋子里关上一个月就行了。人类的天性忍受不了这种情况。

初下雪时,我同艾达荷·格林两人说说笑话,互相逗趣,并且赞美我们从锅子里倒出来、管它叫面包的东西。到了第三个星期的末尾,艾达荷向我发表了如下公告。他说:

"我从没听到酸牛奶从玻璃瓶里滴到铁皮锅底时的声音是什么样的,但是同你谈话器官里发出来的这种越来越没劲的滞涩的思想相比,滴酸奶的声音肯定可以算是仙乐了。你每天发出的这种叽里咕噜的声音,叫我想起了牛的反刍。不同的只是牛比你知趣,不打扰别人,你却不然。"

"格林先生,"我说道,"你一度是我的朋友,我有点儿不好意思向你声明,如果我可以随自己的心意在你和一条普通的三条腿的小黄狗之间选择一个伙伴,那么这间小屋子里眼下就有一个居民在摇尾巴了。"

我们这样过了两三天,然后根本不交谈了。我们分了烹饪用具,艾达荷在火炉一边做饭,我在另一边做。外面的雪已经积到窗口,我们整天生着火。

你明白,我和艾达荷除了识字和在石板上做过"约翰有三只苹果,詹姆斯有五只苹果"之类的玩意儿以外,没有受过别的教育。我们浪迹江湖的时候,逐渐获得了一种可以应急的真实本领,因此对大学学位也就不感到特别需要。可是在被大雪封在苦根山脉那幢小屋里的时候,我们初次感到,如果我们以前研究过荷马的作品、希腊文、教学中的分数以及比较高深的学问,那我们在沉思默想方面也许就能应付自如了。我在西部各地看到东部大学里出来的小伙子在牧场营地干活,我注意到教育对于他们却成了意想不到的累赘。举个例子说吧,有一次在蛇河边,安德鲁·麦克威廉斯的坐骑得了马蝇幼虫寄生虫病,他派辆四轮马车把十英里外一个据说是植物学家的陌生人请来①。但那匹马仍旧死了。

一天早晨,艾达荷用木棍在一个小木架的顶上拨什么东西,那个架子高了些,手够不着。有两本书落到地上。我跳起来想去拿,但是看到了艾达荷的眼色。这一星期来,他还是第一次开口。

"不准碰。"他说,"尽管你只配做休眠的泥乌龟的伙伴,我还是跟你公平交易。你爹妈养了你这样一个响尾蛇脾气、冻萝卜睡相的东西,他们给你的恩惠都比不上我给你的大。我同你打一副七分纸牌,赢的人先挑一本,输的人拿剩下的一本。"

我们打了牌;赢的是艾达荷。他先挑了他要的书;我拿了我的。我们两人回到各自的地方,开始看书。

我看到那本书时比看到一块十盎司重的天然金矿石还要快活。艾达荷看他那本书的时候,也像小孩看到棒棒糖那样高兴。

我那本书有五英寸宽、六英寸长,书名是《赫基默氏必要知识手册》。我的看法也许不正确,不过我认为那本书伟大得空前绝后。今天这本书还在我手头。我把书里的东西搬一点儿出来,在五分钟之内就可以把你或者随便什么人难倒五十次。别提所罗门或《纽约论坛报》了!赫基默比他们两个都强。那个人准是花了五十年时间,走了一百万里路,才收集到这许多材料。里面有各个城市的人口数,判断女人年龄的方法,和骆驼的牙齿数目。他告诉你世界上哪一条隧道最长,天上有多少星星,水痘要潜伏几天之后才发出来,上流女人的脖子该有多么粗细,州长怎样行使否决权,罗马人的引水渠是什么时候铺设的,每天喝三杯啤酒可以顶几磅大米的营养,缅因州奥古斯塔城的年平均温度是多少,用条播机播

---

① 马蝇幼虫病(botts)和植物学家(botanist)原文字首相同,安德鲁以为二者有关。

一英亩胡萝卜需要多少种子,各种中毒的解救法,一个金发女人有多少根头发,如何储存鲜蛋,全世界所有大山的高度,所有战争战役的年代,如何抢救溺毙的人,如何抢救中暑病人,一磅平头钉有几只,如何制造炸药,如何种花,如何铺床,医生尚未来到之前如何救护病人——此外还有许许多多东西。赫基默也许有他所不知道的事情,不过我在那本书里没有发现。

我坐着,把那本书一连看了四个小时。教育的全部奇迹全压缩在那本书里了。我忘了雪,忘了我同老艾达荷之间的别扭。他一动不动地坐在凳子上,看得出了神,他那黄褐色的胡子里透出一种半是温柔半是神秘的模样。

"艾达荷,"我说,"你那本是什么书啊?"

艾达荷一定也忘了我们的芥蒂,因为他回答的口气很客气,既不顶撞人,也没有恶意。

"唔,"他说,"这本书大概是一个叫荷马·伽·谟①的人写的。"

"荷马·伽·谟后面的姓是什么?"我问道。

"唔,就只有荷马·伽·谟。"他说。

"你胡扯。"我说。我认为艾达荷在蒙人,不禁有点冒火。"写书的人哪有用缩写署名的。总得有个姓呀,不是荷马·伽·谟·斯庞彭戴克,就是荷马·伽·谟·麦克斯温尼,或者是荷马·伽·谟·琼斯。你干吗不学人样,偏要像小牛啃晾衣绳上挂着的衬衫下摆那样,把他姓名的下半截啃掉?"

"我说的是实话,桑德。"艾达荷心平气和地说,"这是一本诗

---

① 指波斯哲学家、天文学家、诗人欧玛尔·海亚姆(1048—1122),生前不以诗闻名。1857年英国诗人菲茨杰拉尔德把他的四行诗集译成英文出版,在欧美开始流传。1928年郭沫若从英文转译了该集,中译名为《鲁拜集》。这里艾达荷将"欧玛尔"误作为"荷马"。

集,"他说,"荷马·伽·谟写的。起初我还看不出什么苗头,但是看下去却像找到了矿脉。即使拿两条红毯子来和我换这本书,我都不愿意。"

"那你请便吧。"我说,"我需要的是可以让我动动脑筋的开门见山的事实。我抽到的这本书里好像就有这种玩意儿。"

"你得到的只是统计数字,"艾达荷说,"世界上最起码的东西。它们会使你脑筋中毒。我喜欢老伽·谟的推测方式。他似乎是个酒类代理商。他干杯时的祝辞总是'万般皆空',并且他好像牢骚满腹,只不过他用酒把牢骚浇得那么滋润,即使他抱怨得最厉害的时候,也像是在请人一起喝上一夸脱。总之,太有诗意了。"艾达荷说。"你看的那本胡说八道的书,想用尺寸来衡量智慧,真叫我讨厌。凡是在用自然的艺术来解释哲理的时候,老伽·谟在任何一方面都打垮了你那个人——不论是条播机,一栏栏的数字,一段段的事实,胸围尺寸,或是年平均降雨量。"

我和艾达荷就这么混日子。不论白天黑夜,我们惟一的乐趣就是看书。那次雪封无疑使我们两人都长了不少学问。到了融雪的时候,假如你突然走到我面前问我说:"桑德森·普拉特,用九块五毛钱一箱的铁皮来铺屋顶,铁皮的尺寸是二十乘二十八,每平方英尺要派到多少钱?"我便会飞快地回答你,正如闪电每秒钟能在铁铲把上走十九万两千英里那么快。世界上有多少人能这样?如果你在半夜里叫醒你所认识的任何一个人,让他马上回答,人的骨骼除了牙齿之外一共有多少块,或者内布拉斯加州议会的投票要达到什么百分比才能推翻一项否决,他能回答你吗?试试吧。

至于艾达荷从他那本诗集里得到了什么好处,那我可不清楚了。艾达荷一开口就替那个酒类代理商吹嘘;不过我认为他获益不多。

从艾达荷嘴里透露出来的那个荷马·伽·谟的诗歌看来,我觉得那家伙像是一条狗，把生活当做缚在尾巴上的铁皮罐子。它跑得半死之后，坐了下来，拖出舌头，看看酒罐说：

"唔，好吧，我们既然甩不掉这只酒罐，不如到街角的酒店里去沾满它，大家为我干一杯吧。"

此外，他仿佛还是波斯人；我从没听说波斯有什么值得一提的名产，除了土耳其毡毯和马耳他猫。

那年春天，我和艾达荷找到了有利可图的矿苗。我们有个习惯，就是出手快，周转快。我们出让了矿权，每人分到八千元；然后漫无目的地来到萨蒙河畔的罗萨小城，打算休息一个时期，吃些人吃的东西，刮掉胡子。

罗萨不是矿镇。它坐落在山谷里，正如乡间小城一样，没有喧嚣和疫病。近郊有一条三英里长的电车线；我和艾达荷坐在咔哒咔哒直响的车厢里兜了一个星期，每天到晚上才回夕照旅馆休息。如今我们见多识广，又读过书，自然就参加了罗萨城里最上流的社交活动，经常被邀请出席最隆重、最时髦的招待会。有一次，市政厅举行为消防队募捐的钢琴独奏会和吃鹌鹑比赛，我和艾达荷初次认识了罗萨社交界的皇后，德·奥蒙德·桑普森夫人。

桑普森夫人是个寡妇，城里惟一的一幢二层楼房就是她的。房子漆成黄色，不管从哪一个方向都看得清清楚楚，正如星期五斋戒日爱尔兰人胡子上沾的蛋黄那样引人注目。除了我和艾达荷之外，罗萨城还有二十二个男人想把那幢黄房子归为己有。

乐谱和鹌鹑骨头扫出市政厅后，举行了舞会。二十三个人都拥上去请桑普森夫人跳舞。我避开了两步舞，请她允许我伴送她回家。在那一点上，我获得了成功。

在回家的路上，她说：

"今晚的星星是不是又亮又美，普拉特先生？"

"就拿你看到的这些亮光来说，"我说道，"它们已经卖足了力气。你看到的那颗大星离这儿有六百六十亿英里远。它的光线传到我们这儿要花三十六年。你用十八英尺长的望远镜可以看到四千三百万颗星,包括十三等星。假如有一颗十三等星现在陨灭了,在今后二千七百年内,你仍旧可以看到它的亮光。"

"哎呀!"桑普森夫人说,"我以前从不知道这种事情。天气多热呀!我跳舞跳得太多了,浑身都汗湿了。"

"这个问题很容易解释,"我说,"要知道,你身上有两百万根汗腺在同时分泌汗液。每根汗腺有四分之一英寸长。假如把身上所有的汗腺首尾相接,全长就有七英里。"

"天哪!"桑普森夫人说,"听你说的,人身上的汗腺简直像是灌溉水渠啦,普拉特先生。你怎么会懂得这许多事情?"

"观察来的,桑普森夫人。"我对她说,"我周游世界的时候总是注意观察。"

"普拉特先生,"她说,"我一向敬重有学问的人。在这个城里的傻瓜恶棍中有学问的人实在太缺啦。同一位有修养的先生谈话真是愉快。你高兴的话,请随时到我家来坐坐,我非常欢迎。"

这么一来,我就赢得了黄房子夫人的好感。每星期二、五的晚上,我去她家,把赫基默发现、编制和引用的宇宙间的神秘讲给她听。艾达荷和城里其余主张寡妇再醮的人在尽量争取其余几天的每一分钟。

我从没想到艾达荷竟会把老伽·谟追求女人的方式应用到桑普森夫人身上;这是在一天下午,我提了一篮野李子给她送去时才发现的。我碰见那位太太走在一条通向她家的小径上。她眼睛直冒火,帽子斜遮在一只眼睛上,像是要找人吵架似的。

"普拉特先生,"她开口说,"我想那位格林先生大概是你的朋友吧。"

"有九年交情啦。"我说。

211

"同他绝交。"她说,"他不是正派人!"

"怎么啦,夫人,"我说,"他是个普通的山地人,具有浪子和骗子的粗暴和一般缺点,然而即使在最严重的关头,我也不忍心说他是不正派的人。拿服饰、傲慢和卖弄来说,艾达荷也许叫人看不顺眼,可是夫人,我知道他不会存心干出下流或出格的事情。我同艾达荷交了九年朋友,桑普森夫人,"我在结尾时说,"我不愿意说他的坏话,也不愿意听到人家说他的坏话。"

"普拉特先生,"桑普森夫人说,"你这样维护朋友固然是好事;但是他对我打了非常可恨的主意,任何一位有身份的女人都会觉得这是受了侮辱,这个事实你抹煞不了。"

"哎呀呀!"我说,"老艾达荷竟会干出这种事来!我怎么也想不到。我知道有一件事在他心里捣鬼;那是由于一场风雪的缘故。有一次,我们被雪封在山里,他被一种胡说八道的歪诗给迷住了,那也许就败坏了他的道德。"

"准是那样。"桑普森夫人说,"我一认识他,他就老是念一些亵渎神明的诗句给我听。他说那是一个叫鲁碧·奥特的人写的,你从她的诗来判断,那个女人肯定不是好东西。"

"那么说,艾达荷又弄到一本新书了,"我说,"据我所知,他那本是一个笔名叫伽·谟的男人写的。"

"不管什么书,"桑普森夫人说,"他还是守住一本为好。今天他简直无法无天了。他送给我一束花,上面附着一张纸条。普拉特先生,你总能分辨出上流女人的;并且你也了解我在罗萨城的名声。请你想想看,我会不会带着一大壶酒、一个面包,跟着一个男人溜到外面树林子里,同他在树阴底下唱歌,跳来跳去的?我吃饭的时候固然也喝一点葡萄酒,但是我决不会像他说的那样,带上一大壶到树林里去胡闹一通的。当然啦,他还要带上他那卷诗章。他这么说来着。让他一个人去吃那种丢人现眼的野餐吧!不然的话,让他带了他的鲁碧·奥特一起去。我想她是不会反对的。除非带的面包太多而酒太少。你现在对你的规矩朋友有什么看法呢,普拉特先生?"

"唔,夫人,"我说,"艾达荷的邀请也许只是诗情,并没有恶意。也许属于他们称之为比喻的诗。它们固然触犯法律和秩序,但还是允许邮递的,因为写的和想的不是一回事。如果你不见怪,我就代艾达荷表示感谢了,"我说,"现在让我们的心灵从低级的诗歌里解脱出来,到高级的事实和想象中去吧。像这样一个美丽的下午,桑普森夫人,"我接下去说,"我们的思想也应该与之相适应。这里虽然暖和,可我们应该知道,赤道上海拔一万五千英尺的地方还是终年积雪的。纬度四十至四十九度之间的地区,雪线就只有四千至九千英尺高了。"

"哦,普拉特先生,"桑普森夫人说,"听了鲁碧·奥特那个疯丫头的叫人不痛快的诗以后,再听你讲这种美妙的事实可真开心!"

"我们在路边这段木头上坐坐吧,"我说,"别去想诗人不近人情的撒野的话。只有在铁一般的事实和合法的度量衡的辉煌数字里,才能找到美妙的东西。在我们所坐的这段木头里,桑普森夫人,"我说,"就有比诗更神奇的统计数字。木头的年轮说明这棵树有六十岁。在两千英尺深的地底,经过三千年,它就会变成煤。世界上最深的煤矿在纽卡斯尔附近的基林沃斯。一只四英尺长、三英尺宽、二点八英尺高的箱子可以装一吨煤。假如动脉割破了,要按住伤口的上方。人的腿有三十根骨头。伦敦塔[①]一八四一年曾遭火灾。"

[①] 伦敦塔,伦敦东部俯临泰晤士河的堡垒,原是皇宫,曾改做监狱,囚禁过好几个国王、王后等著名人物,现是文物保存处。

"说下去,普拉特先生,"桑普森夫人说,"这种话真有创造性,听了真舒服。我想再没有什么比统计数字更可爱了。"

可是两星期后,我才得到了赫基默给我的全部好处。

有一夜,我被人们到处叫嚷"失火啦!"的声音惊醒。我跳下床,穿好衣服,跑出旅馆去看热闹。我发现失火的正是桑普森夫人的房屋,我大叫一声,两分钟之内就赶到了现场。

那幢黄房子的底层全部着火了,罗萨城的每一个男性、女性和狗性都在那里号叫,碍消防队员的事。我见到艾达荷想从拽住他的六名消防队员手里挣脱出来。他们对他说,楼下一片火海,谁冲进去休想活着出来。

"桑普森夫人呢?"我问道。

"没见到她。"一个消防队员说,"她睡在楼上。我们想进去,可是不成,我们队里还没有云梯。"

我跑近大火旁边光亮的地方,从里面的口袋里掏出《手册》。我拿着这本书的时候差点没笑出来——我想大概是紧张过度,昏了头。

"赫基,老朋友,"我一面拚命翻,一面对书本说,"你还没有骗过我,你还没有使我失望过。告诉我该怎么办,老朋友,告诉我该怎么办!"我说。

我翻到一百一十七页,"遇到意外事件该怎么办。"我用手指顺着找下去,果然找到了。老赫基默真了不起,他从没有疏漏!书上说:

> 吸入烟气或煤气而引起的窒息——用亚麻籽最佳。取数粒置外眼角内。

我把《手册》塞回口袋,抓住一个正跑过去的小孩。

"喂,"我给了他一些钱,说道,"赶快到药房里去买一块钱的亚麻籽。要快,另一块钱给你。喂,"我对人群嚷道,"我们救桑普森夫人呀!"接着,我脱掉了上衣和帽子。

消防队和老百姓中有四个人拖住了我。他们说,进去准会送命,因为楼板就要烧坍了。

"该死!"我嚷起来,有点像是在笑,可是笑不出来,"没有眼睛叫我把亚麻籽放到哪儿去呀?"

我用胳臂肘撞在两个消防队员的脸上,用脚踢破了一个老百姓的脚胫皮,又使一个绊子,把另一个摔倒在地。紧接着,我冲进屋里。假如我比你们先死,我一准写信告诉你们,地狱里是不是比那幢黄房子里更不受用;现在你们可别相信我的话。总之,我比饭馆里特别加快的烤鸡烤得更煳。烟和火把我熏倒了两次,几乎丢了赫基默的脸;幸好消防队员用他们的细水龙杀了一点火气,帮了我的忙,总算到了桑普森夫人的房间里。她已经被烟熏得失去了羞耻心,于是我用被单把她一裹,往肩上一扛。楼板并不像他们所说的那样糟,不然我也干不了——想都不用想。

我扛着她,一口气跑到离房子五十码远的地方,然后把她放在草地上。接着,另外二十二个追求这位夫人的原告当然也拿着铁皮水勺挤拢来,准备救她了。这时候,去买亚麻籽的小孩也跑来了。

我揭开包在桑普森夫人头上的被单。她睁开眼睛说:

"是你吗,普拉特先生?"

"嘘——嘘,"我说,"别出声,我先给你上药。"

我用胳臂轻轻托住她的脖子,扶起她的头,用另一只手扯破亚麻籽口袋,慢慢弯下身子,在她外眼角里放了三四粒亚麻籽。

这时,城里的医生也赶来了,他喷着鼻子,抓住桑普森太太的腕子试脉搏,并且问我这样胡搞是什么意思。

"嗯,老球根药喇叭和耶路撒冷橡树籽①,"我说,"我不是正

---

① 药喇叭可做泻剂,橡树籽有收敛作用。

式医师,不过我可以给你看看我的根据。"

他们拿来了我的上衣,我掏出了《手册》。

"请看一百一十七页,"我说,"那上面就讲到如何解救因烟或煤气而引起的窒息。书上说,把亚麻籽放在外眼角里。我不知亚麻籽的作用是解烟毒呢,还是促进复合胃神经的机能,不过赫基默是这样说的,并且先给请来诊治的是他。假如你要会诊,我也不反对。"

老医生拿起《手册》,戴上眼镜,凑着消防队员的提灯看看。

"哎,普拉特先生,"他说,"你诊断的时候显然看串了行。解救窒息的办法是:'尽快将病人移至新鲜空气中,置于卧位。'用亚麻籽的地方在上面一行,'尘灰入眼'。不过,说到头——"

"听我说,"桑普森太太插嘴说,"在这次会诊中,我想我也有话要说。那些亚麻籽给我的益处比我试过的任何东西都大。"她抬起头,又枕在我的手臂上,说道,"在另一个眼睛里也放一点,亲爱的桑德。"

因此,假如你明天或者随便哪一天在罗萨城歇歇脚的话,你会看到一幢新盖的精致的黄房子,有普拉特夫人——也就是以前的桑普森夫人——在收拾它,装点它。假如你走进屋,你还会看到客厅当中大理石面的桌子上有一本《赫基默氏必要知识手册》,重新用红色摩洛哥皮装订过了,准备让人随时查考有关人类幸福和智慧的任何事物。

比绵塔薄饼

当我们在弗里奥山麓,骑着马把一群烙有圆圈三角印记的牛赶拢在一起时,一株枯死的牧豆树的枝桠勾住了我的木马镫,害得我扭伤了脚踝,在营地里躺了一个星期。

被迫休息的第三天,我一拐一拐地挨到炊事车旁,在营地厨师贾德森·奥多姆的连珠炮似的谈话下一筹莫展地躺着。贾德天生爱说话,说起来没完没了,可是造化作弄人,让他当了厨师,害得他在大部分时间里找不到听他说话的人。

因此,在贾德一声不吭的沙漠里,我便成了他的灵食①。

不多一会儿,我起了一阵病人的贪馋,想吃一些不在"伙食"项下的东西。我想起了母亲的食柜,不由得"情深如初恋,惆怅复黯然"。② 于是我问道:

"贾德,你会做薄饼吗?"

贾德放下刚准备用来捣羚羊肉排的六响手枪,带着我认为是威胁的态度,走到我面前。他那双浅蓝色的眼睛猜疑地瞪着我,更叫我感到了他的愤恨。

"喂,"他说,虽然怒形于色,但还没有出格,"你是真心问我,

---

① 《旧约·出埃及记》第 16 章第 14—35 节:摩西率领以色列人逃出埃及,在荒野中漂泊了 40 年,饥饿时,上帝便撒下灵食。

② 引自英国诗人丁尼生的叙事诗《公主》中的歌曲:"情深如初恋,惆怅复黯然;人生如流云,往日不再回。"

还是想挖苦我？是不是有人把我和薄饼的底细告诉了你？"

"不，贾德，"我诚恳地说，"绝没有别的用意。我只不过很想吃一些用黄油烙得黄黄的薄饼，上面还浇着新上市的、大铁皮桶装的新奥尔良蜂蜜。我愿意拿我的小马和马鞍来换一叠这样的薄饼。说起薄饼，难道还有什么故事吗？"

贾德明白了我不是含沙射影之后，神色马上和缓了。他从炊事车里取出一些神秘的口袋和铁皮盒子，放在我倚靠的那株树下。我看他不慌不忙地张罗起来，解开拴口袋的绳子。

"其实也算不上是什么故事，"贾德一面干活，一面说，"只是我同陷骡山谷来的那个粉红眼睛的牧羊人以及威莱拉·利赖特小姐之间一桩事情的合乎逻辑的结局罢了。告诉你也不妨。"

"那时候，我在圣米格尔牧场替老比尔·图米赶牛。有一天，我一心想吃些罐头食品，只要不哞，不咩，不哼或者不啄的东西都行。① 于是我跨上我那匹还未调教好的小野马，飞快地直奔纽西斯河比绵塔渡口埃姆斯利·特尔费尔大叔的店铺。

"下午三点钟左右，我把缰绳往一根牧豆树枝上一套，下马走了二十码，来到埃姆斯利大叔的铺子。我登上柜台，对埃姆斯利大叔说，看情况全世界的水果收成都要受灾了。不出一分钟，我拿着一袋饼干和一把长匙，身边摆着一个个打开的杏子、菠萝、樱桃和青梅罐头，埃姆斯利还在手忙脚乱地用斧头砍开罐头的黄色铁皮箍。我快活得像是没闹苹果乱子以前的亚当。我把靴子上的踢马刺往柜台板壁里插，手里挥弄着那把二十四英寸的匙子；这当儿，我偶然抬头一望，从窗口里看到铺子隔壁埃姆斯利大叔家的后院。

"有个姑娘站在那儿——一个打扮得漂漂亮亮的外路来的姑娘——她一面玩弄着槌球棍，一面看着我那促进水果罐头工业的

---

① 指牛、羊、猪和家禽。

劲头,在那里暗自发笑。

"我从柜台上滑下来,把手里的匙子交给埃姆斯利大叔。

"'那是我的外甥女儿,'他说,'威莱拉·利赖特小姐,从巴勒斯坦①来做客。要不要我替你们介绍介绍?'

"'圣地哪。'我暗忖道,我的思想像牛群一样,我要把它们赶进栅栏里去,它们却乱兜圈子。'怎么不是呢?天使们当然在巴勒——当然啦,埃姆斯利大叔,'我高声说,'我非常高兴见见利赖特小姐。'

"于是,埃姆斯利大叔把我引到后院,替我们介绍了一下。

"我在女人面前从不腼腆。我一直弄不明白,有的男人没吃早饭都能制服一匹野马,在漆黑的地方都能刮胡子,为什么一见到穿花衣裳的大姑娘却变得缩手缩脚,汗流浃背,连话都说不上来了。不出八分钟,我同利赖特小姐已经在作弄槌球,混得像表兄妹那般亲热了。她取笑我,说我吃了那么多罐头水果。我马上回敬她,说水果乱子是一位叫夏娃的太太在第一个天然牧场里闹出来的——'在巴勒斯坦那面,对吗?'我随机应变地说,正像用套索捕捉一头一岁的小马那样轻松。

"就那样,我获得了接近威莱拉·利赖特小姐的机会;日子一久,关系逐渐密切。她待在比绵塔渡口是为了她的健康和比绵塔的气候,其实她的健康情况非常好,而比绵塔的气候要比巴勒斯坦热百分之四十。开始时,我每星期骑马到她那里去一次;后来我盘算了一下,如果我把去的次数加一倍,我见到她的次数也会增加一倍了。

"有一星期,我去了三次;就在那第三次里,薄饼和淡红眼睛

---

① 巴勒斯坦在亚洲西南,原为《圣经》中的迦南古国,是基督教的圣地;这里是指美国得克萨斯州东部一城市,原文相同。

的牧羊人插进来了。

"那晚,我坐在柜台上,嘴里含着一只桃子和两只李子,一边问埃姆斯利大叔,威莱拉小姐可好。

"'哟,'埃姆斯利大叔说,'她同陷骡山谷里的那个牧羊人杰克逊·伯德出去骑马了。'

"我把一颗桃核、两颗李核囫囵吞了下去。我跳下柜台时,大概有人抓住了柜台,不然它早就翻了。接着,我两眼发直地跑出去,直到撞在我拴那匹杂毛马的牧豆树上才停住。

"'她出去骑马了,'我凑在那头小野马耳朵旁边说,'同伯德斯通·杰克,牧羊人山谷那头驮骡一起去的。明白了吗,你这个挨鞭子才跑的老家伙?'

"我那匹小马以它自己的方式哭了一通。它是从小就给驯养来牧牛的,它才不关心牧羊人呢。

"我又回到埃姆斯利大叔那儿,问他:'你说的是牧羊人吗?'

"'是牧羊人。'大叔又说了一遍,'你一定听人家谈起过杰克逊·伯德。他有八个牧场和四千头在北冰洋以南数最好的美利奴绵羊。'

"我走进来,在店铺背阳的一边坐下,往一株带刺的霸王树上一靠。我自言自语,说了许多关于这个名叫杰克逊的恶鸟①的话,两手不知不觉地抓起沙子往靴筒里灌。

"我一向不愿意欺侮牧羊人。有一次,我看到一个牧羊人坐在马背上读拉丁文法,我连碰都没有碰他!我不像大多数牧牛人那样,看见他们就有气。牧羊人都在桌上吃饭,穿着小尺码的鞋子,同你有说有笑,难道你能跟他们动粗,整治他们,害得他们破相吗?我总是抬抬手放他们过去,正如放兔子过去那样;最多讲一两

---

① 杰克逊·伯德的姓原文是 Bird,有"鸟"的含义。

句客套话,寒暄寒暄,从来不停下来同他们喝两杯。我认为根本犯不着同一个牧羊人过不去。正因为我宽大为怀,网开一面,现在居然有个牧羊人跑来同威莱拉·利赖特小姐骑马了!

"太阳下山前一小时,他们骑着马缓缓而来,在埃姆斯利大叔家门口停住了。牧羊人扶她下了马。他们站着,兴致勃勃,风趣横生地交谈了一会儿。随后,这个有羽毛的杰克逊跃上马鞍,掀掀他那顶小炖锅似的帽子,朝他的羊肉牧场那方向跑去。这时候,我把靴子里的沙子抖搂了出来,挣脱了霸王树上的刺;在离比绵塔半英里光景的地方,我策马赶上了他。

"我先前说过,牧羊人的眼睛是粉红色的,其实不然。他那看东西的家什倒是灰色的,只不过睫毛泛红,头发又是沙黄色,因此给人一种错觉。那个牧羊人——其实只能算是牧羔人——身材瘦小,脖子上围着一条黄绸巾,鞋带打成蝴蝶结。

"'借光。'我对他说,'现在骑马同你一道走的是素有"百发百中"之称的贾德森,那是由于我打枪的路数。每当我要让一个陌生人知道我时,我拔枪之前总是要自我介绍一下,因为我向来不喜欢同死鬼握手。'

"'啊,'他说,说话时就是那副神气——'啊,幸会幸会,贾德森先生。我是陷骡牧场那儿的杰克逊·伯德。'

"这时,我一眼见到一只榭鸡叼着一只毒蜘蛛从山上跳下来,另一眼见到一只猎兔鹰栖息在水榆的枯枝上。我拔出四五口径的手枪,砰砰两响,把它们先后打翻,给杰克逊·伯德看看我的枪法。'不管在哪儿,'我说,'我见到鸟儿就想打,三回当中有两回是这样。'

"'枪法不坏。'牧羊人不动声色地说。'不过你第三回打的时候会不会偶尔失准呢?上星期的那场雨水对新草大有好处,是吗,贾德森先生?'他说。

"'威利,'我靠近他那匹小马说,'宠你的爹妈也许管你叫杰克逊,可是你换了羽毛之后却成了一个喊喊喳喳的威利——我们不必研究雨水和气候,还是用鹦哥词汇以外的言语来谈谈吧。你同比绵塔的年轻姑娘一起骑马,这个习惯可不好。我知道有些鸟儿,'我说,'还没有坏到那个地步就给烤来吃了。威莱拉小姐,'我说,'并不需要鸟族杰克逊科的山雀替她用羊毛筑一个窝。现在,你打算撒手呢,还是想试试我这包办丧事的百发百中的诨名?'

"杰克逊·伯德脸有点红,接着却呵呵笑了。

"'哎,贾德森先生,'他说,'你误会啦。我确实去看过几次利赖特小姐;但是绝没有你所说的那种动机。我的目的纯粹是胃口方面的。'

"我伸手去摸枪。

"'哪个浑蛋,'我说,'胆敢无耻——'

"'慢着,'这个伯德赶紧说,'让我解释一下。我娶了老婆该怎么办呢?你只要见过我的牧场就明白了!我自己做饭,自己补衣服。我牧羊的惟一乐趣就是吃。贾德森先生,你可尝过利赖特小姐做的薄饼?'

"'我?这倒没有。'我对他说,'我从没有听说,她在烹调方面还有几手。'

"'那些薄饼简直像是金黄色的阳光,'他说,'是用伊壁鸠鲁①天厨神火烤出来的黄澄澄、甜蜜蜜的好东西。我如果搞到那种薄饼的配方,即使少活两年也心甘情愿。我去看利赖特小姐就是为这个原因,'杰克逊·伯德说,'可是直到现在还搞不到。那

---

① 伊壁鸠鲁(公元前342—前270),古希腊哲学家,主张幸福是生活的至善,后人歪曲为享乐主义和美食主义。

个老配方在他们家里传了七十五年。他们世代相传,从不透露给外人。假如我能搞到那个配方,在牧场上自己做薄饼吃,那我就幸福了。'伯德说。

"'你敢担保,'我对他说,'你追求的不是调制薄饼的手吗?'

"'当然。'杰克逊说。'利赖特小姐是个极好的姑娘,但是我可以向你保证,我的目的只限于胃口——'他见到我的手又去摸枪套,立即改口——'只限于设法弄一张调制配方。'他结束说。

"'你这小子还不算顶坏。'我装得很大方地说,'我本来打算让你的羊儿再也见不到爹娘,这次姑且放你飞掉。但是你最多守住薄饼,千万别出格,并且别把感情错当糖浆,否则你再也听不到你牧场里的歌声了。'

"'为了让你相信我的诚意,'牧羊人说,'我还要请你帮个忙。利赖特小姐和你是好朋友,她不愿意替我做的事,也许愿意替你做。假如你能代我搞到那个配方,我向你担保,我以后再也不去找她了。'

"'那倒也合情合理。'我说罢同杰克逊·伯德握握手,'只要办得到,我一定替你去搞来,我乐于替你效劳。'于是,他掉头走下皮德拉的大梨树平地,往陷骡山谷去了;我策马朝西北方向回到老比尔·图米的牧场。

"五天之后,我才有机会去比绵塔。威莱拉小姐和我在埃姆斯利大叔家过了一个愉快的傍晚。她唱了几支歌,砰砰嘭嘭地在钢琴上弹了许多歌剧的调子。我学响尾蛇的模样,告诉她'长虫'麦克菲剥牛皮的新法子,还告诉她有一次我去圣路易斯的情况。我们两个处得很投机。我想,如果现在能叫杰克逊·伯德转移牧场,我就赢了。我记起他说搞到薄饼调制配方就离开的保证,便打算劝威莱拉小姐交出来给他;以后我再在陷骡山谷以外的地方见到他,就要他的命。

"因此,十点钟左右,我脸上堆着哄人的笑容,对威莱拉小姐说:'如果现在有什么东西比青草地上的红马更叫我高兴的话,那就是涂着糖浆的好吃的薄饼了。'

"威莱拉小姐在钢琴凳上微微一震,吃惊地瞅着我。

"'是啊,'她说,'薄饼的味道确实不错。奥多姆先生,刚才你说你在圣路易斯掉帽子的那条街叫什么来着?'

"'薄饼街。'我眨眨眼睛说,表示我拿定主意要搞到她的家传秘方,不会轻易给岔开去的。'喂,威莱拉小姐,'我说,'谈谈你怎么做薄饼的吧。薄饼像车轮似的在我脑袋里打转。说吧——一磅面粉,八打鸡蛋,等等。配料的成分是怎么样的?'

"'对不起,我出去一会儿。'威莱拉小姐说。她斜着眼睛飞快地瞟我一下,溜下凳子,慢慢地退到隔壁的房里去。紧接着,埃姆斯利大叔拿了一罐水,连上衣也没穿就进来了。他转过身去拿桌子上的玻璃杯时,我发现他裤袋里揣着一把四五口径的手枪。'好家伙!'我想道,'这个人家把食谱配方看得这么重,竟然要用火器来保护它。有的人家即使有世仇宿怨也不至于这样。'

"'喝下去。'埃姆斯利大叔递给我一杯水说,'你今天骑马赶路累了,贾德,搞得太兴奋了。还是想些别的事情吧。'

"'你知道怎么做那种薄饼吗,埃姆斯利大叔?'我问道。

"'嗯,在做薄饼方面,我不像某些人那样高明,'埃姆斯利大叔回答说,'不过我想,你可以按照通常的办法,拿一筛子石膏粉,一小点儿生面、小苏打和玉米面,用鸡蛋和全脂牛奶搅和起来就成了。今年春天老比尔是不是又要把牛群赶到堪萨斯城去,贾德?'

"那晚上,我所能打听到的有关薄饼的细节只有这么些。难怪杰克逊·伯德觉得棘手。于是我撇开这个话题不谈,和埃姆斯利大叔聊聊羊角风和旋风之类的事。没多久,威莱拉小姐进来道了晚安,我便骑马回牧场。

"约莫一个星期后,我骑马去比绵塔,正遇到杰克逊·伯德从那里回来,我们便停在路上,随便聊聊。

"'你搞到薄饼的详细说明了吗?'我问他。

"'没有哪。'杰克逊说,'看样子,我没有希望了。你试过没有?'

"'试过,'我说,'可是毫无结果,正像要用花生壳把草原土拨鼠从洞里挖出来一样。看他们死抱住不放的样子,那个薄饼配方准是好宝贝。'

"'我几乎准备放弃啦,'杰克逊说,他的口气是那么失望,连我也替他难过;'可是我一心只想知道那种薄饼的调制方法,以便在我那寂寞的牧场上自己做来吃。'他说,'我晚上睡不着觉,光捉摸薄饼的好滋味。'

"'你还是尽力想想办法,'我对他说,'我也同时进行。用不了多久,我们中间总有一个能用套索把它兜住的。好吧,再见,杰克逊。'

"你瞧,这会儿我们已经水乳交融,相得无间了。当我发现那个沙黄头发的牧羊人并不在追求威莱拉小姐时,我对他也就比较宽容了。为了帮助他达到满足口腹之欲的雄心,我一直在想办法把威莱拉小姐的配方弄到手。但是每当我提起'薄饼'时,她眼睛里总流露出疏远和不安的神色,并设法岔开话题。假如我坚持下去的话,她就溜出去,换了手里拿着水壶、裤袋里揣着山炮的埃姆斯利大叔进来。

"一天,我在毒狗草原的野花丛中摘了一束美丽的蓝马鞭草,驰马来到那家铺子。埃姆斯利大叔眯起一只眼睛,看着马鞭草说:

"'你没听到那个消息吗?'

"'牛价上涨了吗?'我问道。

"'威莱拉和杰克逊·伯德昨天在巴勒斯坦结婚啦。'他说,

'今天早晨刚收到信。'

"我把那束马鞭草扔进饼干桶,让那个消息慢慢灌进我耳朵,流到左边衬衫口袋①,再流到脚底。

"'请你再说一遍好不好,埃姆斯利大叔?'我说,'也许我的耳朵出了毛病,你刚才说的只是活的甲级小母牛每头四块八毛钱,或者别的类似的话。'

"'昨天结的婚,'埃姆斯利大叔说,'到韦科和尼亚加拉大瀑布去度蜜月了。怎么,难道你一直没有看出苗头吗?杰克逊·伯德带威莱拉出去骑马那天,就开始追求她了。'

"'那么,'我几乎嚷了起来,'他对我讲的有关薄饼的那套话,究竟是什么意思?你倒说说看。'

"我一提起薄饼,埃姆斯利大叔立即闪开,后退了几步。

"'有人用薄饼来欺骗我,'我说,'我要弄弄清楚。我相信你是知道的。讲出来,'我说,'不然我跟你没完。'

"我翻过柜台去抓埃姆斯利大叔。他去抓枪,可是枪在抽屉里,差两英寸没够着。我揪住他的前襟,把他推到角落里。

"'说说薄饼的事,'我说,'不然我就把你挤成薄饼。威莱拉小姐会不会做薄饼?'

"'她一辈子没有做过一张薄饼,我也没有见她做过。'埃姆斯利大叔安慰我说,'安静一些,贾德——安静一些。你太激动啦,你头上的老伤使你神志不清。别去想薄饼。'

"'埃姆斯利大叔,'我说,'我的头没有受过伤,最多只是天生的思考本能不太高明。杰克逊·伯德对我说,他来看威莱拉小姐的目的是为了打听她做薄饼的法子,他还请我帮他弄一份配料的清单。我照办了,结果你也看到了。我是被一个粉红眼睛的牧羊

---

① 指心。

人用约翰逊青草给蒙住了,还是怎么的?'

"'你先放松我的衬衫,'埃姆斯利大叔说,'我再告诉你。哎,看情形杰克逊·伯德骗了你,自己跑了。他同威莱拉小姐出去骑马的第二天,又来通知我和威莱拉,赶上你提起薄饼的时候,就要加意提防。他说,有一次你们营地里在烙薄饼,有个人用平底锅砸破了你的头。杰克逊说,你一激动或紧张,老伤就要复发,使你有点儿疯癫,胡言乱语念叨着薄饼。他告诉我们,只要把你从这个话题上岔开,让你安静下来,就没有危险。因此我和威莱拉尽我们的力量帮助了你。哎,哎,'埃姆斯利大叔说,'像杰克逊·伯德这样的牧羊人倒是少见的。'"

贾德讲故事的时候,已经不慌不忙、十分熟练地把那些口袋和铁皮罐里的东西调和起来。快讲完时,他把完成的产品端到我面前——两张搁在铁皮碟子上的、滚烫的、深黄色的薄饼。他又从某些秘密的贮藏处取出一块上好的黄油和一瓶金黄色的糖浆。

"这是多久以前的事啦?"我问他说。

"有三年了。"贾德答道,"如今他们住在陷骡山谷。可是我以后一直没有见过他们。有人说,当杰克逊·伯德用薄饼计把我骗得走投无路的时候,他一直在布置他的牧场,摇椅啦,窗帘啦,摆设得漂漂亮亮。喔,过一阵子,我就把这件事抛开了,可是弟兄们还闹个不休。"

"这些薄饼,你是不是按照那个著名的配方做的呢?"我问道。

"我不是早就说过,配方是根本不存在的吗?"贾德说,"弟兄们老是拿薄饼来取笑我,后来搞得想吃薄饼了,于是我从报上剪下了这个调制方法。这玩意儿的味道怎么样?"

"好吃得很。"我回答说,"你自己干吗不吃一点,贾德?"我清晰地听到一声叹息。

"我吗?"贾德说,"我一向不吃薄饼。"

傲慢的中心[*]

如今有一条新的路线越过印度洋通到我们这里,白天金光璀璨,夜晚皓皓如银。皮肤黧黑的王公显贵们终于发现了我们西方的孟买城;他们不辞辛劳来瞻仰观光,殊途同归,很少不来百老汇路的。

假如你凑巧来到那些显赫人物之一下榻的饭店附近,我建议你在围聚饭店门口的趋炎附势的人中间找找卢库勒斯·波尔克。他准在那儿。他那张机灵的红脸上长着威灵顿公爵[①]式的高鼻子,谨小慎微的紧张举止中流露出不达目的决不罢休的毅力,鲜艳的红领带弥补了那身皱皱巴巴的蓝哔叽衣服的寒碜,仿佛伤心惨目的战场上一面仍在飘扬的红旗,根据这些特点,你一眼就能辨出他。我觉得这人有可用之处;你或许也有同感。如果你要找他,不妨到那些同贵宾的保镖和秘书们组成的警戒线对峙的贝督因轻骑兵中间,到那些目露凶光的、对亲王金库提出骇人要求的天方神灵中间去寻找。

我第一次见到波尔克先生时,他正从马哈拉特邦最开明的首领、巴罗哈亲王逗留的饭店台阶上下来,亲王殿下是我们西方大都

---

[*] 加拿大作家吉尔伯特·帕克于1896年出版了一部以美国革命为背景的历史小说《权力的中心》,本篇标题套用了该书书名。
[①] 威灵顿公爵本名阿瑟·韦尔斯利(1769—1852),英国军人,1815年在滑铁卢一役大败拿破仑,1828—1830年间任英国首相。

会新近的贵客。

卢库勒斯步履踉跄,仿佛背后有一个强大的、即将转化为物质的精神力量在推动。紧跟在他后面的推动力是饭店的保安人员——白色的登山帽、鹰钩鼻、粗俗的表链、过分的礼貌说明了他的身份。他后面的两个穿制服的看门人保持了饭店的体面,那两个人装出若无其事的样子,尽量不让人怀疑他们作为驱逐后备队的身份。

卢库勒斯·波尔克到了安全的人行道,转过身,朝着旅馆挥挥他那满是雀斑的拳头。让我高兴的是他开始破口大骂。

"坐象轿①的家伙,哼!"他嘲弄地大声嚷嚷,"坐象轿的家伙自称是亲王!国王——呸!跑到这里来吹牛皮说大话,别人还以为他是什么总统之类的人物;回去后,他只坐绑在大象背上的藤筐。哼,有什么了不起的!"

驱逐委员会悄悄撤下。那个把亲王们说得一文不值的人转身对着我,用手指打了一个榧子。

"你说呢?"他嘲笑地喊道,"巴罗达的大王乘象轿!尼泊尔的老比克拉姆·沙姆谢尔骑着摩托车在加德满都的泥路上飙车。他不也是大王吗?原先骑骆驼的波斯国王现在也养成了坐六人大轿的习惯。至于那个傻头傻脑的高丽王子,你以为他有条件骑着一匹乳白色的小马遛蹄吗?没的事,他一辈子也轮不上一两回!他心目中克里米亚英俄战争时的冲锋陷阵无非像是把衬衣塞在屁股下面,坐着牛车在首尔的泥泞路上花六天工夫赶一英里路罢了。如今来这个国家观光的人物都是这批货色。买卖不好做啊,朋友。"

我含含混混说了一些同情的话。但不得要领,因为我不清楚

---

① 某些非洲和亚洲国家里观光或狩猎时用的驮在大象背上凉亭似的座位。

他对那些像流星似的偶尔在我们海岸一闪而过的大人物究竟有什么不满。

"我卖掉的最后一副马鞍,"那个发牢骚的人接着说,"主顾是一年多前来这里的土耳其三品帕夏。他痛痛快快地付了五百块钱。我对他的执行人或者秘书(好像是犹太人或中国人)说'这位"趴下"好像很喜欢马,是吗?'

"'他吗?'秘书说,'不。他后宫有个胖大的妻子,名叫孬多拉,不讨他喜欢。我想他打算替她配上鞍,每天骑着她在夜莺园的木板路上跑两圈。你要做这笔买卖,总不见得有一副加长的踢马刺可以奉送吧?'是啊,目前的王公贵族里面真正的好骑手实在太少了。"

卢库勒斯·波尔克平静一些后,我同他交上了朋友,像劝说一个快要没顶的人抓住一根稻草似的,我不费什么劲就说动他陪我进了一家酒馆。

我们在一个光线暗淡的凉爽的角落里就座,侍者给我们端来了饮料;卢库勒斯·波尔克便打开了话匣子,谈他在王公贵族的接待室钻营的经历。

"你有没有听说过得克萨斯州的 S. A. &A. P. 铁路?唔,这几个缩写字母并不代表'乐善好施演员援助慈善基金'。有一年夏天,我带了一批嚼口香糖和台词的演员在西部小村镇走穴。我们的扮演风骚女仆的演员跟比维尔镇上一个有名的理发师逃跑之后,我们的剧团当然垮了下来。我不清楚剧团里其他演员的情况如何。反正我知道欠他们一些工资;我最后见到他们的那一次,是我告诉他们剧团的金库里总共只剩四十三美分。那以后我再也没有见过他们中间的任何人。但是二十来分钟后,我听到他们追赶我的喧哗。我顾不上回头张望。天黑后,我从树林里出来时,遇到了 S. A. &A. P. 的代理商,请他帮忙解决运输问题。他立刻代表整个铁路线向我表示欢迎,但是很客气地劝我千万不能登上任何一节车皮。

"第二天上午十点左右,我离开铁路线,进了一个自称是阿塔斯科萨城的小村镇。我花了三十美分吃了一顿早餐,买了一支十美分的雪茄,站在大街上,摆弄着口袋里的三分钱。在得克萨斯州,口袋里只有三分钱的人同口袋里空空如也、还倒欠两分钱的人相比,境况好不到哪里去。

"命运作弄人的常用手法之一是让人顷刻之间不名一文。我就落到了那种地步,我穿着一套圣路易斯裁缝量身定制的蓝绿两色方格花纹衣服,领带上别着一颗十八克拉的硫酸铜假绿宝石别针,眼前除了得克萨斯的两大产业,棉花田和新铁路之外,没有挣钱的希望。我从没有摘过棉花,对铺设铁路的苦活兴趣也不大,因此前景很不乐观。

"我正站在木板铺的人行道旁,天上突然掉下两只精致的金表,一只表落到街心的污泥里粘住了,另一只落到硬地上,表壳弹开,里面的小弹簧、螺丝和齿轮像毛毛雨似的撒了一地。我抬头张望,想看看天上是不是有气球或者飞船;但是没有,我便从人行道走到街心,看个究竟。

"我听得几声叫喊,看见两个穿皮裤和高跟靴、戴阔边帽的人奔来。一个身高有六英尺或者八英尺,五大三粗,脸相叫人看了伤心。他捡起掉在污泥里的那只表。另一个人个子矮小,红头发,白睫毛,捡起那只空表壳说,'我赢了。'那个高大的输家从皮裤里掏出一把二十元和五十元的金币,递给他的白化病朋友。我不知道那把钱有多少;但觉得数目之大像是一笔地震赈灾款。

"'我去把这个表壳装上零件,'矮个子说,'再扔一次,同你赌五百元。'

"'我跟进,'高个子说,'一小时后我们在熏狗酒馆见面。'

"矮个子以瑞士钟表的动作朝一家珠宝店匆匆走去。伤心的高个子弯腰打量我的穿着。

"'你身上的这套行头够漂亮的,朋友,'他说,'我可以同你赌一匹马,你对阿塔斯科萨城的衣服没有权利、资格和兴趣。'

"'不错,'我很愿意同这个有钱而忧郁的大个子交朋友,赶紧接过话头说,'我这身衣服是在圣路易斯一家服饰专卖店定做的。我要向你请教,'我说,'你们的扔表比赛是怎么一回事?我看到的钟表一般都受到礼遇和尊敬——当然,女用手表除外,女人生性不爱惜表,拿它来砸核桃,戴着它拍铁板照相广告。'

"'我和乔治,'他解释说,'是从牧场来城里找乐的。直到上个月为止,我们在圣米格尔那边有四块浇水的牧草地。可是来了一个勘探石油的人,开始钻井。他钻到一口喷油井,日产量有两万——也可能是两千万桶吧。他给我和乔治十五万元——每人七万五——买下那块地。于是我们时不时骑上马来阿塔斯科萨城玩几天,找点刺激,搞些破坏。这就是我今天早晨从银行里取出来的一点钱,'他给我看一卷二十元和五十元的钞票,足足有火车卧铺的枕头那么厚。那些钞票像约翰·迪的马厩后山墙头的夕阳那么耀眼。我两腿发软,一屁股坐在木板人行道边上。

"'你一定去过许多地方,见多识广,'这个靠石油发财的人说,'你一定见过比阿塔斯科萨更热闹的城镇。有时候我觉得消遣的方式比这里多,特别是你有了钱而不在乎花掉一些。'

"于是这只沙漠里的海雀在我身边坐下,我们开始攀谈。从他话里知道他出身贫穷,一辈子都在牧场营地生活;他向我吐露,他理想中最奢华的事莫过于赶了一天牲口之后,精疲力竭地骑马回到营地,吃一盘墨西哥豆子,喝一品脱纯威士忌,然后把靴子当做枕头睡上一觉。当这笔意想不到的横财落到他和他那红脸膛而鲁莽的伙伴乔治头上时,他们便来到这个叫做阿塔斯科萨城的地方,结果大家已经看到。他们有钱,要什么就可以买什么,但是他们不知道要什么。他们心目中的挥霍只限于威士忌、马鞍和金表三样东西。即便世界上还有什么可以让他们大手大脚花钱的地方,他们也从没有听说过。所以当他们想作乐的时候,便跨上马进城,找一本全市人名地址录,站在最大的酒馆门前,按字母先后逐一点名请每人免费喝三杯酒。然后他们订购三四副新的加利福尼亚马鞍,用二十元的金币在人行道上玩谁的一枚滚得远的游戏。扔金表打赌看谁扔得远是乔治的发明;但是不久就觉得太单调了。

"我是不是抓住机会不放呢?听我往下说。

"我花三十分钟把大都市的花花世界描述了一番,相比之下,阿塔斯科萨城的娱乐像是带着自己的老婆去康奈岛游乐场那般乏味。我们又花了十分钟达成协议,由我在上述欢乐旅行中充当他的导游、翻译和朋友。一个月里的全部花费由所罗门·米尔斯(那是他的姓名)支付。一个月后,如果他对我作为总监的工作感到满意,再给我一千元酬劳。接着,为了敲定这笔交易,我们请阿塔斯科萨城全体居民喝酒,除了妇女和未成年人之外,全醉得趴在桌子底下,只有一个名叫霍勒斯·维斯特维尔特·圣克莱尔的人岿然不动。为此,我们买了一批便宜的银表,装满两个帽子给了他,怂恿他离开本城。最后,我们把马具匠从床上拖起来,让他赶制三个新的马鞍;我们到火车站铁路轨道上去睡,要给S. A. & A. P. 铁路公司找些麻烦。腰缠七万五千美元,而要逃避富死在那样一个城镇的耻辱!

"第二天,大概有家室之累的乔治回牧场去了。我和所利(我和所罗门已经打得火热,我这样称呼他)打点行装,准备像飞蛾似的扑向多姿多彩的东部名城的弧光灯。

"'途中不能耽搁,'我向所利交代注意事项,'除了给你理发刮脸、添置衣服的时间。那里可不像得克萨斯,'我说,'不是吃了

233

辣椒肉蛋,喝酒欢闹的广场。我们现在要进入真正的上等社会。我们要接触的是一批牵着尖嘴丝毛狗、用鞋罩的、出入高级场所的人。'

"所利在棕色工装裤的一个口袋里装了六千的百元大钞,另一个口袋装了东部银行的一万元汇票。我和S. A. &A. P. 铁路公司恢复了外交关系,我们朝西北方向出发,迂回前去东部的芳香花园。

"我们在圣安东尼奥稍作逗留,让所利买些衣服,请门格饭店的客人和工作人员喝了八巡酒,订购了四副镶银的墨西哥马鞍和安哥拉棉毛呢鞍垫,直接寄到牧场。我们从圣安东尼奥前去圣路易斯,晚饭时抵达;我们在市里最豪华的一家饭店登记入住。

"'这是我们第一个打尖的地方,'我暗自高兴地对所利说,'我们可以吃上一顿真正美味的豆子了。'他在他的房间里摆弄着煤气管,想放出自来水,我把穿礼服的侍者领班叫到一边,塞给他一张两元的钞票。

"'弗朗索瓦斯,'我说,'我有位朋友在这里吃饭,多年来他吃的一直是粗粮,你去和厨师长打个招呼,请他拿出看家本领,替我们准备一餐最讲究的饭菜。我们有的是钱,只要烹饪绝活,花费不成问题。现在瞧你的了。'

"六点钟,我和所利在餐厅就座。桌上摆满了吃的东西,像是食品一条街。厨师长管它叫做扑克牌式大餐。西部美食家都知道这种吃法。每一道都有三种花式:珍珠鸡、天竺鼠、黑啤酒;烤小牛肉、小牛头炖的充海龟汤、鸡肉糜;鲱鱼子酱、鲟鱼子酱、木薯粉饼;灰背野鸭、灰背火腿、灰背白尾兔;费城阉鸡、油炸蜗牛、野梅红金酒……,都是一式三样。主导思想是你能吃多少就吃多少,侍者撤下你垫掉的牌,用梨子补足。

"我认为所利在牧场一直吃同花的伙食,现在拿到这副牌一定高兴得要死;我迫切盼望他有所表示,因为我们离开阿塔斯科萨城以后,我似乎没有看到他对我的努力露出领情的笑容。

"我们在饭店的主餐厅,进餐的客人衣冠楚楚,高谈阔论,谈论的是圣路易斯的两个话题:供水和酒吧。他们很快就把两个话题混在一起,初来乍到的人不明究竟,以为他们在谈水彩画;凭空给这个城市添上了一点艺术气息。大厅的角落里有个相当不错的铜管乐队在演奏;我认为所利现在应该意识到精神食粮给他机体的营养和兴奋。但是不,我的朋友。

"他在餐桌对面瞅着我。桌子有四码见方,一片狼藉,仿佛刮过龙卷风之后的畜栏、鸡场、菜圃和爱尔兰亚麻布作坊。所利站起来,绕过桌子走到我身前。

"'卢库,'他说,'我们坐了好长时间的火车,我饿得慌。我记得你说过这里有豆子可吃。我马上要去外面找些我能吃的东西。你愿意的话不妨待在这里,守着这些中看不中吃的玩意儿吧。'

"'等一等。'我说。

"我招呼侍者过来,在十三元五十分的账单背面签上'所·米尔斯'的名字。

"'你太不像话了,'我说,'把这些只配密西西比河上轮船水手吃的垃圾货端出来糊弄绅士。我们这会儿到外面去吃像样的东西。'

"我陪那个闷闷不乐的平原居民走在街上。他看见一家马鞍店还开着门,眼里悲哀的神情消退了一点。我们进了店铺,他定制了两副:一副鞍头用实心纯银,镶嵌银钉银饰,护革有六英寸宽的人造钻石和人造红宝石镶嵌的边饰。另一副鞍头镶金,马镫包银,皮革上凡是有空隙的地方都用银珠装饰。两副马鞍让他花了一千一百元。

"他离开马鞍店后,凭着嗅觉指引朝河边走去。到了一条小路,已经没有街道、人行道和房屋,他发现了他要找的地方。我们走进一个棚屋,同码头工人和船夫一起坐在条凳上,用铁皮勺子吃豆子。不错,先生,豆子——咸肉煮豆子。

"'我总感觉这一带能找到。'所利说。

"'太好了,'我说,'那家豪华饭店的伙食也许配某些人的胃口;我宁愿吃这种扎实的东西。'

"我们吃足了豆子后,我带他离开那个油布气味很重的棚屋,到了路灯柱下,我从口袋里抽出一份娱乐版翻在外面的报纸。

"'现在看看有什么消遣的去处,'我说,'有霍尔·凯恩的演出,有一个草台戏班演的《哈姆莱特》,有霍洛杭溜冰场,有法国女演员萨拉·贝纳尔的文明戏,还有"好模样塞壬"滑稽戏班子。我觉得不妨去看"好模样——"'

"但是这个养成了早睡早起的习惯——这习惯给他带来健康、财富和智慧——的人伸了一个懒腰,大声打着哈欠。

"'我想我该上床了,'他说,'我一般这时候睡觉。圣路易斯相当安静,是吗?'

"'是啊,'我说,'自从铁路线通到这里以后,这个城市基本上就给毁了。住宅互助协会和商品交易会几乎要了它的命。我们不如睡觉吧。不过你还没有见到芝加哥。明天我们是不是买车票去那里?'

"'也好,'所利说,'这些城市几乎都一样。'

"也许聪明的讲解导游人不至于在芝加哥栽跟斗!照说那个大湖畔的城市应该有一些吸引人的东西,让乡村来的客人在晚钟敲响之后驱除睡意。但是对于那个草原上青草养大的人却不起作用!我用剧院、汽车兜风、湖上泛舟、香槟晚餐等等遏制简朴生活的小发明来勾起他的兴趣;可是枉费心机。所利一天比一天消沉。我开始为我的酬劳担心,觉得必须打出我的王牌。于是我向他提起了纽约,告诉他说,同那个华尔街所在的大城市相比,西部的城镇都是小菜一碟。

"我买了车票回来,所利却不见了。幸好我已经摸透了他的脾气;不出两小时,我在一家马鞍店找到了他。那家铺子搞了一些创新,制作的鞍架和马肚带同加拿大骑警装备有点相似。他在那里花了九百元左右。

"我在火车站发了一份电报给纽约一个开雪茄铺的朋友,请他准备好当地所有马鞍店的清单,在第二十三街渡口等我。有了这份清单,所利失踪时我就知道上哪儿去找。

"现在听我把纽约发生的事情讲给你听。我对自己说:'提供消遣的朋友,你得多卖力气,让愁眉苦脸的苏丹觉得巴格达确实是个花花世界,不然你就完蛋。'①我认为我一定做得到。

"我像给一个饿得太久的人喂食似的,一点一点的给,免得一下子把他撑死。我先带他看百老汇路上的马车和斯塔腾岛的轮渡。然后逐渐加大刺激,始终保留一些精彩的节目。

"过了三天,他仍像五千个外出野餐、却没有赶上轮船航班的孤儿的组合相片,我抓耳挠腮,不知道怎么才能让他打起精神,不知道我那一千元酬劳能不能到手。他参观布鲁克林大桥时老是打瞌睡;在摩天大厦前面根本不朝三楼以上看;在最热闹的轻松喜剧剧院里,三个引座员都弄不醒他。

"有一次,我觉得有一招肯定见效。一天早晨,我趁他还熟睡时,用手铐把他铐在床上;傍晚把他拉到市内最大的一家饭店的休

---

① "提供消遣的朋友"原文是 Heherazade,作者套用了阿拉伯民间故事集《一千零一夜》中讲故事的女子山鲁佐德 Sheherazade 的名字,英文的 She 是女性代名词,He 是男性代名词。相传萨桑国国王因痛恨王后与人有私,将其杀死,此后每日娶一少女,翌晨即杀掉。宰相之女山鲁佐德为了拯救无辜的女子,自愿嫁给国王,每夜讲述故事,引起国王兴趣,免遭杀戮。她的故事讲了一千零一夜。

息厅——让他见识见识纽约的绅士淑女,社会名流。那些人衣着华丽,富得流油,整天无所事事,一坐就是几个小时。我们正观望时,所利突然笑起来,声音像打开生锈的折叠床那么瘆人。两星期来,我第一次听到他笑,心头有了一线希望。

"'是啊,'我说,'那些像是明信片上的人物确实好笑,可不是吗?'

"'哦,我想的不是那些男男女女,我想起那次我和乔治把消毒药水偷偷搀进马脸约翰逊的威士忌里的事。我真想回阿塔斯科萨。'他说。

"我觉得背脊上直冒寒气。'我只有一着棋可走,非把他将死不可了。'我暗忖道。

"我吩咐所利等半小时,千万别走,自己坐上出租马车去第四十三街洛拉贝尔·德拉图尔的公寓。德拉图尔是百老汇路一家音乐喜剧院的歌舞女郎,我同她很熟。

"'简,'我找到她后说,'我带了一位朋友从得克萨斯来这儿。这人不坏——身价不低。今晚看完戏后我想让他乐一乐——去夜总会坐坐,喝上几杯。你也来好吗?'

"'他能行吗?'洛拉贝尔问道。

"'你知道,'我说,'假如他上不了台面我是不会带他出来的。他很有钱——大把大把的豆子那么多的钱。'

"'第二场戏结束后带他来看我,'洛拉贝尔说,'我要验验他的资信。'

"那晚十点钟左右,我带着所利到了德拉图尔小姐的化妆室,她的侍女让我们进屋等候。十分钟后,洛拉贝尔从舞台上下来,还没有卸装,光彩照人,她在戏中从女近卫兵队伍里上前一步对国王说,'欢迎参加我们五朔节的狂欢。'当然,她之所以有机会扮演这个角色并不是因为这句台词。

238

"所利一见到她就站起来,穿过舞台入口,走到街上。我追了上去。付我工资的人不是洛拉贝尔。我不清楚现在有谁会付我工资了。

"'卢库,'所利在街上对我说,'我们出了一个严重的差错。我们准是闯进了那位小姐的私室。我想我愿意做任何事情表示歉意,这点绅士风度我还是有的。你认为她能原谅我们吗?'

"'她不会放在心上的,'我说,'当然是误会。我们不如去找个吃豆子的地方吧。'

"事情就是这样。过后不久,每到进餐时间就找不到所利,一连几天都这样。在我追问之下,他才透露说他在三马路发现了一家餐馆,那里的煮豆子有得克萨斯风味。我让他带我去。我一跨进餐馆就恍然大悟。

"坐在收款台后面的是一个年轻女人,所利把我向她做了介绍。我们坐下来吃豆子。

"是啊,先生,坐在收款台后面的那种女人不费吹灰之力就能吸引住世上任何男人。做到这一点也要有本领,她有。我注意她是怎么施展的。她身体健康,衣着朴素,头发往后梳,没有花哨的拳曲;看上去并不特别。我告诉你,她们施展吸引男人的本领很简单。当她想要一个男人时,她所做的只是每当男人瞧她时,总发现她正瞅着你。就这么简单。

"第二天傍晚,说好七点钟所利和我一起去康奈岛玩。到了八点还不见他的人影。我出去要了一辆出租马车。我觉得有点不对头。

"'拉我到三马路的回归餐馆,'我吩咐马车夫说,'假如我要找的人不在,就去这些马鞍店。'我把清单给了马车夫。

"'老板,'马车夫说,'我在那家餐馆吃过一次牛排。如果你还不太饿的话,我劝你先去马鞍店。'

"'我是私家侦探,'我说,'我不是去吃饭的。快走吧!'

"我一到餐馆,凭我的掌纹手相就知道我应该提防一个高大的、红脸膛的傻帽儿,并且还知道我会破财。

"所利不在餐馆。那个头发往后梳的女人也不在。

"我等了一小时,他们终于坐马车回来,手拉手下了车。我把所利叫到街角上说几句话。他眉开眼笑;那种笑容是我无法引起的。

"'她是马群里最棒的一匹。'他说。

"'恭喜你了,'我说,'如果方便的话,我希望现在就领到我的一千元。'

"'唔,卢库,'他说,'这几天在你的陪伴和摆布之下我愉快极了。我一定尽力回报你——我一定尽力,'他重复一遍。'一小时前,我和斯金纳小姐办了结婚登记。我们明天早晨回得克萨斯举行婚礼。'

"'好极啦!'我说,'婚礼后当亲友宾客朝你们抛掷大米祝贺,当你们的马车后面拴了一双旧靴子去度蜜月时,可别忘了我们的生意关系。说好给我的酬劳怎么样了?'

"'米尔斯太太已经接管了我的钱和文件,'他说,'我身边只有六十五美分。我告诉她,我答应给你钱;她说那个协议是违反宗教、违反法律的,她一分钱也不给。可是我不会让你受到不公平的对待,'他说,'这次旅行我买了八十七副马鞍,都寄回了牧场;我回去之后,挑六副最好的寄给你。'"

"他有没有寄给你呢?"卢库勒斯讲完后,我问他道。

"寄了。那些马鞍供国王使用都不逊色。他寄给我的那六副至少花了三千元。但是哪儿有市场呢?除了亚洲和非洲的邦主酋长之外,谁会买呢?我列了一份邦主和酋长的名单。从菲律宾的棉兰老岛到里海的每一位棕黄色和黑色的国王王子都在名单上。"

"但是上门的顾客并不频繁。"我试探说。

"频率在加快,"波尔克说,"现如今,当那些穷凶极恶的家伙开化到了取消妻妾陪葬的风俗,不再用自己的胡子当餐巾使用的时候,他们就自称是东方的罗斯福,来这儿调查我们的肖托夸①和香槟酒。我会把他们都列入名单。你瞧。"

他从上衣内袋里掏出一份折得很小、边缘磨损的报纸,指出一则消息。

"你看看。"那个皇室马鞍供应商指出一则新闻。消息是这么写的:

> 穆斯卡特的伊玛姆,赛伊德·费萨尔·本·图尔基殿下是旧世界最进步开朗的统治者之一。他的马厩里有一千多匹纯种波斯良马。据传这位实力雄厚的亲王近期将访问美国。

"你瞧!"波尔克先生洋洋得意地说,"我那副最好的马鞍——后弓边上镶嵌绿松石的那副——不是有了买主吗?我手头不便,你身边有没有三块钱暂时借我一用?"

我正好有;借给了他。

这篇东西假如被穆斯卡特的伊玛姆看到,但愿它能加速他访问这片自由土地的奇想!不然我同我的三块钱就不是暂时分手的问题了。

---

① 肖托夸,美国纽约州西部肖托夸湖畔的一个休假胜地,1874年开始在此举行星期文化讲座,持续到1924年,至今仍是夏季文化活动中心。

索利托牧场的卫生学

假如你很熟悉拳击界的纪录，你大概记得九十年代初期有过这么一件事：在一条国境河流的彼岸，一个拳击冠军同一个想当冠军的选手对峙了短短的一分零几秒钟。观众指望多少看到一点货真价实的玩意儿，万万没料到这次交锋竟然这么短暂。新闻记者们卖足力气，可是巧妇难为无米之炊，他们报道的消息仍旧干巴得可怜。冠军轻易地击倒了对手，回过身说："我知道我一拳已经够那家伙受用了。"接着便把胳臂伸得像船桅似的，让助手替他脱掉手套。

由于这件事，第二天一清早，一列车穿着花哨的坎肩、打着漂亮的领结、大为扫兴的先生们从普尔门卧车下到圣安东尼奥车站。也由于这件事，"蟋蟀"麦圭尔跌跌撞撞地从车厢里出来，坐在车站月台上，发作了一阵圣安东尼奥人非常耳熟的剧烈干咳。那当儿，在熹微的晨光中，纽西斯郡的牧场主，身高六英尺二英寸的柯蒂斯·雷德勒碰巧走过。

牧场主这么早出来，是赶南行的火车回牧场去的。他在这个倒霉的拳击迷身边站停，用拖长的本地口音和善地问道："病得很厉害吗，老弟？"

"蟋蟀"麦圭尔听到"老弟"这个不客气的称呼，立刻寻衅似的抬起了眼睛。他以前是次轻量级的拳击家，又是赛马预测人，骑师，赛马场的常客，全能的赌徒和各种骗局的行家。

"你走你的路吧,"他嘶哑地说,"电线杆。我没有盼咐你来。"

他又剧烈地咳了一阵,软弱无力地往近便的一只衣箱上一靠。雷德勒耐心地等着,打量着月台上那些白礼帽、短大衣和粗雪茄。"你是从北方来的,是吗,老弟?"等对方缓过气来时,他问道,"是来看拳赛的吗?"

"拳赛!"麦圭尔冒火说,"只能算是抢壁角游戏!简直像是一针皮下注射。他挨了一拳,就像是打了一针麻醉药似的,躺在地下不醒了,门口连墓碑都不用竖。这算是哪门子拳赛!"他喉咙里咯咯响了一阵,咳了几声,又往下说;他的话不一定是对牧场主而发,只是把心头的烦恼讲出来,觉得轻松一点罢了。"其实我对这件事是完全有把握的。换了拉塞·塞奇①也会抓住这么个机会。我认定那个从科克来的家伙能支持三个回合。我以五比一的赌注打赌,把所有的钱都押上去了。我本来打算把第三十七号街上杰米·德莱尼的那家通宵咖啡馆买下来,以为准能到手,几乎已经闻到充填酒瓶箱的锯木屑的气味了。可是——喂,电线杆,一个人把他所有的钱一次下注是多么傻呀!"

"说得对,"大个子牧场主说,"赌输之后说的话尤其对。老弟,你还是起来去找一家旅馆吧。你咳得很厉害。病得很久了吗?"

"我害的是肺病。"麦圭尔很有自知之明地说,"大夫说我还能活六个月——慢一点也许还能活一年。我要安顿下来,保养保养。那也许就是我为什么要以五比一的赌注来搏一下的缘故。我攒了一千块现钱。假如赢的话,我就把德莱尼的咖啡馆买下来。谁料到那家伙在第一个回合就打瞌睡了呢——你倒说说看?"

"运气不好。"雷德勒说,同时看看麦圭尔靠在衣箱上的蜷缩

---

① 指拉塞尔·塞奇(1816—1906),美国金融家,股票大王。

消瘦的身体,"你还是去旅馆休息吧。这儿有门杰旅馆,马弗里克旅馆,还有——"

"还有五马路旅馆,沃尔多夫·阿斯托里亚旅馆①。"麦圭尔揶揄地学着说,"我对你讲过,我已经破产啦。我现在跟叫花子差不多。我只剩下一毛钱。也许到欧洲去旅行一次,或者乘私人游艇去航行航行,对我的身体有好处——喂,报纸!"

他把那一毛钱扔给了报童,买了一份《快报》,背靠着衣箱,立即全神贯注地阅读富于创造天才的报馆所渲染的关于他的惨败的报道了。

柯蒂斯·雷德勒看了看他那硕大的金表,把手按在了麦圭尔的肩膀上。

"来吧,老弟。"他说,"再过三分钟,火车就要开了。"

麦圭尔生性就喜欢挖苦人。

"一分钟之前,我对你说过我已经破产了。在这期间,你没有看见我捞进筹码,也没有发现我时来运转,是不是?朋友,你自己赶快上车吧。"

"你到我的牧场去,"牧场主说,"一直待到恢复。不出六个月,准保你换一个人。"他一把抓起麦圭尔,拖他朝火车走去。

"费用怎么办?"麦圭尔说,想挣脱可又挣脱不掉。

"什么费用?"雷德勒莫名其妙地说。他们你看着我,我看着你,可是互相并不了解,因为他们的接触只像是格格不入的斜齿轮,在不同方向的轴上转动。

南行火车上的乘客们,看见这两个截然不同的类型凑在一起,不禁暗暗纳罕。麦圭尔只有五英尺一英寸高,容貌既不像横滨人,

---

① 沃尔多夫·阿斯托里亚,纽约的豪华旅馆。

也不像都柏林①人。他的眼睛又亮又圆,面颊和下巴瘦骨嶙峋,脸上满是打破后缝起来的伤痕,神气显得又可怕,又不屈不挠,像大黄蜂那样好勇斗狠。他这种类型既不新奇,也不陌生。雷德勒却是不同土壤上的产物。他身高六英尺二英寸,肩膀宽阔,但是像清澈的小溪那样,一眼就望得到底。他这种类型可以代表西部同南部的结合。能够正确地描绘他这种人的画像非常少,因为艺术馆是那么小,而得克萨斯还没有电影院。总之,要描绘雷德勒这种类型只有用壁画——用某种崇高、朴实、冷静和不配镜框的图画。

他们坐在国际铁路公司的火车上驶向南方。在一望无际的绿色大草原上,远处的树木汇成一簇簇青葱茂密的小丛林。这就是牧场所在的地方;是统治牛群的帝王的领土。

麦圭尔有气无力地坐在座位角落里,猜疑地同牧场主谈着话。这个大家伙把他带走,究竟是在玩什么把戏?麦圭尔怎么也不会想到利他主义上去。"他不是农人,"这个俘虏想道,"他也绝对不是骗子。他是干什么的呢?走着瞧吧,蟋蟀,看他还有些什么花招。反正你现在不名一文。你有的只是五分钱和奔马性肺结核,你还是静静等着。静等着,看他要什么把戏。"

到了离圣安东尼奥一百英里的林康,他们下了火车,乘上在那儿等候雷德勒的四轮马车。从火车站到他们的目的地还有三十英里,就是坐马车去的。如果有什么事能使麦圭尔觉得像是被绑架的话,那就是坐上这辆马车了。他们的马车轻捷地穿过一片令人赏心悦目的大草原。那一对西班牙种的小马轻快地、不停地小跑着,间或任性地飞跑一阵子。他们呼吸的空气中有一股草原花朵的芳香,像美酒和矿泉水那般沁人心脾。道路消失了,四轮马车在一片航海图上没有标出的青草的海洋中游弋,由老练的雷德勒掌

---

① 横滨是日本商埠;都柏林是爱尔兰共和国首都。

舵;对他来说,每一簇遥远的小丛林都是一个路标,每一片起伏的小山都代表方向和里程。但是麦圭尔仰天靠着,他看到的只是一片荒野。他随着牧场主行进,心里既不高兴,也不信任。"他打算干什么?"这个想法成了他的包袱;"这个大家伙葫芦里卖的是什么药?"麦圭尔只能用他熟悉的城市里的尺度来衡量这个以地平线和玄想为界限的牧场。

一星期以前,雷德勒在草原上驰骋时,发现一头被遗弃的病小牛在哞哞叫唤。他没下马就抓起那头可怜的小牛,往鞍头一搭,带回牧场,让手下人去照顾。麦圭尔不可能知道,也不可能理解,在牧场主看来,他的情况同那头小牛完全一样,都需要帮助。一个动物害了病,无依无靠;而雷德勒又有能力提供帮助——他单凭这些条件就采取了行动。这些条件组成了他的逻辑体系和行为准则。据说,圣安东尼奥狭窄的街道上弥漫着臭氧,成千害肺病的人便去那儿疗养。在雷德勒凑巧碰到并带回牧场的病人中间,麦圭尔已经是第七个了。在索利托牧场做客的五个病人,先后恢复了健康或者明显好转,感激涕零地离开了牧场。一个来得太迟了,但终于非常舒适地安息在园子里一株枝叶披覆的树下。

因此,当四轮马车飞驰到门口,雷德勒把那个虚弱的被保护人像一团破布似的提起来,放到回廊上的时候,牧场上的人并不觉得奇怪。

麦圭尔打量着陌生的环境。这个牧场的庄院是当地最好的。砌房的砖是从一百英里以外运来的。不过房子只有一层,四间屋子外面围着一道泥地的回廊。杂乱的马具、狗具、马鞍、大车、枪支,以及牧童的装备,叫那个过惯城市生活、如今落魄的运动家看了怪不顺眼。

"好啦,我们到家啦。"雷德勒快活地说。

"这个鬼地方。"麦圭尔马上接口说,他突然一阵咳嗽,憋得上气不接下气,在回廊的泥地上打滚。

"我们会想办法让你舒服些,老弟。"牧场主和气地说,"屋子里面并不精致;不过对你最有好处的倒是室外。里面的一间归你住。只要是我们有的东西,你尽管要好啦。"

他把麦圭尔领到东面的屋子里。地上很干净,没有地毯。打开的窗户里吹来一阵阵海湾风,拂动着白色的窗帘。屋子当中有一张柳条大摇椅,两把直背椅子,一张长桌,桌子上满是报纸、烟斗、烟草、马刺和子弹。墙壁上安着几只剥制得很好的鹿头和一个硕大的黑野猪头。屋角有一张宽阔而凉爽的帆布床。纽西斯郡的人认为这间客房给王子住都合适。麦圭尔却朝它撇撇嘴。他掏出他那五分钱的镍币,往天花板上一扔。

"你以为我说没钱是撒谎吗?你高兴的话,不妨搜我口袋。那是库房里最后一枚钱币啦。谁来付钱呀?"

牧场主那清澈的灰色眼睛,从灰色的眉毛底下坚定地瞅着他客人那黑珠子般的眼睛。歇了一会儿,他直截了当,然而并不失礼地说:"老弟,假如你不再提钱,我就很领你的情。一次已经足够啦。被我请到牧场上来的人一个钱也不用花,他们也很少提起要付钱。再过半小时就可以吃晚饭了。壶里有水,挂在回廊里的红瓦罐里的水比较凉,可以喝。"

"铃在哪儿?"麦圭尔打量着周围说。

"什么铃?"

"召唤用人拿东西的铃。我可不能——喂,"他突然软弱无力地发起火来,"我根本没请你把我带来。我根本没有拦住你,向你要过一分钱。我根本没有先开口把我的不幸告诉你,你问了我才说的。现在我落到这里,离侍者和鸡尾酒有五十英里远。我有病,不能动。哟!可是我一个钱也没有!"麦圭尔扑到床上,抽抽噎噎地哭了起来。

247

雷德勒走到门口喊了一声。一个二十来岁、身材瘦长、面色红润的墨西哥小伙子很快就来了。雷德勒对他讲西班牙语。

"伊拉里奥，我记得我答应过你，到秋季赶牲口的时候让你去圣卡洛斯牧场当牧童。"

"是的，先生，承蒙你的好意。"

"听着，这位小先生是我的朋友。他病得很厉害。你待在他身边。随时伺候他。耐心照顾他。等他好了，或者——唔，等他好了，我就让你当多石牧场的总管，比牧童更强，好吗？"

"那敢情好——多谢你，先生。"伊拉里奥感激得几乎要跪下去，但是牧场主善意地踹了他一脚，喝道："别演滑稽戏啦。"

十分钟后，伊拉里奥从麦圭尔的屋子里出来，站到雷德勒面前。

"那位小先生，"他说，"向你致意，"（这是雷德勒教给伊拉里奥的规矩）"他要一些碎冰，洗个热水浴，喝掺有柠檬汽水的杜松子酒，把所有的窗子都关严，还要烤面包，修脸，一份《纽约先驱报》，香烟，再要发一个电报。"

雷德勒从药品柜里取出一夸特容量的威士忌酒瓶。"把这给他。"他说。

索利托牧场上的恐怖统治就是这样开始的。最初几个星期，各处的牧童骑着马赶了好几英里路来看雷德勒新弄来的客人；麦圭尔则在他们面前吆喝，吹牛，大摆架子。在他们眼里，他完全是个新奇的人物。他把拳击的错综复杂的奥妙和腾挪闪躲的诀窍解释给他们听。他让他们了解到靠运动吃饭的人的不规矩的生活方式。他的切口和俚语老是引起他们发笑和诧异。他的手势、特别的姿态、赤裸裸的下流话和下流想法，把他们迷住了。他好像是从一个新世界来的人物。

说来奇怪，他所进入的这个新环境对他毫无影响。他是个彻头彻尾、顽固不化的自私的人。他觉得自己仿佛暂时退居到一个空间,这个空间里只有听他回忆往事的人。无论是草原上白天的无边自由也好,还是夜晚的星光灿烂、庄严肃穆也好,都不能触动他。曙光的色彩并不能把他的注意力从粉红色的运动报刊上转移过来。"不劳而获"是他毕生的目标;第三十七号街上的咖啡馆是他奋斗的方向。

他来了将近两个月后,便开始抱怨说,他觉得身体更糟了。从那时起,他就成了牧场上的负担、贪鬼和梦魇①。他像一个恶毒的妖精或长舌妇,独自关在屋子里,整天发牢骚,抱怨,詈骂,责备。他抱怨说,他被人家不由分说地骗到了地狱里;他就要因为缺乏照顾和舒适而死了。尽管他威胁说他的病越来越重,在别人眼里,他却没有变。他那双葡萄干似的眼睛仍旧那么亮,那么可怕;他的嗓音仍旧那么刺耳;他那皮肤绷得像鼓面一般紧;起老茧的脸并没有消瘦。他那高耸的颧骨每天下午泛起两片潮红,说明一支体温计也许可以揭露某种征状。胸部叩诊也许可以证实麦圭尔只有半边的肺在呼吸,不过他的外表仍跟以前一样。

经常伺候他的是伊拉里奥。指日可待的总管职位的许诺肯定给了他极大的激励,因为服侍麦圭尔的差使简直是活受罪。麦圭尔吩咐关上窗子,拉下窗帘,不让他惟一的救星新鲜空气进来。屋子里整天弥漫着污浊的蓝色烟雾;谁走进这间叫人透不过气来的屋子,谁就得坐着听那小妖精无休无止地吹嘘他那不光彩的经历。

最叫人纳闷的是麦圭尔同他恩人之间的关系。这个病人对牧场主的态度,正如一个倔强乖张的小孩儿对待溺爱他的父母。雷德勒离开牧场的时候,麦圭尔就不怀好意地闷声不响,发着脾气。

---

① "梦魇"的原文是"the Old Man of the Sea",典出《天方夜谭》故事中骑在水手辛巴德肩上不肯下来,老是驱使辛巴德涉水的海边老人。

雷德勒一回来,麦圭尔就激烈地、刻毒地把他骂得狗血喷头。雷德勒对他客人的态度也相当费解。牧场主仿佛真的承认并且觉得自己正是麦圭尔所猛烈攻击的人物——专制暴君和万恶的压迫者。他仿佛认为那家伙的情况应该由他负责,不管对方怎样谩骂,他总是心平气和,甚至觉得抱歉。

一天,雷德勒对他说:"你不妨多呼吸些新鲜空气,老弟。假如你愿意到外面跑跑,每天都可以用我的马车,我还可以派一个车夫供你使唤。到一个营地里去试一两个星期。我准替你安排得舒舒服服。土地和外面的空气——这些东西才能治好你的病。我知道有一个费城的人,比你病得凶,在瓜达卢佩迷了路,随着牧羊营里的人在草地上睡了两个星期。哎,先生,这使他的病情有了好转,后来果然完全恢复。接近土地——那里有自然界的医药。从现在开始不妨骑骑马。有一匹驯顺的小马——"

"我什么地方跟你过不去?"麦圭尔嚷道,"我几时坑害过你?我有没有求你带我上这儿来?你高兴的话,把我赶到你的营地里去好啦;或者一刀把我捅死,省却麻烦。叫我骑马!我连抬腿的力气都没有呢。即使一个五岁的娃娃来揍我,我也没法招架。全是你这该死的牧场害我的。这里没有吃的,没有看的,没有可以交谈的人,有的只是一批连练拳的沙袋和龙虾肉色拉都分不清的乡巴佬。"

"不错,这个地方很荒凉。"雷德勒不好意思地道歉说,"我们这儿很丰饶,但是很简朴。你想要什么,弟兄们可以骑马到外面去替你弄来。"

查德·默奇森最先认为麦圭尔是诈病。查德是圆圈横杠牛队①里的牧童,他赶了三十英里,并且绕了四英里的冤枉路,替麦

---

① 指那队牛都以⊖形烙印为记号。

圭尔弄来一篮子葡萄。在那烟气弥漫的屋子里待了一会儿后,他跑出来,直言不讳地把他的猜疑告诉了雷德勒。

"他的胳臂,"查德说,"比金刚石还要硬。他教我怎么打人家的大洋神经丛①,挨他一拳简直像给野马连踢两下。他在诓你呢,老柯。他不会比我病得更凶。我本来不愿意讲出来,可是那小子在你这儿蒙吃蒙住,我不得不讲了。"

牧场主是个实在人,不愿意接受查德对这件事的看法。后来,当他替麦圭尔检查身体时,动机也不是怀疑。

一天中午时分,有两个人来到牧场,下了马,把它们拴好,然后进去吃饭;这地方的风俗是好客的。其中一个人是圣安东尼奥著名的收费高昂的医师,因为一个富有的牧场主给走火的枪打伤了,请他去医治。现在他被伴送到火车站,搭车回城里。饭后,雷德勒把他拉到一边,塞了一张二十元的钞票给他,说道:

"大夫,那间屋子里有个小伙子,大概害着很严重的肺病。我希望你去给他检查一下,看他病到什么程度,有没有办法治治。"

"我刚才吃的那顿饭要多少钱呢,雷德勒先生?"医师从眼镜上缘看出来,直率地说。雷德勒把钞票放回口袋。医师立即走进麦圭尔的房间,牧场主在回廊里的一堆马鞍上坐着,假如诊断结果不妙,他真要埋怨自己了。

不出十分钟,医师大踏步走了出来。"你那个病人,"他马上说,"跟一枚新铸的钱币那么健全。他的肺比我的还好。呼吸、体温和脉搏都正常。胸围扩张有四英寸。浑身找不到衰弱的迹象。当然啦,我没有检验结核杆菌,不过不可能有。这个诊断,我完全负责。即使拚命抽烟,关紧窗子,把屋子里的空气弄得污浊不堪,

---

① 原文是"shore-perplexus",应作"Solar plexus"(胃部的太阳神经丛),查德听不懂,搞错了。

对他也没有妨碍。有点咳嗽,是吗?你告诉他完全没有必要。你刚才问有没有办法替他治治。唔,我劝你让他去打木桩,或者去驯服野马。我们要上路啦。再见,先生。"医师像一股清新的劲风那样,飞也似的走了。

雷德勒伸手摘了一片栏杆旁边的牧豆树的叶子,沉思地嚼着。

替牛群打烙印的季节快要到了。第二天早晨,牛队的头目,罗斯·哈吉斯在牧场上召集了二十五个人,准备到即将开始打烙印的圣卡洛斯牧场去。六点钟,马都备了鞍,装粮食的大车也安排就绪,牧童们陆续上马,这当儿,雷德勒叫他们稍等片刻。一个小厮牵了一匹鞍辔齐全的小马来到门口。雷德勒走进麦圭尔的房间,猛地打开门。麦圭尔正躺在床上抽烟,衣服也没有穿好。

"起来。"牧场主说,他的声音像号角那样响亮。

"怎么回事?"麦圭尔有点吃惊地问道。

"起来穿好衣服。我可以容忍一条响尾蛇,可是我讨厌骗子。还要我再对你说一遍吗?"他揪住麦圭尔的脖子,把他拖到地上。

"喂,朋友,"麦圭尔狂叫说,"你疯了吗?我有病——明白吗?我多动就会送命。我什么地方跟你过不去?"——他又搬出他那套牢骚来了——"我从没有求你——"

"穿好衣服。"雷德勒的嗓音越来越响了。

麦圭尔咒骂,踉跄,哆嗦,同时用吃惊的亮眼睛盯着激怒的牧场主那吓人的模样,终于拖泥带水地穿上了衣服。雷德勒揪住他的衣领,走出房间,穿过院子,把他一直推到拴在门口的那匹另备的小马旁边。牧童们张着嘴,懒洋洋地坐在马鞍上。

"把这个人带走,"雷德勒对罗斯·哈吉斯说,"叫他干活。叫他多干,多睡,多吃。你们知道我已经尽力照顾了他,并且是真心实意的。昨天,圣安东尼奥最好的医师替他检查身体,说他的肺跟驴子一样健全,体质跟公牛一样结实。你知道该怎么对付他,罗斯。"

罗斯·哈吉斯没有回答,只是阴沉地笑了笑。

"噢,"麦圭尔凝视着雷德勒说,神情有点特别,"那个大夫说我没病,是吗?说我装假,是吗?你找他来看我的。你以为我没病。你说我是骗子。喂,朋友,我知道自己说话粗暴,可是我多半不是存心的。假如你到了我的地步——噢,我忘啦——那个大夫说我没病。好吧,朋友,现在我去替你干活。这才是公平交易。"

他像鸟一样轻快地飞身上马,从鞍头取下鞭子,往小马身上一抽。曾在霍索恩骑着"好孩子"[①]跑了第一名(当时的赌注是十比一)的"蟋蟀"麦圭尔,现在又踩上了马镫。

这队人马向圣卡洛斯驰去时,麦圭尔一马当先,牧童们落在后面,不由得齐声喝彩。

但是,不出一英里,他慢慢地落后了。当他们驰过牧马地,来到那片高栎树林时,他是最后的一个。他在几株栎树后面勒住马,把手帕按在嘴上。手帕拿下来时,已经浸透了鲜红的动脉血。他小心地把它扔在一簇仙人掌里面。接着,他又扬起鞭子,嘶哑地对那匹吃惊的小马说"走吧",快跑着向队伍赶去。

那晚,雷德勒接到阿拉巴马老家捎来的信。他家里死了人;要分一宗产业,叫他回去一次。第二天,他坐着四轮马车,穿过草原,直奔车站。他在阿拉巴马待了两个月才回来。回到牧场时,他发现除了伊拉里奥以外,庄院里的人几乎都不在。伊拉里奥在他离家期间,权且充当了总管。这个小伙子点点滴滴地把这段时间里的工作向他做了汇报。他得悉打烙印的营地还在干活。由于多次严重的风暴,牛群分散得很远,因此工作进行得很慢。营地现在扎在二十英里外的瓜达卢佩山谷。

[①] 霍索恩是加利福尼亚州西南部的一个城市;"好孩子"是马名。

"说起来,"雷德勒突然想到说,"我让他们带去的那个家伙——麦圭尔——他还在干活吗?"

"我不清楚。"伊拉里奥说,"营地里的人难得来牧场。小牛身上有许多活要干。他们没提起。哦,我想那个麦圭尔早就死啦。"

"死啦!"雷德勒嚷道,"你说什么?"

"病得很重,麦圭尔。"伊拉里奥耸耸肩膀说,"他走的时候,我就认为他活不了一两个月。"

"废话!"雷德勒说,"他把你也给蒙住了,对不对?医师替他检查过,说他像牧豆树疙瘩一样结实。"

"那个医师,"伊拉里奥笑着说,"他是这样告诉你的吗?那个医师没有看过麦圭尔。"

"讲讲清楚。"雷德勒命令说,"你到底是什么意思?"

"医师进来的时候,"那小伙子平静地说,"麦圭尔正好到外面去取水喝了。医师拖住我,用手指在我这儿乱敲,"——他把手放在胸口——"我不知道为什么。他把耳朵贴在这儿,这儿,这儿,听了听——我不知道为什么。他把一支小玻璃棒插在我嘴里。他按我手臂这个地方。他叫我轻轻地这样数——二十、三十、四十。谁知道,"伊拉里奥无可奈何地摊开双手,结束道,"那个医师干吗要做这许多滑稽的事情?"

"家里有什么马?"雷德勒简洁地问道。

"'乡巴佬'在外面的小栅栏里吃草,先生。"

"立刻替我备鞍。"

短短几分钟内,牧场主上马走了。"乡巴佬"的模样并不好看,可是跑得快,跟它的名字很相称;它大步慢跑着,脚下的道路像一根通心面条给吞掉时那样,飞快地消失了。过了两小时十五分钟,雷德勒从一个隆起的小山冈上望到打烙印的营帐扎在瓜达卢佩的干河床里的一个水坑旁边。他急切地想听听他所担心的消息,来到营帐前面,翻身下马,放下"乡巴佬"的缰绳。他的心地是那样善良,当时他甚至会承认自己有罪,害死了麦圭尔。

营地上只有厨师一个人,他正在张罗晚饭,把大块大块的烤牛肉和盛咖啡的铁皮杯摆好。雷德勒不愿意开门见山地问到他最关心的那个问题。

"营地里一切都好吗,彼得?"他转弯抹角地问道。

"马马虎虎。"彼得谨慎地说,"粮食断了两次。大风把牛群给吹散了,我们只得在方圆四十英里内细细搜索。我需要一个新的咖啡壶。这里的蚊子比普通的凶。"

"弟兄们——都好吗?"

彼得不是生性乐观的人。此外,问起牧童们的健康不仅是多余,而且近乎婆婆妈妈。问这种话的不像是头儿。

"剩下来的人不会错过一顿饭。"厨师说。

"剩下来的人?"雷德勒嘎声学了一遍。他不由自主地开始四下找寻麦圭尔的坟墓。他以为这儿也有像他在阿拉巴马墓地看到的那样一块白色墓碑。但是他随即觉得这种想法太傻了。

"不错,"彼得说,"剩下来的人。两个月来,营地常常移动。有的走了。"

雷德勒鼓起勇气问道:

"我派来的——那个——麦圭尔——他有没有——"

"嘿,"彼得双手各拿着一只玉米面包站了起来,打断了他的话,"太丢人啦,把那个可怜的、害病的小伙子派到牧牛营来。那个医师竟看不出他一只脚已经踏进棺材里,真应该用马肚带的扣子剥他的皮。他也真是那么倔强——说来真丢人——让我告诉你他干了些什么。第一晚,营地里的弟兄们着手教他牧童的规矩。罗斯·哈吉斯抽了他一下屁股,你知道那可怜的孩子怎么啦?那小子站起来,揍了罗斯。揍了罗斯·哈吉斯。狠狠地揍了他。揍

255

得他又凶又狠,浑身都揍遍了。罗斯只不过是爬起来,换个地方又躺下罢了。

"接着,麦圭尔自己也倒在地上,脸埋在草里,不停地咯血。他们说是内出血。他一躺就是十八个钟头,怎么也不能动他一动。罗斯·哈吉斯喜欢能揍他的人,他把格陵兰到波兰支那的医师都骂遍了,又着手想办法;他同'绿枝'约翰逊把麦圭尔抬到一个营帐里,轮流喂他吃剁碎的生牛肉和威士忌。

"但是,那个孩子仿佛不想活了,晚上他溜出营帐,躺在草地里,那时候还下着细雨。'走啦,'他说,'让我称自己的心意死吧。他说我撒谎,说我是骗子,说我诈病。别来理睬我。'

"他就这么躺了两个星期,"厨师说,"连人都认不清,于是——"

突然响起一阵雷鸣似的声音,二十来个骑手风驰电掣地闯过丛林,来到营地。

"天哪!"彼得嚷道,立刻手忙脚乱起来,"弟兄们来啦,晚饭不在三分钟之内弄好,他们就会宰了我。"

但是雷德勒只注意到一件事。一个矮小的、棕色脸盘、笑嘻嘻的家伙翻下马鞍,站在火光前面。他样子不像麦圭尔,可是——

转眼之间,牧场主已经拉住他的手和肩膀。

"老弟,老弟,你怎么啦?"他只说出了这么一句话。

"你叫我接近土地,"麦圭尔响亮地说,他那钢钳一般的手几乎把雷德勒的指头都捏碎了,"我就在那儿找到了健康和力量,并且领悟到我过去是多么卑鄙。多谢你把我赶出去,老兄。还有——喂!这个笑话是那大夫闹的,是吗?我在窗外看见他在那个南欧人的太阳神经丛上乱敲。"

"你这小子,"牧场主嚷道,"当时你干吗不说医师根本没有替你检查过?"

"噢——算了吧!"麦圭尔以前那种粗鲁的态度又冒出来一会儿,"谁也唬不了我。你从来没有问过我。你既然话已出口,把我赶了出去,我也就认了。喂,朋友,赶牛的玩意儿真够意思。我生平交的朋友当中,要算营地上的这批人最好了。你会让我待下去的,是吗,老兄?"

雷德勒询问似的看看罗斯·哈吉斯。

"那个浑小子,"罗斯亲切地说,"是任何一个牧牛营地里最大胆、最起劲的人——打起架来也最厉害。"

下午的奇迹

　　一条跨国桥梁位于美国的一端,四名武装的游骑兵守在闷热的土砖小屋里,忠诚地监视着从墨西哥那边慢吞吞走来的行人。
　　一流酒馆的老板巴德·道森前一天晚上把一个违反酒馆规矩的、名叫莱恩德罗·加西亚的人强行轰了出去。加西亚临走前甩下一句话,说他二十四小时内必定回来,为他受到的侮辱报仇。
　　这个墨西哥人虽然爱说大话,但确实也有胆量,布拉沃河两岸都因他的这两种特点之一而对他另眼相看。他有一批同他相似的亡命徒追随左右,他们最喜爱的消遣是打破城镇的沉闷。
　　加西亚指定报仇雪恨的日子正好也是美国这边安排牧场主代表大会、斗牛和老居民烧烤野餐的日子。驻防当地的游骑兵连连长、麦克纳尔蒂上尉,知道复仇者是个说话算数的人,认为在举行那三项文雅活动的期间,保持安定是上策,便派遣他的副官和三名游骑兵在桥一头值岗。他们得到的指示是防止加西亚入侵,不论他是单人匹马还是结帮前来。
　　那个闷热的下午行人稀少,游骑兵们低声咒骂,在那间方便但不透气的屋子里不停地擦额头的汗。一小时以来,过桥的只有一个老妇人,她裹着褐色披肩,蒙着黑头巾,赶着一头驮了一捆捆准备叫卖的引火柴的小毛驴。随后,街那头开了三枪,枪声在凝滞的空气中清晰响亮。
　　四个半坐半躺的游骑兵从懒散的姿态下突然紧张,但只有一个站起来。另外三人用恳求而不存希望的眼光瞅着第四个,他敏捷地站起来后,迅速把子弹带扣在腰上。三个人知道负责指挥小分队的副官鲍勃·巴克利的脾气,他自己能出动的时候,决不会让别人去调查斗殴事件。

那个动作敏捷、胸膛宽阔的副官光滑的黄褐色脸上忧伤的表情毫无变化,他扣上子弹带,像梳妆好的美女做最后修饰似的,掂掂枪套里的六响手枪,然后抓起他的温彻斯特式连发长枪,跨向门口。出去前,他吩咐伙伴继续注意桥头,自己跑上了晒得滚烫的公路。

三个人无奈地回到闲散状态,开始发牢骚。

"我听说有些人,"破嗓子莱瑟斯嘟嘟囔囔地说,"同危险结了不解之缘,可是鲍勃·巴克利除了危险之外还喜欢找麻烦。"

"鲍勃与众不同的地方,"小子努埃西斯插嘴说,"在于没有吃过亏。他从来没有学会害怕。干我们这一行,对付麻烦的时候应该学会害怕,不然的话,就上光荣牺牲的名单了。"

"巴克利,"第三个游骑兵说,他是个受过教育的东部人,不知怎么阴差阳错到西部来当了游骑兵,"打斗起来如此拼命,以致我从不怀疑他出于自发。我还摸不透他的脾气,但是他打斗时完全按照算术规矩。"

"我从没有听说,"破嗓子说,"打斗同数字有什么关系。"

"扳机三角学?"小子努埃西斯提示说。

"想不到你小子还懂这一点,"东部人赞同地点点头,"也就是说巴克利总是公平交易。他似乎怕占一点便宜。你的对手是一些盗马贼和走私犯,他们随便哪个晚上都可能设下埋伏,打你个措手不及,有机会就朝你后背开枪,你同那种人讲公平简直是蛮干。巴克利过分勇敢了。他想扮演霍雷修斯①的角色,总有一天会发现

---

① 霍雷修斯是英国政治家、作家麦考利(1800—1859)于1842年出版的《古罗马民谣》里的人物。伊特鲁利亚人进攻罗马时,霍雷修斯和两个罗马士兵坚守台伯河上的一座桥梁,为罗马人拆桥争取时间,他命令两个同伴先行撤离,同伴刚到岸上,桥梁轰然坍塌,霍雷修斯自己纵身跳入河中,在双方士兵的欢呼声中游水安然上岸。

守桥不是那么轻松的事。"

"我知道那个故事,"小子慢吞吞地说,"我在课本上读过那帮守桥人的事迹。我赞成另外两个战斗后撤离的人,留得青山在,不怕没柴烧,下次再打呗。"

"不管怎么说,"破嗓子总结道,"鲍勃可以说是布拉沃河一带我所知道的最勇敢的人。伟大的山姆·休斯敦①!再热一点,它就要烤焦了!"破嗓子用他那顶四磅重的斯特森毡帽啪的把一只蝎子拍得稀烂,三个蹲守的游骑兵回到不舒服的安静。

鲍勃·巴克利真能保守秘密,两年来,这些人在无数次边境骚扰和危险中和他并肩战斗,对他的评价如此之高,却不知道他是布拉沃河一带最最胆怯的人!无论他的朋友或者敌人,都不怀疑他除了最纯粹的勇气之外还有什么。那完全是一种肉体的怯懦,他全凭极端严峻的意志力强迫他怯懦的肉体干出最英勇的行为。巴克利像不断鞭打自己易犯的罪恶的苦行僧那样,满不在乎地投入种种危险,希望有朝一日能摆脱可鄙的痛苦。但是每一次成功的试验并没有带来慰藉,他那生性愉快的面相便老是显得阴沉忧郁。因此,当边境一带赞扬他的事迹,布拉沃河畔许多篝火堆旁传颂他的英勇时,他内心却郁郁不乐。只有他自己才了解那可怕的胸口发紧、口干舌燥、背脊冰凉、神经绷紧的痛苦——这是他那丢脸的毛病的屡试不爽的症状。

他连里有个几乎还未成年的小伙子,投入战斗时喜欢把一条腿轻率地搁在鞍头上,嘴里叼着一支香烟,吐着烟雾和自己发明的俏皮的俚语。巴克利愿意用一年的薪饷换取这种满不在乎的态

---

① 山姆·休斯敦(1793—1863),美国军人、政治家。1836 年率领德克萨斯军队在圣哈辛托击败墨西哥军队,1836—1838,1841—1844 年两度担任德克萨斯共和国总统。德克萨斯加入美利坚合众国后当选德克萨斯州州长和参议员,德州的城市休斯敦以他的姓命名。

度。那个潇洒的小伙子有一次对他说:"巴克,你每次执行任务都像是去参加葬礼。事实上,"他致敬似的举起手里的铁皮杯子补充一句,"每次都凯旋而归。"

巴克利内心的新英格兰式的拘谨做了适应西部的调整,他不断地鞭策自己不听话的身体尽可能多找困难;因此,那个闷热的下午,他驱使自己去调查那件震惊国家治安和尊严的突发事件。

一流酒馆坐落在两个广场外的街那头。巴克利眼前是新近骚乱的痕迹。几个好奇的看热闹的人聚在酒馆前门口,脚下踩着橱窗的碎玻璃。巴克利在酒馆里面看到了巴德·道森,他全然不顾肩头的枪伤,痛心地解释为什么没有撂倒那个朝他开枪的"伪装的该死的家伙"。游骑兵进门后,巴德带着恳求的眼光转向他,希望他能加以证实。

"你知道,巴克,我如果多留一个心眼,原可以一枪把他撂倒。谁想到他竟然男扮女装,先拔枪朝我射击,然后转身就逃。我根本没有拔枪,以为大概是喜欢玩枪的奇瓦瓦的贝蒂,阿特沃特太太,或者梅菲尔德姊妹里的一个。我根本没有想到竟是那个该死的加西亚——"

"加西亚!"巴克利说,"他是怎么进来的?"

巴德的酒吧伙计拽着游骑兵的胳臂带他到侧门。门外有一头驮着引火柴的灰色的驴子不慌不忙地在啃沟边的青草。地上有一条黑色的头巾和一件棕色的大披肩。

"那就是他的伪装,"巴德在酒馆里高声说,仍不让别人替他包扎伤口,"我以为是个女的,直到他大喝一声,伤了我手臂,我才发现中了计。"

"他是从这条小街逃跑的,"酒吧伙计说,"他单身一人,估计会躲到天黑,等他的那帮人来接应。你在车站那面的墨西哥区准能找到他。那里有他的一个相好——潘恰·萨莱斯。"

"他带什么武器?"巴克利问道。

"两把螺钿柄的六响手枪和一把匕首。"

"你替我暂时保管一下,比来。"游骑兵把他的温彻斯特长枪交给酒吧伙计。这种做法也许侠义得近乎愚蠢,但符合鲍勃·巴克利的作风。换了别人——比他更勇敢的人——很可能临时召集几个人陪他一起去搜索。巴克利的规矩是摈弃一切初步的有利条件。

墨西哥人逃跑所经之处都关上门,街上阒无一人,这时人们逐渐从藏身的地方出来,装出不知道刚才发生了什么事似的。不少认识游骑兵的公民踊跃向游骑兵指点加西亚逃跑的路线。

巴克利寻踪前去时,觉得喉咙紧得透不过气,帽子边下直流冷汗,心越来越往下沉:他那可耻可怕的老毛病又犯了。

墨西哥中央铁路公司那天的早班列车误点三个小时,同河那边美国铁路公司的列车脱了节。去美国的旅客们口出怨言,只能在两国人民混杂的小镇上打发时间,因为明天之前没有别的火车班次可以搭乘。他们之所以口出怨言,是因为再过两天圣安东尼奥的大集市和赛马就要开始了。那时候,圣安东尼奥会成为幸运之轮的轮毂,轮辐的名称则是牛群、羊毛、法罗牌九、跑马和臭氧。那时候,牧场主在人行道上赌谁的双头鹰洋滚得远,绅士们则赌纸牌,用堆得摇摇欲坠的筹码支持他们对纸牌偶然性的猜测。播种者和收获者纷至沓来——有些人的美元像牲口群似的惊散,有些人则大肆兜捕。尤其是筹办娱乐节目的人都匆匆赶来圣安东尼奥。全世界两个最大的演出团体已经到达,几十个最小的正在路上。

简陋的土砖盖的小车站附近,那天上午墨西哥列车甩下的一节私人车厢停在岔道上,由于误点,只能在这凄凉的地方等着挂靠第二天的定期列车。

那原是一节普通客车车厢,经过改装,焕然一新,即使以前乘过这节车厢的人也认不出了。油漆、金粉和一些家庭装饰完全改变了客车的模样。车窗装了雪白的网眼纱窗帘。插在车厢前端的一面墨西哥国旗有气无力地垂在燠热的空气中。车厢后端支着一面美国星条旗和一根忙碌的烟囱,后者让人从烹饪的舒适联想到居家过日子的安逸。车厢两侧油漆得鲜艳华丽,最引人注目的是一行金蓝两色的名字,几乎覆盖了车厢的整个长度:"巨蛇部族女王——阿尔瓦丽塔"。阿尔瓦丽塔完全有条件享受王位和天才的特权,因为这是她的私人车厢,她刚从墨西哥几个大城市巡回演出,载誉归来,目前准备前往圣安东尼奥,在那里,按照海报上的承诺,她将"在成千上万目瞪口呆的观众面前表演支配巨蛇部族的神奇力量,把那些缠绕她身上的咝咝作响、致命剧毒的巨蛇玩弄于股掌之上。"

阴处的气温都高达华氏一百度,使得室外阒无一人。这里是镇上贫困的边缘地带;五个民族的居民在此杂居,像是啤酒杯边上的泡沫;镇上的建筑物只有帐篷、茅屋和土砖房;镇上的消遣只有手摇风琴和专业团体的偶然路过演出。老城边缘外面有一片洼地,长着茂密的小树林。一条小溪流过树林,到了险峻的北布拉沃河峡谷边上已不知去向。

巨蛇部族女王的运输工具不得不在这个倒霉的地方滞留几小时。

车厢前门没关。前端用帷帘隔出一间小接待室。捧场邀宠的记者们常坐在这里,把阿尔瓦丽塔小姐音乐般的谈话转换成更花哨的文字报道。车厢一壁挂着亚伯拉罕·林肯的相片;另一处挂着一群女学生坐在台阶上的团体照;第三幅是配有大红镜框的复活节的百合花。脚下铺着整洁的地毯。精巧的小桌上有一个外壁凝着水珠的水罐和一个玻璃杯。阿尔瓦丽塔小姐坐在柳条摇椅上看报。

阿尔瓦丽塔小姐有西班牙风韵,或者可以说是安达卢西亚的热烈,甚至巴斯克的泼辣;她像钻石似的,是深邃和火的混合物。她的头发像是午夜看到的紫葡萄的颜色。一双幽暗的长眼睛毫无顾忌地盯着你时会使你心慌意乱。她的面孔高傲而大胆,少许俏皮的横蛮使之显得更活泼。只要瞧瞧角落里的绿、黄、白色的小广告传单,你对她的魅力便会更有所了解。那些传单上印有阿尔瓦丽塔小姐的剧照,但不及她本人漂亮。她穿着黑色的网眼纱衣服,饰有柠檬黄的缎带,眼睛直勾勾地凝视着你,难以抵拒;一条蓝色的大蟒盘绕着她赤裸的两臂;在她腰部围了两匝,颈部围了一匝,吓人的蛇头紧挨着她的头;这就是库库,身长十一英尺的亚洲大蟒蛇。

隔开车厢的帷帘被掀到一边,一位憔悴的中年妇女握着一把刀和一个削了一半的土豆探头进来说:

"阿尔瓦丽,你这会儿忙着吗?"

"我在看家乡的报纸,妈。你想想看!那个亚麻色头发、皮肤死白的玛蒂尔达·普赖斯在《新闻报》举办的加利波利斯选美中得票最多——你看报。"

"咄!你如果在家乡的话,肯定轮不上她,阿尔瓦丽。天晓得,我希望我们在秋天结束之前回到家乡。我们装作南欧人,表演弄蛇,满世界乱跑,我已经厌倦了。不过我要说的不是这件事。我要说的是那条最大的蛇又溜掉了。我找遍整个车厢,没有找到。准有一个小时了。刚才地板上仿佛有声响,我以为是你。"

"噢,那个该死的老流氓!"女王扔下报纸说,"这是第三次了。乔治总是不拴好笼子盖。我觉得他见了库库害怕。我得去找回来。"

"快去吧；不然有人会伤害它。"

女王轻蔑地一笑，露出雪白的牙齿。"那倒不至于。人们在外面见到库库逃都来不及，还要买些溴化剂来压压惊。从这儿到河边有一条小溪。那个老流氓特别爱活水，甚至不怕被人抓住扒掉皮。准能在那儿找到它。"

几分钟后，阿尔瓦丽塔下到月台，开始搜寻。她的漂亮的黑裙子式样入时。一尘不染的衬衫在沙漠的阳光下像绿洲似的让人眼目清凉。浓密的头发盘起来，戴着一顶男人的细编草帽。高硬领上打了一个男人的领结，洋洋得意地衬托着她镇定自若的圆下巴。她还拿了一把黄花边的白绸阳伞。

她全身打扮是美国加利波利斯式的，深邃的目光却有西班牙塞维利亚或者巴亚多利德的风情，让人联想到伴舞的响板、临街的阳台、头巾、小夜曲、伏击、逃跑。

"你一个人去怕不怕，阿尔瓦丽？"太后不放心地问道，"这里粗人太多。你不如——"

"我从未遇到过让我害怕的东西呢，妈。尤其是人，特别是男人。你不必担心。我找到那逃跑的家伙马上就回来。"

轨道附近光秃秃的泥地上积着一层很厚的尘土。阿尔瓦丽塔不久便发现了蟒蛇溜走时留下的锯齿形的痕迹。正如她所预料的那样，朝着小峡谷的方向蜿蜒而去。四周的平静说明居民们还不知道一位可怕的不速之客穿过了他们的公路。炎热把人们赶进室内，偶尔飘来刺耳的笑声或者拉得不太高明的手风琴的哀鸣。阿尔瓦丽塔经过时，几个在阴处玩耍的泥偶似的墨西哥小孩见到她惊为天人，立刻静下来，呆呆地盯着。偶尔有一两个妇女从屋里张望，见到那顶白绸阳伞，也觉得奇怪，一声不吭。

阿尔瓦丽塔走了一百码已出镇外，疏落的榭树逐渐浓密，形成覆盖小峡谷的树林。一条闪亮的小溪在林中蜿蜒流过。这里的景色像是公园,野餐者顺手扔掉的废纸和空罐更增添了非城非乡的感觉。光彩照人的阿尔瓦丽塔沿着小溪在林中空地平静地走了几个来回。她注意到一处小溪底的细沙上有那个不忠的爬行动物行进时留下的独特的痕迹。潺潺流水对它太有吸引力了;它离这儿不会太远。

她确定蟒蛇就在附近后,便想坐到一根粗藤蔓上歇一会儿,藤蔓从巨大的水榆树垂下,形成一个弯曲。她从小径攀上陡峭的斜坡。周围的槲树浓密高大。一朵迟开的金黄色的金雀花散发出浓烈的甜香。微风扫过谷底,哀愁的窸窣声夹带着落叶腐烂的气息。

阿尔瓦丽塔脱掉草帽,解散盘起的头发,悠闲地梳两条长辫子。

五英尺外一丛常绿的灌木深处,两颗宝石般发亮的小眼睛牢牢地盯着她。大蟒蛇库库盘踞在那里;身长十一英尺、色彩斑斓、嘴巴带金属光泽、嘴唇起皱的壮观的库库。大蟒蛇凝视着女主人,为了不被发觉,它既不出声也不动弹。那个逃学的老顽童也许已经预感到要被捕,现在借着枝叶的掩护,试图延长逃跑的欢乐。在那灰蒙蒙的、燠热的车厢里待过之后,躺在这里嗅着流水的气息,感到身体底下泥土和石子的粗糙,还有什么比这更惬意的呢?女王很快就会找到它的,在她大胆的手里,它像蠕虫一般无能为力,又要回到那个带轱辘的狭长房子的暗无天日的笼子。

阿尔瓦丽塔忽然听得下面小石子嘎喳一响。她扭过头,看见一个高大的、黑黝黝的墨西哥人,一副色胆包天的邪恶模样,混浊的眼睛不怀好意地盯着她。

"你要干什么?"她嘴唇含着五枚发夹厉声说,她继续梳辫子,平静而鄙夷地瞅他。墨西哥人盯着她咧嘴一笑,露出了牙齿。

"我不伤害你,小姐。"他说。

"你当然不敢,"女王回说,把一条粗辫子往背后一甩,"不过你还是走开为好。"

"我不伤害你——不。不过让我亲个嘴,亲个嘴,你们叫亲吻。"

那人又咧嘴笑了,抬腿要爬斜坡。阿尔瓦丽塔迅速弯下腰,捡起一块椰子那么大的石头。

"快走开,"她命令说,"黑鬼!"

墨西哥人觉得受了侮辱,黝黑的脸膛气得透红。

"我是有身份的人!"他咬牙切齿地说,"我不是黑人!该死的小美人,你说这句话得付出代价。"

这次他加快脚步爬坡,可是相当有劲的手臂扔出的石头正好打中他的前胸。他踉踉跄跄退了下去,身子半侧时,看到的景象把他对那姑娘的邪念一扫而光。阿尔瓦丽塔掉过眼去看究竟是什么转移了他的兴趣。一个红棕色鬈发、晒黑的脸膛刮得很光洁,但神情忧郁的人正从二十码外过来。墨西哥人腰上佩着一条手枪皮带,两个枪套却是空的。先前他取出两把六响手枪,可能放在美丽的潘恰的茅屋里了,当更美丽的阿尔瓦丽塔经过时,他跟踪而来,忘了把枪放回去。这时,他飞快地去拔枪,发觉武器不在,两手便朝前摊开,做个放弃战斗求情的姿势,一动不动地站在那儿。新来的人看到他陷入绝境,解下自己的插着两把左轮手枪的皮带,扔到地上,继续朝前走来。

"真有你的!"阿尔瓦丽塔眼睛闪光喃喃地说。

当鲍勃·巴克利按照他敏感的良心强加在他懦怯神经上的疯狂的勇敢准则,扔下枪逼近敌人时,原先那种不可避免的、可耻的恐惧使他感到反胃。他的呼吸道发紧,空气进出发出了哮音。两条腿沉得像灌了铅。嗓子干得冒烟。他心跳猛烈,撞得肋骨生痛。炎热的六月天气变得像是潮冷的十一月份。但是,一往无前的骄傲鞭策着他,使他虚弱的肉体竭尽全力继续朝前走去。

两个男人之间的距离越来越短。墨西哥人纹丝不动地等着。两人相距不到五码时,上面洒落一把小石子,滚到游骑兵脚下。他出于提防的本能,抬眼一望。一双明亮的热烈而温柔的黑眼睛和他的目光相遇,停滞不动了。布拉沃河一带最懦怯的心和最大胆的心不可思议地进行了默默无言的交流。阿尔瓦丽塔仍坐在藤蔓上,越过一人高的槲树丛探头张望,一手按在胸前。一条粗大的黑辫子搭拉在肩头。她嘴唇微张;脸上一副诧异的神情——绝对巨大的诧异。她的目光和巴克利的目光绸缪缱绻。读者要问或者自作聪明地解释奇迹是通过什么微妙的媒介实现的。正如两片云的电荷通过闪电实现平衡或补偿一样,男人通过目光的那一瞥得到了男子气概的补充,女人则掩饰了由于失去女性妩媚而更显得可爱的东西。

墨西哥人突然一动,变戏法似的从靴筒里飞快地抽出一把长匕首,刹那间改变了消极等待的姿态。巴克利扔掉帽子,像嬉闹的小学生似的大笑一声。接着,他赤手空拳地跳上前去,加西亚当仁不让迎了过来。

战斗结束得太快了,使得尚武的游骑兵大失所望。墨西哥人没有使用传统的自上而下扎人的刀法,而是平握匕首直冲过来。巴克利抓住那千钧一发的机会,准确有力地握住他的手腕。然后他挥起萨克逊人一锤定音的一拳——对于不善于用拳头打斗的拉丁民族来说,这种拳法是灾难性的——加西亚倒地不起,脑袋栽在一丛刺梨树下。游骑兵抬头又去瞅蛇族女王。

阿尔瓦丽塔爬下来,走到小径上。

"我恰好经过这儿,真高兴。"游骑兵说。

"他——可把我吓坏了!"阿尔瓦丽塔温柔亲切地说。

他们没有听到树丛底下蟒蛇发出的咝咝声。作为最狡猾的动物,它一向认为它的女主人强壮有力、令人生畏,没想到长期统治它的主人竟会发抖红脸,它用咝咝声表达它的羞辱。

当地民政人员骑马赶到现场;游骑兵把地上那个扰乱治安的人交给他们,他们把那软绵绵的人搭在一匹马背上带走。巴克利和阿尔瓦丽塔却在后面磨磨蹭蹭。

他们慢吞吞地走着。游骑兵捡起手枪皮带。阿尔瓦丽塔怯生生地请求让她摆弄一下那些四五毫米口径的大手枪,时不时发出从未有过的羞怯的惊叹。

小峡谷昏暗下来。河岸峭壁、峡谷尽头那面的世界还沐浴在夕阳的余晖下。

一声尖叫——阿尔瓦丽塔发出一声恐惧的尖叫。她往后退缩,巴克利有所准备的手臂成了保护她的避难所。什么可怕的东西结束了从不害怕的女王的统治呢?

小径上有一条毛虫——一条两英寸长的毛乎乎的蠕虫!库库,你终于可以扬眉吐气了。蛇族女王就此逊位——女王万岁!

人 各 有 志

　　流浪汉"卷毛"向免费自助餐的柜台慢慢蹭过去。他发现酒吧伙计飞快地瞥了他一眼，便站停不动，装作一个刚在门格饭店用过餐的生意人，正在等一个答应开车过来接他的朋友。"卷毛"的表演能力和他的假装都属上乘；但是他的化妆略嫌欠缺。

　　酒吧伙计若无其事地从酒吧后面绕出来，抬头望着天花板，仿佛在思考某些复杂的粉刷问题，接着他突然抓住"卷毛"，出手之快，不容流浪汉找出借口。供应酒水的人不可抗拒，但又镇定自若地把"卷毛"推出旋转门，再踢上一脚，他那副漠不关心的样子更让人伤心。这就是西南部的作风。

　　"卷毛"悠闲地从阳沟里爬起来。他对赶他出来的人既不愤怒也无怨恨。他二十二年的生命中有十五年是在流浪中度过的，精神素质已饱受磨炼。粗暴的命运投射的石块和箭镞奈何不了他自尊的盾牌。他对酒吧伙计的侮辱和伤害特别能够逆来顺受。从情理来说，他们是他的敌人；从不合情理来说，他们往往又是他的朋友。他不得不在他们身上试试自己的运气。但是他还没有学会怎么判断西南部这些冷漠的、无精打采的开酒瓶的骑士，这些人的气派像是波特基特伯爵，当他们看你不顺眼时，就会像自动的下棋装置那样不声不响、干净利落地把你当做棋子挪个地方。

　　"卷毛"在两旁长着牧豆树的狭窄的街道上站了一会儿。圣安东尼奥叫他摸不着头脑。三天前，他扒铁路货车在这里下了车，成了这个城市的不付钱的客人,因为那个有墨西哥血统的约翰尼在得梅因告诉他说,阿拉莫这个城市天上会掉馅儿饼,不用你掏钱就能管饱。"卷毛"发现这个信息有一部分是正确的。这里招待客人的方式很大方、随便、没有定规。但是,他在北部和东部那些匆匆忙忙、讲究实效、照章办事的城市待过之后,这个城市使他精神上感到压抑。人们往往扔给他一块钱,随即温厚地给他一脚。有一次,一群兴高采烈的牛仔在陆军广场用套索套住他,拖得他连滚带跑,浑身衣服沾满污泥,连收破烂的都看了摇头。这里的街道曲里拐弯,不知通向哪里,使他晕头转向。还有一条挂锅钩似的小河在市中心蜿蜒流过,上面架着百来条几乎一模一样的小桥,叫"卷毛"看了就心烦。最后踢他的那个酒吧伙计脚特别大,要穿九号鞋。

　　酒馆坐落在街角上。时间是晚上八点。回家的人和外出的人在狭窄的石铺人行道上推推搡搡,挤着"卷毛"。他左面的建筑物之间有一条自称是大道的罅隙,其实只能算是一条小巷。小巷黑乎乎的,只有一处亮光。凡是有亮光的地方,就必定有人。圣安东尼奥天黑之后,凡是有人的地方,就可能有食物,并且必定有酒。于是"卷毛"朝亮光走去。

　　亮光是从施韦格尔酒馆透出来的。"卷毛"在酒馆门口前的人行道上发现一个旧信封。里面也许有一张一百万元的支票,他捡起信封,里面却是空的;流浪汉看看收信人姓名地址,信封上写的是"奥托·施韦格尔先生"以及城市名和州名。寄信邮戳是底特律。

　　"卷毛"进了酒馆。在亮光下可以看到他多年流浪的印记。他没有专业流浪汉的工于心计的整洁。他的衣着代表了五六个过时式样的被抛弃的样品。他的一双鞋是两家鞋厂的协作结果。你瞅着他时,心头会模糊地联想到木乃伊、蜡像、俄罗斯流亡者和船只失事后困在荒岛上的人。他脸上长满了拳曲的棕色胡子,几乎只留出两只眼睛,他经常用小刀割短胡子,从而得到了那个绰号。他的眼睛是浅蓝色的,充满了忧郁、恐惧、狡猾、厚颜和讨好,这一切成了他灵魂承受的压力的见证。

酒馆不大,酒、猪肉和白菜的香味在热气腾腾的氛围中互争短长。施韦格尔和一个大汗淋漓的伙计在酒吧后面忙得不可开交,向买啤酒的顾客提供维也纳热香肠和酸泡菜。"卷毛"拖着脚步走到酒吧一头,讪讪地咳一声,对施韦格尔说自己是底特律的家具木工,如今失了业。

这一招果然奏效,他得到了一大杯啤酒和食物。

"你在底特律也许认识海因里希·施特劳斯吧?"施韦格尔问道。

"海因里希·施特劳斯吗?""卷毛"兴致勃勃地接口说,"我们太熟悉了,每星期下午都在一起玩纸牌。"

于是,又一杯啤酒和第二盘热腾腾的食物端到这位外交家面前。"卷毛"清楚地知道骗局能维持多久,见好便收,他拖着脚步出了酒馆,回到希望不大的街上。

现在他开始察觉到这个南方城市的不便。北方的城市再怎么贫穷,户外也有灯光、消遣和音乐,这里却没有。现在时间不算很晚,那些阴暗的石墙房屋都已经闩好大门,抵挡夜晚阴暗的潮气。街道只是一些罅隙,弥漫着河面上飘来的一圈圈灰雾。他蹀躞前行时,听到帷帘遮严的窗户里传出笑声和硬币筹码的叮当声,木头和石块的罅隙里还传出阵阵乐声。然而,这些消遣都限于独乐的小范围;大众娱乐还没有普及到圣安东尼奥。

"卷毛"漫无目的地走着,拐到另一条僻静的街道,终于看到一幢古老的木建筑的旅馆前面有一群来自边远牧场的牧人嘻嘻哈哈闹得正欢。一个牧羊人起哄,唆使大家去酒吧,顺便把"卷毛"

当做一头失散的山羊似的带进他的羊群。那些牛肉大王和羊毛大王把"卷毛"当做动物学的新发现,为他欢呼,纷纷向他敬酒致意,并且要用酒精把他当做标本加以保存。

一小时后,"卷毛"摇摇晃晃地从旅馆的酒吧出来,他新结交的那些朋友反复无常,对他不感兴趣后便把他打发走了。他上足了酒精燃料,装满了食物,现在要解决的惟一问题是找个能避风雨的睡觉的地方。

天上下起得克萨斯寒冷的牛毛细雨——懒洋洋的、没完没了的下个不停,使人们的情绪低落,使街道和房屋的温暖的石块升腾起蒸汽。从美国到墨西哥湾的南下寒潮,每年在冬季来到和离去之前总是用这种湿乎乎的方式向爽朗的秋季告别,向可亲的春季致敬。

"卷毛"凭嗅觉指引,拐上第一条曲折的街道,随他不听使唤的两腿信步走去。他看到街那头蜿蜒的小河边上,有一道石砌围墙的大门敞开。门里有几堆篝火,沿三面围墙盖了一排低矮的木棚。他进了围墙。木棚下面许多马匹在大声咀嚼燕麦和玉米。四下停放着不少运货马车和弹簧马车,套马的挽具随随便便地搭在辕杆和双马轼上。"卷毛"知道这是一个停车场,是商人们提供外地的朋友和顾客使用的。到处不见人影。驾驶这些马车的人显然分散到城里去开眼界、找快活了。他们走得匆忙,最后离开的人顾不上关好大木门。

先前"卷毛"饿得像蟒蛇,渴得像骆驼,现在酒醉饭饱,已经没有勘探的心情和能力了。他东倒西歪地朝幽暗的棚屋里辨出的第一辆运货马车走去。那辆货车是两匹马拉的,有白帆布篷顶。车厢里宽松地堆放着一袋袋的羊毛、两三大捆灰色毛毯,以及一些包裹和箱匣,没有装满。清醒的人一眼会看出那是牧场的供应,明天一早驶往偏远的牧场。但此刻在"卷毛"昏昏沉沉的眼里,这一切只代表抵御湿冷夜晚的温暖柔软的庇护。他做了几次失败的尝试后,终于克服了地心吸力,好不容易才踩着车轮爬了上去,一头栽进长久以来没有接触过的最好、最温暖的床铺。接着,他本能地变成了一头打洞的野兽,像草原土拨鼠似的在羊毛袋和毛毯捆中间掘进,像在舒适安全的巢穴的熊似的避开冷空气。一连三夜以来,"卷毛"只是哆哆嗦嗦、断断续续睡一会儿。现在,当梦神赏光来访时,"卷毛"死命揪住那个神话里的老先生不放,那夜世界上恐怕没有第二个人能够入眠了。

"美洲野牛"牧场的六个牛仔等在牧场商店门口。他们的马按照得克萨斯的方式拴着——也就是说根本没有拴。笼头缰绳搭拉在地上,马在附近啃草,这种方式(习惯和想象的力量)比用半寸粗的绳子把马拴在栎树上更牢靠。

这些牛仔每人手里捏着一条棕色的卷烟纸,逛来逛去,温和而不停地咒骂商店老板山姆·雷维尔。山姆穿着一件粉红色的衬衫站在门口,时不时拉起箍袖的红色松紧带又放手让它弹回去,他低头瞅自己脚上棕黄色鞋子,方圆四十英里之内再也找不出第二双那样的鞋子了。他的过错十分严重,他一面欣赏自己的鞋子,一面赔不是。牧场里"抽"的存货告罄,他事先居然一无所知。

"我记得清清楚楚柜台底下还有一箱烟草,弟兄们,"他解释说,"结果发觉是一箱子弹。"

"你清清楚楚是个糊涂蛋,"常绿牧场的围栏工"愣头青"罗杰斯说,"应该用马鞭柄敲破你的糊涂脑袋。我骑马赶了九英里路来买烟草,扑个空;让你活着似乎不近天理人情。"

"我离开牧场时,弟兄们把软木塞屑和干牧豆树叶掺和起来当烟抽,"三榆树牧场的"野马"泰勒叹气说,"他们估计我九点钟能赶回去,都拿着卷烟纸干等,指望在睡觉之前能抽上一口真玩意儿。而我只能回去告诉他们说,这个粉红眼、绵羊头、黄皮鞋、红衬衫的杂毛野马崽子,山姆·雷维尔的店里没有烟草。"

墨西哥牛仔和"美洲野牛"牧场里最好的套索手,"猎鹰"格雷戈里奥,把他那顶绣银的大草帽在漆黑的头发上往后一推,从口袋底抠出一些宝贵的烟草末。

"堂塞缪埃尔,"他带着责备的口气但不失礼貌地说,"请原谅,人们说长耳兔和绵羊最没有头脑。他们的话不可信,堂塞缪埃尔,对不起。认为人们可以不抽烟的人才最没有头脑——对不起,堂塞缪埃尔。"

"唉哟,弟兄们,这么吵吵闹闹有什么用呢,"山姆弯下腰,用一块红黄两色的手帕擦着鞋尖,不慌不忙地说,"兰森星期二去了圣安东尼奥,带了一张添购烟草的货单。潘乔昨天骑了兰森的马先回来了;兰森自己赶车回来。车里装的东西不多——只有几袋羊毛、几捆毛毯、钉子、罐头桃子和我们缺的一些别的货。我估计兰森今天能到。他出发早,赶车又快,太阳没下山前他准能到。"

"他赶的是什么马?""野马"泰勒怀着一丝希望问道。

"两匹赶车的灰马。"山姆说。

"我不妨再等一会儿,"泰勒说,"那两匹马跑起来像鹣鸡吞掉鞭蛇那么快。山姆,你替我开一罐糖水青梅,好让我一面吃,一面等更好的东西。"

"替我开些连核黄梅,""愣头青"罗杰斯说,"我也等。"

断了烟的牛仔们坐在商店门口的台阶上。山姆在店堂里用斧子砍水果罐头盖。

商店是个宽敞的谷仓似的白木建筑,离牧场正宅有五十来码。它后面是马厩;再后面是堆放羊毛的棚屋和剪羊毛的围栏,"美洲野牛"牧场牛羊兼养。商店后面稍远的地方是依附牧场的墨西哥人的茅屋。

牧场正宅由四大间刷白的土砖房和两间木板厢房构成，形成直角。整个建筑有一道宽二十英尺的回廊围绕。它坐落在湖畔，周围有许多巨大的栎树和水榆树，湖不算宽，但水很深，傍晚时硕大的长喙鱼跃出水面又落入水中，发出河马戏水似的声响。树上挂着大片大片的南方特有的灰色苔藓植物。事实上，"美洲野牛"牧场正宅的格调更接近南方而不像西部。一八五五年，老"凯欧瓦"特鲁斯德尔抱着来复枪，从密西西比低地来到得克萨斯时，似乎把南方风情也带了过来。

特鲁斯德尔虽然没有把老家的邸宅带来，但作为传家宝带来的一件东西比砖块石头持久得多。那是特鲁斯德尔与柯蒂斯家族之间的世仇。当柯蒂斯家族的一个成员买下离"美洲野牛"牧场十六英里的榆树牧场时，西南部刺梨和槲树丛生的平原上生活惊心动魄。那时候，特鲁斯德尔猎杀了许多丛林狼、豹猫和墨西哥狮；一两个柯蒂斯家族的成员也在他枪下丧命，成为他刻在枪托上记数的刀痕。"美洲野牛"牧场的湖边也埋葬了他的一个兄弟，背部中了柯蒂斯家的一颗子弹。后来，凯欧瓦印第安人对弗里奥河和格朗德河一带的牧场发动了最后一次袭击，特鲁斯德尔率领他的游骑兵把印第安战士赶尽杀绝，一个不剩，从而赢得了他那"凯欧瓦"的绰号。再后来，牛羊头数增加，土地面积扩大，牧场兴旺发达。然后是老年和悲哀，他披着一头浓密的西班牙丝兰花似的白发，瞪着两只凶狠的蓝灰色眼睛，坐在"美洲野牛"牧场正宅阴凉的回廊上，像被他杀掉的美洲狮似的咆哮。他蔑视岁月；并没有尝到老年的苦涩。但使他耿耿于怀的是他的独子兰森想娶柯蒂斯家族的一个姑娘——世仇另一端惟一幸存的年轻后代。

这时，商店里只有铁皮匙子刮罐头、牛仔吞食带汁水果的声响，还有啃草小马的蹄子踏地声，和山姆唱的一支凄凉的歌曲，山姆一面哼唱,一面对着起皱的镜子,自得其乐地刷他的红褐色的硬头发。

从商店门外望去,南面是起伏的草原,低处是波浪似的淡绿色牧豆草地,高处是几乎成黑色的小槲树丛。牧场道路在牧豆草地上蜿蜒曲折,在五英里外同通向圣安东尼奥的旧官道汇合。太阳低沉,连最平缓的高地都在金绿色的草地上投下几英里长的灰色阴影。

傍晚的听觉比视觉灵敏。

墨西哥人举起黄褐色的指头,让铁皮匙子刮铁皮罐头的声响停下来。

"一辆货车,"他说,"穿过深谷。我听到了车轮声。深谷那里石子太多。"

"你耳朵真灵,格雷戈里奥,""野马"泰勒说,"我只听到丛林里的鸣禽和小山谷里刮过的风声。"

十分钟后,泰勒说:"我看到平原那头一辆货车扬起的尘土。"

"你眼睛真尖,先生。"格雷戈里奥微笑说。

他们看到两英里外一阵淡淡的尘土模糊了牧豆树青绿的涟漪。二十分钟后,听到了马蹄声;再过五分钟,两匹灰马冲出丛林,嘶叫着想回马厩吃燕麦,拉在背后的货车像玩具似的轻巧。

茅屋里传出"主人回来了!主人回来了!"的呼喊。四个墨西哥小伙子跑去卸那两匹灰马。牛仔们发出欢迎和高兴的呼声。

赶车的兰森·特鲁斯德尔把缰绳扔到地上,哈哈一笑。

"在车篷布底下,弟兄们,"他说,"我知道你们在等什么。假如山姆再断档缺货,我们就把他那双黄皮鞋扒下来当枪靶子打。有两箱。搬下来,抽吧。我知道你们都想抽烟。"

兰森一到干燥的地带,就把货车篷布揭掉,搭在货物上面。现在六个人迫不及待地拉开篷布,在羊毛袋和毛毯底下翻找烟草箱子。

圣加百列牧场派来要烟草的特使柯林斯,绰号叫"高个子",骑马用的马镫是密西西比河以西最长的,他伸出一条车辕似的长臂在货包中挖掘,摸到了一件比毛毯硬的东西,拖了出来:一件用铁丝和绳子捆起来的、可怕的、形状不规则的皮革裹着的东西。一头露出了人的脚趾,仿佛是受惊乌龟的头和前爪。

"喔唷!""高个子"柯林斯嚷了起来,"兰森,难道你也收尸?老天爷,这儿有一具——"

"卷毛"像一条钻在洞里冬眠的蠕虫似的突然一动。他爬出来,坐着直眨巴眼睛,像是亮光下睁不开眼并且醉酒的猫头鹰。他面孔青紫浮肿,皱纹纵横,好比肉铺里最便宜的牛腿肉。他的眼睛肿得只剩两条缝;鼻子红得像是泡甜菜;头发蓬乱,像是打开匣子就弹出来的玩偶脑袋。身体的其余部分则像披着破衣烂衫的吓鸟的稻草人。

兰森从赶车的座位上跳下来,吃惊地瞪着他装运的陌生货物。

"嗨,你这条无主的牛,你在我的车上干什么?你怎么上来的?"

牛仔们高兴地围上来,暂时忘了烟草。

"卷毛"慢慢打量着四周。他蓬乱的胡子里发出苏格兰猎犬似的咆哮声。

"这是什么意思?"他嘶哑地问道,"一个破地方的破农庄。你们把我弄到这里来干什么——嗯?我说过要上这儿来吗?你们伸着脖子瞧什么——嗯?走开,不然我要揍你们的脸了。"

"柯林斯,把他拖出来。"兰森吩咐说。

"卷毛"翻下货车,肩胛着地。他挣扎着爬起来,一屁股坐在商店台阶上,抱着膝头,由于受了虐待而瑟瑟发抖。泰勒抬出一箱烟草,撬开箱盖。六支香烟点燃了,给山姆带来了安宁和宽容。

"你怎么上我的车子的?"兰森又问了一遍,这次的声调不容对方不回答。

"卷毛"熟悉这种声调。他常从铁路货车司闸员和穿蓝制服、握警棍的大个子那里听到。

"我吗?"他咆哮说,"你是对我说话吗?唔,我正要去门格饭店,但是我的贴身男仆忘了把我的睡衣放在箱子里。于是我爬上车场里的一辆货车——明白了吗?我根本没有让你们把我送到这个倒霉的农庄——明白了吗?"

"这是什么,野马?""愣头青"罗杰斯问道,兴奋得几乎忘了抽烟,"它靠什么活下来的?"

"它是嘎哩哇啦,愣头青,"野马回说,"是夜晚低地里爬在榆树上呜哩哇啦叫的东西。我不知道它会不会咬人。"

"不对,野马,""高个子"柯林斯插嘴说,"嘎哩哇啦背上长鳍,有十八个脚趾。这是条嗅嗅蜥。它生活在地底下,吃樱桃为生。别挨得太近。它一甩尾巴可以把整个村庄都扫平。"

站在门口的山姆见过世面,叫得出圣安东尼奥所有酒吧伙计的小名,他对动物学比较有研究。

"嘿,这家伙胡子可够密的,"他评论说,"兰森,你从哪儿把他挖来的?你打算在牧场办个流浪汉收容所吗?"

"喂,""卷毛"说,一切取笑打趣的话在他的甲胄面前都像箭镞似的纷纷跌落,"你们这些开玩笑的家伙难道没有喝醉过吗?你们尽管拿我开心。我只是喝得太多,连自己姓什么都记不得了。"

他转向兰森。"嗨,你用你那该死的大篷车把我拐带到这里——我让你把我弄到农庄来吗?我要喝点酒。我浑身都散架了。行吗?"

兰森看出那流浪汉的神经确实支持不住了。他吩咐一个墨西

279

哥小伙子去牧场正宅弄一杯威士忌来。"卷毛"一口吞下；眼睛里闪出一缕感激的光芒——像一条忠心耿耿的猎狗的眼神那么有人味。

"谢啦，老板。"他安静地说。

"你离铁路线有三十英里，离最近的酒馆有四十英里。"兰森说。

"卷毛"有气无力地靠在台阶上。

"既然你已经到了这里，"兰森接着说，"既然你是跟我来的，我们不能把你扔在草原上不管。一只兔子都能把你撕成碎片。"

他把"卷毛"领到牧场存放车辆的大棚屋，支起一张帆布床，拿来几条毛毯。

"你实实足足睡了二十四小时，"兰森说，"不见得再能睡。不过你可以在这里过夜，待到明天早晨。我让佩德罗给你弄点吃的来。"

"睡觉！""卷毛"说，"我能睡上一星期。喂，哥们，你身边有棺材钉子吗？"

兰森·特鲁斯德尔那天赶车跑了五十英里。不过他还有事要做。

老"凯欧瓦"特鲁斯德尔坐在大柳条椅上，在一盏大煤油灯下看书。兰森把一捆刚从城里捎回的报纸放在他手边。

"回来啦，兰森？"老头抬眼说。

"儿子，"老"凯欧瓦"接着说，"我整天在想一件我们已经谈过的事。我要对你再说说清楚。我为你操了一辈子心。为了保护你，我同狼斗，同印第安人斗，同更坏的白人斗。你很小的时候就没有母亲。我教你打枪要正派，骑马要拼命，活得要干净。后来我使劲儿干活，攒了不少钱，以后都是你的。兰森，等我百年之后，你就是个有钱的人。我造就了你。我像美洲虎舔虎崽似的呵护你,让你有了模样。你不属于你自己——你首先应该是特鲁斯德尔家族的一员。好吧,关于柯蒂斯家的那个姑娘,还有什么可以废话的吗?"

"我再一次告诉你,"兰森慢吞吞地说,"只要我姓特鲁斯德尔,只要你是我父亲,我绝不和柯蒂斯家的姑娘结婚。"

"好孩子,"老"凯欧瓦"说,"你现在去吃晚饭吧。"

兰森到了后面的厨房。墨西哥厨师佩德罗利索地站起来,去端热在火炉上的食物。

"一杯咖啡就行了,佩德罗,"兰森站着喝了咖啡。接着又吩咐厨师说:

"有个流浪汉躺在车棚里的帆布床上。给他弄些吃的。最好够两个人的量。"

兰森出了厨房,朝茅屋走去。一个小伙子急忙跑来。

"曼努埃尔,你能替我去牵小牧场上的瓦米诺斯吗?"

"当然能,先生。两小时前,我在大门那儿见到它。它身上还有一根拖绳。"

"那就去抓住它,尽快备好鞍。"

"我这就去,先生。"

兰森骑上瓦米诺斯,向前稍稍俯身,两腿一夹,飞快地朝东跑去,路过商店时,看见山姆坐在月光下拨弄吉他。

提起瓦米诺斯,还得啰嗦两句。瓦米诺斯是匹暗褐色的快马。墨西哥人有许多形容马匹毛色的词儿,管它叫"格鲁约"①。其实它的毛色灰中带蓝,还有红褐色斑点。背上从鬃毛到尾巴有一道黑纹。它日行千里,夜行八百;勘察人员一辈子走过的路都不及它

---

① 原文 gruyo,西班牙语的正确拼法应为 grullo,在墨西哥指深灰色的马。

一天跑的多。

到了"美洲野牛"牧场正宅以东八英里的地方,兰森放松两膝,瓦米诺斯便在一株巨大的金雀花树下站停。金雀花香气浓郁,胜过法国的玫瑰。月光下,地面像是一个玻璃盖着的大碗。林中空地五只长耳兔跳跳蹦蹦,小猫似的在玩耍。往东再过去八里路,一点淡淡的亮光像是落到地平线上的星星。骑马赶夜路的人常常凭它来确定自己的方位,知道那是榆树牧场的灯光。

十分钟后,叶娜·柯蒂斯骑着一匹名叫"跳舞"的栗色小马跑到树下。两人探近,高兴地握手。

"我应该到离你家再近一些的地方等你,"兰森说,"你总是不同意。"

叶娜笑了。在柔和的光线下露出洁白的牙齿和无畏的眼神。尽管月光如水,金雀花散发的芳香扑鼻,情人兰森·特鲁斯德尔的模样英俊挺拔,她并没有故作多情。不过她来了,从家里骑马赶了八英里路来同他相会。

"我对你说过多次,兰森,"她说,"我是在半道上迎接你的姑娘。总是半道相迎。"

"怎么样?"兰森带着询问的语气说。

"我提过了,"叶娜叹了一口气,"晚饭后,我以为他情绪很好,对他提了这件事。兰森,你有没有惊醒过一头你误以为是猫的狮子?他几乎把牧场闹得底朝天。没有希望了。我爱我爸爸,兰森,我害怕——我怕他。他要我答应不同特鲁斯德尔家的人结婚。我答应了。就这样。你运气怎么样?"

"也一样,"兰森慢吞吞地说,"我答应他,他的儿子绝不和柯蒂斯家的人结婚。不知怎的,我不忍心违反他的意愿。他太老了。真抱歉,叶娜。"

那姑娘在鞍上凑过来,把手放在兰森搁在鞍头的手上。

"即使你我不能在一起,"她激动地说,"我仍会爱你的。现在我非走不可了,兰森。我是偷偷溜出来,自己替'跳舞'备的鞍。晚安,兰森。"

"晚安,"兰森说,"骑马时留心獾洞。"

他掉过马头,朝相反的方向跑去。叶娜在马背上回头,清晰地喊道:

"别忘了我是在半道上迎接你的姑娘,兰森。"

"什么家族世仇争斗统统见鬼去吧。"兰森骑马回"美洲野牛"牧场时恨恨地冲着风说。

兰森把马放归小牧场,回到自己的房间。他想把那年夏天叶娜去密西西比州小住时写给他的信取出来看看,那些信扎成一捆藏在老柜子最底下的抽屉里。抽屉卡住不动,他使劲一拉,抽屉脱了出来,撞得他脚杆骨好痛。一张颜色发黄的折起的信纸飘落下来,没有封皮,也许是从上层的抽屉里掉出来的。兰森捡起来,好奇地凑近灯光看看内容。

他随即拿起帽子,去到一间墨西哥人居住的茅屋。

"胡安娜大妈,"他说,"我想找你谈谈。"

一位白发苍苍、满脸皱纹的墨西哥老太婆从小凳子上站起来。

"你坐下说,"兰森脱掉帽子,自己坐在茅屋里惟一的椅子上。"我究竟是什么人,胡安娜大妈?"他用西班牙语问道。

"堂兰森,你是我们的好朋友和老板。你干吗问这个?"老太婆莫名其妙地问。

"胡安娜大妈,我究竟是什么人?"他严厉地盯着她的眼睛,又问了一遍。

老太婆显出惊恐的神色,两手摸弄着黑头巾。

"我究竟是什么人,胡安娜大妈?"兰森再追问道。

"我在'美洲野牛'牧场生活了三十二年,"胡安娜大妈说,"原以为等我埋在花园后面的小山岗底下后,这些事永远不会有人知道。把门关上,堂兰森,我说。我看出来你已经有点察觉。"

兰森在胡安娜大妈的屋子里谈了一个小时。他回正宅时,车棚里的"卷毛"叫住了他。

那个流浪汉坐在帆布床上,晃着腿在抽烟。

"哥们,"他嘟嘟囔囔说,"你把人绑架来可不能这样对待。我去商店借了一把剃刀,刮了脸。但是人需要的不仅仅是这些。喂——你能行个好,再给一杯酒吗?我根本没有求你把我弄到这个该死的农庄来。"

"你起来,站到亮光底下去。"兰森仔细打量着他。

"卷毛"不情愿地站起来,挪了一两步。

他的脸刮干净后似乎变了样。头发从前额右侧朝后梳,形成奇特的波纹。月光缓和了酗酒造成的损害;端正的高鼻子和轮廓分明的下巴使他的相貌几乎显得高贵。

兰森坐在帆布床头,好奇地瞅着他。

"你从哪里来——有没有老家或者亲人?"

"我吗?我本是贵族,""卷毛"说,"我是雷金纳德爵士——噢,得了吧。我什么都不是;我对我的上辈一无所知。从我记事的时候开始,我就是流浪汉。喂,老兄,今晚你能不能再给点喝的?"

"你回答我的问题,也许可以考虑。你怎么流落街头的?"

"我吗?""卷毛"说,"我很小就干上了这一行。不得不干。我记得最初管我的是一个名叫'牛排'查利的又大又懒的流浪汉。他逼我挨家挨户地去乞讨。当时我很矮小,还够不着门闩。"

"他有没有告诉过你,他是怎么把你弄到手的吗?"

"有一次,他清醒时对我说,他是用一把旧的六响手枪和六枚铜币从一群醉醺醺的墨西哥剪羊毛工那里把我换来的。但是有什么用?我只知道这些。"

"好吧,"兰森说,"看来你确实是无主的牛。我替你打上'美洲野牛'牧场的烙印。明天让你去一个营地干活。"

"干活!""卷毛"嗤之以鼻说,"你以为我能干什么活?你以为我能像商店里那个红衬衫、黄皮鞋的人所说的那些傻小子似的追母牛,在疯羊后面蹦蹦跳跳吗。算了吧。"

"哦,你习惯以后会喜欢的,"兰森说,"好吧,我让佩德罗再给你端一杯酒来。我相信在我调教之下你能成为一流的牛仔。"

"我吗?""卷毛"说,"我为你派我去照顾的那些牛感到惋惜。它们自己照顾自己更好些。请别忘了我的睡前酒,老板。"

兰森回正宅之前去商店转了一下。山姆·雷维尔依依不舍地脱了鞋,正准备上床。

"明天一早圣加百列营地有人来吗?"

"'高个子'柯林斯来取邮件。"山姆说。

"告诉他,"兰森说,"把那个流浪汉带到营地去,在我到营地之前别放他走。"

第二天下午,兰森·特鲁斯德尔到了营地下马时,发现"卷毛"坐在毛毯上,挖空心思地想出种种骂人的话。牛仔们谁都不理睬他。他浑身尘土污泥,衣服已经不成模样。

兰森走到营地工头"公鹿"拉布那儿,简略地说了几句话。

"他是个彻头彻尾的二流子,""公鹿"说,"他不肯干活,我从没见过这么耍无赖的东西。我不清楚你打算怎么处置他,所以让他干坐着。他似乎觉得这样很合适。弟兄们早就看他不顺眼,不过我对他们说,你留着他也许有用。"

兰森脱掉上衣。

"我知道我的工作十分困难,公鹿,但是非干不可。我必须把那家伙磨炼出一个人样来。我来营地就是这个目的。"

他走到"卷毛"面前。

"老弟,"他说,"你认为洗个澡,和同胞们坐在一起时不必让他们捂着鼻子,是不是好些?"

"你靠边待着吧,""卷毛"讽刺说,"小威利想洗澡的时候会找托儿所保姆的。"

十二码外有个水塘。兰森抓住"卷毛"的一个脚踝,把他像一袋土豆似的拖到水塘边。然后像链锤运动员那样抡起那个有碍公共卫生的人,远远地扔进水塘。

"卷毛"爬上岸,像海豚似的喷着水。

兰森拿了一块肥皂和一条粗毛巾等着他。

"到池塘那头去用肥皂洗洗,"他说,"'公鹿'会在货车里给你找些干净的衣服。"

流浪汉乖乖地照办了。开晚饭时,他回到营地,穿着一件新的蓝衬衫和褐色的帆布衣裤,简直认不出来了。兰森斜眼观察他。

"老天爷,我希望他不是懦夫,"他暗忖道,"希望最后弄清楚他不是个懦夫。"

他的疑虑很快就烟消云散。"卷毛"笔直走到他面前,淡蓝色的眼睛里冒着火。

"我现在打理干净了,"他别有用意地说,"也许你想同我聊聊。你们以为有好戏可看,是不是?你们这些乡巴佬以为一个人走投无路就可以随便欺侮,是不是?好吧。这下你满意了吧?"

"卷毛"朝兰森左颊使劲抽了一巴掌,在他晒黑的皮肤上留下暗红的手印。

兰森快活地笑了。

随之而来的一场打斗直至今天仍是牛仔们的话题。

"卷毛"从一个城市到另一个城市颠沛流离时学会了自卫的技巧。牧场主具备的是充沛的气力、健康体魄的平衡和有规律生活带来的耐力。两人旗鼓相当。没有正式的搏击回合。良好生活习惯的素质最终占了上风。在牧场主笨拙然而有力的打击下,"卷毛"最后一次被击倒时躺在草地上起不来了,但眼光里仍不服输。

兰森到水桶那儿,用承接的流水洗去下巴一处伤口的血。

他脸上露出满意的微笑。

兰森在圣加百列营地对那流浪汉进行了一个月的改造,假如教育家和道德家了解课程细节也许会大有裨益。牧场主没有什么高明的理论——他的教育学的全部家底或许只限于驯服野马的知识和对遗传的信念。

牛仔们看出老板试图把他派到他们中间来的那个怪物改造成一个男子汉;大家心领神会,自动组成了助手团。他们自有一套办法。

"卷毛"上的第一课印象深刻。他开始对肥皂和水有了好感,甚至亲密无间。最让兰森高兴的是他的培训对象每上一个台阶都能巩固成绩。不过台阶和台阶之间的距离有时很大。

有一次,他把食品帐篷里珍藏的、准备治疗响尾蛇咬伤的一夸脱威士忌酒拿到了手,喝得酩酊大醉,在草地上躺了十六个小时。但是当他摇摇晃晃地站起来时,他做的第一件事是拿了肥皂和毛巾到水塘边去。还有一次,当牧场送来一篮新摘的西红柿和洋葱让营地尝鲜时,"卷毛"在牛仔们回营地吃晚饭前吃得一点不剩。

牛仔们便以他们自己的方式惩罚他。他们除了回答他的问话外,三天不理睬他。对他说话时礼数周全。他们自己相互开玩笑,亲热地打闹,友好地叱喝,但是对"卷毛"客客气气。他看在眼里,正如兰森所希望的那样心里感到刺痛。

有一夜,刮起湿冷的北风。营地里年纪最轻的威尔逊发烧病倒,已经躺了两天。天亮时,乔起来准备早餐,发现"卷毛"靠着食品车的轮子坐着睡了一宿,身上只搭着一条马鞍垫毡,原来"卷毛"把自己的毛毯盖在威尔逊身上，为他抵御风雨。

三天后，"卷毛"裹在自己的毛毯里准备睡觉。牛仔们悄悄起来，着手布置。兰森看到"高个子"柯林斯用套索拴住一个马鞍的鞍头。别的牛仔掏出了六响手枪。

"弟兄们，"兰森说，"我很领你们的情。我本来就希望你们这么做，只不过由我提出来不太合适。"

五六把手枪乒乒乓乓响起来，夹杂着可怕的喊叫，"高个子"柯林斯策马拖着那副马鞍，在"卷毛"的帆布床周围狂奔。那是牛仔们轻轻弄醒受害者的方式。他们按照牧牛营地的规矩小心地把他戏弄了半个小时。他稍有抱怨，他们就把他按在毛毯里，用皮绑腿抽打。

这一切说明"卷毛"已经赢得了荣誉，在接受牛仔们的嘉奖。他们再也不对他客客气气了。他将成为他们的伙伴，同甘共苦的马背上的弟兄。

玩笑开完后，大家争先恐后地到乔煮在篝火上的大咖啡壶那儿舀一杯临睡前的咖啡。兰森仔细观察新授勋的骑士，看他是不是懂得这一切的含义，是不是不负众望。"卷毛"端着他的咖啡，一瘸一拐地走到一根原木那儿坐下。"高个子"柯林斯过去坐在他旁边。"公鹿"也走过去坐在他的另一边。"卷毛"笑了。

随后，兰森给"卷毛"配备了坐骑马鞍，把他交给"公鹿"拉布，吩咐拉布完成以后的课程。

三星期后，兰森从牧场骑马去当时驻在蛇谷的拉布的营地。弟兄们在备鞍，正要出去干活。他找到了"高个子"柯林斯。

"那匹野马怎么样了？"他问道。

"高个子"柯林斯咧嘴笑了。

"兰森·特鲁斯德尔，你伸手就可以碰到他，"他说，"你高兴的话还可以同他握握手，他白得你认不出来，再说，营地里没有比他更棒的了。"

兰森再看看站在柯林斯旁边的那个脸刮得很干净、晒得黝黑的、笑容满面的牛仔。难道这就是"卷毛"？他伸出手，"卷毛"的握力像驯马师那么大。

"我有事要你回牧场。"兰森说。

"行，哥们，""卷毛"痛快地说，"不过我还要回来。老兄，这地方太好了。同这批人一起赶牛比什么都有意思。他们都是有趣的伙伴。"

他们在"美洲野牛"牧场正宅下了马。兰森让"卷毛"在起居室门外等着，他自己先进了屋。老"凯欧瓦"特鲁斯德尔在桌边看报。

"早上好，特鲁斯德尔先生。"兰森招呼说。

老人倏地转过白发苍苍的头。

"这是什么意思？"他说，"你怎么称呼我先生——？"

他看到兰森的脸色时便停住不说了，拿报纸的手微微发抖。

"孩子，"他慢慢接着说，"你是怎么发现的？"

"没关系，"兰森微笑着说，"我让胡安娜大妈告诉我的。出于偶然，但是没关系。"

"我一直把你当亲儿子。"老"凯欧瓦"声音颤抖说。

"胡安娜大妈全告诉我了，"兰森说，"她告诉我，当初我在一批去西部探矿的移民的大篷车里，还是个邋里邋遢的小不点儿，你收养了我。她还告诉我，你自己的孩子走失或者被拐走了。她说，那天一批剪羊毛的人狂饮之后离开了牧场。"

"我们的孩子走失时只有两岁大，"老人说，"接着来了那批移民的大篷车，他们有个小孩，带着碍事，不想带了；我们就收养了你。我不想让你知道。此后我们没有自己孩子的消息。"

"他就在门外，除非我大错特错。"兰森说着打开门，招呼外面

289

的人进来。

"卷毛"走进来。

谁都不可能怀疑。老人和小伙子长着同样有波纹的头发,同样的鼻子、下巴、脸形和淡蓝色的眼睛。

老"凯欧瓦"急切地站起来。

"卷毛"好奇地环顾房间,脸上现出困惑的神情。他指着对面的墙壁。

"那个滴答滴答呢?"他心不在焉地问道。

"那个钟,"老"凯欧瓦"大声嚷道,"那里本来挂着一个能走八天的钟。你怎么——"

他转过身看兰森,但是兰森已经不在了。

瓦米诺斯,那匹有暗红斑点的暗褐色快马,已经驮着兰森朝西跑出一百码远,穿破尘埃和槲树丛,向榆树牧场奔去。

饕 餮 姻 缘

"女人的脾气,"有关这个话题的各种意见都提出来以后,杰夫·彼得斯开口说,"简直捉摸不定。女人要的东西正是你所没有的。越是稀罕的东西,她越是想要。她最喜欢收藏一些她从没听说过的玩意儿。按照性格来说,女人对事物的看法倒不是片面的。

"一则由于天性,二则由于多闯了码头,我犯了这样一个毛病,"杰夫沉思地从架高的双脚中间望着炉子,接下去说,"就是我对某些事情的看法比一般人来得深刻。我几乎到过合众国所有的城市,一面闻着汽车废气,一面同街上的人们谈话。我用音乐、口才、戏法和花言巧语搞得他们目瞪口呆,同时向他们推销首饰、药品、肥皂、生发油和各种各样别的玩意儿。我在游历期间,为了消遣和安慰自己的良心,便对女人的性格做了一番研究。要彻底了解一个女人,非得下一辈子功夫不可。不过假如花十年时间,勤学好问,那么对女性的基本情况也可以知道一个大概。有一次,我刚从萨凡纳①经过棉花种植地带推销多尔比灯油防爆粉回来,在西部做巴西钻石和一种专利引火剂买卖的时候,就得到了一些教益。当时,俄克拉何马这一带刚开始发展。格思里在它中间像一块自动发酵的面团那样日见长大。这十足是座新兴的市镇——你要洗

---

① 萨凡纳,美国乔治亚州东南的棉花集散港市。

脸先得排队;吃饭的时间如果超过十分钟,就得另付住宿费;在木板上睡了一夜,第二天早晨就要你付伙食费①。

"由于天性和原则,我养成了一个习惯,专爱发掘吃饭的好去处。于是我四下寻找,终于发现了一个完全符合要求的地方。我看到一家开张不久的饭摊,经营它的是一个随着小城的兴旺搬来想发利市的人家。他们草草搭起一座木板房子,作为住家和烹调之用,房子旁边再支起一个帐篷,在那里面卖饭。帐篷里张贴着花花绿绿的标语,打算把劳顿的旅客从寄宿所和供应烈酒的旅馆的罪孽中超度出来。'尝尝妈妈亲手做的软饼','你觉得我们的苹果布丁和甜奶油汁怎么样?','热烙饼和槭糖浆同你小时候吃的一模一样','我们的炸鸡从没有打过鸣'——真是开胃解馋的绝妙文章!我对自己说,妈妈的游子今晚一定去那儿吃饭。结果去了。我就在那儿结识了玛米·杜根姑娘。

"杜根老头是个六英尺高、一英尺宽的印第安纳州人,他什么事都不干,整天躺在小屋子里的摇椅上,回忆一八八六年的玉米大歉收。杜根大妈掌勺,玛米跑堂招待。

"我一见到玛米,就知道人口普查报告有了差错。合众国里总共只有一个姑娘。要细细形容她可不容易。她的身段同天仙差不多,眼睛和风韵都是说不出的美。如果你想知道她是怎么样的姑娘,从布鲁克林桥往西直到衣阿华州的康斯尔布拉夫斯的县政府,都找得到类似她的人。她们在商店、饭馆、工厂和办公室里工作,自食其力。她们是夏娃的嫡系后裔,她们这一伙才有女权。假如男人对此表示怀疑,少不了挨一记耳刮子。她们和蔼可亲,诚实温柔,不受约束,敢说敢言,勇敢地面对人生。她们同男人打过交道,发现男人是可怜的生物。她们认为海滨图书馆里说男人是神

---

① 原文"board"有双关意义,可作"伙食"及"木板"解。

话中的王子的报告,是缺乏根据的。

"玛米就是那种人。她活泼风趣,有说有笑,应付吃饭的客人时巧妙而敏捷,不容你嬉皮笑脸。我不愿意挖掘个人情感的深处。我抱定一个主张:所谓爱情那种毛病的变化和矛盾,正像用牙刷一样,应该是私人的感情。我还认为,心的传记应该同肝的历史传奇一起,只能局限于杂志的广告栏。① 因此,我对玛米的感情,恕我不在这里开列清单了。

"不久,我养成了一个有规律的习惯,就是在没有规律的时间里,只要帐篷里主顾不多,就逛进去吃些东西。玛米穿着黑衣服和白围裙,微笑着走过来说:'喂,杰夫——你为什么不在开饭的时间来。你总是想看看能给人家添多少麻烦。今天有炸鸡牛排猪排火腿蛋菜肉馅饼'——以及诸如此类的话。她管我叫杰夫,可是并没有特别的用意。只不过是便于称呼而已。为了方便起见,她总是直呼我们的名字。我要吃过两客饭菜才离开,并且像参加社交宴会似的拖延时间。在那种宴会上,人们不断调换盘子和妻子,一面吃,一面兴高采烈地互相戏谑。玛米脸上堆着笑,耐心伺候,因为既然开了饭店,总不能因为过了开饭时间而不做生意呀。

"没多久,另一个名叫埃德·科利尔的家伙也犯了吃饭不上顿的毛病。他和我两个人在早饭与中饭、中饭与晚饭之间架起了桥梁,使饭摊成了连轴转的马戏团,玛米的工作则成了连续不断的演出。科利尔那家伙一肚子都是阴谋诡计。他干的大概是钻井、保险、强占土地,或者别的什么行当——我记不清了。他对人非常圆滑客气,说的话叫你听了服服帖帖。科利尔和我就这样又谨慎又活跃地同那个饭摊泡上了。玛米不偏不倚,一视同仁。她分施恩泽就像发纸牌一样——一张给科利尔,一张给我,一张留在桌

---

① 心的传记指爱情小说,肝的历史传奇指药品广告。

上,绝不作弊。

"我同科利尔自然互相认识了,在外面也常常一起消磨时光。抛开他的狡诈不谈,他仿佛还讨人喜欢,尽管含有敌意,却很和蔼可亲。

"'我注意到,你喜欢等顾客跑光之后才去饭馆吃饭。'有一天我对他这么说,想要探探他的口气。

"'嗯,不错,'科利尔沉思地说,'挤满了人的饭桌太嘈杂,叫我那敏感的神经受不了。'

"'是啊,我也有同感。'我说,'小妞儿真不赖,是吗?'

"'原来如此。'科利尔笑着说,'嗯,经你一提,倒叫我想起她确实叫人眼目清凉。'

"'她叫我看了欢喜,'我说,'我打算追她。特此通知。'

"'我跟你一样说老实话吧,'科利尔坦白说,'只要药房里的胃蛋白酶不缺货,我打算同你比赛一场,到头来你恐怕要害消化不良。'

"于是,科利尔同我开始了比赛。饭馆增添了供应。玛米愉快而和气地伺候我们,一时难分高低,害得爱神丘比特和厨师在杜根饭馆里加班加点,忙得不可开交。

"九月里的一个晚上,吃过晚饭,店堂收拾干净之后,我邀玛米出去散步。我们走了一段路,在镇边一堆木料上坐下。这种机会难得,我便把心里话都掏了出来,向她解释,巴西钻石和引火剂累积的财富已经足以保证两个人的幸福生活,还说这两样东西加起来的光亮也抵不上某人的一对眼睛,还说杜根的姓应该改作彼得斯,如果不同意,请说明理由。

"玛米没有马上开口。一会儿,她似乎打了个哆嗦,我觉得情况不妙。

"'杰夫,'她说,'你开了口,叫我很为难。我喜欢你,同喜欢别人的情况一样,可是世界上根本没有我愿意嫁的男人,也永远不会有。你可知道,男人在我心目中是什么?是一座坟墓。一具埋葬牛排猪排炸肝拼咸肉火腿蛋的石棺材①。不是别的,就是这么一个东西。两年来,我一直看男人们吃呀吃的,最后他们在我印象中成了只会贪嘴的两脚动物。他们只是在饭桌上操使刀叉盘碟之类的东西,此外一无可取。在我的心目和印象中,这种想法已经不可磨灭了。我也曾想克服它,可是不成。我听到别的姑娘们把她们的情人吹得天花乱坠,我真弄不明白。男人在我心里唤起的感情同绞肉机和食品室所唤起的一模一样。有一次,我去看日场戏,特地看看姑娘们一致吹捧的一个男演员。当时我的兴趣只在于琢磨他要的牛排是喜欢煎得生一点,适中,还是老一点,琢磨他吃鸡蛋是喜欢老一点,还是嫩一点。就是这么回事。杰夫,我根本不愿意同男人结婚,看他吃完早饭,再回来吃中饭,又回来吃晚饭,吃呀吃的,吃个没完。'

"'不过,玛米,'我说,'日子一长,这种想法会消退的。这是因为你看腻了的缘故。你总有一天要结婚的。男人也不是一天到晚吃个不停。'

"'据我观察,男人就是一天到晚吃个不停的。不行,让我把我的打算告诉你吧。'玛米突然精神一振,眼睛明亮地说,'我在特雷霍特②有一个要好的女朋友,名叫苏西·福斯特。她在铁路食堂里做女侍。我在那个城的一家饭馆里干过两年活。苏西比我更厌烦男人,因为在铁路食堂里吃饭的人更穷凶极恶。他们为了抢时间,一面狼吞虎咽,一面还要调情。呸!苏西和我做了一个通盘计划。我们打算积攒一点钱,差不多的时候,就把我们看中的一幢

---

① 原文"sacrophagus"是古代一种石棺,据说能分解吸收尸体。
② 特雷霍特,美国印第安纳州西部的城市。

小平房和五英亩地买下来,我们住在一起,种些紫罗兰,卖给东部的市场。好吃的男人休想走近那个地方。'

"'难道女人从来不——'我刚开口,玛米立刻打断了我的话。

"'不,她们从来不。有时候,稍微秀里秀气地吃一点;就是这么一回事。'

"'我原以为糖果——'

"'看在老天分上,谈些别的吧。'玛米说。

"我刚才说过,这番经历使我了解到,女人天性喜欢追求空幻虚假的东西。拿英国来说,使它有所成就的是牛排;日耳曼的光荣应该归于香肠;山姆叔叔的伟大则得力于炸鸡和馅饼。但是,那些自说自话的年轻小姐,她们死也不肯相信。她们认为,这三个国家的赫赫名声是莎士比亚、鲁宾斯坦和义勇骑兵团①造成的。

"这种局面叫谁碰到都要伤脑筋。我舍不得放弃玛米;但是要我放弃吃东西的习惯,想起来都心痛,别说付诸实现了。这个习惯,我得来已久。二十七年来,我瞎打瞎撞,同命运挣扎,可总是屈服在那可怕的怪物——食物——的诱惑之下。太晚啦。我一辈子要做贪嘴的两脚动物了。从一餐饭开头的龙虾色拉到收尾的炸面饼圈,我一辈子从头到尾都要受口腹之累。

"我照旧在杜根的饭摊上吃饭,希望玛米能回心转意。我对真正的爱情有足够的信心,认为爱情既然能够经受住饥饿的考验,当然也能逐渐克服饱食的拖累。我继续侍奉我的恶习。虽然每当我在玛米面前把一块土豆塞进嘴里的时候,我总觉得自己在葬送最美好的希望。

---

① 鲁宾斯坦(1830—1894),俄罗斯作曲家、钢琴家。"鲁宾斯坦"是德语中常见的姓,杰夫·彼得斯误以为他是德国人。义勇骑兵团是在一八九八年美国—西班牙战争中,西奥多·罗斯福和伦纳德·伍德指挥的在古巴作战的美国第一义勇骑兵团,这个番号沿用至今,但装备已不是战马,换了直升机。

"我想科利尔一定也同玛米谈过,得到了同样的答复。因为有一天他只要了一杯咖啡和一块饼干,坐在那里细嚼慢咽,正像一个姑娘先在厨房里吃足了冷烤肉和煎白菜,再到客厅里去充秀气那样。我灵机一动,如法炮制。我们还以为自己找到了窍门呢!第二天,我们又试了一次,杜根老头端着神仙的美食出来了。

"'两位先生胃口不好,是不是?'他像长辈似的,然而有点讽刺地问道,'我看活儿不重,我的风湿病也对付得了,所以代玛米干些活。'

"于是,我和科利尔又暴饮暴食起来。那一阵子,我发现我的胃口好得异乎寻常。我的吃相一定会叫玛米一见我进门就头痛。后来我才查明,我中了埃德·科利尔第一次施展在我身上的毒辣的阴谋诡计。原先他和我两人经常在镇里喝酒,想杀杀肚饥。那家伙贿赂了十来个酒吧侍者,在我喝的每一杯酒里下了大剂量的阿普尔特里蟒蛇开胃药。但是他最后作弄我的那一次,更叫人难以忘怀。

"一天,科利尔没有到饭摊来。有人告诉我,他当天早晨离开了镇里。现在我惟一的情敌只有菜单了。科利尔离开的前几天,送给我一桶两加仑装的上好威士忌,据他说这是一个在肯塔基的表亲送给他的。现在我确信,那里面几乎全是阿普尔特里蟒蛇开胃药。我继续吞咽大量的食物。在玛米看来,我仍旧是个两脚动物,并且比以前更贪嘴了。

"科利尔动身之后约莫过了一星期,镇上来了一个露天游艺团,在铁路旁边扎起了帐篷。我断定准是卖野人头的展览会和一些稀奇古怪的玩意儿。有一晚,我去找玛米,杜根大妈说,她带了小弟弟托马斯去看展览了。那一星期,同样的情况发生了三次。星期六晚上,我在她回家的路上截住她,在台阶上坐了一会儿,同她谈谈。我发现她的神情有点异样。她的眼睛柔和了一些,闪闪发亮。她非但不像要逃避贪吃男人,去种紫罗兰的玛米·杜根,反倒像是上帝着意创造的玛米·杜根,容易亲近,适于在巴西钻石和引火剂的光亮下安身立命了。

"'那个"举世无双奇珍异物展览会"似乎把你给迷住了。'我说。

"'只是换换环境罢了。'玛米说。

"'假如你每晚都去的话,'我说,'你会需要再换一个环境的。'

"'别那样别扭,杰夫,'她说,'我只不过是换换耳目,免得老惦记着生意买卖。'

"'那些奇珍异物吃不吃东西?'我问道。

"'不全是吃东西的。有些是蜡制的。'

"'那你得留神,别被它们粘住。'我冒冒失失地说。

"玛米涨红了脸。我不清楚她的想法。我的希望又抬了头,以为我的殷勤或许减轻了男人们狼吞虎咽的罪孽。她说了一些关于星星的话,对它们的态度恭敬而客气,我却说了许多痴话,什么心心相印啦,真正的爱情和引火剂所照耀的家庭啦,等等。玛米静静地听着,并没有奚落的神气。我暗忖道:'杰夫,老弟,你快要摆脱依附在食品消费者身上的晦气了;你快要踩住潜伏在肉汁里的蛇了。'

"星期一晚上我又去了。玛米带着托马斯又在'举世无双珍奇异物展览会'里。

"'但愿四十一个烂水手的咒骂,'我说,'和九只顽固不化的蝗虫的厄运立即降临到这个展览会上,让它永世不得翻身。阿门。明晚我要亲自去一趟,调查调查它那可恶的魅力。难道一个顶天立地的大丈夫竟能先因刀叉,再因一个三流马戏团而丧失他的情人吗?'

"第二天晚上,去展览会之前,我打听了一下,知道玛米不在家。这时候,她也没有同托马斯一起在展览会,因为托马斯在饭摊外面的草地上拦住了我,没让我吃饭,就先提出了他的小打算。

"'假如我告诉你一个情报,杰夫,'他说,'你给我什么?'

"'值多少,给多少,小家伙。'我说。

"'姊姊看上了一个怪物,'托马斯说,'展览会里的一个怪物。我不喜欢他。她喜欢。我偷听到他们的谈话。你也许愿意知道这件事。喂,杰夫,你看这值不值两块钱?镇上有一支练靶用的来复枪——'

"我搜遍了口袋,把五毛的、两毛五的银币叮叮当当地扔进托马斯的帽子里。这情报好像是一记闷棍,害得我一时没了主意。我一面把钱币扔进帽子,脸上堆着傻笑,心里七上八下,一面像白痴似的快活地说:

"'谢谢你,托马斯——谢谢你——呃——你说是一个怪物,托马斯。能不能请你把那个怪物的名字讲得稍微清楚一些,托马斯?'

"'就是这个家伙。'托马斯说着从口袋里掏出一张黄颜色的传单,塞到我面前,'他是寰球绝食冠军。我想姊姊就是为了这个道理才对他有了好感。他一点东西都不吃。他要绝食四十九天。今天是第六天。就是这个人。'

"我看看托马斯指出的名字——'埃德华多·科利埃利教授'。'啊!'我钦佩地说,'那主意倒不坏,埃德·科利尔。这一招我输给了你。可是只要那姑娘一天不成为怪物太太,我就一天不罢休。'

"我直奔展览会。我刚到帐篷后面,一个人正从帆布帐篷底下像蛇那样钻出来,跟跟跄跄地站直,仿佛是吃错了疯草的小马似的,同我撞个满怀。我一把揪住他的脖子,借着星光仔细打量了一番。原来是埃德华多·科利埃利教授,穿着人类的服装,一只眼睛露出铤而走险的凶光,另一只眼睛显得迫不及待。

"'喂,怪物。'我说,'你先站站稳,让我看看你怪在什么地方。你当了威洛帕斯-沃洛帕斯,或者婆罗洲来的平彭,或者展览会称呼你的任何别的东西,感觉怎么样?'

"'杰夫·彼得斯,'科利尔有气无力地说,'放开我,不然我要揍你了。我有十万火急的事。松手!'

"'慢着,慢着,埃德,'我回答说,把他揪得更紧了,'让老朋友看看你的怪异表演。老弟,你玩的把戏真出色。可是别提揍人的话,因为你现在气力不济。你充其量只有一股虚火和一个空瘪的肚子。'事实也确实如此。这家伙虚弱得像头吃素的猫。

"'我只要有半小时的锻炼,和一块两英尺见方的牛排作为锻炼对象,'他忧伤地说,'我就可以同你争个高低,奉陪到底。我说,发明绝食的家伙真是罪该万死。但愿他的灵魂永生永世被锁起来,同一个满是滚烫的肉丁烤菜的无底坑相距两英尺。我放弃斗争,杰夫;我要倒戈投敌了。你到里面去找杜根小姐吧,她在注视独一无二的活木乃伊和博学多才的公猪。她是个好姑娘,杰夫。只要我能把不吃东西的习惯再维持一个时期,我就能比垮你。你得承认,绝食的一招在短期内是很高明的。我原是这么想的。喂,杰夫,常言道,爱情是世界的动力。我来告诉你吧,这句话不符合实际。推动世界的是开饭的号角声。我爱玛米·杜根。我六天不吃东西,就是为了讨她的欢心。我只吃过一口。我用大棒把一个浑身刺花的汉子打蒙了,夺了他嘴里的三明治。经理扣光了我的工资;可是我要的并不是工资,而是那个姑娘。我愿意为她献出生命,然而为了一盆炖牛肉,我宁愿出卖我永生的灵魂。饥饿是最可怕的东西,杰夫。一个人饿饭的时候,爱情、事业、家庭、宗教、艺术和爱国等等,对他只是空虚的字眼!'

"埃德·科利尔可怜巴巴地对我说了这番话。我经过分析,知道他的爱情和消化起了冲突,而粮食部门却赢得了胜利。我一向并不讨厌埃德·科利尔。我把肚子里合乎礼节的言语搜索了一番,想找一句安慰他的话,可是找不到凑手的。

"'现在,只要你放我走路,'埃德说,'我就感激不尽啦。我遭受了严重打击,现在我准备更严重地打击粮食供应。我准备把镇上所有的饭馆都吃个精光。我要在齐腰深的牛腰肉里蹚过去,在火腿蛋里游泳。人落到这个地步,杰夫·彼得斯,可够惨的——竟然为了一点吃食而放弃他的姑娘——比那个为了一只松鸡而出卖继承权的以扫更为可耻①——不过话又说回来,饥饿实在太可怕啦。恕我少陪了,杰夫,我闻到老远有煎火腿的香味,我的腿想直奔那个方向。'

"突然间,风中飘来一股浓烈的煎火腿的气息;这位绝食冠军喷了喷鼻子,在黑暗中朝食料奔去。

"那些有修养的人老是宣扬爱情和浪漫史可以缓和一切,我希望他们当时也在场看看。埃德·科利尔是个堂堂的男子汉,诡计多端,善于调情,居然放弃了他心中的姑娘,逃窜到胃的领域去追求俗不可耐的食物。这是对诗人的一个讽刺,对最走红的小说题材的一记耳光。空虚的胃,对于充满爱情的心,是一剂百试不爽的解药。

"我当然急于知道,玛米被科利尔和他的计谋迷惑到了什么程度。我走进'举世无双展览会',她还在那儿。她见到我时有点吃惊,但并没有惭愧的表示。

"'外面的夜色很美。'我说,'夜气凉爽宜人,星星端端正正地

---

① 《旧约·创世记》第25章:以扫是以撒的长子、雅各之兄,他看不起长子继承权,把它卖给了雅各,换了一膳之羹汤。原文"羹汤"(pottage)与"松鸡"(partridge)读音相近,埃德·科利尔说错了。

排在应在的地方。你肯不肯暂时抛开这些动物世界里的副产品,同一个生平没有上过节目单的普通人类去散散步?'

"玛米偷偷地四下扫了一眼,我明白她的心思。

"'哦,'我说,'我不忍心告诉你;不过那个靠喝风活命的怪物已经逃出牢笼。他刚从帐篷底下爬出去。这时候,他已经同镇上半数的饮食摊泡上啦。'

"'你是指埃德·科利尔?'玛米问道。

"'正是,'我回答说,'遗憾的是他又坠入罪恶的深渊了。我在帐篷外面碰上他,他表示要把全世界的粮食收成掳掠一空。一个人的理想从座架上摔下来,使自己成为一只十七岁的蝗虫时,可真叫人伤心。'

"玛米直瞅着我,看透了我的心思。

"'杰夫,'她说,'你说出那种话很不像你平时的为人。埃德·科利尔被人取笑,我可不在意。男人也许会干出可笑的事来,如果是为一个女人干的,在那个女人看来就没有什么可笑的。这样的男人简直是百里挑一都难找到的。他不吃东西,完全是为了讨我欢喜。假如我对他没有好感,那就未免太狠心、太忘恩负义了。他干的事,你办得到吗?'

"'我知道,'我明白了她的意思后说,'我错了,但是我没办法。我的额头已经盖上了吃客的烙印。夏娃太太同灵蛇打交道的时候,就决定了我的命运。我跳出火坑又入油锅①。我想我恐怕要算得上寰球吃食冠军了。'我的口气很温顺,玛米稍微心平气和了一些。

"'埃德·科利尔和我是好朋友,'她说,'正像你和我一样。

---

① 英文成语有"out of the frying pan into the fire"(跳出油锅又入火坑),意谓"逃脱小难又遭大难";这里颠倒了两字的次序,有"投入人世又贪口腹"之意。

我回答他的话也同回答你的一样——我可不打算结婚。我喜欢跟埃德一起,同他聊聊。居然有一个男人永远不碰刀叉,并且完全是为了我,叫我想起来就非常高兴。'

"'你有没有爱上他?'我很不明智地问道,'你有没有达成协议,做怪物太太?'

"我们有时候都犯这种毛病。我们都会说溜嘴,自讨没趣。玛米带着那种又冷又甜的柠檬冻似的微笑,使人过于愉快地说:'你没有资格问这种话,彼得斯先生,假如你先绝食四十九天,取得了立足点,我或许可以回答你。'

"这一来,即使科利尔由于胃口的反叛被迫退出以后,我对玛米的指望也没有什么改善。此外,我在格思里的买卖也没有多大盼头了。

"我在那里逗留得太久了。我卖出去的巴西钻石开始出现磨损的迹象,每逢潮湿的早晨,引火剂也不肯烧旺。在我干的这一门行业里,总有一个时候,那颗指点成功的星辰会说:'换个城镇,另开码头吧。'那时,为了不错过任何一个小镇,我出门时总是赶着一辆四轮马车;几天之后,我套好车,到玛米那里去辞行。我并没有死心,只不过打算去俄克拉何马市做一两个星期的买卖,然后再回来,重整旗鼓,同玛米蘑菇。

"我一到杜根家,只见玛米穿着一套蓝色的旅行服,门口放着一只小手提箱。据说,她一个在特雷霍特当打字员的小姊妹,洛蒂·贝尔下星期四结婚,玛米去那儿做一星期客,举行婚礼时帮帮忙。玛米准备搭驶往俄克拉何马的货车。我立即鄙夷地否定了货车,自告奋勇地送她去。杜根大妈认为没有反对的理由,因为货车是要取费的;于是半小时后,玛米和我乘着我那辆有白帆布篷和弹簧的轻便马车,向南进发。

"那天早晨真值得赞美。微风习习,花草的清香十分可人,白尾巴的小灰兔在路上穿来穿去。我那两匹肯塔基的栗色马撒开蹄子，往前直奔，以至地平线飞快地迎面扑来，仿佛是拦在前头的晾衣服绳子似的，害得你直想躲闪。玛米谈风很健，像孩子一般喋喋不休，谈她在印第安纳州的老家，学校里的恶作剧，她爱好的东西和对街约翰逊家几个姑娘的可恶行为。没有一句话提到埃德·科利尔，食物，或者类似的重大事情。中午时分，玛米检查一下，发现她装午餐的篮子忘了带来。我很有吃些零食的胃口，不过玛米仿佛并不因为没有吃的而发愁，因此我也不便表示。这对我是个痛心的问题，我在谈话中尽量避免。

"我不打算多解释我怎么会迷路的。道路灰溜溜的，长满了野草；又有玛米坐在我身边，害得我心不在焉。理由充分不充分，全凭你是怎么想的了。总之，我迷了路，那天薄暮时，我们本应到达俄克拉何马市，却在一条不知名的河床旁边乱兜乱转。天又下起大雨来，把我们淋得湿漉漉的。在沼地那面，我们看到比较高的小山岗上有一所木头小房子。房子周围尽是野草、荆棘和几株孤零零的树。这所凄凉的小房子，叫人看了都会替它伤心。我认为只有在那里过夜了。我向玛米解释，她没有什么意见，让我决定。她不像大多数女人那样急躁埋怨，反而说没有问题；她知道我不是存心这样的。

"我们发现这所房子里没人住。有两间空屋子。院子里还有一个圈过牲口的小棚子。棚子里的阁楼上有许多陈干草。我把马牵了进去，给它们吃些干草，它们悲哀地看着我，指望我说些道歉的话。其余的干草，我一抱一抱地搬进屋里，准备铺陈。我把专利引火剂和巴西钻石也搬了进屋，因为这两样东西碰到水都不保险。

"玛米和我把马车垫搬了进来，放在地上当座椅。夜气很冷，我在炉子里烧了不少引火剂。假如我判断不错的话，我认为那姑娘很高兴。这对她是换换环境，使她有一种不同的观点。她有说有笑,眼睛放光,把引火剂的光焰都比得黯然失色了。我身边有满满一口袋的雪茄烟,拿我个人来说,人类堕落的事是根本没有的①,我们仍旧在伊甸园里。外面大雨滂沱,漆黑一片的某个地方就是天堂的河流,擎着火剑的天使还没有竖起'不准走近草坪'的告示。我打开一两罗②巴西钻石,让玛米戴上——戒指、胸针、项链、耳坠、手镯、腰带、鸡心等等都齐全。她浑身光彩夺目,脸上泛起了红晕,几乎想要一面镜子来照照自己了。

"天晚时,我用干草和马车里的毯子替玛米打了一个舒适的地铺,劝她躺下去。我坐在另一间屋子里抽烟,听着倾盆雨声,思忖着人生在世的七十来年中,在葬礼之前,有多少变幻莫测的事情。

"黎明前,我一定阖上眼睛打了一会儿盹,因为等我睁开眼睛的时候,天色已亮。玛米站在我面前,头发梳得整整齐齐,眼睛里闪着歌颂生命的光芒。

"'哎呀,杰夫!'她嚷道,'我饿啦。我简直吃得下——'

"我抬起头,看到了她的眼色。她收敛笑容,冷冷地、心怀戒意地瞥了我一眼。接着,我哈哈大笑,并且躺在地上,以便笑得更舒畅些。我觉得太逗趣了。出于天性和亲切,我是个喜欢大笑的人,这时我尽情笑了。等我恢复过来时,玛米背朝我坐着,一副凛然不可侵犯的样子。

"'别生气,玛米,'我说,'我实在控制不住。你的头发梳成那种样子太逗笑啦。你自己能看到就好啦!'

"'你不必说假话了,先生。'玛米冷静而有自知之明地说,'我的头发梳得没错儿。我知道你在笑什么。喂,杰夫,你瞧外面,'

---

① 指《圣经》中亚当和夏娃吃了禁果,被上帝逐出伊甸园的故事。

② 罗是商业用的量词,每罗12打,144件。

她打住话头,从木板的罅隙里望出去。我打开小木窗,往外一看。整个河床泛滥了,房子所在的小山岗成了一个岛屿,孤立在一条百米码宽的湍急的黄水河中。瓢泼大雨还是下个不停。我们毫无办法,只能待在那里,等鸽子衔橄榄枝来①。

"我不得不承认,当天的谈话和消遣都索然无味。我知道玛米又对事物过于坚持片面的看法了,但是我没法使她改变。拿我自己来说,我一心只想吃东西。我产生了肉丁烤菜和火腿的幻觉,一直问自己说:'你打算吃什么,杰夫?——等侍者来的时候,你准备点什么菜,老弟?'我心里在菜单子上挑选各式各样好吃的东西,想象它们给端上来时的情景。我猜想,肚子饿透了的人都是这样做的。他们的思想除了放在食物上之外,不可能集中在别的地方。那说明,摆着缺胳膊断腿的五味瓶架和冒牌的伍斯特辣酱油、用餐布掩盖咖啡污迹的小餐桌,毕竟是头等大事,人的永生或者国与国的和平问题都在其次。

"我坐着沉思冥想,同自己争论得相当激烈:我究竟要蘑菇配牛排呢,还是克里奥耳式牛排。玛米坐在另一个座垫上,手托着脑袋,也在想心思。'土豆要油炸的,'我在心里说,'肉丁烤菜要煎得黄些,旁边再煎九个荷包蛋。'我在口袋里仔细摸索,试试能不能找到一颗遗忘在里面的花生米或者一两颗爆玉米花。

"夜晚又来了,河水继续上涨,雨不住地下着。我看看玛米,注意到她脸上带着姑娘们走过冰淇淋店时的绝望神情②。我知道那可怜的姑娘也饿了——她这辈子恐怕还是头一回呢。她的眼色显得心事重重。女人们只有在错过一顿饭,或者觉得裙子没有束好,要坠下来的时候,才有这种眼色。

---

① 《圣经》故事,大洪水四十天后,挪亚在方舟里放出鸽子,鸽子衔回一枝橄榄枝,表示洪水已退。
② 指姑娘们又想吃冰淇淋,又怕吃了发胖。

"第二天晚上十一点左右,我们还是闷闷地坐在那所像失事船只一样的小屋里。我尽力把自己的念头从食物上拉开,可是还没有把它拴在别的地方,它又猛扑回来。凡是我听到过的好吃的东西,我全想到了。我追溯到童年时代,想起我最喜欢、最珍视的热软饼蘸玉米炖咸肉卤汁。接着,我一年年地往后推想,回味着蘸盐巴的青苹果,槭糖烙饼,玉米粥,弗吉尼亚老式炸鸡,玉米棒子,小排骨和甜薯馅饼,最后是乔治亚式的什锦砂锅,那是好吃东西中的头儿脑儿,因为它包罗万象。

"有人说,落水的人将要溺死时,会看到他一生的经历在眼前重演一遍。好吧,一个人挨饿时,却看到他生平吃过的每一样东西都像幽灵似的浮现出来,并且还能凭空想象,创造出能叫厨师走红的新菜。如果有谁能收集饿死的人的遗言,虽然要做一番细致的分析工作才能发现他的思绪,但是可以根据这些材料汇编成一本畅销几百万册的食谱。

"我猜想,我一定在吃食问题上想昏了头,因为我突然不由自主地对想象中的侍者高声喊道:'肉排要厚,煎得嫩一点,加法式炸土豆,炒六个蛋摊在烤面包上。'

"玛米飞快地扭过头来,她眼睛闪闪发亮,突然笑了。

"'我的肉排要煎得适中,'她连珠似的说下去,'还要肉汁菜丝汤,三只煎得嫩一点的蛋,一杯咖啡,麦片饼要煎得黄一些,每样都来双份。啊,杰夫,那有多好啊!我再要半只炸鸡,一点咖喱鸡饭,牛奶蛋冻加冰淇淋,还有——'

"'慢着,'我抢着说,'别忘了鸡肝馅饼,嫩煎腰子配烤面包,烤羊肉和——'

"'哦,'玛米兴奋地插嘴说,'加上薄荷酱,火鸡色拉,菜肉卷,木莓果酱小烘饼和——'

"'点下去呀。'我说,'赶快点炸南瓜,热玉米饼配甜牛奶,别

忘了苹果布丁和甜奶油汁,还有悬钩子果馅饼——'

"是啊,我们把那种饭店里的应答搞了十分钟。我们在饮食问题的枝节上前前后后、上上下下全摸索遍了。玛米带头领先,因为她熟悉饭店的情况,她点出的菜名使我馋涎欲滴。照当时的气氛看来,玛米仿佛要同食物言归于好了。她仿佛不像以前那样鄙薄那门可憎的饮食学了。

"第三天早晨,我们发现洪水退了。我套好马,我们拖泥带水地驶了出去,担了一点风险,终于找到了正路。我们先前只走岔了几英里路。两小时后,我们到达了俄克拉何马市。我们首先注意到的是一家饭馆的大招牌,便急忙赶去。我同玛米坐一张桌子,中间摆着刀叉盘碟。她非但没有奚落的神气,反而带着饥饿和甜蜜的笑容。

"那家饭馆开张不久,备货充足。我从菜单上点了一大堆菜,弄得侍者一再看外面的马车,以为还有多少人没下来呢。

"我们坐着,点的菜一道道地端了上来。那些东西足够十来个人吃的,可是我们觉得我们的胃口足能抵上十来个人。我瞅着桌子对面的玛米,不禁笑了,因为我还记着以前的事。玛米望着桌子,正像一个孩子望着她生平初次得到的转柄表。接着,她直勾勾地看着我,眼里噙着两颗大泪珠。侍者已经走开去端菜了。

"'杰夫,'她脉脉含情地说,'我以前是个傻姑娘。我总是从错误的角度来看问题。我以前从没有这种想法。男人们每天都是这样饿,可不是吗?他们长得又大又结实,承担着世上的艰难,他们吃东西,并不是为了刁难饭馆里傻气的女侍者,对吗,杰夫?你曾经提过——就是,你向我——你要我——呃,杰夫,假如你仍旧有这种意思——我很高兴,并且愿意永远和你面对面地同坐在一张桌子上。现在,赶快替我弄点吃的吧。'

"所以,我已经说过,女人需要偶尔换换她们的观点。日子一久,同样的东西会使她们腻烦——饭桌、洗衣盆、缝纫机,都是这样。总要给她们一点变化——一点旅行和休息,掺杂在家务烦恼中的一点儿戏,吵架之后的一点安抚,一点捣乱和激惹——那么一来,玩这场把戏的人就皆大欢喜了。"

绅 士 作 风

小子西斯科在相当公平的打斗中杀了六个人,谋害了十来个(大多是墨西哥人),伤的人数目更多,但他谦虚地不愿计数。因此一个女人爱他。

小子二十五岁,看上去只有二十;一家保险公司谨慎地估计,他可能死亡的年龄为二十六岁。他的住处可以在弗里奥河和格朗德河之间的任何地点。他为了喜欢杀人而杀人——因为他脾气暴躁——为了避免被捕——为了取乐——随便找一个理由就足够了。他之所以能够逃避被捕,是因为他开枪的速度比任何警长或者现役游骑兵快六分之五秒,因为他骑的一匹花斑马熟悉从圣安东尼奥到马塔莫罗斯的牧豆草和刺梨树丛中间的所有小径。

爱上小子西斯科的女人,托尼亚·佩雷斯,像卡门那么热情泼辣,像圣母那么圣洁,其余的部分——是啊,一半像卡门、一半像圣母的女人当然还有其他品质——其余的部分不妨说是像蜂鸟。她住在弗里奥河孤狼渡口一个墨西哥人居留地附近的茅屋里。和她一起住的有个父亲或者祖父,一个纯种的阿兹特克后裔,老得仿佛有一千岁,他养了一百头山羊,由于不停地喝龙舌兰酒,整天迷迷糊糊,白日都仿佛在做梦。茅屋后面是一片茂密的刺梨树林,几乎把屋门都挡住了,最高的一株有二十英尺。花斑马驮着小子在这片刺梨丛林的迷宫里转弯抹角去看他的姑娘。有一次,小子像蜥蜴似的攀援在茅屋尖顶的梁上,听那个有圣母脸、卡门的美和蜂鸟灵魂的托尼亚用柔和的、夹杂着西班牙语的英语同警长手下一批人周旋,否认她知道小子的下落。

一天,负责指挥游骑兵部队的美国陆军副官给驻扎在拉雷多的十连连长杜瓦尔上尉写了一封信,尖刻地提到上尉管辖地区有些杀人凶手和亡命徒日子过得很平静,没有受打扰。

上尉晒黑的脸泛出了砖红色,他在信上加了几句批示,派游骑列兵比尔·亚当森送达游骑兵中尉桑德里奇,当时中尉带了五个弟兄在努埃西斯干河床的水坑旁边扎营,维持法律和秩序。

桑德里奇中尉的脸色本来就红润得像草莓,这下子鲜艳得像玫瑰,他把信塞进后裤袋,使劲咬着他橙黄色的胡子梢。

第二天早晨,他备好马,独自去二十英里外弗里奥河的孤狼渡口的墨西哥人居留地。

桑德里奇身高六英尺二,金黄色的头发像北欧海盗,安静得像教会执事,危险得像机关枪,他在墨西哥人的茅屋间转悠,耐心地打听西斯科小子的消息。

游骑兵要寻找的独行骑手生性冷酷,睚眦必报,墨西哥人对他的畏惧远远超过对法律的畏惧。小子的消遣之一是开枪打墨西哥人,"看他们蹬腿":如果他要他们表演临终舞蹈,他们就非照办不可,惹他生气的必然结果是可怕的极端的惩罚!他们无一例外地摊开手,耸耸肩膀,都说不认识小子,不知道他的下落。

但是渡口有个开商店的姓芬克的人,他会说几种语言,有多重国籍、兴趣和思想方法。

"你问那些墨西哥人是白搭,"他告诉桑德里奇,"他们不敢说。他们称作小子的那个人姓古多尔,是吗?他到我店里来过一两次。我觉得你去一个地方能找到他——恐怕我自己不能去。我拔枪的速度比以往迟了两秒钟,这个差距值得考虑。那小子有个一半墨西哥血统的姑娘住在渡口,常去看她。她的茅屋在离小溪一百码刺梨树林边上。她也许——不,我想她不至于——不过那座茅屋是个监视的好地方。"

桑德里奇骑马去佩雷斯家的茅屋。太阳低沉,刺梨树林投下的大片阴影覆盖了茅草葺的屋顶。山羊已关进茅屋旁边一个用树枝编的畜栏里过夜。还有几只小羊在畜栏顶上啃槲树叶子。墨西哥老头躺在草地的一张毛毯上,龙舌兰酒喝得迷迷糊糊,也许恍恍惚惚梦见自己同西班牙征服者皮萨罗碰杯,庆贺他们在新世界的财富——他满布皱纹的脸使他像是那时代的遗老。托尼亚站在茅屋门口。桑德里奇中尉坐在马背上盯着她看傻了眼,仿佛海岛上的企鹅看到了难得登岸的水手。

正如所有出名的杀手一样,西斯科小子虚荣心很强,假如他知道两个对他念念不忘的人目光刚一接触便把他抛到九霄云外(至少暂时如此),肯定会心烦意乱。

托尼亚以前从没有见过这样的人。他仿佛是阳光、血气和晴天组成的。他微笑时太阳好像重新升起,驱散了刺梨树林的阴影。她认识的男人都是矮小黧黑的。即使西斯科小子名声在外,身材也不比她自己高大多少,他的头发又黑又直,冷冰冰的面孔像大理石,即使在烈日当空的中午叫人看了脊梁都会冒寒气。

至于托尼亚,尽管她像是贫民院里的人物,但在你的幻想中却是百万富翁。她的蓝黑色头发从当中分开,光滑地贴着头,一双大眼睛含着拉丁民族的忧郁,给她以圣母的神情。她的举止和风度透露出她从西班牙巴斯克省的吉卜赛女郎那里遗传来的隐秘的火一样的热情和诱惑人的欲望。至于她埋在心底的蜂鸟品质,只有在她穿鲜红色裙子和深蓝色的衬衫时才会让你联想起那种珍禽的特征。

刚降临的太阳神讨些水喝。托尼亚把挂在茅屋檐下的红陶罐捧来。桑德里奇认为有必要下马,减轻她的操劳。

我无意刺探别人的隐私,也不假装了解人们的心理;但我凭记录者的权利可以肯定说,不出十五分钟,桑德里奇已经在教她怎么用生牛皮编织六股的拴马索,托尼亚则向他倾诉说,假如没有她那个逍遥派的父亲给她的一本英文小书和她用奶瓶喂养的瘸腿羔羊,她会感到非常非常寂寞。

这情况使人不得不怀疑西斯科小子的篱笆需要修补,陆军副官的尖刻的指示成了耳边风。

桑德里奇中尉在水坑旁边的营地上宣布并重申,他决心让西斯科小子啃弗里奥草原的黑泥,或者将他生擒,扭送法官和陪审团。口气听来好像是公事公办。他每周两次骑马去弗里奥河的孤狼渡口,教导托尼亚用她略带柠檬黄色的纤纤手指编织复杂的、慢慢变长的皮索。六股的皮索难学易教。

正当头发像阳光一样灿烂的鸟类学家进行专业研究时,西斯科小子也在从事他的专业活动。他在庄园小溪一个牧牛小村的酒馆里拔枪乱射,杀死了警察局长(枪弹几乎打在警徽的中心),随后他闷闷不乐、很不满意地策马离去。枪打一个用三八毫米的老式手枪、上了年纪的人不会让真正的艺术家打起精神。

小子在半路上突然产生了人们干了坏事而失去快感时常有的那种渴望。他渴望他所爱的女人向他保证,不管怎么样,她都是他的人。他要她把他的残忍称作勇敢,把他的冷酷称作热诚。他要托尼亚替他捧来挂在茅屋檐下的红陶水罐,告诉他说,用奶瓶喂养的羔羊长得很好。

小子掉转花斑马的头,朝十里刺梨平原奔去,平原沿着深涧一直延伸到弗里奥河的孤狼渡口。花斑马开始嘶叫,因为它像环形路线上拉街车的马匹一样有位置和方向感,它知道当尤利西斯躺在喀耳刻①的茅草葺顶的屋子里时,它就可以在四十英尺拴绳的

---

① 喀耳刻是希腊神话中的女怪,住在地中海小岛上,会巫术,旅客受其蛊惑,就变成牲畜或猛兽。尤利西斯是希腊神话中的英雄,特洛伊战争后回国途中历尽艰险,曾制服女怪喀耳刻。

范围内啃吃牧豆草了。

在得克萨斯刺梨平原上驰马比在亚马逊河流域探险更令人毛骨悚然,更觉得凄凉。千篇一律而又形状各异、不可思议的仙人掌伸出扭曲的躯干和多刺的手掌挡住去路。那些魔鬼似的植物似乎不靠土壤和雨水也能生存,它们郁郁葱葱的灰绿色似乎在嘲弄口干舌燥的旅人。它们构成的小径千回百转,貌似以诚相见,事实上把骑者引进一个尖刺丛生、此路不通、不可逾越的"口袋底",迫使他后撤,但那时已经迷失方向,找不着北了。

在这里迷失,只有死路一条,仿佛成了陪同耶稣钉十字架上的强盗,手足被钉子洞穿,奇形怪状的群魔在头上乱舞。

对于小子和他的坐骑来说,情况完全不同。那匹花斑好马沿着人迹罕至、难以想象的小径曲里拐弯、转弯抹角,逐渐缩短了通往孤狼渡口的距离。

小子一面赶路,一面唱起歌来。他只知道一支曲子,便唱那支,正如他只知道一种准则,便按那种准则生活;只知道一个姑娘,便爱那个姑娘。他是个固执己见、思想传统的人。他的声音像是害了气管炎的郊狼,但每当他想唱歌的时候就唱。那是一支营地和小径上唱的传统歌曲,开头大致是这些词:

　　你可别招惹我的好姑娘
　　不然我会告诉你我拿你怎么样——

花斑马已经听惯了这支歌,毫不介意。

即使最差劲的歌手唱了一段时候之后,也会同意停止增加这个世界上的噪音。小子离托尼亚的茅屋一两英里时,勉强让自己的声音逐渐消失——并不是因为他觉得自己的声音失去了魅力,而是因为他的声带肌疲劳了。

花斑马在刺梨树的迷宫里仿佛在马戏场似的打转跳舞,直到骑手根据某些地面标志确定孤狼渡口就在附近了。他望见了一处比较稀疏的树丛中的茅屋顶和小溪旁边的朴果树。再走了几码后,小子勒住马,细心察看周围。然后下了马,扔下缰绳,像印第安人似的弯下腰,悄悄地徒步继续前行。花斑马知道自己该做什么,停着不出声。

小子轻轻地爬到刺梨树丛边上,从仙人掌肉茎的空隙里侦察。

离他隐蔽地点十码远,他的托尼亚坐在茅屋的阴影下,平静地编着一条生牛皮套索。到目前为止,她当然没有可以指责的地方;据说女人往往会干些淘气的事情。不过假如要和盘托出的话,还得补充说她的头舒服地靠在一个身材高大、头发金黄、皮肤红润的人的宽阔的胸膛上,他的胳臂搂着她,指导她的灵巧的纤小的手指。编织复杂的六股皮索需要学习的东西很多。

桑德里奇听到一个细微的相当熟悉的咯吱声,迅速地朝阴暗的刺梨树丛扫了一眼。那是突然握住六响手枪柄时,枪套发出的声音。但是那声音只响了一次,而托尼亚的手指需要密切注意。

随后,那对男女在死亡的阴影下开始谈情说爱;在七月宁静的下午,他们说的每一个字都清晰地传到小子耳边。

"记住,"托尼亚说,"如果我不派人去叫你,你千万别再来。他不久就会到这儿。今天商店里有个牛仔说三天前在瓜达卢佩见到他。他既然到了这么近的地方,一定会来的。如果他来这儿见到你,非杀你不可。为了我,在我给你捎信之前,你千万别再来了。"

"好吧,"游骑兵说,"下一步怎么办?"

"下一步,"女的说,"你必须带你手下的人来这儿杀了他。不然,他会杀你的。"

"他是不会束手就擒的,这一点可以肯定,"桑德里奇说,"哪个警官对西斯科小子先生不利,不杀了他,就会死在他手里。"

"必须是他死,"女的说,"不然你我再也没有太平日子了。他杀了许多人。他的下场只有死。把你手下的人带来,不能让他逃脱。"

"你一向很夸奖他。"桑德里奇说。

托尼亚放掉套索,扭过腰,用柠檬黄色的胳臂搂住游骑兵的肩膀。

"那时候,"她用流利的西班牙语说,"我还没有见到你,你这个皮肤红红的大山般的人啊!你温柔、善良、强壮。认识你以后,谁会再选择他呢?他非死不可,不然我会日夜担惊受怕,怕他来害你和我。"

"我怎么能知道他来了呢?"桑德里奇问道。

"他来后,"托尼亚说,"一般待两天或者三天。洗衣妇路易莎的小儿子格雷戈里奥有匹快马。我给你写封信,请他送去,告诉你最好怎么突袭他。格雷戈里奥去给你送信。你要带很多人,要多加小心,哦,亲爱的大个儿,因为那个坏小子出手比响尾蛇还快,拔枪就打。"

"小子拔枪确实快,"桑德里奇承认说,"不过我要单枪匹马来抓他。要么不来,来的话就是我一个人。上尉给我的信里有些话叫我不痛快,我决定一个人干,不要帮手。你只要通知我小子先生来了,其余的事由我来办。"

"我派格雷戈里奥送信给你,"女的说,"我知道你比那个杀人小子勇敢,他脸上从没有笑容。我怎么会关心他呢?"

游骑兵该回水坑边的营地去了。他上马前一手抱起娇小的托尼亚,远离地面,同她告别。令人昏昏欲睡的下午,夏日的空气凝滞不动。茅屋炉火上铁罐里煮的菜豆噗噗作响,抹泥的烟囱升起笔直的烟柱。十码外浓密的刺梨树丛里没有任何动静。

桑德里奇跨在那匹暗褐色的高头大马上,朝弗里奥河渡口陡峭的河岸大步跑去,他的身影逐渐消失时,小子悄悄回到他的坐骑那儿,上了马,顺着来时的曲折路线回去。

走了不多远,他停下来,在浓密的刺梨树丛里等了半个小时。接着,托尼亚听到他五音不全的、跑调的歌声逐渐来近,便到树林边上去迎接。

小子脸上难得露出笑容,但这次看到她时挥舞着帽子笑了。他下了马,他的姑娘扑到他怀里。小子爱抚地瞅着她。他浓密的黑发像一张绉纱网似的贴在头上,光滑黧黑的脸像一张陶土面具似的毫无表情,但这次会晤激起了一些感情暗流的涟漪。

"我的姑娘怎么样啦?"他紧搂着她问道。

"亲爱的,我等得你好苦,"她回答说,"我老是望着你来的那个树丛,眼睛都望得模糊了。那个树丛几乎都被我望穿了。你来了我就不责怪。坏孩子!也不多来看看你的托尼亚。进屋去休息吧,让我给马饮水,用这条长皮索拴起来。陶罐里的凉水是给你留着的。"

小子动情地吻她。

"我哪能烦劳一位女士呢,"他说,"我来拴马,你进屋去煮些咖啡,我就感激不尽了。"

小子除了枪法之外,还有另一个感到自豪的特点。他在女士们面前,正如墨西哥人所说的,很有"绅士作风"。他对女士们总是细声细气,彬彬有礼。他从没有对妇女大过嗓门。他可以残忍地杀害她们的丈夫和兄弟,但即使发火时也不会动她们一个指头。因此,许多被小子先生的礼貌迷住的妇女听到有关他的传闻都不相信。她们总是说,耳听是虚,眼见是实。当她们愤怒的男眷拿着"绅士"暴行的证据责问她们时,她们会替他辩解,说他也许是出于无奈,不管怎么说,他知道怎么对待女士。

考虑到小子对妇女特别有礼貌的这一特点和他的自豪,不难看出,那天下午他躲在刺梨树林里的所见所闻对他(至少作为当事人之一)提出了多么大的难题。然而小子不是忽略那种小事的人。

天黑后,他们在茅屋里的提灯光下吃了菜豆、山羊肉排、罐头桃子和咖啡。接着,那位先祖把羊群关进畜栏,抽了一支烟,裹在灰色的羊毛毯里像木乃伊似的睡了。托尼亚洗了盘子,小子用面粉口袋布改成的毛巾擦干盘子。正如小子每次回来时那样,她的眼睛闪光,滔滔不绝地说着他上次来访后她的小世界里发生的种种小事。

随后,托尼亚躺在屋外一张草编的吊床上,拨弄吉他,唱着哀伤的情歌。

"你还像以前那样爱我吗,好姑娘?"小子一面找烟,一面问。

"永远那样,宝贝。"托尼亚说,她黑色的眼睛在他身上打转。

"我要去芬克的店里买些烟草,"小子站起来说,"我原以为上衣口袋里还有一袋。十五分钟就回来。"

"快点回来,"托尼亚说,"告诉我,你这次回来能待多久?是不是明天又要走了,抛下我一个人伤心,或是陪你的托尼亚多待一些时候?"

"哦,这次我可能待上两三天,"小子打了一个哈欠说,"一个月来我躲躲藏藏,我想休息一下。"

他买烟去了半小时。回来时,托尼亚仍躺在吊床上。

"真奇怪,"小子说,"我觉得每棵树后面好像都有人想伏击我。以前从没有这种心神不定的情形。也许是我自己瞎猜测。我几乎想明天天亮前就溜掉。我在瓜达卢佩打死一个老警官,那里闹得沸沸扬扬。"

"你不怕——没有人能让我勇敢的孩子害怕。"

"唔,在打斗方面,平时没有人把我当做长耳兔;不过我不喜欢在你这里被一群人打乱枪。无辜的人也许会受到伤害。"

"和你的托尼亚待在一起吧,谁都不会知道你在这里。"

小子敏锐地观察小溪沿岸的阴影和墨西哥人村落暗淡的灯光。

"看情况再说吧。"他决定说。

午夜时分,一个人骑马来到游骑兵营地,一路上大声喊着"喂!喂!"表明他负的是和平使命。桑德里奇和一两个游骑兵出来看看是怎么一回事。骑者自称是孤狼渡口的多明戈·萨莱斯。洗衣妇老路易莎求他送封信来,因为她的儿子格雷戈里奥发烧躺倒,骑不了马。

桑德里奇点燃营地的提灯,看了信。信是这么写的:

亲爱的:

他来了。你离开不久,他就从刺梨树林里出来。他开头说要待上三四天。后来他像狼或狐狸似的,又看又听,来回走个不停。不一会儿,他说趁天亮前夜深人静必须离开。他似乎怀疑我对他不忠。他瞅我时的眼神让我害怕。我向他赌咒发誓,说我爱他,我是他的托尼亚。最后他说我必须向他证明我的忠诚。他觉得已经有人盯上了他,等他从我家骑马离开时打死他。他说为了能逃脱,他要穿我的红裙子、蓝衬衫,裹我的棕色头巾,然后骑马跑掉。他又说在那以前,我必须穿他的裤子、衬衫,戴他的帽子,骑他的马,从茅屋一直跑到渡口那头的大路上,然后再回来。他趁这个空当溜走,便能知道我是不是忠实,是不是有人埋伏着要枪杀他。太可怕了。时间定在天亮前一小时。来吧,亲爱的,杀掉这个人,带走你的托尼亚吧。别试图活捉他,要当场杀了他。你知道了这一切,你应该这么做。你必须早在预定的时间以前来到,隐蔽在茅屋旁边放马车和马鞍的棚屋里。那里很暗。他穿我的红裙子、蓝衬衫,裹我的棕色头巾。带给你一百个吻。一定要来,当场把他击毙。

你的托尼亚

桑德里奇对他的手下人解释了信中谈公事的部分,他们不同意他单独前去。

"我不费吹灰之力就可以杀了他,"中尉说,"那姑娘已经布下陷阱。他不可能先拔枪打我。"

桑德里奇鞴好马鞍,前去孤狼渡口。他把那匹暗褐色大马拴在河边的树上,取出温彻斯特式连发枪,小心翼翼地逼近佩雷斯家的茅屋。一弯新月高高的在墨西哥湾上空乳白色的乱云中间飘游。

车棚是极好的伏击地点;游骑兵安全地躲了进去。他看到茅屋面前牲口棚的黑影里有一匹拴着的马,不耐烦地刨着踩实的泥地。

他守候了将近一个小时,才看见两个人影从茅屋里出来。一个穿着男人的衣服,飞快地上了马,经过车棚,朝渡口和村落跑去。随后,另一个穿着裙子、衬衫,裹着头巾,来到暗淡的月光下,朝着骑者的方向张望。桑德里奇觉得应该在托尼亚回来之前动手。他认为她即使目睹了发生的事或许也不在乎。

"举起手来。"他从车棚出来,平举着温彻斯特连发枪,枪托抵着肩膀,大声命令说。

那人影迅速转身,但没有举手的动作,游骑兵便扣一下扳机——砰、砰、砰,射出三颗子弹,再扣一下扳机,又是三颗子弹;因为谁都没有充分把握能撂倒西斯科小子。即使在新月的暗淡光线下,十步距离不会有打不中的危险。

裹在毛毯里睡觉的老先祖被枪声惊醒了。紧接着,他又听到一个极端痛苦的人发出的暴喊,便嘟嘟囔囔地抱怨着现代文明扰人清梦,爬了起来。

一个高大的皮肤红润的人冲进茅屋,一只手像瑟瑟发抖的灯心草似的去摘挂在钉子上的提灯,另一只手把一封信摊在桌上。

"佩雷斯,你瞧瞧这封信,"那人嚷道,"是谁写的?"

"天哪,桑德里奇先生,"老人走过来喃喃说,"嗯,先生,那是坏小子——托尼亚的相好——写的。大家说他是坏蛋,我可不清楚。托尼亚睡着的时候,他写了那封信,叫我这把老骨头交给多明戈·萨莱斯,请他给你送去。信有什么问题吗?我太老了;什么都不清楚。天哪!这个世界太莫名其妙;——屋里没有什么可喝的——没有什么可喝的。"

桑德里奇所能做的只有跑出门外,扑在他的羽毛毫无动静的蜂鸟身边。他本性并不是绅士,无法理解报复的微妙。

一英里外,刚才经过车棚的骑者唱起一支跑调的歌,歌词是这样的:

> 你可别招惹我的好姑娘
> 不然我会告诉你我拿你怎么样——

苹 果 之 谜

出了乐园城二十英里,离日出城还有十五英里时,马车夫比尔达·罗斯勒住了马。鹅毛大雪下了一整天。平地上的积雪已有八英寸厚。剩下的路程都是狭隘崎岖的山脊,即使白天行车都难免不出危险。现在大雪和夜色掩盖了险情,再往前赶路根本不能考虑,比尔达·罗斯这样说。因此,他勒住了四匹健壮的马,把他那明智的推论传达给五位乘客。

法官梅尼菲立刻跳下马车。他在人们的心目中好像茶具中的银盘子一样,总是处于领导的和首要的地位。在他的启发下,三个同车的乘客也下了车,准备随时去探路,谴责,反对,屈服,或者继续上路,全凭他们头子高兴怎样去支配了。第五个乘客是位年轻妇女,她留在车子里没有下来。

比尔达把马车停在第一道山脊的隆起部。路边是两道参差不齐的黑色木栅栏。离那道较高的栅栏五十码远,有一幢小房子,在白茫茫的积雪中像是一块黑斑。法官梅尼菲和他的部下由于下雪和紧张,仿佛孩子似的闹闹嚷嚷地向那座房子跑去。他们呼喊,敲打门窗。屋里不好客的阒寂使他们感到不耐烦;他们便向不牢固的障碍物发动进攻,硬闯了进去。

待在马车上的人听到那座遭到入侵的房子里传出碰撞声和叫喊声。没多久,里面透出了颤动的火光,越来越旺,烧得明亮欢快。接着,兴高采烈的探索者们冒着大雪跑回来。法官梅尼菲宣布他们的困境有了解救,他的声音比号角还要响亮,几乎可以和管弦乐队的音量相比。他说,那座屋子只有一个房间,没人住,也没有家具;可是有个大壁炉;他们还在后面的披屋里找到许多砍好的木柴。这一来,躲避寒夜的宿处和取暖就有了保证。让比尔达安心的是,房子附近还有一个马厩,虽然年久失修,但还能凑合使用,阁楼上还有干草。

"先生们,"在赶车座位上把大衣和车毯裹得严严的比尔达嚷道,"替我把栅栏上的木板卸下两块,我就可以把马车赶进去了。那是雷德鲁斯的小房子。我原想我们准在它附近。雷德鲁斯八月份给送进了疯人院。"

四个乘客向顶上积雪的栅栏扑去。马匹在吆喝声下把车子拖上斜坡,到了那座被仲夏的疯狂夺去主人的建筑物的门口。车夫和两个乘客开始卸马。法官梅尼菲打开车门,脱掉帽子。

"加兰小姐,我必须声明,"他说,"我们不得不中止旅行。车夫断言,晚上走山路的风险太大,简直不容考虑。形势要求我们在这座房子里宿一晚。除了暂时不便外,我希望你不必有所顾虑。我亲自检查了那座房屋,发现至少有避寒的条件。我们一定尽可能地照料你,让你舒服。现在允许我扶你下车。"

这时,另一个乘客走到法官身边来。他是在小巨人风车公司里工作的,姓邓武迪;不过那没有多大关系。在从乐园城到日出城的短短路程中,旅客们不需要十分清楚彼此的姓名,即使完全不知道也无所谓。不过,想同法官麦迪逊勒·梅尼菲分庭抗礼的人理应有一个姓名的钉子,好让名誉之神挂上花环。因此,这个靠风吃饭的人轻快地高声说:

"看情形你得下车啦,麦克法兰太太。这座小房子固然抵不上帕尔默大旅店,不过可以避风雪,走的时候也没有人搜查你的手提箱,看你有没有把他们的匙子带走当做纪念品。我们已经生了火;我们会替你安排得舒舒服服,不让你的脚受潮,我们会把耗子赶跑,总之,没问题,没问题。"

有两个乘客被马匹、马具、大雪和比尔达·罗斯的讽刺的命令搞得晕头转向,其中一个在混乱的义务劳动中高声嚷道:"喂!你们把所罗门小姐送进屋里去,好吗?嗨,喂!该死的畜生!"

这里还得啰唆几句:从乐园城到日出城这么短的旅程中,正确的姓名完全是多余的。当法官梅尼菲向那位女乘客自我介绍时(他的年龄和声望允许他这样做),她甜蜜地轻声报了一个姓,其余的男乘客根据各人不同的听法,有了不同的理解。在当时必然发生的不无妒忌的竞争状态下,各人固执地坚持自己的意见。在女乘客那方面来说,如果重新声明或更正,即使不被人误认为她想获得更深一步的交情,也显得斤斤计较。因此,她一视同仁地让人家称呼她加兰,麦克法兰,或者所罗门,并没有表示不满。从乐园城到日落城总共不过三十五英里。在这么短的旅程中,凭"流浪的犹太人"①的手提包起誓,"旅伴"这个称呼也就够了。

没多久,这一小群旅客在熊熊的炉火前快活地围坐成一道弧线。马车上的毯子、坐垫和能取下的东西都被搬来用上了。女乘客在壁炉侧边、弧线的一端就座。她雍容华贵地坐在那儿,仿佛登上了臣民们替她准备的宝座。她身下是马车坐垫,背靠空木箱和空木桶,那上面蒙了毯子,挡住门窗缝里钻进来的寒风。她那双穿着暖和的鞋袜的脚伸向可亲的炉火。她的手套已经脱去,但仍旧裹着一条毛皮的长围脖。摇曳的火光照亮了她那半掩在围脖里的脸——一张年轻的、充满女性妩媚的脸蛋,眉清目秀,安详宁谧,流露着对无懈可击的美貌的自信。骑士精神和男子气概竞争着讨她

---

① "流浪的犹太人",传说中的人物,据说他侮辱了被押赴刑场的耶稣,被罚永世流浪。

的欢心,使她舒适。她仿佛也接受了他们奉献的殷勤——不像一个受到追求和照顾的女人那样轻佻;不像许多受宠若惊的女人那样顾影自怜;也不像牛接受干草时那样漠然无动于衷;而同自然界固有的计划完全一致——有如百合花摄取那注定要使它清新的露珠时的情形。

外面狂风怒号,细雪从罅隙里钻进来,寒气围攻着六个落难者的背脊;尽管如此,那晚的风雪却不缺乏拥护人。法官梅尼菲是暴风雪的律师。气候委托他陈述,他特别卖力地进行辩护,要让那些待在寒冷的陪审席上的伙伴相信,他们所处的地方是一个遍地玫瑰,和风徐来的凉亭。他找出许多俏皮风趣的奇闻轶事,虽然不够庄重,可是很受欢迎。他的兴致不可抗拒地感染了别人。大伙赶紧各尽所能,来促进欢乐的气氛。甚至那位女乘客也被打动了。

"我认为这样相当可爱。"她说,声调徐缓而清脆。

每隔一个时候,总会有一个乘客站起来,诙谐地探索这间屋子。可是雷德鲁斯居住过的迹象已经找不到了。

大伙七嘴八舌地要求比尔达·罗斯讲讲这个曾经隐居在这儿的老头的故事。现在,车夫的马匹已经安置好了,他的乘客们仿佛也定了心,他自己便恢复了平静与礼貌。

"那个老家伙,"他很不尊敬地开始说,"把这座房子糟蹋了二十年光景。他从来不许人家走近。每逢马车经过时,他总是缩回头,砰地把门关上。毫无疑问,他脑瓜子里出了毛病。他一向在小泥口的山姆·蒂利的铺子里买食品和烟草。八月里,他披了一条红被子跑到那儿,对老山姆说,他是所罗门国王,还说示巴王后要来看他。他把所有的钱都带了去——满满一袋子银币——把它扔进山姆的水井。'如果她知道我有钱,'雷德鲁斯老头对山姆说,'她就不来啦。'

"人们一听到他对女人和银钱有了那种看法,就知道他发疯了;因此把他送进了疯人院。"

"他生平有没有什么浪漫史,促使他过这种孤独的生活呢?"一个开代理行的年轻乘客问道。

"没有,"比尔达说,"我可没有听说过。只不过是普通的小麻烦。据说他年轻时,在他犯红被子病,取消自己的经济资格之前,他同一位年轻小姐有过爱情之类不幸的事儿。浪漫史我可从来没有听说过。"

"啊!"法官梅尼菲声情并茂地说,"毫无疑问,一件单相思的案子。"

"不,先生,"比尔达接口说,"不尽然。她根本没有同他结婚。乐园城的马默杜克·马林根有一次碰到从雷德鲁斯老头家乡来的人。他说雷德鲁斯原是一个很不错的小伙子,不过如果你踢踢他的口袋,你听到的不会是钱币声,而只是一副袖扣和一串钥匙的金属声。他同那位年轻小姐订过婚——她大概叫艾丽斯吧——我记不清了。据说她是人们会抢着替她付车钱的那种姑娘。唔,后来镇上来了一个有钱而大方的小伙子,他有马车、矿山股票和空闲。艾丽斯小姐虽然已经有了主,可是和那新来的家伙往来频繁。他们互相拜访,还碰巧一起去邮政局,产生了一些往往会促使姑娘们退还订婚戒指和别的礼物的事——正如诗人所说,造成了'赃物上的裂缝'。①

"一天,人们见到雷德鲁斯同艾丽斯小姐站在门口谈话。接着,他抬帽行礼后走开了。据雷德鲁斯家乡来的人所知,镇上的人此后再也没有见过他。"

---

① 英国诗人丁尼生的长诗《默林与维维恩》中有"琵琶上的小裂缝"句,指在小事上的不忠实能发展成为在大事方面的不忠实,正如琵琶上的小裂缝延伸后能使整个乐器失音一样。比尔达在这里把"琵琶"说成在英文里同音的"赃物"了。

"那位年轻小姐怎么样了呢?"开代理行的年轻人问道。

"没听说。"比尔达回答说,"我听到的故事就到此为止,像匹瘸腿的老驽马,任你怎么鞭策,它再也不往前走了。"

"一件非常悲惨的——"法官梅尼菲正要评论,他的话却被更高的权威给打断了。

"一个多么可爱的故事!"女乘客说,音调像笛子一般悦耳。

屋子里静默了好一会儿,只听得外面的风声和炉火的劈啪声。

男人们都坐在地上,只垫了一些零碎的木板和膝毯,使地板那不好客的表面稍稍缓和一点。在小巨人风车公司干活的人站起来,走了几圈,遛遛腿,舒散舒散酸痛的筋骨。

突然间,他发出一声得意的呼喊。他手里高举着什么东西,从屋子一个满布尘埃的角落奔回来。他手里是一只苹果——一只漂亮的、有红色斑点的、茁壮的大苹果。那是在角落里一个高木架上的纸口袋里找到的。不可能是那个被爱情毁掉的雷德鲁斯的遗物,因为它还是那样新鲜完好,说它从八月份起一直就搁在那个霉臭的架子上的假设根本不能成立。准是最近有什么露营的人在这所荒废的房子里吃饭,遗忘在这里的。

邓武迪——他的功绩给了他再次扬名的资格——在落难的伙伴面前夸示那只苹果。"瞧我找到了什么,麦克法兰太太!"他自负地嚷道。他在火光前面高举着那只苹果,使它显得更其红润。女乘客平静地笑了一笑——她总是那么平静。

"多么可爱的苹果!"她清晰地喃喃说道。

片刻之间,法官梅尼菲觉得自己被打垮了,受了屈辱和贬谪。低人一等的处境使他不胜恼怒。为什么命运之神偏偏挑了这个闹闹嚷嚷、粗鲁冒失的做风车生意的家伙,而不挑他去发现这只激动人心的苹果呢?否则他就可以使这件事成为一篇风趣横生的即席演说或者一幕喜剧的场景、仪式或背景——从而永远保持令人瞩目的地位。事实上,那位女乘客正带着羡慕的微笑在看着这个可笑的邓博迪或者武邦迪,仿佛认为这家伙干了一件了不起的事呢!这个做风车买卖的人像他自己的货物样品一般,被尘世吹向太空的风刮得胀鼓鼓的,转个不停。

踌躇满志的邓武迪拿着那只宝贝苹果,陶醉在大伙趋炎附势的注意中,这时,足智多谋的法学家已经想出了一个恢复名誉的计策。

法官梅尼菲那肥胖然而典雅的脸上堆着最有礼貌的笑容,走上前去,从邓武迪手里拿过那只苹果,像是要审查它似的。在他手里,苹果成了第一号物证。

"好漂亮的苹果。"他赞许地说,"不错,我亲爱的邓武迪先生,作为粮秣征收员,你使我们黯然失色。不过我有一个主意。这只苹果将成为美的心灵授予最合适的人选的标志、象征、奖品和纪念。"

除了一个人之外,大伙都喝彩赞同。"嘴皮子真能说,可不是吗?"一个乘客说,同那个开代理行的年轻人相比,他是无足轻重的。

不表态的就是那个做风车生意的人。他发现自己被贬低到一般人的地位上了。他做梦也没想到他的苹果竟被充公作为标志。他原打算把苹果分开吃掉,然后来个余兴节目,把苹果籽贴在前额上,每一颗代表他所认识的一位年轻小姐。他还打算把其中一颗代表麦克法兰太太。哪一颗苹果籽先掉下来就表示——但是现在已经太晚了。

"苹果这样东西,"法官梅尼菲继续对他的陪审团说,"近代受了委屈,在人们心目中所占的地位不高。事实上,它经常同烹调和商业沾边,以致很难被列为高等水果。古时的情况就不同了。《圣经》、历史和神话中有许多事实可以证明,苹果是水果中的贵族。我们想形容一件特别珍贵的东西时,仍旧说'眼中的苹果'。我们在成语里可以找到'银苹果'这个比喻。任何别的果实,无论是树上长的,还是藤上结的,在比喻用法中都没有苹果这么广泛。谁没有听说过和向往过'赫斯珀里得斯的金苹果'①?至于苹果的古老声誉的最重要、最有意义的例子,我想不用我说诸位也已知道了。我们的始祖吃了它,才从善良完美的境界堕落到人间。"

"像这样的苹果,"做风车生意的人说,他还是跳不出具体事物的圈子,"在芝加哥市场上卖三块五毛钱一桶。"

"我现在要建议的是,"法官梅尼菲对打断他的话的人宽容地笑笑,接着往下说,"我们不得不守在这里,直到明天早晨。我们有了足以取暖的柴火。其次需要的就是要尽可能找些消遣,以打发时间。我提议把这只苹果交给加兰小姐保管。它不再是一个水果,而是像我刚才所说的,成了一个悬而未决的奖品,代表人类的一个伟大思想。加兰小姐也不再代表她个人——当然是暂时的,请允许我补充一句,"——(他深深地一鞠躬,完全是古时候那温文尔雅的气派。)"她将代表整个女性;将体现和概括女性——也许还可以说,在感性和理性上代表上帝的杰作。她将以这一身份来判断和决定下面的问题:

"几分钟之前,承我们的朋友罗斯先生把这所房子的前任主人的浪漫史讲了一个有趣然而不完整的故事。在我看来,我们听到的少数事实展开了一个美妙的境界,可以由我们去推测、研究人类的心理,发挥想象——简言之,就是讲故事。让我们利用这个机会。我们每个人把隐士雷德鲁斯和他情人的故事按照自己的想法讲下去,从罗斯先生讲完的地方接着往下讲——也就是那对情人在门口分手之后的情形。有一个原则应该得到确定和承认——雷

---

① 赫斯珀里得斯,希腊神话中看守金苹果园的三仙女。

德鲁斯之所以变成精神错乱、愤世嫉俗的隐士,不能归罪于那位年轻小姐。我们讲完之后,再请加兰小姐做出女人的判断。她将根据女人的精神和见解来决定,哪一个故事最好,最真实地描绘了人类和爱情的实质,最确切地判断了雷德鲁斯的未婚妻的性格和行为。她认为谁的故事最好,这个苹果就给谁。如果各位都同意,我们乐于听邓武迪先生讲第一个故事。"

最后一句话把那个做风车生意的人将了一军。不过他可不是容易沮丧的人。

"那倒是第一流的计划,法官。"他兴致勃勃地说,"一个绝妙的故事会,可不是吗?我一向是斯普林菲尔德一家报馆的通讯员,新闻不够的时候,我就捏造。我想这件事我办得了。"

"我觉得这个主意很可爱,"女乘客伶俐地说,"几乎像是游戏啦。"

法官梅尼菲走上前去,做作地把苹果放到她手上。

"在古时候,"他意味深长地说,"帕里斯曾把金苹果赠给了最美的人①。"

"我参加过巴黎的博览会,"做风车生意的人插嘴说,他现在又很高兴了,"我不在机械馆的时候,就老是待在博览会的娱乐场里。我可从没有听说过这件事呀。"

"现在,"法官接下去说,"这个苹果将把女性心理的神秘和智慧传达给我们。把苹果拿着,加兰小姐。听听我们浅薄的传奇故事,然后根据你的判断,奖给当之无愧的人。"

女乘客甜蜜地笑笑。苹果搁在她膝头上毯子的下面。她懒洋

---

① 据古希腊神话,赫拉、雅典娜和阿佛洛狄忒三女神争夺金苹果,特洛伊王子帕里斯把金苹果给了最美丽的爱神阿佛洛狄忒,引起了赫拉和雅典娜的嫉恨。她们在特洛伊十年战争中帮助帕里斯的敌人打败了他的国家。帕里斯(Paris)的原文与法国首都巴黎的拼法相同,因而有了下文的误会。

洋地靠在她的堡垒上,又愉快又惬意。如果没有人声和风声,也许可以听到她在像小猫似的打呼噜呢。有人在壁炉里添了木柴。法官梅尼菲文雅地点点头。"请你先开场讲吧。"他说。

做风车生意的人像土耳其人那样盘膝而坐,为了挡风,把帽子推到了后脑勺上。

"呃,"他毫不忸怩地开始说,"我对这个难题的估计大概是这样的:当然啦,雷德鲁斯被那个有钱挥霍,想夺掉他的姑娘的小子惹急了。他自然要跑去,责问姑娘讲过的话算不算数。唔,不管是谁,挑中一位姑娘的时候,总不希望另一个有马车和金矿股票的家伙插进来。呃,他跑去找她。唔,也许他火气大了一些,说话的口气像老板似的,忘了订婚并不是永远肯定可靠的。呃,我猜想那一来叫艾丽斯也冒火了。唔,她就顶了两句嘴。呃,他——"

"喂!"那个无足轻重的乘客插嘴说,"假如你能在你说的每一个'唔'呀'呃'呀的上面安装一台风车,那你就可以发财退休了,是吗?"

做风车生意的人和气地咧嘴笑笑。

"呃,我本来就不是什么莫泊桑。"他快活地说,"我讲的是地道的美国话。唔,她这样说:'金股先生同我无非是朋友关系,'她说,'但是他带我乘车兜风,请我看戏,你却从来没这样做过。我能找快活的时候,难道叫我永远不去找吗?''别啰里啰唆,'雷德鲁斯说,——'只要你一句话,你不同那家伙一刀两断,就别想把你的拖鞋搁在我的衣橱里。'

"那种盛气凌人的话对一个有个性的姑娘来说是不合适的。我敢打赌,那姑娘始终爱她的未婚夫。也许她像一般姑娘那样,在安下心来,替乔治补补袜子,成为一个好妻子之前,也想找找快活,寻寻开心。但乔治下不了台阶。唔,姑娘把戒指退还给他;乔治同她分手后就喝上了酒。是啊。准是这样的。我敢打赌,他走了两天,那姑娘就和那个打扮得花里胡哨的有钱家伙断绝了往来。乔治带了一点行李,搭上一辆货车,不知到什么地方去了。他喝了好几年酒;阿尼林①和酒精替他做出了决定。'我要隐居去了,'乔治说,'我要留起长胡子,守着一罐并不存在的埋在地下的钱。'

"至于艾丽斯呢,照我的看法,她倒是公平交易的。她再也不结婚,一等脸上起了皱纹便去做打字员,养了一只猫,只要你对它说'咪咪——咪咪——咪咪!'它便跑过来。我对善良的女人有足够的信心,不相信她们会为了钱而抛弃心上人。"做风车生意的人结束了他的话。

"我认为,"女乘客在她那简陋的宝座上挪动了一下说道,"这个故事很可——"

"喔,加兰小姐!"法官梅尼菲举起手,打断了她的话,"我请求你暂时别发表意见!否则对其余参加比赛的人就不公平了。这位——呃——请你接着讲,好不好?"法官对那个开代理行的年轻人说。

"我对这个爱情故事的看法是这样的,"年轻人腼腆地合抱着手说,"他们分手的时候并没有闹翻。雷德鲁斯先生向她道别,到世上去寻求财富了。他知道他的情人始终会对他忠实的。他根本不信他的情敌能打动这样一颗温柔纯真的心。我要说,雷德鲁斯先生到怀俄明的落矶山脉去找金矿了。一天,一群海盗上了岸,在他干活的时候抓住了他,于是——"

"嗨!你说什么?"那个无足轻重的乘客突然嚷道——"一群海盗在落基山脉上岸!请问,他们是怎么乘船——"

"乘火车去的。"讲故事的人镇静地、并非毫无准备地说,"他

---

① 阿尼林,既苯胺,油状液体,有毒性,化学工业上用以制染料,劣质酒用它来上色。

们把他幽禁在一个山洞里,过了几个月又把他带到几百英里远的阿拉斯加的森林里。在那里,一个美丽的印第安姑娘爱上了他,但他仍旧忠于艾丽斯。他在森林里流浪了一年,然后带着许多钻石出发——"

"什么钻石?"那个无足轻重的乘客又问道,口气近乎刻薄了。

"马鞍匠在秘鲁庙堂给他看的钻石。"对方含混地说,"他一到家乡,艾丽斯的母亲便哭哭啼啼地带他到柳树底下一个新坟那儿。'你走了之后,她心就碎了。'她母亲说。'我的情敌——切斯特·麦金托什——怎么样啦?'雷德鲁斯先生悲伤地跪在艾丽斯的坟墓前,问道。'等他发现,'她母亲说,'艾丽斯的心是属于你的之后,他也一天天地憔悴下去,终于在大拉皮兹开了一家木器店。后来我们听说,他到印第安纳州去,想忘掉文明社会,结果在南本德附近被一头惹怒了的麋鹿咬死了。'后来,雷德鲁斯先生就避不见人,像我们已经知道的那样,成了一个隐士。

"我的故事,"开代理行的年轻人结束说,"可能缺少文艺气息;不过我要说明那位年轻小姐始终是忠实的。在她眼里,财富绝不能同真正的爱情相比。我非常景慕和信任女性,因此不可能有另外的看法。"

讲故事的人说完后,朝女乘客坐着的角落瞟了一眼。

接下来,法官梅尼菲请比尔达·罗斯提出他的故事,参加争夺苹果的比赛。马车夫讲的故事很短。

"我不是那种把种种不幸都归罪于女人的家伙,"他说,"关于你要我说的故事,法官,我的看法是这样的:雷德鲁斯的毛病全出在懒惰上。这个珀西瓦尔·德莱西既然想把他挤到外档去,想给艾丽斯蒙上眼罩笼头,哄得她晕头转向,雷德鲁斯就该振作起来,狠狠地揍他一顿,也就太平无事了。你要一个女人当然得花些力气。

"'再需要我的时候,你来找我好啦。'雷德鲁斯掀掀他的斯特森呢帽走开了。他管这叫做自尊,其实是懒惰。没有哪个女人愿意主动去追男人的。'让他自己回来吧。'那姑娘说;她准保同那个有钱的家伙断绝了往来,然后整天待在窗口前,等候那个空荷包、小胡子的人。

"我想雷德鲁斯等了九年光景,指望她派个黑人送信来,请求他原谅。但是没有动静。'这一套行不通了,'雷德鲁斯说,'我也不干啦。'于是他就隐居起来,留起胡子。是啊,毛病就出在懒惰和胡子上。它们是一起来的。你可曾听说过哪一个走运的人留长头发和长胡子?没有。你不妨看看马尔巴勒公爵和经营美孚石油公司的骗子。他们有没有留长头发和长胡子?

"再说,这个艾丽斯再也没有结婚,我可以拿一匹马来打赌。如果雷德鲁斯同别人结了婚,她也许会嫁人的。但是他就此没有露脸。艾丽斯珍藏着所谓爱情的纪念品,也许是一绺头发,也许是他弄断的胸衣里的钢丝。对某些女人来说,这种东西跟丈夫差不多。我要说,她孤单单地守了一辈子。雷德鲁斯老头不同理发铺和干净衬衫打交道的事,我可不责怪女人。"

下面轮到了那个无足轻重的乘客。我们不知道他的姓名,只知道他是从乐园城到日出城的旅客。

当他答应法官时,如果火光不太暗淡,你们倒可以看清他的模样。

瘦削的身材,锈褐色的衣服,胳臂抱着脚,下巴搁在膝盖上,像青蛙似的坐着。麻絮似的光滑的头发,长鼻子,萨蒂尔①式的嘴巴,被烟叶染污的往上翘的嘴角。鱼目一般的眼睛,用一只马蹄形别针扣住的红领带。他没开口,先咯咯地干笑一阵子,慢慢地形成

---

① 萨蒂尔,希腊神话中半人半羊的森林神。

了话语。

"到现在为止,大伙说的都不对头。嘿!没有香橙花来点缀的爱情故事!嘀,嘀!我支持那个打蝴蝶结领带,口袋里揣着保付支票的小伙子。

"从他们在门口分手的时候讲起吗?好吧。'你从没有真心爱过我,'雷德鲁斯莽撞地说,'不然你不会同一个请你吃冰淇淋的男人谈话的。''我恨他。'艾丽斯说,'我讨厌他的蹩脚马车;我瞧不起他送给我的高级奶油糖,尽管装在金色的盒子里,还用真正的花边织品包扎;他送我一只有蓝宝石和珍珠镶边、刻出浮雕的足金鸡心时,我真想把他一刀捅死。去他的!我爱的只是你。''别假惺惺啦!'雷德鲁斯说,'难道我是那种东部的冤大头吗?别哄人啦,对不起。我可不上当。你去恨你的朋友吧。我可要去找乙马路上的尼克森家的姑娘,嚼口香糖,乘电车去了。'

"那晚上,约翰·伍·克里塞斯来了。'怎么!在哭吗?'他整整珍珠领带别针说。'你把我的情人给轰走了,'小艾丽斯抽噎着说,'我不喜欢见到你。''那么跟我结婚吧。'约翰·伍点燃一支亨利·克莱牌的雪茄说。'什么!'她怒冲冲地嚷道,'跟你结婚!休想,'她说,'除非等我气顺下来,能上街去买点东西,你去办结婚证的时候。隔壁有电话,你要找县里的教会文书办结婚证,可以去啦。"

讲故事的人停下来,又讥讽地干笑一阵子。

"他们结婚没有?"他接着说,"那还用问,哪有猫儿不爱荤的?我还要谈谈雷德鲁斯老头的事。照我的理论说来,你们的看法又都错了。他为什么隐居?一个说是懒惰;一个说是伤心;另一个说是酗酒。我说这是女人害的。这个老头现在有多大年纪啦?"他转向比尔达·罗斯问道。

"我想大概有六十五岁左右吧。"

335

"好。他在这里隐居了二十年。他在门口脱帽离开时,假定算他是二十五岁。那么还应该有二十年,否则凑不齐数。那二十年是怎么过的呢?我把我的看法告诉你们吧。因为犯了重婚罪,坐了二十年牢。假定说,他在圣乔有个金发的胖婆娘,在煎锅山有个黑发的瘦女人,在考谷有个镶金牙的姑娘。雷德鲁斯把事情弄僵了,被关进监狱。刑满释放后,他说:'除了在裙边讨生活之外,我什么都可以干。隐士的买卖还不太兴隆,从没有速记员去他们那儿找工作。我还是过过快活的隐士生活吧。梳齿里不会再有女人的长头发,雪茄烟灰缸里也不会再有腌菜用的大茴香了。你对我说老雷德鲁斯自以为是所罗门王,便给送进了疯人院,是吗?无聊!他本来就是所罗门。我的故事到此为止。我猜我是得不到苹果的。附上退稿邮资。这个故事不像是能得奖的。"

法官梅尼菲早就声明过,不希望事先对故事发表评论,等那无足轻重的乘客讲完之后,大家惟恐法官责难,也就不言语。接着,竞赛会的天才的发起人清了清嗓子,开始讲最后一个参加评比的故事,法官梅尼菲坐在地上虽然很不舒服,可是你在他身上找不到丝毫有损尊严的迹象。逐渐暗下去的火光柔和地映照着他那像古币上罗马帝王浮雕那样轮廓分明的脸,映照着他那一头浓密的令人肃然起敬的银发。

"女人的心!"他用平稳而动人的声调说——"有谁能够揣摩?男人的作风和欲望各各不同。我认为普天之下女人的心都按同一个节奏跳动,都和同一的爱情的旋律协调。对女人来说,爱情就意味着牺牲。只要她不辜负女人这个称号,对于她,金钱或地位都无法同真实的情感相比。

"各位陪审——呃——我该说,各位朋友,雷德鲁斯对爱情一案已经进行了审理。可是,谁在受审呢?不是雷德鲁斯,因为他已经受到了惩罚。也不是那些使我们生命充满天使的欢乐的不朽的情感。那么是谁呢？是我们。今晚,我们每一个人都站在法庭里,从我们的回答中就可以知道我们的心灵是崇高的还是愚昧的。女性通过一位最秀丽的代表坐在这儿来审判我们。她手里拿着那个奖品,价值虽然不大,但是值得我们努力争取,因为它是那位体现女性判断和鉴赏的可敬代表表示赞许的酬报。

"在叙述雷德鲁斯和他所倾心的美人的假想的故事之前,我必须大声疾呼地反对那种卑鄙的想法,也就是把雷德鲁斯看破红尘的原因归诸女人的自私、不忠或是爱慕虚荣。我从不认为女人会如此庸俗,会如此崇拜金钱。我们要在别的地方,在男人的比较卑劣的天性和比较低下的动机中,才找得到原因。

"在那个值得纪念的日子里,当他们站在门口的时候,很可能发生了一场情人之间常有的口角。年轻的雷德鲁斯受到妒忌的折磨,就此背井离乡。他这种行为有没有充分的理由？正反两方面的证据都不足。但是有高于证据的东西:那就是对女人的善良、不受诱惑、不为金钱所动的伟大而永恒的信心。

"我能想象那个鲁莽的情人自怨自艾到处流浪的情景。我能想象他逐渐消沉,最后领悟到失去了生活所给他的最可贵的礼物时完全绝望的模样。他之所以退出这个悲惨的尘世,以及后来的神经错乱,都是可以理解的了。

"我对另一方的看法是怎样的呢？一个孤独的女人随着年华的消逝而憔悴;但是依然忠实,依然在等待,依然期望着一个不会再见到的形象和不会再听到的脚步声。现在她已经老了。她的头发已经雪白,扎得整整齐齐。她每天坐在门口,满怀希望地瞅着尘土飞扬的大路。在精神上,她等在门口,等在他们分手的地点——她永远属于他,只是不在这个世界罢了。是的;我对女人的信心使我有了这种看法。人间诀别,但仍在等候！她企望在极乐世界重新聚首;他企望在失望的泥沼里再次相会。"

"我原以为他在疯人院里呢。"那个无足轻重的乘客说。

法官梅尼菲有点不耐烦地动了一下。男人们都垂头丧气,怪模怪样地坐着。风势小了一些,断断续续地吹着。炉火烧剩了一堆红炭,散发出暗淡的光线。女乘客坐着的那个舒适的角落里,只有一堆不成形的黑魆魆的东西,一头盘绕的、光滑的头发,皮围脖中间只露出一小块雪白的前额。

法官梅尼菲僵直地站了起来。

"现在,加兰小姐,"他说,"我们已经结束了。我们中间哪一个人讲的故事——特别是对真正的女性的估计——最接近你自己的想法,该由你颁发奖品了。"

女乘客没有回答。法官梅尼菲关切地弯下身子。那个无足轻重的乘客刺耳地低声笑起来。原来女乘客睡得正香。法官梅尼菲想拉她的手,叫醒她。他伸手过去时,在她膝头上碰到一个冰凉的、不规则的圆形小东西。

"她把苹果吃掉了。"法官梅尼菲吃惊地说,同时捡起苹果核给大家看。

失去的琴弦

我在纽西斯河畔黄沙岔口勒许·金奈的牧羊场里过夜。当我在拴马槽旁招呼他之前,我跟勒许·金奈是不相识的;可是从那时候开始,直到第二天早晨我离去时,照得克萨斯的礼法说来,我们已是知己朋友。

晚饭后,牧场主和我两个人把椅子拖到那幢双开间的房子外面,坐在那道以槲树和茅草为篷顶的、没有地板的回廊上。我们的椅子后腿深陷在结实的肥泥地里,各人倚着一根榆木柱子,抽着雄牛牌香烟,亲切地争论着人间的事务。

要把草原夜晚的迷人景色适当地描绘出来是没有希望的。只有狂妄的作家才试图描写得克萨斯早春的夜晚。我们只能开一张清单。

牧场的庄屋坐落在一个坡度徐缓的小山丘上。辽阔的草原点缀着一条条的溪流和一片片黑魆魆的灌木丛与仙人掌,像是一只阴暗的大碗,围绕着我们,我们则像是沉在碗底的一点渣滓黩。苍穹有如土耳其玉的碗盖,把我们罩在里面。美妙的空气夹着醉人的臭氧和遍地野花的甜香,给呼吸增添了芬芳和滋味。天空中挂着一个又大又圆的柔和的探照灯,我们几乎不把它当做月亮,而当做那个把抖缩的春天赶往北方的夏天手里的灯笼。最近的围栏里有一群绵羊静静地躺着,一阵莫名其妙的惊慌会使其中几头推推搡搡地挤在一起,发出擂鼓似的践踏声。郊狼在剪毛围栏的后面猞猁地吠叫，夜鸟在长草里聒噪。附近的灌木丛和树上传来模仿鸟的流水似的鸣啭，淹没了这些不谐和的杂音。如果有人踮起脚尖，想去触摸星辰，也不会给认为荒谬可笑，因为星辰原是那么明亮、那么近迫。

金奈先生的妻子，一个年轻能干的女人，还待在屋子里。她正忙着料理家务琐事，我发觉她仿佛对这些事情很感兴趣，觉得满足得意。我们原先在一间屋子里吃饭。金奈和我在外面坐了不多久，另一间屋子里突然发出一阵美妙的乐声。假如我对弹钢琴的艺术能有正确的估价，我该说弹奏那支愉快的幻想曲的人已经出色地掌握了键盘的诀窍。在我看来，这样一个简陋的小牧场住宅里竟然会有一架钢琴，并且给弹得这样美妙，简直是不平常的事。勒许·金奈一定看出了我的惊讶，因为他照南部人的样子温和地笑了起来，在月光照耀着的香烟雾中朝我点点头。

"在牧羊场上，你恐怕不常听到像那样的悦耳的嘈声吧，"他说，"我们虽然住在荒凉的地方，可是我们没有理由不搞些艺术和斯文的玩意儿。对一个女人说来，这里的生活很单调；如果玩一点音乐能改善生活的话，为什么不要它呢？我就是那样看问题的。"

"聪明而又高尚的理论，"我同意说，"金奈太太弹得真好。我对音乐这门学问没有研究，不过我认为她弹奏的技术非常好。她有技巧和突出的能力。"

月色非常明亮，你们知道，我看见金奈的脸上显出一种有趣而含蓄的神情，好像里面大有文章，可以详细解释一番。

"你是从双榆岔口那条小路来的，"他引人入胜地说，"你经过的时候，一定看到左边的一丛树木底下有一所破旧荒废的小屋子。"

"不错，"我说，"一群野猪还在它周围用鼻子拱地呢。根据残缺的栅栏看来，我知道里面没有住人。"

"这个关于音乐的故事就打那儿开头的,"金奈说,"我不妨趁我们抽烟的时候告诉你。那是老加尔·亚当姆斯住过的地方。他有八百头左右的良种美丽奴绵羊和一个了不起的女儿,正像一匹值三十块钱的小马身上的新笼头那般漂亮。我也不妨告诉你,我除了照料羔羊和剪羊毛之外,一有空闲,就泡在老加尔的牧场里。她叫玛丽拉小姐;我根据数学原则计算出来,她注定要成为洛米托牧场的女主人和王后,这个洛米托牧场属于勒许·金奈老爷,也就是蒙你光临的地方。

"我得说,老加尔并不是出色的牧羊人。他是个耸肩膀的小老头,只有枪套那么大小,长着几茎白胡子,嘴里的粗话整天不断。老加尔在他从事的行业中这样默默无闻,连牧牛人都不恨他。当一个牧羊人的名声不足以引起牧牛人的敌意时,那他即使死了也不会有人伤心,平时更不会有人提起他了。

"至于玛丽拉那个姑娘却不同了,她真叫人赏心悦目。她还是个极好的管家能手。我跟他们住得最近,因此每星期总得骑马到双榆岔口那儿去上九次到十六次,带些新鲜黄油、鹿腿或者新的替羊消毒的浸洗液的样品,作为看望玛丽拉的借口。玛丽拉和我彼此都很倾心,我很有把握就可以用套索套住她的脖子,把她带到洛米托牧场去了。问题只在于她对老加尔一直怀着舐犊之情,使我一直不能跟她认真地谈谈。

"你生平绝不会碰到像老加尔那样知识非常丰富而常识极端贫乏的人。他精通各门学问,熟晓各种基本的学说和思潮。你拿任何有关品词和思路方面的事情都吓不倒他。你会以为他是一位气象学、政治学、化学、博物学和词源学的教授。无论你提起什么话头,老加尔就会从它的希腊根源一直滔滔不绝地说到它打包出售的时候。

"一天,刚在秋季剪毛之后,我带着一本给玛丽拉的妇女时装杂志和一份给老加尔的科学报纸,来到双榆岔口。

"我正把马拴在一株荬树上,玛丽拉奔了出来,迫不及待地想告诉我一点消息。

"'哦,勒许,'她说,高兴和激动得满面通红,'你知道吗?爸爸要替我买一架钢琴啦。这不是太好了吗?我做梦也没想到我会有钢琴。'

"'当然值得高兴,'我说,'我一向喜欢钢琴的悦耳的喧闹。那倒可以大大地消除你的寂寞。加尔大叔这样做实在太好啦。'

"'我还没决定,'玛丽拉说,'是要钢琴还是要风琴。有一架大风琴也不错。'

"'拿减轻牧羊场里的静寂来说,'我说,'这两种琴都可以。拿我自己来说,我最喜欢晚上回家的时候,听到几支华尔兹和轻快舞曲,琴凳上有你这样的人坐着,把音符兜捕起来。'

"'哦,别谈那个,'玛丽拉说,'赶快到屋子里去吧。爸爸今天没出去。他不舒服。'

"老加尔躺在屋子里的一张小床上。他得了重感冒,咳得很厉害。我在他们家吃了晚饭。

"'听说你要替玛丽拉买一架钢琴。'我对他说。

"'是啊,是要买一架那种东西,勒许,'他说,'很久以来,她一直盼望玩音乐;我准备立刻替她配备一样乐器。今年秋天,平均每条羊都剪到六磅毛;即使把卖羊毛得来的钱都花掉,我也打算替玛丽拉买一架。'

"'好极啦,'我说,'应该替那姑娘买。'

"'最后一批羊毛运到圣安东尼去时,我随同去,'加尔大叔说,'亲自替她选一架。'

"'是不是带着玛丽拉一起去,'我建议说,'让她选一架合她自己心意的钢琴更好些呢?'

342

"我该知道,加尔大叔听了这种话是不会甘休的。像他这样一个上下古今无不知晓的人,当然会把那句话当做是对他才能的侮辱。

"'不,先生,不见得,'他捋着白胡子说,'全世界再也没有谁比我更懂得乐器了。我有一个叔叔,'他说,'是一家钢琴厂的股东老板,我见过他们装配成千架钢琴。从管风琴到麦秸笛子,只要是乐器,我都懂得。不管是敲的、吹的、拨的、摇的、弹的、用发条开的,先生,当今没有谁比我懂得更多。'

"'你拣你喜欢的替我买好啦,爸爸,'玛丽拉说,她还是高兴得跳跳蹦蹦的,'你当然知道该买什么。无论是钢琴、风琴,或是别的什么,都叫我快活。'

"'我有一次在圣路易看到一种叫做自动风琴的东西,'加尔大叔说,'据我看来,在人类发明的乐器中,那要算是最好的了。可是这座房子里没地方放。并且我猜想要值千把块钱。我觉得一架钢琴之类的东西最适合玛丽拉。她在雀尾城学过两年。我不会托任何人去买乐器,只有亲自去才放心。我这样想,当初假如我不经营牧羊场,我准成了全世界最好的作曲家或者钢琴风琴制造商之一。'

"加尔大叔就是那种脾气。但是我从没有跟他不耐烦,因为他非常关怀玛丽拉。玛丽拉也非常关怀他。他把玛丽拉送到雀尾城的学院里去待了两年,当时几乎把每一磅羊毛都花在她身上了。

"大概是星期二吧,加尔大叔装好最后的一车羊毛,到圣安东尼去了。玛丽拉的在雀尾城的叔叔本恩,在加尔大叔离家期间,到牧场上来住了几天。

"牧场离圣安东尼有九十英里路,离最近的火车站有四十英里,因此加尔大叔去了四天光景。一天傍晚,太阳快下山的时候,他回来了,我恰好也在双榆岔口。他的马车里果然有一架钢琴或是风琴——我们说不上来——用羊毛袋包扎得严严的,上面还遮着一块马车上用的篷布,以防下雨打湿。玛丽拉叫叫嚷嚷地跳了出来,眼睛闪亮,头发飘拂。'爸爸——爸爸,'她唱歌一般地说,'你买来了吗——你买来了吗?'——其实琴就在她眼前,女人们都是这样的。

"'圣安东尼最好的钢琴,'加尔大叔得意洋洋地挥着手说,'真正的花梨木,最美最响的声调。我听琴行老板弹过,立即买下来,付了现款。'

"我、本恩、加尔大叔和一个墨西哥人把它从马车上抬下来,搬进屋子,放在一个角落里。那是一架立式琴,不很重,也不很大。

"突然间,加尔大叔一屁股坐了下来,说他觉得非常不舒服。他热度很高,肺里难受。他上了床,我和本恩到外面把马解开,牵到牧场上去,玛丽拉飞快地跑去替加尔大叔弄点热的饮料。但是她先把胳臂搁在那架钢琴上,跟它亲热一会儿,脸上显出一抹温柔的微笑,正像小孩拿到圣诞节的玩具一样。

"我从牧场上回来时,玛丽拉待在放钢琴的那间屋子里。照地板上的绳索和羊毛袋看来,我知道她已经解开过了。可是她现在再把篷布包上去,脸色有点严肃苍白。

"'你又把它包起来吗,玛丽拉?'我问道,'干吗不弹几下,试试它加上马鞍之后跑得怎么样呢?'

"'今晚不弹,勒许,'她回答说,'今晚上我不想弹。爸爸病得很厉害。你想想看,勒许,他花了三百块钱——这一季卖羊毛的钱差不多有三分之一花在这上面了!'

"'哎,可是跟你的价值比起来,它连三分之一也抵不上,'我对她说,'并且我以为加尔大叔不至于病得那么厉害,他不会不愿意听你稍稍打搅琴键,替它来个开幕典礼。'

"'今晚上不行,勒许。'玛丽拉说,显出了平时决定一件事时的神气。

"但是,加尔大叔仿佛病得很凶。他的情况相当严重,以致本恩备了马,到雀尾城去请辛普逊大夫。我还留在牧场上,看看是不是有需要我帮忙的地方。

"当加尔大叔的痛苦减轻一点的时候,他把玛丽拉叫去,问她说:'你有没有看过你的钢琴,亲爱的?你喜欢吗?'

"'可爱极啦,爸爸,'她弯下身子,靠着他的枕头说,'我从没见到这么漂亮的琴。你为我买了来,待我太好啦!'

"'我还没听你弹过呢,'加尔大叔说,'我一直留心在听。现在我痛得不顶厉害——你弹一支曲子好不好,玛丽拉?'

"但是她没有照做,她用别的话岔开了这件事,像你平时看到女人哄小孩那样地对待加尔大叔。看来她已经打定主意,暂时不去碰那架钢琴。

"辛普逊大夫来了,诊断之后对我们说,加尔大叔害的是最凶险的肺炎;并且他老人家年过六十,身体本来衰弱,因此多半不能再在草地上走动了。

"他害病的第四天,又叫玛丽拉去,想谈谈钢琴的事儿。辛普逊大夫在那儿,本恩夫妇也在,都想出点力。

"'关于音乐方面,我获得了一个极大的成功,'加尔大叔说道,'我在圣安东尼买了最好、最划算的乐器。那架钢琴是不是十全十美的,玛丽拉?'

"'不能再好啦,爸爸,'她说,'我生平从没听到过这么好的音调。可是爸爸,你现在是不是能够睡一会儿呢?'

"'不,我不想睡,'加尔大叔说,'我想听听那架钢琴的声音。我不相信你已经试过了。我一直跑到圣安东尼,亲自替你挑来的。这一季剪得的羊毛,有三分之一花在这架琴上;可是只要我的好女儿高兴,我是不在乎的。你肯不肯弹一点给爸爸听,玛丽拉?'

"辛普逊大夫叫玛丽拉走过一边,劝她照加尔大叔的话做,让他安静下来。本恩叔叔和本恩婶婶也劝她。

"'干吗不踩着低音板弹一两支呢?'我问她说,'加尔大叔一再请你弹。听到你弹他替你买来的钢琴,他一定非常快活。你弹一会儿好吗?'

"但是玛丽拉光站在那儿,一声不响,眼睛里簌簌地滚下泪珠来。接着,她跑过去,把胳膊伸到加尔大叔的脖子底下,紧紧地搂着他。

"'哎,昨晚上,爸爸,'我们听她这样说,'我弹了好些。不骗你——我是弹的。这架琴真了不起,你不知道我多么喜欢它。昨晚我弹了《邦尼·邓迪》《铁砧波尔卡》和《蓝色的多瑙河》——还有许多曲子。你一定听到我弹的,是吗,爸爸?你病得这么重,我不愿意弹得太响。'

"'嗯,嗯,'加尔大叔说,'也许我听到了。也许我听到之后又忘了。有时候,我的脑袋有点混乱。我听到琴行里的人弹过。你喜欢那架钢琴真叫我高兴,玛丽拉。是啊,我想我可以睡一会儿,只要你待在我身边看我睡。'

"玛丽拉在那一点上真叫我弄不明白。她那样体贴他老人家,却不肯在他买来的钢琴上弹一些。钢琴运来的那一天,她把篷布遮在上面,之后一直没有掀下来,她怎么能对加尔大叔说,她已经弹过了呢,真叫我想不通。我知道她多少会弹一点,因为有一次我在长池牧场听到她在一架旧钢琴上弹了一些相当好听的舞曲。

"哎,大概一星期之后,肺炎把加尔大叔打垮了。丧礼在雀尾城举行,我们都去了。我用我的马车把玛丽拉送回来。本恩叔叔婶婶去陪她住了几天。

"那晚上,其余的人都在回廊上,玛丽拉叫我到放钢琴的那间屋子里去。

"'来,勒许,'她说,'现在我要你看看这架琴。'

"她解开绳子,掀掉了篷布。

"假如你能骑在一个没有马的马鞍上,或者打响一支没有上弹药的枪,或者从空瓶子里喝酒,那你也许能在加尔大叔买来的乐器上弹出一两支曲子来。

"那玩意儿并不是钢琴,而是他们发明的用来弹钢琴的机器。拿它本身来说,它的乐器成分好比没有笛杆的笛孔。

"那就是加尔大叔挑选的钢琴;站在钢琴旁边的是那个善良、高贵、纯真、始终不给他知道这件事的姑娘。

"你刚才听到的,"金奈先生结束道,"就是那架代表钢琴的机器;只不过目前已经另外安上了一架值六百元的钢琴,那是我们结婚之后,我立刻替玛丽拉买的。"

活期贷款

在那年月,牧牛人都是天之骄子。他们是草原的大公,牛群的帝王,牧地的君主,牛肉和牛骨的大王。只要高兴,他们有条件乘坐镀金的马车。金钱劈头盖脸地落到牧牛人身上,他似乎觉得自己钱多得邪门。但是,除了买一只表盖上镶着许多大宝石、硌得肋骨生痛的金表,买一具嵌着银钉、配着安哥拉皮垫的马鞍,和在酒吧间请大伙喝威士忌之外,他还有什么地方可以花钱呢?

至于那些有女眷的牧场主,他们减少超额财富的门路就不那么局限了。在境况不如意的时候,夏娃后裔减轻钱包的本领也许会沉睡多年,可是,弟兄们哪,这种本领是永远不会灭绝的。

因此,为妻子所迫的"高个儿"比尔·朗利,离开了弗里奥河畔栎树丛生的圆圈横杠牧场,到城里去享受成功的乐趣了。他的财产有五十来万元,收入还在不断增加。

"高个儿"比尔是在营地和草原上磨练出来的。幸运和节俭,冷静的头脑,寻找无主小牛的锐利目光,这种种因素加起来,使他从牧牛人变成了牧场主。后来,牛的买卖突然兴旺,幸运女神小心翼翼地穿过仙人掌刺丛来了,把她的丰饶之角①倾注在牧场庄屋的门口。

---

① 丰饶之角,希腊神话中的主神宙斯年幼时从亚马尔泰亚羊人的头上拗下一只角,使它具有了魔力,拿这只角的人心里想要什么,角里立刻就有什么。

朗利在边疆小城查帕罗萨盖了一幢豪华的住宅。他成了俘虏,被套在社会生活的马车上。他注定要成为当地的头面人物。一开头,他像野马初次被关进栅栏里那样,挣扎了一阵子,接着也就把马鞭和马刺挂起,安于现状了。他无所事事,日子不好打发,便创办了查帕罗萨第一国民银行,被选为总经理。

一天,有个戴着镜片像放大镜那么厚的眼镜、害消化不良症的人,来到第一国民银行,在出纳员窗口递进一张气派十足的名片。五分钟后,银行全体职员在查账稽核的指使下忙开了。

这位稽核,杰·埃德加·托德先生,竟然非常认真。

查完账目以后,稽核戴上帽子,请总经理威廉·雷·朗利先生到小办公室去。

"唔,你觉得怎么样?"朗利音调深沉缓慢地问道,"牛群中有没有你看不顺眼的印记?"

"账目都很清楚,朗利先生,"托德说,"我发现你的贷款也都符合手续——不过有一笔例外。有一张借据很糟糕——糟到这种程度,我猜想你一定还不了解情况的严重性。我指的是那笔借给托马斯·默温的一万元活期贷款①。问题不仅在于数目超过了银行发放私人贷款的最高限额,而且既无担保,又无抵押。因此,你在两方面都违犯了国民银行法,政府随时都可以向你提出刑事诉讼。假如把这件事报告货币审计处——我有责任这么做——我相信一定会移交司法部执行。你该明白情况有多么严重了吧。"

比尔·朗利坐在转椅上,颀长的身躯慢慢向后靠去。他双手合抱,托着后脑,略微侧过头,望着稽核。稽核看到银行家果断的嘴角上泛起一丝笑容,浅蓝色的眼睛里闪着和善的亮光,不禁有点

---

① 亦称"通知贷款",指商业银行未规定期限的并可随时索还的贷款。借款人应在得到通知后24小时内归还。

纳闷。等到朗利了解了这件事的严重性时,他的脸色就不会这样了。

"当然,这也难怪,你根本不认识汤姆·默温。"朗利几乎是亲切地说,"不错,我知道这笔贷款。除了汤姆·默温一句话以外,没有任何抵押品。不过我一向认为,一个人只要讲信用,他的话就是最好的抵押品。哦,是呀,我知道政府不是这样想的。看来我还是为这笔贷款去找一次汤姆吧。"

托德先生的消化不良症仿佛突然恶化了。他从放大镜似的眼镜后面惊讶地瞅着这位牧牛人出身的银行家。

"你明白,"朗利轻松地解释说,想了结这件事,"汤姆听说里奥格朗德岩石津那里有两千头两岁的小牛出售,每头八块钱就可以成交。我猜想那大概是老莱恩德罗·加尔西亚私运进来的牛队,急于脱手。那群牛到堪萨斯城可以卖十五元一头。汤姆清楚,我也清楚。他有六千元现款,我就把这笔交易的不足之数一万元借给了他。他弟弟埃德三星期前把牛赶去卖了。这几天里,他随时可能带着贷款回来。他一来,汤姆就会归还借款的。"

稽核吓坏了。他也许有责任立即去电报局,把这个情形报告审计处。但他没有这么做。他直截了当地同朗利谈了三分钟。他终于使这位银行家了解到自己已站在灾难的边缘。之后,他提供了一线希望。

"今晚我要去希尔台尔,"他对朗利说,"查对那里的一家银行的账目。回来时,我路经查帕罗萨。明天十二点,我再来这儿。到时候,如果这笔贷款已经清理,我在报告里就不提这件事。否则——我不得不尽我的职责。"

说罢,稽核鞠了一躬就走了。

第一国民银行的总经理在椅子上继续坐了半小时,然后点燃一支醇和的雪茄,到汤姆·默温家去了。默温,一个穿着棕色粗布裤子、神情显得深思熟虑的牧场主,正把脚搁在桌子上,坐在那儿编一条生皮马鞭。

"汤姆,"朗利靠在桌子上说,"有没有埃德的消息?"

"还没有。"默温继续编着鞭子,回答说,"我想这几天里埃德总该回来了。"

"有一个银行稽核,"朗利说,"今天去我们那里探头探脑,发现了你那张借据。你知道我认为没有问题,可是这样做是违犯银行法的。我本来断定在银行查账之前你能归还那笔借款的,但是那家伙出乎意外地来了,汤姆。眼前我自己手头现款短缺,不然我可以垫一垫,替你兑付这张借据。他限我明天十二点以前解决,那时候我得拿出现款来抵账,不然——"

"不然怎么啦,比尔?"默温看到朗利吞吞吐吐,便问道。

"唔,我猜想大概是被山姆大叔兜屁股踢出去吧。"

"我试试,把你那笔款子及时筹出来。"默温说,仍旧专心致志地在编马鞭。

"好吧,汤姆,"朗利转身向门口走去时说,"我知道你只要有办法就一定会做到的。"

默温扔开鞭子,到城里仅有的第二家银行去,那是库珀和克雷格合伙开的私营银行。

"库珀,"他对那个姓库珀的合伙股东说,"今天或者明天,我非筹到一万元不可。我这儿有一幢房子和地皮,大概值六千元,实际的担保品就这些。不过我正在做一笔牛交易,几天之内,它给我带来的赚头就不止这个数目。"

库珀开始咳嗽起来。

"喂,看在老天分上,别拒绝。"默温说,"我欠人家一笔活期贷款,数目是一万元。现在要求归还了,要求归还的人同我在牧牛营地和守林营地一起待过十年。他可以要我所有的东西。他要我脉管里的血,我一定也会给他。他非搞到那笔钱不可,非常迫切——唔,他需要那笔钱,我有责任替他筹措。你知道我是有信用的,库珀。"

"那还用说吗,"库珀老于世故地同意说,"但是你知道,我有一个合伙人。我不能独断独行,私自放款。即使你手头有最可靠的担保品,我们也不可能在一星期之内贷给你。我们正要运一万五千元现款到罗克台尔,委托迈尔兄弟公司收购棉花。今晚就由窄轨火车运走。这一来,我们手头的现款也不多了。我们不能替你解决,非常抱歉。"

默温回到家里,重新编织马鞭。下午四点钟光景,他到了第一国民银行,隔着朗利办公桌的栅栏,凑过去说:

"我想办法在今晚——我是说明天——替你搞到那笔钱,比尔。"

"好吧,汤姆。"朗利平静地说。

那晚九点钟,汤姆·默温谨慎地走出他住的木头小房子。房子坐落在城郊,这时候附近行人很少。默温的腰带里插着两支六响手枪,头上戴一顶垂边帽子。他迅速地沿着一条冷落的小街走去,到了同窄轨铁路平行的沙路上,最后来到离城两英里的水塔旁。汤姆·默温在这儿停住,用一条黑绸手帕蒙住面孔下部,拉下帽檐。

十分钟后,从查帕罗萨开往罗克台尔的夜班火车在水塔旁边停住了。

默温双手各握一支手枪,从一丛栎树后面站起身,向机车走去。他还没走上三步,两条有力的长胳臂突然从背后把他拦腰抱起,合扑摔在草地上。一个沉重的膝头抵住他的脊背,钢钳一般的手捉住了他的手腕。他就这样像小孩似的被制服了,直到机车加了水,重新起步,逐渐增加速度,开得看不见了为止。这时候,他才被松开,站了起来,发现抓他的人竟是比尔·朗利。

"这事绝不能这么解决,汤姆。"朗利说,"今天下午我见到了库珀,他把你同他谈的事告诉了我。晚上我去你家,见你带了枪出来,于是我一直尾随你到这儿。我们回去吧,汤姆。"

两人并肩走了。

"这是我惟一的机会。"过一会儿,默温开口说,"你要求归还贷款,我总得想办法清偿。比尔,假如他们为难你的话,你怎么办呢?"

"假如他们为难你的话,你又怎么办呢?"朗利反问道。

"我从没想到自己竟会埋伏起来拦劫火车,"默温说,"不过一笔活期贷款只能另当别论。我向来说一是一,说二是二。我们还剩下十二个小时,比尔,过后那个探子又要来找你麻烦了。我们总得想办法把这笔款子筹措到手。我们也许可以——了不起的山姆·豪斯顿①啊!你听到了没有?"

默温突然奔跑起来,朗利跟了上去,只听得黑夜中有一个悦耳的口哨声,吹着《牧童悲歌》的凄凉的调子。

"他只会这一支歌。"默温一面跑,一面嚷道,"准保是——"

他们跑到了默温家。默温一脚把门踹开,冲进去,被屋子中间一只旧手提箱绊了一跤。一个风尘仆仆、皮肤黧黑、宽下巴的小伙子躺在床上抽着褐色的香烟。

"怎么样,埃德?"默温上气不接下气地说。

"马马虎虎。"那个干练的小伙子懒洋洋地说,"刚乘了九点三十分那班火车回来。那批牛卖了,十五元一头,一个钱也不少。喂,老哥,别把那只手提箱踢来踢去啦,里面装着两万九千元现款呢。"

---

① 山姆·豪斯顿(1793—1863),美国军人、政治家,1859—1861年间任德克萨斯州州长。此处用作惊叹语。

公主与美洲狮

当然,这篇故事里少不了皇帝与皇后。皇帝是个可怕的老头儿,身上佩着几支六响手枪,靴子上安着踢马刺,嗓门是那么洪亮,连草原上的响尾蛇都会吓得往霸王树下的蛇洞里直钻。在皇室还没有建立之前,人们管他叫"悄声本恩"。当他拥有五万英亩土地和数不清的牛群时,人们便改口叫他"牛皇帝"奥唐奈了。

皇后本是拉雷多①来的一个墨西哥姑娘。可是她成了善良、温柔、地道的科罗拉多主妇,甚至劝服了本恩在家里尽量压低嗓门,以免震破碗盏。本恩尚未当皇帝时,她坐在刺头牧场正宅的回廊上编织草席。等到抵挡不住的财富源源涌来,用马车从圣安东尼运来了软垫椅子和大圆桌之后,她只得低下乌发光泽的头,分担达纳埃②的命运了。

为了避免欺君罪,我先向你们介绍了皇帝和皇后。在这篇故事里,他们并不出场;其实这篇故事的题目很可以叫做"公主、妙想和大煞风景的狮子"。

约瑟法·奥唐奈是仅存的女儿,也就是公主。她从母亲那儿秉承了热情的性格和亚热带的那种皮肤微黑的美。她从本恩·奥唐奈皇上那儿获得了大量的魄力、常识和统治才能。要瞻仰这样

---

① 拉雷多,美国德克萨斯州南端的城市,在里奥格朗德河畔,对岸即是墨西哥。
② 达纳埃,希腊神话中阿耳戈斯王的女儿,被幽禁在高塔内。

结合起来的人物,即使跑上许多路都值得。约瑟法骑马疾驰的时候,能够瞄准一只拴在绳上的番茄铁皮罐,六枪之中可以打中五枪。她同自己的一只小白猫可以一连玩上好几个钟头,给它穿上各式各样可笑的衣服。她不用铅笔,光凭心算,很快就能告诉你:一千五百四十五头两岁的小牛,每头八块五毛,总共可以卖多少钱。大致说来,多刺牧场面积有四十英里长、三十英里宽——不过大部分是租来的土地。约瑟法骑着马儿,踏勘了牧场的每一块土地。牧场上的每一个牧童都认识她,都对她忠心耿耿。里普利·吉文斯是刺头牧场上一个牛队的头目,有一天见到了她,便打定主意要同皇室联姻。僭妄吗?不见得。那时候,纽西斯一带的男子都是顶天立地的大丈夫。并且说到头,牛皇帝的称号并不代表皇室的血统。它多半只说明拥有这种称号的人在偷牛方面特别高明而已。

一天,里普利·吉文斯到双榆牧场去打听有关一群走失的小牛的消息。他回程时动身晚了些,当到达纽西斯河的白马渡口时,太阳已经落山了。从那儿到他自己的营地有十六英里。到刺头牧场有十二英里。吉文斯已经很累了,便决定在渡口过夜。

河床上有个水坑,水很清洁。两岸长满了茂密的大树和灌木。离水坑五十码远有一片卷曲的牧豆草地——为他的坐骑提供了晚餐,为他自己准备了床铺。吉文斯拴好马,摊开鞍毯,让它晾晾干。他靠着树坐下,卷了一支纸烟。河边的密林里突然传来一声发威而震撼人心的吼叫。拴着的小马腾跃起来。害怕地喷着鼻息。吉文斯抽着烟,不慌不忙地伸手去拿放在草地上的枪套皮带,拔出枪,转转弹膛试试。一尾大鱼扑通一声窜进水坑。一只棕色的小兔子绕过一丛猫爪草,坐下来,胡子牵动着,滑稽地瞅着吉文斯。小马继续吃草。

黄昏时分,当一头墨西哥狮子在干涸的河道旁边唱起女高音的时候,小心提防是没错的。它歌子的主题可能是:小牛和肥羊不好找,光吃荤食的它很想同你打打交道。

草丛里有一只空水果罐头,是以前过路人扔在那儿的。吉文斯看到它,满意地哼了一声。在他那件缚在马鞍后面的上衣口袋里,有一些碾碎的咖啡豆。清咖啡和纸烟!牧牛人有了这两样东西,还指望别的什么呢?

不出两分钟,他生起了一小堆明快的篝火。他拿着罐头朝水坑走去。在离水坑十五码时,他从灌木枝叶的空隙中看到左边不远处有一匹备女鞍的小马,搭拉着缰绳在啃草。约瑟法·奥唐奈趴在水坑旁边喝了水,站了起来,正在擦去掌心的泥沙。吉文斯还看到在她右边十来码远的荆棘丛中,有一头蹲着的墨西哥狮子。它的琥珀色的眼睛射出饥饿的光芒,眼睛后面六英尺的地方是像猎狗猛扑前那样伸得笔直的尾巴。它挪动后腿,那是猫科动物跳跃前的常态。

吉文斯做了他力所能及的事。他的六响手枪在三十五码以外的草地上。他暴喊一声,窜到狮子和公主中间。

吉文斯事后所说的这场"格斗"是短暂而有点混乱的。当他冲到战线上时,他看见空中掠过一道模糊的影子,又听到两声隐约的枪响。紧接着,百来磅重的墨西哥狮子落到了他头上,噗的一声重重地把他压倒在地。他还记得自己喊道:"让我起来——这种打法不公道!"然后,他像毛虫似的从狮子身下爬出来,满嘴的青草和污泥,后脑勺磕在水榆树根上,鼓了一个大包。狮子一动不动地瘫在地上。吉文斯大为不满,并且觉得受了骗。他对狮子晃晃拳头,嚷道:"我跟你再来二十回合——"可他立即省悟过来。

约瑟法站在原来的地方,若无其事地在重新填装她那把镶银把柄的三八口径手枪。这种射击并不困难。狮子脑袋同悬在绳子上的番茄罐头相比,目标要大多了。她嘴角和黑眼睛里带着一丝挑逗、嘲弄和叫人恼火的笑意。这位救人未遂的侠士觉得丢脸的火焰一直烧到他的灵魂。这本来是他的大好机会,梦寐以求的机会;可是成全他的不是爱神丘比特,而是嘲弄之神摩摩斯。毫无疑问,森林中的精灵们一定在捧着肚子窃窃暗笑。这简直成了一出滑稽戏——吉文斯先生同剥制狮子一起演出的滑稽闹剧。

"是你吗,吉文斯先生?"约瑟法说,她的声调徐缓低沉,像糖精一般甜,"你那一声叫喊几乎害得我脱靶。你摔倒时有没有砸伤头?"

"哦,没什么,"吉文斯平静地说,"摔得不重。"他屈辱地弯下腰,把他那顶最好的斯特森帽子从狮子身下抽出来。帽子压得一团糟,很有喜剧效果。接着,他跪下去,轻轻地抚摸着死狮子那张着大嘴、好不吓人的脑袋。

"可怜的老比尔!"他伤心地说。

"那是怎么回事?"约瑟法敏捷地问道。

"你当然不明白,约瑟法小姐,"吉文斯说,同时露出让宽恕胜过悲哀的神情,"谁也不能怪你。我想救它,但是无法及时让你知道。"

"救谁呀?"

"还不是老比尔!我找了它一整天。你明白,两年来它一直是我们营地里的宠物。可怜的老东西,它连一只白尾灰兔都不会伤害的。营地里的弟兄们知道这件事后,都会伤心的。不过你当然不知道比尔只不过是同你闹着玩。"

约瑟法的黑眼睛炯炯有神地盯着他。里普利·吉文斯顺利地混过了这一关。他沉思地站着,把他那黄褐色的头发揉得乱蓬蓬的。他眼睛里露出懊丧的样子,还掺杂着一些温和的责怪。他那清秀的脸上显出一种无可非议的哀伤。约瑟法倒有点拿不准了。

"那你们的宠物跑到这儿来干吗?"她负隅顽抗地问道,"白马渡口附近又没有营地。"

"这个老家伙昨天从营地里逃了出来。"吉文斯胸有成竹地说,"郊狼没把它吓坏可真奇怪。你明白,吉姆·韦伯斯特,我们营地里管坐骑的牧人,上星期弄了一头小猎狗到营地里来。那头小狗真叫比尔受罪——它一连好几个小时钉在比尔背后,咬它的后腿。每晚休息时,比尔总是钻在一个弟兄的毯子底下睡觉,不让小狗找到它。我猜想它一定是愁得走投无路了,否则是不会逃跑的。它一向是离开了营地就害怕。"

约瑟法看看那只猛兽的尸体。吉文斯轻轻拍了拍狮子的一只可怕的脚爪,这只脚爪平时一下子就可能送掉一条小牛的命。那姑娘深橄榄色的脸上慢慢泛起一片红晕。这是不是真正的猎人打到不应该打的猎物时,感到羞愧的表示呢?她的眼色柔和了些,垂下来的眼睑把先前那种明显的取笑的光芒全赶跑了。

"我很抱歉,"她低声下气地说,"不过它看上去是那么大,又跳得那么高,所以——"

"可怜的老比尔肚子饿啦,"吉文斯立即替死去的狮子辩护说,"我们在营地里总是叫它跳起来,才给它吃的。它为了一块肉还躺在地下打滚呢。它看到你时,以为你会给它一点儿吃的东西。"

约瑟法的眼睛突然睁得大大的。

"刚才我可能会打着你!"她嚷道,"你已经跑到了中间。你为了救你那心爱的狮子,甚至冒了生命危险!那太好啦,吉文斯先生。我喜欢对动物仁慈的人。"

不错,现在她的眼色里甚至有了爱慕的成分。总之,在一败涂地的废墟中出现了一个英雄。吉文斯脸上的神情很可以替他在"防止虐待动物协会"里谋一个重要的位置。

"我一向喜欢动物,"他说,"马呀,狗呀,墨西哥狮子呀,牛呀,鳄鱼呀——"

"我讨厌鳄鱼,"约瑟法马上反对说,"拖泥带水的,叫人看了起鸡皮疙瘩的东西!"

"我说过鳄鱼吗?"吉文斯说,"我想说的准是羚羊。"

约瑟法的良心促使她再想出一些补救的办法。她忏悔似的伸出了手。她的眼睛里噙着两颗晶莹的泪珠。

"请原谅我,吉文斯先生,好吗?你明白,我只不过是个小姑娘,一开头我很害怕。我打死了比尔,感到非常难过。你不了解我觉得多么难为情。我早知道的话,绝不会这么做的。"

吉文斯握住她伸出来的手。他握了一会儿,让他的宽恕去克制因比尔的死而引起的悲伤。最后,他显然原谅了约瑟法。

"请你别再提这件事啦。约瑟法小姐。比尔的模样叫哪一位年轻小姐见了都会害怕的。我会向弟兄们好好解释的。"

"你真的不恨我吗?"约瑟法冲动地向他挨近了些。她的眼神很甜蜜——啊,甜蜜和恳求之中带着优雅的悔罪的神色。"谁要是杀了我的小猫,我真会恨死他呢。你冒了中流弹的危险去救它,又是多么勇敢,多么仁慈啊!这样做的人实在太少啦!"从失败中夺得了胜利!滑稽戏变成了正剧!好样的,里普利·吉文斯!

现在天色已经黑了。当然不能让约瑟法小姐独个儿骑马回家。尽管吉文斯的坐骑露出不情愿的样子,他还是重新上鞍,陪她一同回去。公主和爱护动物的人——他们并辔驰过柔软的草地。周围弥漫着草原上丰饶的泥土气息和美妙的花香。郊狼在远处小山上嗥叫!没有什么可怕的。可是——

约瑟法策马靠拢一些。一只小手似乎在摸索。吉文斯的手找着了它。两匹小马齐步走着。两只手握住不放,一只手的主人说:

"以前我从没有害怕过,可是你想想看!如果碰上一头真正的野狮子,那怎么得了!可怜的比尔!你陪着我真叫我高兴!"

奥唐奈坐在房屋的回廊上。

"喂,里普!"他嚷道——"是你吗?"

"他陪我来的。"约瑟法说,"我迷了路,耽误了很久。"

"多谢你。"牛皇帝喊道,"在这儿过夜吧,里普,明天早晨再回营地。"

但是吉文斯不肯。他要赶回营地去。一清早有批阉牛要上路。他道了晚安,策马走了。

一小时后,熄了灯,约瑟法穿着睡衣,走到她卧室门口,隔着砖铺的过道,向屋里的牛皇帝招呼说:

"喂,爸爸,你知道那只叫做'缺耳魔鬼'的墨西哥老狮子吗?——就是害死了马丁先生的牧羊人冈萨勒斯,在萨拉达牧场捕杀了五十来头小牛的那只。嘿,今天下午我在白马渡口结果了它的性命。它正要跳起来时,我用三八口径往它脑袋开了两枪。它的左耳朵被老冈萨勒斯用砍刀削去一片,所以我一看到就认识。你自己也不见得打得这么准,爸爸。"

"真有你的!""悄声本恩"在熄了灯的寝宫里打雷似的说道。

"干谷"约翰逊的小阳春

"干谷"约翰逊摇摇瓶子。敷用之前,你先得摇动瓶子;因为硫磺是不溶解的。然后,"干谷"用一块小海绵浸透了这种液体,小心翼翼地擦发根。除了硫磺之外,这里面还有醋酸铅、番木鳖酊和桂叶酒。"干谷"在一份星期天的报纸上看到这个配方。接着要告诉你的是:一个堂堂的男子汉怎么会成为美容窍门栏的牺牲品。

"干谷"以前是个牧羊人。他的真名字叫做赫克托,但是为了同弗里奥河下游经营牧羊场的"榆溪"约翰逊加以区别,人家便拿他的牧场的名称给他另外起了一个名字。

多年来,按照羊群的生活习惯整天跟它们厮混,搞得"干谷"约翰逊腻烦了。于是,他把牧场卖了一万八千块钱,搬到圣达罗沙去过悠闲的寓公生活。作为一个沉默忧郁的三十五岁(也许是三十八岁)的人,他不久便成了那种可憎的多余汉——一个有癖好的上了年纪的光棍。有人送了些他生平从未吃过的草莓给他,可把他害苦了。

"干谷"在村里买下了一幢四开间的屋子和大批有关种植草莓的书籍。屋子后面有一个园子,他就用来种草莓。他穿着灰色的旧羊毛衫,棕色的细布裤和高跟皮靴,成天躺在后门口一株榭树底下的帆布床上,研究那种迷人的红浆果的历史。

学校里的教师,德维特小姐,说他"尽管到了中年,还是个端端正正、上得了台面的男人"。可是"干谷"的眼睛里并没有女人。她们只不过是穿着裙子的人,他一碰到她们就笨拙地掀掀他那圆顶阔边的笨重的斯特逊呢帽,赶快走开,回到他心爱的草莓那儿去。

这番闲话只是铺垫,让你知道为什么"干谷"在摇瓶子里的不溶解的硫磺。历史是漫长而矛盾的玩意儿——里程碑在我们和落日之间的路上投下了歪歪扭扭的影子。

草莓快要成熟时,"干谷"在圣达罗沙的杂货铺里买了一条最沉的马鞭子。他在槲树底下坐了好几个钟头,编编织织,增加它的长度。完工之后,他用这条鞭子可以打掉二十步以外的灌木丛的叶子。因为圣达罗沙小伙子们的亮炯炯的贼眼正在窥觑那些即将成熟的浆果,"干谷"要武装起来,防止意料之中的袭击。他小心照料他心爱的果子,不让那些打唿哨、叫嚷、玩弹子、在他园地的篱笆外面探头探脑的饿狼染指;他办牧场时,对于那些荏弱的羔羊的爱护也不过如此。

"干谷"的隔壁住着一个寡妇和一大群孩子,时常使这位种植家感到不安稳。寡妇有一点西班牙血统。她的前夫姓奥勃良①。"干谷"对于异种交配是个行家;他早知道这种婚配所生的后代是不好对付的。

两份人家中间隔着一道残缺的木桩篱笆,上面长满了牵牛花和野葫芦藤。他时常看到许多有着蓬松的黑头发和明亮的黑眼睛的小脑袋,在木桩缺口的地方钻进钻出,算计那些泛红的浆果。

一天黄昏,"干谷"到邮局里去了一次。回家时,他像赫巴德老大娘②那样,发现家里糟得不堪设想。西班牙强盗和爱尔兰偷

---

① 奥勃良(O'Brien)是爱尔兰人的姓。
② 赫巴德老大娘(Mother Hubbard),英国童谣中的人物。

牛贼的后代突袭了他的草莓地。在"干谷"的冒火的眼里看来,他们的人数仿佛有满满一羊栏之多;或许有五六个。他们蹲在一行行翠绿的植物中间,像蛤蟆似的跳来跳去,不声不响、狼吞虎咽地吃着他的最好的果子。

"干谷"悄悄地溜进屋子,拿起马鞭,向那些掠夺者冲去。孩子们还不知道自己被人发觉,这时鞭子已经缠住了最近一个孩子的脚——一个十岁的贪嘴的小家伙。他的尖叫声警告了其余的孩子;他们便像一群野猪掠过槲树丛似的向篱笆奔去。在他们钻过藤枝纠缠的篱笆逃走之前,"干谷"的鞭子又打出了两声小鬼的叫嚷。

"干谷"的脚步没有他们那么轻快,将近篱笆时给他们逃脱了。他停止了无益的追击,绕过一丛灌木,放下鞭子,一动不动、上气不接下气地站着,喘气和维持直立的姿势已经耗尽了他的气力。

灌木树后面站着不屑逃跑的潘吉达·奥勃良。她有十九岁,是那帮袭击者中间最大的一个。她的乌黑的头发蓬乱地束在脑后,用深红色的缎带扎着。她正处在孩子与少女的分界线上,可是比较近于孩子;因为孩子的心理占了上风,使她停住了脚步。

她极其傲慢地盯了"干谷"约翰逊一会儿,当着他的面慢慢地嚼着一颗甘美的浆果。然后她扭过身,慢慢地向篱笆走去,婀娜作态,有如一位带着侍从散步的公爵夫人。到了篱笆那儿,她再回过头,那双大胆的火辣辣的黑眼睛又把"干谷"约翰逊折磨了一下,接着像豹子那么敏捷地一扭身挤过木桩,到了野葫芦藤那边的奥勃良地界。

"干谷"捡起鞭子,回屋子去。他跌跌撞撞地走上两磴木台阶。他经过房间时,替他煮饭收拾的墨西哥老太婆叫他吃晚饭。可是"干谷"只顾走,又跌跌撞撞地走下前门的台阶,出了大门,一直走到城边的荚树林子里。他坐在草地上,费劲地把一棵仙人掌上的刺一根根的拔下来。这是他动脑筋时的姿态,早在他的问题只限于风向、水源和羊毛时,他就养成了这种习惯。

这个人出了事情——这种事情,假如你也有资格碰到的话,最好祷告一番,别让它上身。他给灵魂的小阳春围困住了。

"干谷"从未有过青年时代。甚至他的童年时代也是一本正经、十分严肃地度过的。六岁时,他在爸爸的牧场上看到羔羊的轻举妄动,心里就是老大的不赞成。他青年时代的日子是白过了的。青春的圣火与冲动、绚烂的得意和失望、热情和魅力,都跟他毫无关系。他从没领略过罗密欧①的激情;他只不过是一个忧郁的森林中的贾格斯②,可是他的哲学要比贾格斯的浅薄多了,并且缺乏那个饱经沧桑、而后流落在亚顿森林中的莽汉的又苦又甜的经历。如今他像是一片凋枯的黄叶,潘吉达·奥勃良奚落的一瞥把一股徐缓而迷人的夏热倾注到这派秋景之上。

然而牧羊人是坚强的。"干谷"约翰逊饱经风霜③,绝不会在秋热下面低头,不管这种秋热是精神上的或是真实的。老了吗?他倒要给他们看看呢。

下一班的邮件中,有一封信寄到圣安东尼去订购一套最时髦的衣服,颜色、式样、价格都不计较。第二天,那份生发的配方从报纸上剪了下来;因为"干谷"的经过风吹日晒的褐发,在鬓角上已经转白了。

除了不时出去追击偷草莓的孩子外,"干谷"足不出户地待了一个星期。再过几天之后,他突然光彩夺目地出现了,在他的推迟

---

① 罗密欧(Romeo),莎士比亚剧本《罗密欧与朱丽叶》中的主角。
② 贾格斯(Jaques),又译杰奎斯,莎士比亚剧本《皆大欢喜》中被流放在亚顿森林中的公爵的侍从,他是个愤世嫉俗、忧郁沉思的人物,著名的独白"人生的七个阶段"就是他说的。
③ 原文是"northers",指九月到来年三月间吹至佛罗里达、德克萨斯及墨西哥湾的强烈的北风。

的仲夏疯狂中散发着兴奋的红光。

　　一套鲜蓝的网球装盖没了他的身体,几乎长达手腕和脚踝。牛血色的衬衫;翘角的高领;像旗帜那样飘拂的领带;刺眼的亮黄色尖头皮鞋,仿佛是照苦行僧的鞋型做的。一顶有条纹帽带的扁平小草帽糟蹋了他的久经风雨的脑袋。柠檬黄的小山羊皮手套蒙住了他那双橡树般粗糙的手,以免给温和的五月阳光晒着。这个叫人看了伤心的生物一冲一冲地从他的洞穴里跑了出来,满脸堆着傻笑,抚摩着手套,准备让世人和天使瞻仰一番。丘比特老是用摩摩斯箭筒里的箭来射取不合时宜的猎物,"干谷"约翰逊竟然给他作弄到了这个地步。"干谷"改编了神话,他像一只灰褐色的凤凰,收起疲倦的翅膀,栖息在圣达罗沙的树下,自焚成灰,然后从灰烬中变成一只五颜六色的鹦鹉。

　　"干谷"在街上停了一会儿,以便那些看到他的圣达罗沙的居民大吃一惊;接着,他适应鞋子的要求,从容不迫、慢条斯理地走进了奥勃良太太的大门。

　　直到发生了一连十一个月的大旱之后,圣达罗沙的居民们才不谈"干谷"约翰逊追求潘吉达·奥勃良的事儿。追求的程序是无法分清的;有点像是步态舞、哑剧表演、小型调情和字谜游戏的混合。这件事持续了两个星期,才突然停止。

　　不用说,"干谷"一透露他的意思,奥勃良太太就赞成这门亲事。她是一个女孩子的母亲,因之又是一个"传统捕鼠协会"的基本会员,她快快活活地把潘吉达打扮起来当做牺牲品。这个女孩子穿了长衣服,梳了高发髻,一时给弄得糊里糊涂,几乎忘了她只不过是捕鼠机上的一片乳酪。此外,有约翰逊先生那样的好伴侣向你献殷勤,看到别的姑娘们掀开窗帘窥觑你跟他一起在街上走过,那也不坏。

　　"干谷"从圣安东尼买来一辆黄轮子的马车和一匹好马。他每天带着潘吉达驾车出去。他们在散步或驾车的时候,人家从没看见他跟潘吉达说过话。不自在的衣着使他心慌意乱;知道自己讲不出风趣的话,也就闷声不响;觉得潘吉达在他身边,却叫他高兴。

他带潘吉达参加宴会、舞会,也带她上教堂。他竭力——哦,谁也没有像"干谷"那样竭力装得年轻。他不会跳舞,但是他发明了一种应付这些欢乐场合的笑容;他用这种笑容来表示他的快活和高兴,换了别人的话,也许要用翻筋斗来表示了。他开始和城里的小伙子,甚至和孩子们打起交道来。他们把他看做一个彻头彻尾的煞风景的家伙,因为他玩得那么勉强,他们都觉得他格格不入,好像在教堂里戏耍一样。不论他自己也好,别人也好,谁也看不出他和潘吉达之间有什么进展。

一天,结局突然来到了,像是十一月的哄人的晚霞消失时那样突兀。

那天,"干谷"约好在下午六点钟跟那姑娘一起去散步。圣达罗沙的午后散步是社交生活中的一件大事,需要穿着得讲究。"干谷"动手漂漂亮亮地打扮起来;他打扮得早,结束得也早,因此他先到奥勃良家去。当他进了大门,经过曲折的小径,走近门廊的时候,他听到屋子里面嘻嘻哈哈闹得不可开交。他停住脚步,从忍冬藤的罅隙里向打开的房门看去。

潘吉达正在跟她的弟弟妹妹闹着玩。她穿了男人的衣服——无疑是去世的奥勃良先生的遗物。她头上戴着小弟弟的草帽,还加上一道用墨水画成条纹的纸帽带。她手上戴着用黄布草草剪成缝好的、为了化装之用的手套。她的鞋子上也蒙着黄布,模仿黄色的皮革。高领子和飘拂的领带也没有漏掉。

潘吉达善于表演。"干谷"看到了他自己装作年轻的姿态,右脚因为鞋子太紧而步履维艰的样子,看到了他自己的勉强的笑容,装作风流自赏的尴尬相,都给惟妙惟肖地重演了出来。人家第一次给了他一面镜子,让他看到了自己。一个孩子嚷道:"妈妈,快来看潘吉达学约翰逊先生的样子呀!"其实这句证实他的揣测的话是多余的。

在那双受到嘲笑的黄皮鞋子所允许的条件下,"干谷"尽量悄悄地踮着脚尖走到大门口,回了家。

约定散步的时间已经过了二十分钟,潘吉达穿了一套整洁的白麻布衣服,戴了一顶水手帽,一本正经地轻快地走出大门。她款步走上行人道,在"干谷"的门口放慢了脚步,对他不寻常的失约表示了诧异。

这时候,从房门顺着小径大踏步走来的不是那个虚度盛夏的五颜六色的受难者,而是一个重整旗鼓的牧羊人。他穿着那件旧的灰羊毛衫,敞开领口,棕色的细布裤子塞在长统靴里,宽边的白呢帽推在脑后。他的模样可能像二十岁,可能像五十岁;"干谷"才不管呢。他的浅蓝色的眼睛碰到了潘吉达的黑眼睛,闪出一道冷冷的光芒。他一直走到大门口。他伸出长胳臂,指着她的家。

"回去,""干谷"说,"回到你妈妈那儿去。我奇怪,像我这样的傻瓜怎么不遭雷打。回家去玩泥沙吧。你跟大人一起,搞得出什么名堂?我准是发了疯,竟然为了你这样一个小娃娃把自己变成了一只雄八哥。回家去,别让我再看到你。我干吗这样糊涂,有人能告诉我吗?回去,让我想办法忘掉这件事吧。"

潘吉达听从了,慢吞吞地走回家去,一句话也没说。有一段路,她一直回着头,睁着大眼睛,直勾勾地盯着"干谷"。到她家门口时,她站了一会儿,回头看看他,然后突然飞快地跑进屋子。

老安东尼亚在厨房的炉子里生火。"干谷"在门口站住,刺耳地笑了起来。

"我爱上了一个小娃娃,岂不成了够呛的老犀牛,安东尼亚?"

367

他说。

"年纪太大的人爱上女孩子,是不很好的事。"安东尼亚聪明地同意说。

"当然不好,""干谷"阴沉地说,"简直荒唐,并且有伤感情。"

他把神经错乱时期的漂亮衣着捧了出来——蓝色的网球装、皮鞋、帽子、手套等等,扔在安东尼亚的脚边。

"这些东西送给你的老伴,"他说,"让他穿了去打羚羊。"

暮色中出现了第一颗惨淡的星星,"干谷"拿起他最大的一本草莓书,坐在后门台阶上,借着最后的日光看起来。他似乎看到草莓地上有一个人影。他放开书本,取了鞭子,赶过去看看究竟是谁。

原来是潘吉达。她钻过木桩篱笆,已经走到草莓地的中央了。她看见"干谷"时,停了下来,毫不畏缩地瞅着他。

"干谷"心头突然冒起一股怒火——一股不可理解的羞惭的怒火。为了这个小孩子,他竟然当众出丑。他曾经试图贿赂时间,要求时间为他倒流;他竟然——给愚弄了。他终于看到了自己的愚蠢。他和青春之间有一道鸿沟,即使用黄皮手套保护着他的手,他也无法在其间架起一座桥梁。如今看到作弄他的人又用顽童的恶作剧来骚扰他——像一个顽皮的小学生那样来偷他的草莓——不禁使他勃然大怒。

"我告诉过你,叫你别来这儿,""干谷"说,"回到你自己家里去。"

潘吉达慢慢地向他这儿挨过来。

"干谷"扬起了鞭子。

"回家去,""干谷"恶狠狠地说,"再去演戏吧。你可以扮演一个出色的男人。你已经使我成为一个出色的男人了。"

她不声不响地又走近了一步,眼睛里带着那种老是教他弄不明白的奇怪、大胆、坚定的神色。现在这种眼色使他更冒火了。

他的鞭子嘘的一声蹿了出去。他看到她膝盖上挨着鞭子的地方突然有一道红痕从白衣服里泛出来。

潘吉达一点也不畏缩,眼睛里仍然带着同样的黑色光芒,坚定地穿过草莓,向他走来。"干谷"的哆嗦的手放开了鞭柄。相隔不到一码的时候,潘吉达伸出了两条胳臂。

"天哪,孩子!""干谷"讷讷地说,"难道你竟然——"

季节本来是变幻莫测的;到头来,"干谷"约翰逊碰到的也许并不是小阳春,而是一派春光。

圣诞奇遇

人们管乞罗基叫做黄锤镇之父。黄锤镇是一个新兴的矿镇，建筑物大多是帆布和粗松木草草搭成的。乞罗基是探矿的。一天，他的小驴子正在啃石英和松球的时候，乞罗基用铁锹翻出了一块重达三十盎司的金矿块。他立了桩子，划出了自己的矿区，然后，作为一个胸襟开阔、好交朋友的人，他通知了分布三州的朋友们，请他们来分享他的运气。

客人们接到邀请，没有一个托故不来的。他们从基拉地方、盐河、佩科斯河、阿尔伯克基城、菲尼克斯城、圣达菲城和那一带的营地里一窝蜂地赶来了。

等到千把个人来到这儿，划出了各自的矿区之后，他们便把这地方叫做黄锤镇，委派了自警团，并且送了一条用金矿块做的表链给乞罗基。

赠予典礼才举行过三个钟点，乞罗基的矿区就完蛋了。他发现的不是矿脉，而是一个矿脉瘤。他放弃了原来的矿区，又一个个地找下去。可是幸运女神已经和他告别了。之后，他在黄锤镇再也掘不到够他付酒账的矿砂。然而他所邀请的千把个客人都很得法，乞罗基却只有笑笑，向他们道贺的份儿。

黄锤镇的居民都是敬重失败而不气馁的人的；因此，他们请乞罗基提出他的要求。

"我吗？"乞罗基说，"喔，我需要的是探矿用的干粮配备。我打算到蝴蝶山去勘察。假如我在那儿发现了矿苗,我一定让你们大家都知道。我绝不是那种藏起底牌不给朋友看的人。"

五月里,乞罗基把干粮配备驮在他那头小驴子身上,掉过驴子的沉思的、鼠灰色的额头,向北方出发。许多居民一直送他到黄锤镇尚未确定的边界,叫叫嚷嚷地赞美他,跟他道别。他们硬要他收下五个灌得一个气泡也没有的扁酒瓶;并且再三向他说明,如果幸运女神不愿意在蝴蝶山他的篝火旁边烤手的话,他尽可以把黄锤镇当做永远供应他床铺、火腿蛋和修胡子的热水的地方。

"黄锤镇之父"这个称号,是淘金者根据他们通俗的命名法给他起的。这儿的居民要获得一个名字时,并不需要出示他的命名证件。名字是一个人的私有财产。为了便于招呼他到酒吧间去喝酒,便于和别的穿蓝衬衫的两脚动物区别起见,公众便授予他一个临时的称呼、头衔或者诨名。这种非正式的命名,极大多数是根据个人的特征。还有许多是根据他们自称来自的地区,这种根据地域的命名更为方便了。有些人自我介绍,说是姓什么"汤姆逊""亚当姆斯",那种恶俗的样子反而在他们的姓氏上投下了一层暗影。有少数人自鸣得意、恬不知耻地透露了他们的真名实姓,这种做法却被认为过于傲慢,在这里是吃不开的。有一个人说自己叫做查斯特顿·兰·西·倍尔蒙,还掏出文件来证明,结果给人家限他在当天太阳落山之前离开镇上。受欢迎的名字是"矮子""罗圈腿""得克萨斯""懒比尔""酒鬼罗杰士""瘸腿拉莱""法官"和"加利福尼亚的艾德"之类的称呼。乞罗基所以有这个称呼,是因为他自己说曾经在印第安人的乞罗基部落待过一个时期。

十二月十二日,骑马的邮差秃头给黄锤镇带来了一些消息。

"你们知道我在阿尔伯克基看到了什么?"秃头对酒吧间里的主顾们说,"乞罗基像土耳其沙皇①一样,打扮得珠光宝气,大把大

---

① 沙皇是俄罗斯国王的称号,土耳其国王的称号是苏丹,这里是秃头讲错了。

把地花钱。他和我到处游逛,逢到酒吧间就进去喝塞得利矿盐酒①;都归乞罗基会账,并且全部付现。他的口袋鼓得像是装了十五个球的弹子台的落袋。"

"乞罗基一定掘到了值钱的金矿,"加利福尼亚的艾德说,"唔,他运气不坏。他的成功叫我放心了。"

"看样子,乞罗基总该回到黄锤镇来探望探望老朋友啦,"另一个有点伤心地说,"不过情况总是这样的:得意容易使人健忘。"

"别忙,"秃头说,"我还没讲到这一点呢。乞罗基在蝴蝶山发现了一个有三英尺厚的矿脉,矿石的含金量很高,他马上卖给一家辛迪加,到手十万元现款。然后他给自己买了一件海豹皮大衣和一辆大红雪车,你们知道他下一步还打算做什么?"

"玩牌碰运气。"得克萨斯说,他认为只有赌博才是消遣。

"来吻我呀,甜姐儿。"矮子说,这家伙口袋里老是揣着一架照相机,即使在矿地干活的时候,也系着一根红领带。

"买下了一家酒馆?"酒鬼罗杰士说。

"乞罗基领我到一间屋子里,"秃头接下去说,"给我看了看。他把那间屋子堆满了小鼓、玩偶、溜冰鞋、一袋袋的糖果、跳娃娃、玩具羔羊、哨子等等小孩玩的东西。你们可知道他打算拿这些毫无用处的小玩意儿干什么?别胡猜啦——乞罗基已经告诉了我。他打算把这些东西装在他的红雪橇上——等一会儿,别先忙着叫酒——到黄锤镇这儿来,送给孩子们——这个镇上的孩子们——把哈特勒斯角以西最大的圣诞树、最大的叫娃娃和最大的木工玩具箱分送一下。"

秃头说完之后,屋子里一片寂静,足足沉默了两分钟之久。这

---

① 塞得利矿盐酒(seidlitz powder wine),塞得利矿盐是一种含有小苏打、酒石酸等成分的缓泻药,溶入水中会起泡,近似波希米亚塞得利村的矿泉,这里指啤酒等起泡的酒。

时候,酒吧侍者认为款待主顾的时机已经成熟,便打破了静寂,拿出十来只威士忌酒杯,飞快地推到酒吧上,随之而来的是比较慢的酒瓶。

"难道你没告诉他吗?"一个叫做特里尼达的矿工问道。

"唔,没有,"秃头满心焦虑地说,"我简直不知道该怎么开口。

"你们要明白,乞罗基早已买下了这批乌七八糟的圣诞礼物,花了钱;并且以为自己有了一个好主意,得意非凡;何况我和他两个人已经灌了不少我刚才说的那种嘶嘶发泡的酒;因此我也就没有提起。"

"我不能不感到一定程度的诧异,"法官一面说,一面把他那支象牙柄手杖挂在酒吧台上,"我们的朋友乞罗基竟然会对我们的镇——嗯,事实上是他的镇——抱有这种不正确的看法。"

"喔,这也不是地球上的第八奇迹①,"秃头说,"乞罗基离开黄锤镇已经有七个多月了。在这段时间里可能发生许许多多事情。他怎么知道这个镇里一个小孩也没有,并且根据现有的移民看来,还没有添小孩的迹象呢?"

"想起来也奇怪,"加利福尼亚的艾德说,"这儿怎么不添孩子。我猜想,镇里的生活还不够安定,把摇篮里的小把戏带来还嫌早一些。"

"乞罗基为了把这次圣诞节的大排场搞得十全十美,"秃头继续往下说,"他还准备装扮圣诞老人呢。他弄了一套白头发和白胡子,戴上之后活像书本子上的圣诞老公公;此外他还有一件滚皮边的红大衣、一双拳击用的皮手套和一顶搭拉着尖顶的红帽子。这样的全副配备如果没有机会跟小安妮、小维利们的盼望联系起

---

① 根据西方说法,世界上有七大奇迹,即埃及的金字塔、巴比伦的空中花园、以弗所的阿的米斯神殿、亚历山特里亚的灯台、奥林比亚的宙斯像、哈立加那塞斯的灵庙和罗得斯的阿波罗像。

来,岂不丢人?"

"乞罗基打算什么时候带了这些玩意儿来?"特里尼达问道。

"圣诞节前一天的早晨,"秃头说,"他希望你们布置好一间屋子,搬一棵树进来。还希望有几位女士帮忙,不过要能守口如瓶的,以便给孩子们一个惊奇。"

黄锤镇的可怜的情况已经在他们的谈话中给描绘出来了。它的粗糙的建筑物里从没有使人高兴的孩子的声息;两排篷帐和简陋的房屋之间的崎岖不平的路上,从没有啪哒啪哒跑个不停的小脚步声。它们以后也许会来的。但是现在黄锤镇只不过是一个山间的营地,哪儿也找不到在那可爱节日的清晨睁得老大的淘气而怀着希望的眼睛,看不到急切地伸出来拿圣诞老人的可喜的礼物的小手,听不到凑趣的稚气的欢笑,这未免辜负了热心肠的乞罗基就要送来的好东西。

说到女人,黄锤镇一共有五个。一个是化验师的老婆,另一个是鸿运旅馆的女掌柜,再有一个是每天能够从洗衣盆里淘出一盎司金砂的洗衣妇。这三个是固定的居民;其余两个则是大陆喜剧团的斯班格勒姊妹,即范琼小姐和艾尔玛小姐;那一阵子正在临时的帝国剧院演出。孩子是一个也找不出的。有时候,范琼小姐兴致勃勃地扮演孩子的角色;但是在她所创造的形象和人们认为有资格接受乞罗基的节日礼物的孩子之间,仿佛还有很大的距离。

星期四就是圣诞节。星期二早晨,特里尼达没去干活,到鸿运旅馆里去找法官。

"假如乞罗基的圣诞大排场在这儿砸了锅,"特里尼达说,"黄锤镇就要丢人了。我们可以说,这个镇是乞罗基一手造成的。我是准备想点办法,给圣诞老人一个公平交易的。"

"我很乐意和你合作。"法官说,"我以前也受过乞罗基的好处,领过他的情。可是,我看不出有什么——到目前为止,我认为

西 部 的 心

没有孩子倒是享受——可是,在这个情况之下——我还是看不出——"

"听我讲,"特里尼达说,"方法与手段在我这里。我准备套一辆车,替乞罗基的圣诞老人的演出去弄一车小孩来,即使要我抢劫一个孤儿院也在所不惜。"

"尤列加!①"法官热烈地嚷道。

"不,不是你发现的,"特里尼达断然说,"是我自己发现的。我念书的时候学过那个拉丁词儿。"

"我愿意奉陪,"法官挥着手杖说,"我可能具有的口才和语言的天赋,对劝说我们的小朋友,叫他们把自己借给我们、帮助我们执行计划,也许会有一些好处。"

不出一个钟头,黄锤镇的人都知道了特里尼达和法官的计划,并且一致赞同了。凡是知道黄锤镇附近四十英里之内哪一户人家有小孩的居民,都跑来供给情报。特里尼达仔仔细细地记下来,然后赶紧套好车子。

根据预定计划拜访的第一户人家,是离黄锤镇十五英里的一座双开间的木头屋子。在特里尼达的招呼下,一个男人开了门,出来倚在东倒西歪的栅栏门边。门里是黑压压的一群好奇的小孩子,有几个穿得破破烂烂,不过全都长得很健康。

"是这么回事,"特里尼达解释说,"我们两个是从黄锤镇来的,目的可以说是来善意地绑架。我们镇里的名人之一想过过圣诞老人的瘾,明天他要到镇上来,带着许许多多漆成红色的、德国制的小玩意儿。我们镇里最年轻的孩子也佩着四五口径的手枪和刮胡子用的保险刀。因此,等我们点起圣诞树上的蜡烛时,我们非常缺乏会叫'喔''啊'的人。喂,朋友,假如你肯借几个孩子给我

---

① 原文为希腊文,意谓"我发现了"。

375

们,我们保证在圣诞节那天把他们安然无恙地还给你。他们回来时一定玩得痛痛快快,带着《瑞士家庭飘流记》①、糖果、红鼓和诸如此类的纪念品。你看怎么样?"

"换句话说,"法官接着说,"我们初次感到,在我们那个处在萌芽状态、不过大有发展前途的小城里,缺乏小孩是多么不便。一年的佳节就要来到了,这时候,按照习俗应该送一些不很贵重,然而颇受欢迎的礼物给那些年幼可爱的——"

"我明白了,"那个父亲一面说,一面用食指把烟叶往烟斗里按,"我想我不必耽搁你们两位的时间。说来我和我的老伴有七个孩子;我已经把他们都考虑过了。我想不出我们可以匀出哪一个来,给你们带去派用场。我的老伴在衣箱里藏了一些玉米花糖和布娃娃,虽然没有什么排场,但我们打算自己在圣诞节小小的乐一下子。不,我简直不可能有让他们任何一个离开的想法。谢谢你们的好意,两位先生。"

他们驶下山坡,再爬上另一个小丘,来到维莱·威尔逊的牧场庄屋。特里尼达把他的请求背了一遍,法官则像卖狗皮膏药似的唱和一番。维莱太太吓得把她两个脸颊红彤彤的孩子搂在膝边,看到维莱笑着摇头拒绝的时候,才有了笑容。又碰了一个钉子。

暮色降临到山地之前,特里尼达和法官跑了名单上的一大半人家,可是毫无结果。他们在路边一家小客栈里宿了一夜,第二天一早又出发。马车里一个新的乘客也没有。

"我开始领悟到,"特里尼达说,"在圣诞节借小孩,好像是想偷一个在等着吃出炉烙饼的人的黄油。"

"这无疑是一个不容置辩的事实,"法官说,"在每年的这个时间,家庭关系仿佛比较密切和巩固一些。"

---

① 瑞士作家维斯(1781—1830)写的青少年读物。

圣诞节的前一天,他们驾着车子跑了三十英里路,停下来请求过四次,可是四次都不成功。随便到什么地方,他们发现"孩子"都很珍贵。

日落西山的时候,一条冷落的铁路的段长的妻子,把她那悐不提供的后代藏在背后说:

"花岗石车站有一个管铁路食堂的女人。我听说她有一个小男孩。也许她肯放他去。"

下午五点钟,特里尼达在花岗石车站勒住了他的骡子。火车刚带着吃饱的乘客们开走了。

他们看到一个精瘦的、十来岁的男孩坐在食堂的台阶上抽着纸烟,凶狠狠地瞪着眼。食堂经过好胃口的过路人光顾之后,已经杯盘狼藉、凌乱不堪。一个年纪还轻的女人精疲力竭地靠在椅子里。她的脸被忧虑刻下了明显的皱纹。她曾经有过某种风韵,那种风韵永远不会完全消失,也永远不会完全恢复。特里尼达说明了来意。

"假如你把鲍贝带走一阵子,我真要谢天谢地呢,"她腻烦地说,"我一天忙到晚,没时候照管他。他已经从大人那儿学了坏习惯。他要过圣诞节的话,也只有这么一个机会。"

两个男人到外边去和鲍贝商量。特里尼达把圣诞树形容得有声有色、天花乱坠。

"此外,我的小朋友,"法官补充说,"圣诞老人还要亲自分送那些东西,象征伯利恒的牧羊人带了礼物赠给——"

"嘿,别说啦,"男孩斜着小眼睛说,"我又不是小孩子。根本没有圣诞老人。是你家里人买了玩具,等你睡着时偷偷地塞进来的。他们还用火钳把烟囱里的煤灰划几道印子,像是圣诞老人的雪橇的痕迹。"

"可能是那样的,"特里尼达争辩说,"不过圣诞树却不是空话。我们的圣诞树会像阿尔伯克基的一角商店那样,所有的商品都陈列在这株树上。陀螺啦、鼓啦、挪亚方舟啦……"

"喔,废话!"鲍贝厌倦地说,"我早就不玩这些啦。我喜欢一支来复枪——不是练靶用的——要真的,可以用来打野猫;不过我想你们的那株老树上不见得会有。"

"唔,我现在说不准,"特里尼达用外交辞令说;"也许有的。你跟我们一起去看看吧。"

这样提出来的诺言虽然有点靠不住,却终于使那孩子将信将疑地同意去了。两个说客替乞罗基的节日礼物找到了这个惟一的受惠人,飞快地驾车回家。

黄锤镇的空贮藏室已经布置一通,可以权充阿利桑那仙子的居处了。几位女士干得可不错。屋子中央竖起一株高大的圣诞树,上上下下挂满了蜡烛、亮晶晶的装饰品和足够分给几十个小孩的玩具。太阳还没下山,大家就已经焦急地向街上张望,看看那两个供应孩子的人的车子有没有回来。早在那天中午,乞罗基驾着堆满了大大小小、形形色色的包裹盒子的新雪橇,冲进镇来。他一心一意地只顾安排他那利人的计划,根本没注意到镇上的孩子荒。谁也没有泄漏黄锤镇丢脸的情况,因为大家都指望特里尼达和法官的努力能够弥补这方面的不足。

太阳下山时,乞罗基的久经风霜的脸上满是调皮的笑容,挤眉弄眼地躲到隐蔽的地方去,带着那包圣诞老人的行头和一袋特别的、没有公开的礼物。

"等孩子们来齐的时候,"他指点自动组成的筹备委员会说,"就点起树上的蜡烛,叫他们玩'抢壁角'和'威廉王'的游戏。他们玩得正起劲时,嘿——圣诞老公公就溜进门来。我想礼物够分配的了。"

女士们还在圣诞树周围忙着,没完没了地做着最后的修饰。

斯班格勒两姊妹也在，她们穿着新排的剧本"矿工的新娘"中的剧装，一个打扮成维奥兰·特·凡尔，另一个打扮成侍女玛丽。剧院要到九点钟才开场，她们抽空来帮圣诞树筹备委员会的忙，很受欢迎。人们随时把头伸出门外，探听特里尼达的车子有没有到。现在，这件事开始使人着急了，因为天色已黑，马上就需要点树上的蜡烛，乞罗基随时会穿着克里斯·克林格尔[1]的服装突然闯进来。

最后，"绑架"小孩的车子咔哒咔哒地驰到门口。女士们兴奋地低声尖叫着，赶快去点蜡烛。黄锤镇的男人们有的忐忑不安地跑进跑出，有的手足无措地三三五五站在屋子里。

特里尼达和法官风尘仆仆地进来了，两人中间只有一个顽皮的小孩，阴郁而悲观地向那株华丽的树瞪着眼睛。

"其余的孩子呢？"化验师的妻子问道，在一切社交场合，她是公认的领袖。

"太太，"特里尼达叹了一口气说，"在圣诞节勘探小孩，正像在石灰岩里找银矿。我从没机会体验父母的感情。看情形，在一年的三百六十四天当中，做父母的都愿意让他们的子女淹死、拐走、吃毒槲，或者给山猫拖跑；可是在圣诞节这一天，他们却非要和子女们一起，关在家里修行不可。这个两脚小动物，太太，就是我们辛苦了两天的成绩。"

"啊，可爱的小孩呀！"艾尔玛小姐柔声细气地说，拽着她那特·凡尔的长袍走到舞台中心。

"哼，闭嘴，"鲍贝绷着脸说，"谁是小孩？你自己总不见得是吧。"

"卤莽的小家伙！"艾尔玛小姐脸上还是堆着假笑，倒抽了一口冷气说。

---

[1] 即圣诞老人。

"我们已经尽力为之,"特里尼达说,"这固然叫乞罗基不好受,可是也没办法。"

这当儿,门打开了,乞罗基穿着圣诞老人的传统的装束走了进来。飘拂的白胡子和白头发遮住了他的脸,几乎只剩两只亮闪闪的黑眼睛。他肩上扛着一条口袋。

他进来时,屋子里的人一动不动。甚至斯班格勒姊妹俩也收起了卖弄风情的姿势,好奇地瞅着这个高个子。鲍贝双手插在口袋里,闷闷地看着那株女人气和孩子气十足的圣诞树。乞罗基放下口袋,纳罕地扫视着屋里。他也许指望有一群急切的小孩给藏在什么地方,等他进场时才放出来呢。他走到鲍贝面前,伸出了戴红手套的手。

"圣诞快乐,小孩子,"乞罗基说,"你要树上的任何东西,他们都可以给你。你愿意跟圣诞老人握握手吗?"

"哪有什么圣诞老人,"孩子不高兴地说,"你只不过把假的山羊胡子挂在脸上。我可不是小孩。我要玩偶和锡马有什么用?车夫说你有来复枪,可是现在没有。我要回家去了。"

特里尼达上前挽回这个僵局。他热烈地跟乞罗基握手问好。

"对不起,乞罗基,"他解释说,"黄锤镇从来就没有一个小孩。我们想替你弄一群孩子来,可是只找到这个小家伙。他是个无神论者,不相信圣诞老人。你花钱买了这许多东西,可是没用上,叫我们真难为情。不过我和法官本来以为我们准能找一车想要你的小玩意儿的人。"

"没关系,"乞罗基平静地说,"花费的钱不值一提。我们可以把这些东西倒在矿井里,或者扔掉。我不知道自己是怎么搞的;我从没想到黄锤镇根本没有小孩。"

这时候,大伙儿比较轻松一点,虽然兴趣不高,但是都精神可嘉地装出了愉快的样子。

鲍贝坐在老远的一张椅子上,满脸厌倦地、冷冷地看着这场把戏。乞罗基还是丢不开他原来的主意,便跑过去坐在他旁边。

"你住在哪儿,小孩子?"他一本正经地问道。

"花岗石车站。"鲍贝平淡地说。

屋子里很热。乞罗基脱掉帽子,然后取下假发和胡子。

"喂!"鲍贝很感兴趣地嚷道,"我认识你这张脸。"

"你以前看见过我吗?"乞罗基问道。

"我记不得;不过我常常看到你的相片。"

"在哪里?"

孩子迟疑了一下。"在家里的梳妆台上。"他回答说。

"请你把你的名字告诉我,老弟。"

"罗伯特·仑姆斯顿。那张相片是我母亲的。晚上她把相片放在枕头底下。有一次我还看见她跟相片亲嘴。我可不干。女人总是那样的。"

乞罗基立刻站起身,招呼特里尼达过来。

"看好这个小孩,等我回来,"他说,"我去把这些圣诞节的破烂卸下来,套好马。我要把这孩子送回家去。"

"唔,不信神的家伙,"特里尼达坐在乞罗基的位置上说,"敢情你已经超龄衰老啦,所以不稀罕这种糖果玩具之类的玩意儿。"

"我不喜欢你,"鲍贝尖刻地说,"你说也许有来复枪。这儿连抽烟都不可以。我真想回去。"

乞罗基把雪车驰到门口,鲍贝给抱进车子,坐在他身边。驾车的良马在硬雪上跳腾着跑了。乞罗基穿着那件值五百元的海豹皮大衣。他盖在他自己和小孩身上的毯子跟天鹅绒一般暖和。

鲍贝从口袋里掏出一支香烟,想划火柴。

"把香烟扔掉。"乞罗基用和刚才迥然不同的平静的声调说。

鲍贝犹豫了一下,把香烟扔到车外。

"把香烟盒子也扔掉。"那个跟先前不同的声音命令说。

孩子虽然很不愿意,还是服从了。

"喂,"鲍贝歇了不多久说,"我喜欢你。我不知道什么道理。以前谁也别想叫我做我不愿意的事。"

"告诉我,孩子,"乞罗基没用那种异样的声音说道,"你准保你妈妈跟那张像我的相片亲嘴吗?"

"当然。我亲眼看见的。"

"你刚才不是说过要一支来复枪吗?"

"一点不错。你给我买一支吗?"

"明天——枪柄上镶银的。"

乞罗基掏出表。

"九点半。我们可以在圣诞节准时赶到车站。你冷吗?坐过来一点,我的儿子。"

槲 树 王 子

　　终于到了九点钟,结束了一天的苦活。莱娜爬上采石工人旅店三楼阁仔,回到她自己的房间。她每天天一亮就开始拼死拼活地干着成年妇女的工作,在那乱哄哄的、使人压抑的旅店里擦地板,洗沉甸甸的硬瓷盘子和杯子,铺床,没完没了地供应木柴和水。

　　当天采石工作的噪音也停止了——爆破和钻孔的轰响、起重机的吱嘎声、工头的吆喝、搬运大块石灰石的平板车的倒车和移动声。旅店办公室里,三四个下跳棋的工人在发牢骚,咒骂。整幢楼房里弥漫着炖肉、热奶酪和廉价咖啡的浓重的气味。

　　莱娜点燃了一截蜡烛头,疲惫地坐在木椅子上。她只有十一岁,营养不良,长得瘦小。她腰背四肢都感到酸痛。但是最难忍受的是心里的酸痛。压垮她瘦削肩膀的最后一根稻草已经落了下来。她的格林被拿走了。她每晚不管怎么累,总要从格林那里找些安慰和希望。格林每次总是悄悄对她说,王子或者仙女会来解救她,让她摆脱邪恶的魔法。她每晚从格林那里得到新的勇气和力量[①]。

　　她无论看哪一则童话都能从中找到和她处境相似的地方。樵夫的迷失的孩子,不幸的牧鹅姑娘,遭到后娘迫害的女孩,禁锢在

[①] 指德国童话作家和语言学家雅各·格林(1785—1863)和威廉·格林(1786—1859)兄弟。他们一起研究德国文化史和语言学,共同搜集德国民间故事、传说和童话,合编的《儿童与家庭童话集》被译成多种文字,流传很广。

女巫茅屋里的少女——这些都是采石工人旅店里过度劳累的帮厨女仆莱娜明显的化身。情况最危急时，总是有善良的仙女或者英俊的王子前来搭救。

于是，在妖魔城堡里受到邪恶魔法役使的莱娜依赖着格林，耐心等待，盼望善的力量占据上风。可是昨天晚上，马洛尼太太发现并没收了她房间里的书，严厉地宣布不准仆人晚上看书；因为看了书缺少睡眠，第二天干活不利索。一个只有十一岁的女孩不在妈妈身边，从来没有玩耍的时间，离开了格林能成吗？你不妨试试，就会知道那有多么困难了。

莱娜的老家在得克萨斯州，燧石河上游的山区，一个名叫弗雷德里克斯堡的小镇。镇上的住户都是德国移民。傍晚，他们把小桌子搬到人行道边，喝啤酒，玩纸牌，唱唱歌。他们十分节俭。

最节俭的是莱娜的父亲彼得·希尔德斯缪勒。因此莱娜被送到三十英里外的采石场的旅店干活。她每周挣三美元，彼得把她的工资加进他严密保护的储蓄里。彼得有个野心，要像他的邻居胡戈·赫弗尔鲍尔那样富，赫弗尔鲍尔抽的海泡石的烟斗有三英尺长，每天晚餐吃维也纳式肉排和辣味兔杂碎。莱娜的岁数够大了，可以干活，帮助累积财富。但是，一个来自莱茵河畔愉快小村的十一岁的姑娘被迫在妖魔的城堡里干苦活，你得飞快地跑来跑去侍候那些妖魔，他们狼吞虎咽地吃牛羊肉，凶狠地咆哮，一蹬脚大鞋子里就撒下许多石灰石白粉，要你用疼痛无力的小手去扫去擦，你想象一下就知道那是什么滋味了。接着，你的格林又被夺走！

莱娜打开一个原先放罐头玉米的旧箱子，取出纸笔。她要写封信给她妈妈。汤米·瑞安替她到巴林杰那儿去寄，汤米十七岁，在采石场干活，每晚回巴林杰家，现在站在莱娜窗下的暗处，等莱娜把信扔出来给他。她只能用这种办法给弗雷德里克斯堡寄信。

马洛尼太太不喜欢她写信。

蜡烛头剩下不多,莱娜匆匆咬掉她的铅笔芯周围的木头,开始写信。信上是这样说的:

最最亲爱的妈妈:

我很想见到你。还有格雷特尔、克劳斯、海因里希和小阿道夫。我太累了。我想见你。今天,马洛尼太太打我,不准我吃晚饭。我手痛,搬的木柴不够用。昨天她拿走了我的书,就是莱奥舅舅给我的那本《格林童话》。我看书又没有招谁惹谁。我尽力干活,但是要干的活太多了。我只是每晚看一小点。亲爱的妈妈,我告诉你我打算怎么做。明天你假如不派人接我回去,我就去投河,我知道一个地方的水很深。我猜想淹死是件坏事,但是我要见你,这里一个亲人都没有。我太累了,汤米在等这封信。妈妈,假如我去死,请你原谅我。

敬你爱你的女儿

莱娜

信写好后,汤米仍忠心耿耿地等在窗下,莱娜把信扔下去,见他捡起来,朝陡峭的山坡跑去。莱娜吹灭了蜡烛,衣服也没脱,蜷缩在地板的垫子上睡了。

十点三十分,巴林杰老头光着袜底儿从家里出来,他抽着烟斗,上身探出篱笆门,朝月光映白的大路张望,同时用一只脚的脚趾蹭另一只脚的脚踝。去弗雷德里克斯堡的邮车这时候该来了。

巴林杰老头等了几分钟,就听到弗里茨的那对小黑骡子的轻快的蹄声,紧接着那辆有篷弹簧货车来到门口停下。邮递员弗里茨的大眼镜在月光下闪闪发亮,他嗓音洪亮,向邮政局长巴林杰打了一个招呼。随即跳下车,卸掉骡子的笼头,他总是在巴林杰这里给牲口添点料。

骡子的嘴伸进饲料袋吃燕麦时,巴林杰老头拎出邮袋,扔进货车。

弗里茨·贝格曼有三个喜爱,说得更确切些是四个,因为那对骡子应该分别计算。骡子是他生活中的主要兴趣和欢乐。然后是德国皇帝和莱娜·希尔德斯缪勒。

"告诉我,"弗里茨准备上路时问道,"邮袋里有没有采石场的小莱娜给希尔德斯缪勒太太的信?上次邮件里有封信说她身体不适。她妈妈很想知道她现在怎么样了。"

"有,"巴林杰老头说,"有一封给赫尔特斯盖尔特太太,或者好像是那样的姓。是汤米·瑞安捎来的。你说那位太太的小女孩在采石场干活?"

"在旅店干活,"弗里茨拿起缰绳说,"十一岁的小姑娘,不比一根法兰克福熏红肠高多少。彼得·希尔德斯缪勒真抠门!——总有一天我要用大棒把那个家伙的傻脑袋敲开花。也许莱娜在这封信里说她有好转。她妈妈会高兴的。再见了,巴林杰先生——夜里冷,你的脚会着凉的。"

"再见,弗里茨,"巴林杰老头说,"你夜里赶车倒挺凉快。"

一对小黑骡稳健地小跑着上了路,弗里茨的大嗓门偶尔喊一两句表示亲昵和鼓励的话。

邮递员心里想着那对宝贝骡子,不知不觉到了离巴林杰那儿八英里的大栎树林。一阵闪光和枪声以及像印第安部族的呼喊声突然打破了他的沉思。几名飞奔来的骑手向邮车围拢。其中一个逼近邮车前轮,用手枪对着赶车人,吩咐他停车。其余的人抓住"雷鸣"和"闪电"的笼头①。

---

① 原文 Donder 和 Blitzen 和德文的 Donner(雷声)和 Blitz(闪电)相近,这里是两头骡子的名字。

"活见鬼!"弗里茨声音隆隆地嚷起来,"这是什么意思?你们松开手,别碰骡子。这是美国政府的邮车!"

"快照我说的话做,德国佬!"一个阴沉的声音说,"你连打劫也不懂吗?勒住骡子,你自己下车。"

"老谋深算"比尔的横行无忌,遐迩闻名,这里应该说明,拦劫弗雷德里克斯堡的邮车并不是他的主攻方向。正如狮子捕捉与它威力相当的猎物时,偶尔也会顺便抓一只兔子寻寻开心,"老谋深算"比尔一帮强盗这次对弗里茨先生和平运输的突然袭击也有点开玩笑的性质。

他们黑夜奔袭的真正任务已经结束。弗里茨和他的邮袋,以及两匹骡子,只不过是他们完成艰巨的专业工作后的轻松愉快的消遣。东南二十英里外停着一列熄火的火车、惊恐的旅客和抢劫一空的快递邮车。那才是"老谋深算"比尔和他那帮人的本职工作。强盗们掳掠了数目可观的现钞和银币后,正往西部人烟稀少的地方绕一个大圈子,企图在格朗德河一个可以涉水而过的地点越境,去墨西哥找暂时藏身的安全场所。列车里的战利品使那些绿林好汉兴高采烈。

弗里茨的尊严受到冒犯,气得浑身发抖,但也考虑到个人安危,便重新戴上脱落的眼镜,从车上爬下来,站在路上。那帮强盗下了马,又唱又喊,嬉笑打闹,宣泄亡命徒生活的满足和欢乐。站在骡子前的"响尾蛇"罗杰斯在拉"雷鸣"的缰绳时用力大了一些,它痛得扬起前腿,猛喷鼻息,表示抗议。弗里茨愤怒地大叫一声,马上扑向身材魁梧的罗杰斯,用拳头擂打那个吃惊的强盗。

"无赖!"弗里茨嚷道,"大混蛋!那头骡子害了口疮。我要把你脑袋连肩膀打掉——强盗!"

"嘻嘻!""响尾蛇"闪开头,哈哈大笑,"居然有人要打掉我的吃饭家什!"

帮里一个人抓住弗里茨的衣服往后拖，树林里响起"响尾蛇"的喧嚷。

"那个可恶的维也纳小香肠，"他温和地喊道，"就德国人来说，他不算太差劲。为了保护他的牲口居然不要命。我喜欢爱马的人，尽管只是头骡子。那个可恶的小香肠居然和我对着干！哇！骡子——我不再弄痛你的嘴了。"

邮袋本来也许不会受到打扰，可是第二把手本·穆迪具备的某些智慧似乎燃起了更多战利品的希望。

"喂，老大，"他对"老谋深算"比尔说，"这些邮袋里可能有不少油水。我和弗雷德里克斯堡一带的德国佬做过马匹买卖，我了解那些家伙的脾气。寄到那里的邮件往往有大笔大笔的钱。那些德国佬为了省些银行汇费，甘冒风险，把上千元的钱用纸一包就寄出去了。"

穆迪的话还没说完，身高六英尺二、说话轻声轻气，但性格冲动的"老谋深算"比尔已经在把货车后部的邮袋拖出来了。他手握一把明晃晃的刀子，只听得厚实帆布被划破的声音。亡命徒围了上来，纷纷撕破信件和邮包，一面干活，一面友好地咒骂那些似乎合谋要驳倒本·穆迪预测的寄信人。发往弗雷德里克斯堡的邮件里一个美元都没有。

"你应该为自己害羞，""老谋深算"比尔对邮递员说，"装了这么一堆废纸有什么意思？你们德国佬把钱藏在哪儿？"

在"老谋深算"的刀下，巴林杰的邮袋也像蚕茧似的破了壳。里面邮件不多。待在一旁气急败坏的弗里茨看到这个邮袋时想起了莱娜的信。他请帮主发话，别让那封信给毁了。

"非常感谢，德国佬，"他对发急的邮递员说，"我想那正是我们要找的信。里面有钞票，是吗？就是这封。给个亮，弟兄们。"

"老谋深算"撕破那封给希尔德斯缪勒太太的信。其余的人站在周围,一个接着一个地点燃捻成一卷的信替他照明。"老谋深算"不以为然地看了看那只有一页、写着有棱有角的德文字母的信。

"你把我们当成白痴吗,德国佬?你说这封信重要?我们老远跑来帮你分发邮件,你却用卑鄙的手段欺骗我们,未免太不够朋友了。"

"那是中国字。"桑迪·格伦迪在"老谋深算"肩后探头说。

"胡扯,"帮里另一个系着绸巾、腰带上有许多充银饰片的显眼的小伙子说,"那是速写符号。有一次我在法院里见过。"

"哦,不,不——那是德文,"弗里茨说,"那只不过是一个小姑娘写给她妈妈的信。一个离家干苦活、身体有病的、可怜的小姑娘。唉,简直可耻。强盗先生,你行个好,把信还给我吧。"

"你他妈的把我们当成什么人了,老家伙?""老谋深算"突然十分严肃地说,"你话里有话,不是想说我们是些粗人,不关心一位小姐的健康吗?你把那些乱七八糟的东西翻译出来,用美国的大白话念给我们这些有教养的人听听。"

"老谋深算"的指头插在那把六响手枪扳机护框里转动着枪,居高临下地站在矮小的德国人面前,弗里茨不敢怠慢,马上把那些简单的话翻译成英语。强盗们站着静听。

"那孩子有多大了?"信念完后,"老谋深算"问道。

"十一岁。"弗里茨说。

"她在哪儿?"

"在采石场——干活。啊,我的天哪——她说要投河。我不知道她会不会投,真投的话,我要给彼得·希尔德斯缪勒一枪。"

"你们这些德国佬真叫我烦,""老谋深算"轻蔑地说,"你们把本应在沙地上玩耍的孩子送出去干活。你们这个民族太差劲了。我看我们得替你们修理修理脑袋,让你们知道我们的看法。来吧,弟兄们！"

"老谋深算"比尔在一旁同手下人简短地谈了几句话，然后他们抓住弗里茨，把他从大路上带到一边，用两根套索绑在一棵树上，再把他的两头骡子拴在另一棵树上。

"我们不会伤着你的，""老谋深算"安慰他说，"绑一会儿问题不大。你就这么待着吧，我们要走了。委屈你一下，德国佬，别不耐烦。"

弗里茨听到那些人上马时马鞍的吱嘎声，接着是一阵呼喊和马蹄声，那些人乱哄哄地朝弗雷德里克斯堡方向跑回去。

弗里茨靠着树干坐了两个多小时，他被绑得很紧，但还没到被勒得生痛的程度。他遇险的惊恐反应逐渐平息后，居然睡着了。他不知道自己睡了多久，被推醒时，发现有人在解开套索，把他拉起来。他迷迷糊糊，心里一片混乱，身体十分疲惫。他揉揉眼睛，看看四周，发觉自己又在那些可怕的强盗中间。他们把他推上货车的驾驶座，把缰绳交到他手里。

"赶快回去吧，德国佬！""老谋深算"比尔吩咐说，"你给我们添了不少麻烦，你走了会让我们高兴。去吧！"

"老谋深算"举起鞭子，朝"闪电"的屁股抽了一下。

小骡子终于能够活动活动腿脚，快活地冲了出去。弗里茨赶着骡子，被他可怕的经历搞得糊里糊涂。

按照预定的时间，他一清早就该到弗雷德里克斯堡。经过这番折腾，他到达时已是上午十一点。回邮政局之前，他路过彼得·希尔德斯缪勒家，他在大门口停车招呼。希尔德斯缪勒太太已经在等他，全家大小都跑了出来。

肥胖的希尔德斯缪勒太太紧张得脸色发红，问他有没有莱娜的信。弗里茨便讲了他的遇险经过和强盗逼他翻译的信的内容。希尔德斯缪勒太太听后哇的一声哭了起来。她的小莱娜要投河！

他们为什么送她去干活？该怎么办？现在去接她回家恐怕已经迟了。彼得·希尔德斯缪勒的海泡石烟斗掉在地上，摔得粉碎。

"婆娘！"他朝妻子吼道，"你干吗让孩子离家？如果她再也不能回到我们身边，就是你的错。"

谁都清楚错的是彼得·希尔德斯缪勒，因此谁都不去理他。

过了不久，一个奇怪的微弱的声音在叫"妈妈"。希尔德斯缪勒太太起先以为她听到的是莱娜鬼魂的呼喊，接着她跑到弗里茨的有篷货车后面，喜出望外地尖叫一声，把莱娜抱了出来，乱吻她苍白的小脸，搂得她喘不过气。莱娜睡眼惺忪，疲惫不堪，但她微笑着贴紧她渴望见到的人。有人在邮袋中间用少见的毯子和围巾铺了一个窝，她睡在里面，直到周围的声音把她弄醒。

弗里茨瞠目结舌地看着她，镜片后面的眼珠突了出来。

"上帝啊！"他喊道，"你怎么会在车里？我今天是不是被强盗吊死了，还是我脑子出了毛病？"

"弗里茨，是你替我们把她带回来的，"希尔德斯缪勒太太说，"我们怎么才能谢你？"

"告诉妈妈，你怎么会在弗里茨的车里。"希尔德斯缪勒太太问莱娜。

"我不清楚，"莱娜说，"但是我知道我怎么离开旅店的。是王子带我出来的。"

"凭德国皇帝的王冠起誓！"弗里茨嚷道，"我们的脑子一定都出了毛病。"

"我一直相信他会来的，"莱娜坐在人行道她的铺盖上说，"昨夜他带着他的武装骑士攻占了妖魔的城堡。他们打碎盘子，踢开了门。他们把马洛尼先生塞进一个盛雨水的大桶里，在马洛尼太太身上洒满面粉。骑士们开枪时，旅店里的工人跳出窗户，逃进树林。我惊醒了，在楼梯口张望。王子上来，用这些东西把我裹好抱出来。他高大、强壮、善良。他的脸像板刷一样扎人,可是说话轻声轻气,身上有杜松子酒味。他把我抱在他身前,和骑士们一起骑马离开。他抱紧我,我就这么睡着了,到家才醒。"

"胡说!"弗里茨·贝格曼嚷道,"童话故事!你怎么从采石场到我的车上的?"

"王子把我带来的。"莱娜自信地说。

直到今天,弗雷德里克斯堡的好人们仍不能让她做出别的解释。

卡利奥佩的改造

卡利奥佩·凯茨比的情绪又低落了。他感到厌烦。这个大千世界——特别是那个名叫流沙镇的部分——在他看来无非是叫人心烦的郁闷大全。每当愁肠百结的时候,哲学家会从自言自语中寻求解脱,女士们会通过哭泣找到安慰,孱弱的东部人会詈骂他的女眷的服饰账单。这种办法对于流沙镇的居民是不够用的。尤其是对于卡利奥佩:他惯常根据自己的见解来宣泄抑郁。

卡利奥佩前一天晚上就亮出了情绪低落的信号。他在西方旅馆门口朝自己的狗身上踢了一脚,并且不表歉意。谈话时老是抬杠找茬。漫无目地转悠时,常常折下一根牧豆树枝,狠狠地嚼着叶子。这就是不祥之兆。使得了解他抑郁的不同阶段的人大为惊慌的另一个症状,是他越来越客气,并且倾向于使用正式语言。他平时拖长的腔调变得轻声轻气。举止变得危险地彬彬有礼。接着,笑容变得险诈,左边嘴唇往上提,这时候流沙镇就应该做好忍受的准备了。

到了这个阶段,卡利奥佩一般开始喝酒。午夜时分,人们看见他在回家的路上,招呼熟人时礼貌周全得有点夸张,但还没有恶意。卡利奥佩的忧郁还没有达到危险点。他住在西尔维斯特理发店楼上,那时候,他会坐在他房间的窗口,叮叮咚咚地拨着吉他,唱起不合调子的忧伤的民谣,直到清晨。他比纵火焚毁罗马城的暴君尼禄宽宏大量,为流沙镇预定要遭受的劫难先发出警告。

卡利奥佩·凯茨比平时算是安静和蔼的人——安静得近乎懒惰，和蔼得近乎窝囊。他在最佳状态下是个二流子，最坏的状态下是流沙镇的恐怖。他表面上的职业同房地产业有些关系；他驾着弹簧马车把受骗的东部人拉去看看地皮和牧场。他老家是濒临墨西哥湾的一个州，他瘦长的六英尺身材、含糊的说话节奏和地区方言证明了他的出生地。

这个来自南方棉花地和漆树山丘的懒洋洋地削松木小玩意儿、捧着爆米花筒、闲坐在阴凉角落里的人，适应了西部生活以后，在终生研究残暴艺术的人中间赢得了坏蛋的名声。

第二天早上九点钟，卡利奥佩的情绪酝酿成熟。他在粗野的歌声和壶中物的激励下，准备从流沙镇胆怯的居民那里获取新的荣誉了。他腰间和肩上挂着许多子弹带，佩着好几把手枪，喝得醉醺醺的，跑到流沙镇的大街上。他骑士精神十足，不愿悄悄地突然袭击并攻占市镇，而是站在最近的一个街角上，发出了战斗呐喊——那个为他带来古典称号的、胜过他自己的洗礼名字的刺耳可怕的叫声①。紧接而来的是他的四五口径手枪的三发子弹，作为暖身活动和瞄准试验。于是一条黄狗，西方旅店老板斯沃泽上校的个人财产，四脚朝天跌落尘埃，哀号一声告别了世界。蓝门面杂货店里出来一个提着煤油瓶的墨西哥人，正要穿过马路，瓶子突然被子弹打碎，他一惊之下，拔脚就跑，冲刺速度之快令人赞叹，但手里仍旧紧紧握着半截瓶颈。赖利法官的漆成柠檬黄和群青色的两层楼住宅，屋顶上新安装的镀金风信鸡打个寒颤，垂头丧气，挂了下来，任凭东南西北风摆布。

火器情况良好。卡利奥佩的手很稳。他进入了惯常的兴奋而

---

① "卡利奥佩"又译卡利俄珀，在希腊文中意为"美丽的声音"，是希腊神话里九位文艺女神（缪斯）之首，司史诗、雄辩和灵感。

不紧张的战斗状态,虽然略带亚历山大大帝的悲哀,因为他的战功只限于流沙镇的小小世界。

卡利奥佩一路走去,左右开枪。碎玻璃像冰雹似的坠落,鸡飞狗跳,四处逃窜,妇女们担心地朝孩子们尖叫。断断续续穿破喧嚣的是那个瘟神的枪声和流沙镇熟悉的压倒一切的呐喊。卡利奥佩情绪低落的日子成了流沙填的法定假日。大街上的商店没等他来到,已经纷纷上了排板,关好门。各行各业要萧条一个时期。卡利奥佩享有优先通行权,但他一路走去时,发现缺少阻力和消遣的机会,他的厌倦明显地增加了。

但是,四个街区外有人在积极准备,以满足凯茨比先生对互致问候和敏捷应对的爱好。前一天晚上,不少人赶来通知镇警长巴克·帕特森,说卡利奥佩的老毛病即将发作。警长一向容忍那个捣乱分子的胡作非为,现在到了忍无可忍的地步。流沙镇对人性的自然发泄往往采取放任的态度。只要比较有用的公民的生命不遭到轻率的摧残,太多的财产不遭到无谓的浪费,公众舆论是反对实施过于严格的法律的。然而卡利奥佩越出了限度。他的发作过于频繁、过于猛烈,不能列为正常健康的精神调剂了。

巴克·帕特森在他十英尺宽、十二英尺长的木结构小办公室里盼望并等待卡利奥佩表示忧郁的叫喊。一听到那个信号,镇警长立刻站起来,扣好手枪皮带。两位副警长和三位经过战斗考验的公民也站起来,准备对抗卡利奥佩的铅弹玩笑。

"拿下那家伙,"巴克·帕特森宣布行动纲领说,"不必喊话,一见到他就开枪。你们自己要掩护好,把他撂倒。卡利奥佩是个暴徒,我看这次他该完蛋了。弟兄们,要全力以赴。不能莽撞,卡利奥佩的枪法很不平常。"

巴克·帕特森长得高大结实、神情严肃,蓝色法兰绒衬衫前襟上佩着一枚闪闪发亮的警长徽章。他向手下人做了围攻卡利奥佩的指示,原则上是消灭流沙镇的瘟神,尽可能避免己方的伤亡。

气冲冲的卡利奥佩对于讨伐计划一无所知,仍像开足马力的炮舰似的横冲直闯,轰击两侧,他突然发现前方有障碍。镇警长和一个副警长从堆放在半个街区外的、装呢绒的木板箱后面站直,朝他开火。与此同时,缉捕队的其他成员小心翼翼地运动到两条小街上,也开始轰击。

第一阵火力打掉了卡利奥佩一把手枪的扳机,擦破了他的右耳垂,引爆了斜挂在肩上的子弹袋里的一发弹药,灼伤了他的肋骨。这贴意想不到的兴奋剂大大地提高了卡利奥佩低落的情绪,他发出高音区的最强音,像回声似的立刻进行反击。维护法律的人躲闪不及,一位副警长肘部上方挨了一颗子弹,警长借以掩护的木箱被子弹击破,碎片剐伤了他的脸,鲜血淋漓。

卡利奥佩采取同样的战术来对付敌人。他迅速扫视一下街面,离开了毫无遮挡的街中心,快步朝火力最弱、枪法最不准的方向冲去。那个方向的敌人——一位副警长和两位自告奋勇的志愿人员——采取了罕见的狡猾策略,他们隐蔽在啤酒桶后面并不射击,等卡利奥佩通过他们的藏身处后再朝他背后打乱枪。警长和其余的人随即也用火力支援,这时候,卡利奥佩觉得为了成功地延长这场争斗的欢乐,他必须设法扭转敌我力量悬殊的局面。他发现了一座似乎可以实现这种希望的建筑物,问题是怎么才能到那里。

不远处是小火车站,离地四英尺的月台上有一座坚固的箱形建筑,宽十英尺、长二十英尺,每面墙上都有窗户。对于一个寡不敌众的人说来,似乎像是堡垒。

卡利奥佩大胆地朝那里跑去,警长一帮人追着他打枪。他安全到达,冲进门内时,站长像北美鼯鼠似的一跃跳出窗口。

帕特森及其支持者在一堆木材后面停下商量。站房里是一个天不怕地不怕的亡命徒,枪法一流,子弹充足。两边各有一块长三十码的开阔地。谁企图进入那片毫无保护的地方肯定会被卡利奥佩的子弹击中。

镇警长坚定不移。他决心不让卡利奥佩的尖叫怪嚷再响彻流沙镇的上空。他宣布了这个决心。无论从官方或者个人观点出发,他认为务必抑制那种不和谐的噪音。

附近有一个棚屋,里面堆满了牧羊场运来的羊毛袋,门前有辆搬运小宗货物的手推车。警长和他的手下人搬了三袋沉甸甸的羊毛放在手推车上。巴克·帕特森弯低腰,推着车,在羊毛袋的掩护下慢慢接近卡利奥佩的堡垒。缉捕队四下散开,准备等被围困的人出头阻止逼近的讫里什那神车时①给他一枪。卡利奥佩只露过一次面。他从一扇窗口射击,警长寄予厚望的屏障迸出了几团羊毛。缉捕队的回击把堡垒的窗框打得噼噼啪啪直响。双方均无人员伤亡。

警长专心致志地驾驶他的战舰,离月台只有几英尺时才发觉早班列车驶来。列车在月台另一边靠站。流沙镇站只停一分钟。对卡利奥佩来说是多么好的机会!他只要跨出另一面的门,跳上火车,就可以远走高飞。

巴克握着枪,从屏障后面蹿出来,冲上台阶,用宽大的肩膀撞开门,进了屋。缉捕队成员听到里面一声枪响,然后归于寂静。

受伤的人终于睁开眼睛。经过一阵空白之后,他恢复了视觉、听觉、触觉和思维。他转动眼睛,发现自己躺在一条木长凳上。一个胸前别着"镇警长"大徽章的高个子为难地俯身瞅着他。一个

---

① 讫里什那是印度教三大主神之一毗湿奴的化身,印度教徒每年用车载讫里什那的神像游行,许多人相信被神像车碾死即可升天,因此不惜投身车下。

穿黑衣服的小老太太,满脸皱纹,但黑眼睛却炯炯有神,用一块浸湿的手帕敷他的太阳穴。他试图把眼前的情况同过去的事实联系起来时,老太太说话了。

"好了,好了,结实的大个子!子弹根本没有打中你!只不过擦过你的头,使你昏迷了一会儿。以前我也听说过这种情形,叫做脑震荡。埃布尔·沃德金斯用这种方法打松鼠——埃布尔管它叫做震昏。你只不过被震昏罢了,先生,过一会儿就会好的。现在不是觉得已经好多了吗?再躺一会儿,别动,我替你冷敷冷敷。我想你不认识我,那并不奇怪。我搭那趟火车从亚拉巴马来看我的儿子。他长得这么高大了,可不是吗,老天爷!你想不出他以前小不点儿的样子吧,是吗?先生,这就是我的儿子。"

老太太侧过身,抬头望着站在她旁边的人,她那满是皱纹的脸上焕发出美妙的、自豪的笑容。她伸出青筋暴突的粗糙的手握住她儿子的一只手。然后,她笑眯眯地看看躺着的人,把手帕在候车室的水盆浸一浸,轻轻地敷在他的太阳穴上。她像一般老年人一样慈祥饶舌。"我八年没有见到儿子了,"她接着说,"我的一个外甥,埃尔卡纳·普赖斯,在铁路上当乘务员,他给我一张免费票到了这里。我可以待上一星期,然后再搭火车回去。你想想看,我的小不点儿当了官——一个镇子的警长!和警官差不多,是吗?我还不知道他是警官,他信里从没有提起过。我想他大概怕他的老妈妈为他危险的工作担心。可是,老天在上,我不是那种大惊小怪的人。没有什么可以害怕的。我下车时听到了枪声,看到车站里冒硝烟,我照样走我的路。接着,我看到我儿子在望着窗外。我当场就认出了他。他到门口来迎我,紧紧拥抱我,害得我气都喘不过来。当时你躺在那儿,先生,仿佛死了似的,我认为我们应该想点办法,让你醒过来。"

"我觉得我可以坐起来了,"震荡病人说,"这会儿我觉得好多了。"

他坐起来,似乎还有点眩晕,便靠在墙上歇歇。他高大结实,腰板笔挺。他的眼光坚定锐利,盯着站在他对面的那个人的脸,又看看那人胸前的警长徽章。

"是啊,是啊,你会没事的,"老太太拍拍他的胳臂说,"以后别再惹麻烦,招人家朝你开枪了。你失去知觉躺在地上时,先生,儿子把你的情况告诉了我。我的儿子同你差不多大,别以为我这么说是老太婆多管闲事。我儿子开枪打了你,你也不要记仇。警官必须维护法律——这是他的责任,干坏事、不走正道的人当然会吃苦头。别责怪我的儿子,先生——不是他的错。他一向是好孩子——长大后也是好人,他听话,规规矩矩。先生,你能听我劝告,不再干坏事了吗?做个好人,别喝酒了,过过太平日子。不要交坏朋友,诚实地干活,晚上睡觉都踏实。"

老太太的戴着黑色无指手套的手轻轻地触摸听她说话的人的胸口。她穿着褪色的黑衣服,戴着老式帽子,她快要走到尽头的漫长的生命,集中体现了经验阅历。然而听她说话的人仍越过她的头瞅着老妈妈的不声不响的儿子。

"警长有什么意见?"他问道,"他认为劝得对不对?警长你倒说说,这番话有没有道理?"

高大的人显得不很自在。他摸摸胸前的徽章,把老太太搂在身边。她脸上绽出了六十年不变的母亲的微笑,她用那关节变形的、戴手套的手拍拍他的棕色的大手。她的儿子开口了。

"我要说的是,"他正视着另一个男人说,"如果我处在你的地位,我一定照她说的做。如果我是个没羞没臊、不可救药的酒鬼和无赖,我一定照她说的做。如果你我换个位置,我会说:'警长,只要你给我一个机会,我发誓改邪归正。我一定戒酒,不玩枪,不捣乱了。我要做个好公民,老老实实去干活。上帝帮助我吧!'如果你是警长,而我处在你的位置,我要对你说的就是这些话。"

"听我儿子的话吧,"老太太温柔地说,"听他的话吧,先生。你答应做好人,他不会伤害你的。四十一年前,他的心同我的心合拍,此后一直这样。"

另一个人站了起来,活动活动四肢。

"好吧,"他说,"如果你处在我的位置说了那番话,而我是警长,我就会说:'你走吧,尽可能遵守你的诺言。'"

"天哪!"老太太突然嚷道,"我几乎把我的箱子忘了!我看到窗户里我儿子的脸时,注意到有人帮我把箱子搬到月台上,后来忘得干干净净。里面有八罐我自己做的榅桲果酱。但愿没有碰坏。"

她急匆匆地朝门口小跑过去,卡利奥佩抽空儿对巴克·帕特森说:

"我不得不这么做,巴克。我从窗口见她过来。她根本不了解我的所作所为。我实在不能让她知道我是人人深恶痛绝的无赖。你被我一枪撂倒,躺在那儿仿佛断了气。我突然想出那个主意,我把你的徽章取下来佩在自己身上,把我的坏名声全栽在你身上。我对她说,我是警长,你是作恶多端的坏蛋。你现在可以把徽章收回去了,巴克。"

卡利奥佩手指颤抖地要把徽章取下来。

"别去动它!"巴克·帕特森说,"卡利奥佩·凯茨比,让它待在那儿。在你妈妈离开镇上之前不准你取下来。她在这里的时候,你就是流沙镇的警长。我向大家打个招呼,保证谁都不会对她泄露真相。喂,你这个疯疯癫癫、聒噪喧闹、不知天高地厚的浑小子,你得照她劝我的话去做!她的话对我也有好处。"

"巴克,"卡利奥佩感动地说,"我不照做的话,天理不容——"

"别说啦,"巴克说,"她回来了。"